プリント形式のリアル過去問で本番の臨場感！

京都府 市立

西京高等学校附属中学校

2025年春受験用

解答集

本書は，実物をなるべくそのままに，プリント形式で年度ごとに収録しています。
問題用紙を教科別に分けて使うことができるので，本番さながらの演習ができます。

■ 収録内容

・解答集（この冊子です）

書籍ＩＤ番号，この問題集の使い方，最新年度実物データ，リアル過去問の活用，解答例と解説，ご使用にあたってのお願い・ご注意，お問い合わせ

・2024(令和６)年度 ～ 2019(平成31)年度　学力検査問題

○は収録あり	年度	'24	'23	'22	'21	'20	'19
■ 問題(適性をみる検査)		○	○	○	○	○	○
■ 解答用紙		○	○	○	○	○	○
■ 配点							

全分野に解説があります

注)問題文等非掲載:2021年度適性をみる検査Ⅰの【問題二】,2020年度適性をみる検査Ⅰの【問題一】と【問題二】

問題文などの非掲載につきまして

著作権上の都合により，本書に収録している過去入試問題の本文や図表の一部を掲載しておりません。ご不便をおかけし，誠に申し訳ございません。

JN131759

教英出版

■　書籍ＩＤ番号

入試に役立つダウンロード付録や学校情報などを随時更新して掲載しています。
教英出版ウェブサイトの「ご購入者様のページ」画面で，書籍ＩＤ番号を入力してご利用ください。

書籍ＩＤ番号　106228

（有効期限：2025年9月30日まで）

【入試に役立つダウンロード付録】
「要点のまとめ(国語／算数)」
「課題作文演習」ほか

■　この問題集の使い方

年度ごとにプリント形式で収録しています。針を外して教科ごとに分けて使用します。①片側，②中央のどちらかでとじてありますので，下図を参考に，問題用紙と解答用紙に分けて準備をしましょう（解答用紙がない場合もあります）。

針を外すときは，けがをしないように十分注意してください。また，針を外すと紛失しやすくなりますので気をつけましょう。

① 片側でとじてあるもの

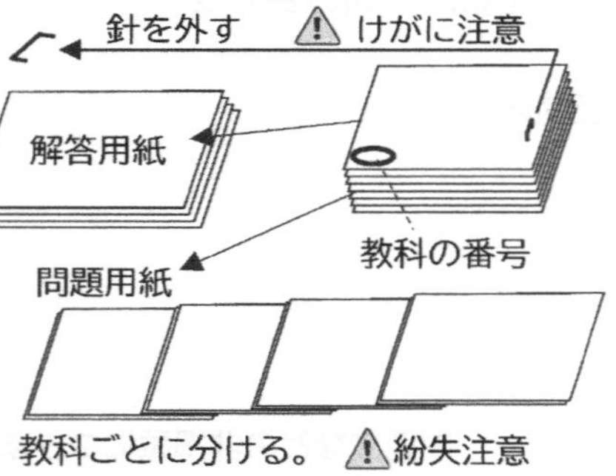

② 中央でとじてあるもの

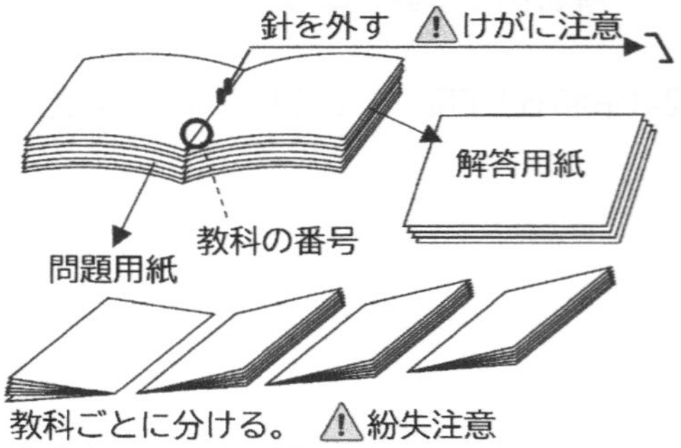

※教科数が上図と異なる場合があります。
解答用紙がない場合や，問題と一体になっている場合があります。
教科の番号は，教科ごとに分けるときの参考にしてください。

■　最新年度 実物データ

実物をなるべくそのままに編集していますが，収録の都合上，実際の試験問題とは異なる場合があります。実物のサイズ，様式は右表で確認してください。

問題用紙	Ａ４冊子(二つ折り)
解答用紙	Ａ３片面プリント

リアル過去問の活用

～リアル過去問なら入試本番で力を発揮することができる～

本番を体験しよう！

問題用紙の形式（縦向き / 横向き），問題の配置や余白など，実物に近い紙面構成なので本番の臨場感が味わえます。まずはパラパラとめくって眺めてみてください。「これが志望校の入試問題なんだ！」と思えば入試に向けて気持ちが高まることでしょう。

入試を知ろう！

同じ教科の過去数年分の問題紙面を並べて，見比べてみましょう。

① 問題の量

毎年同じ大問数か，年によって違うのか，また全体の問題量はどのくらいか知っておきましょう。どのくらいのスピードで解けば時間内に終わるのか，大問ひとつにかけられる時間を計算してみましょう。

② 出題分野

よく出題されている分野とそうでない分野を見つけましょう。同じような問題が過去にも出題されていることに気がつくはずです。

③ 出題順序

得意な分野が毎年同じ大問番号で出題されていると分かれば，本番で取りこぼさないように先回りして解答することができるでしょう。

④ 解答方法

記述式か選択式か（マークシートか），見ておきましょう。記述式なら，単位まで書く必要があるかどうか，文字数はどのくらいかなど，細かいところまでチェックしておきましょう。計算過程を書く必要があるかどうかも重要です。

⑤ 問題の難易度

必ず正解したい基本問題，条件や指示の読み間違いといったケアレスミスに気をつけたい問題，後回しにしたほうがいい問題などをチェックしておきましょう。

問題を解こう！

志望校の入試傾向をつかんだら，問題を何度も解いていきましょう。ほかにも問題文の独特な言いまわしや，その学校独自の答え方を発見できることもあるでしょう。オリンピックや環境問題など，話題になった出来事を毎年出題する学校だと分かれば，日頃のニュースの見かたも変わってきます。

こうして志望校の入試傾向を知り対策を立てることこそが，過去問を解く最大の理由なのです。

実力を知ろう！

過去問を解くにあたって，得点はそれほど重要ではありません。大切なのは，志望校の過去問演習を通して，苦手な教科，苦手な分野を知ることです。苦手な教科，分野が分かったら，教科書や参考書に戻って重点的に学習する時間をつくりましょう。今の自分の実力を知れば，入試本番までの勉強の道すじが見えてきます。

試験に慣れよう！

入試では時間配分も重要です。本番で時間が足りなくなってあわてないように，リアル過去問で実戦演習をして，時間配分や出題パターンに慣れておきましょう。教科ごとに気持ちを切り替える練習もしておきましょう。

心を整えよう！

入試は誰でも緊張するものです。入試前日になったら，演習をやり尽くしたリアル過去問の表紙を眺めてみましょう。問題の内容を見る必要はもうありません。どんな形式だったかな？受験番号や氏名はどこに書くのかな？…ほんの少し見ておくだけでも，志望校の入試に向けて心の準備が整うことでしょう。

そして入試本番では，見慣れた問題紙面が緊張した心を落ち着かせてくれるはずです。

※まれに入試形式を変更する学校もありますが，条件はほかの受験生も同じです。心を整えてあせらずに問題に取りかかりましょう。

西京高等学校附属中学校　2024 令和6年度　適性をみる検査Ⅰ

《解答例》

問1．エ　問2．オ　問3．ア　問4．(1)脱帽しています　(2)いろんな地域で動植物の地道な観察が行われ、それを何年にもわたって続けていること。／文献から、地球温暖化のフィンガープリントとなる報告を粘り強く読み取っていること。　問5．ア，エ　問6．さまざまな事柄に対して幅広い見方ができる／難問へのヒントや新鮮なイメージを得られる　問7．ウ　問8．a．クマゼミの生息地が北上し、クマゼミやツクツクボウシが鳴く時期が変化している　b．地球(の)温暖化　問9．8／地球温暖化の影響で、地球の生物の分布に大きな変化が生じるようになっている。　問10．a．自然のみならず社会や人間の世界の真実まで認識する力　b．科学の営み
c．考え方〔別解〕生き方　d．互いに尊重

問11．〈作文のポイント〉

・最初に自分の主張、立場を明確に決め、その内容に沿って書いていく。
・わかりやすい表現を心がける。自信のない表現や漢字は使わない。
さらにくわしい作文の書き方・作文例はこちら！→https://kyoei-syuppan.net/mobile/files/sakupo.html

《解　説》

問２　1は導入部分で、2～5は「研究」の具体的な内容、6～8は「研究」に関する筆者の考え、9・10は「研究」の予言が証明されつつあることについて述べている。よって、オが適する。

問３　――①は、「挙動」。アは「挙手」、イは「転居」、ウは「許可」、エは「去年」。

問４(1)　脱帽するとは、相手に敬意を表すこと。　**(2)**　――②の直後の２文で、この研究のどこを高く評価しているかを述べている。

問５　【文章Ⅱ】の最初で、「科学」は「社会的な事象や人間の生き方」にも関連していて、「生じている自然現象に対する考え方(判断、予測)や社会との関係までをも問うことになる」と述べている。また、「直面する問題の解決のために科学の立場からどう考えるかは人間の生き方への重要なヒントになる」とある。アとエは、自然や自然現象について学び、それを実生活で直面する問題を解決するために役立てようとしているので、「科学」にあてはまる。イとオは自然について調べたり学んだりしているだけで、社会的な事象や人間の生き方との関係はみられず、問題解決に役立てようとしているわけでもないので、「科学」にはあてはまらない。ウは自然現象をあつかっていないので、「科学」にはあてはまらない。

問６　同じ段落内に「科学の営みを積み重ねていくと、世の中のさまざまな事柄《ことがら》に対しても幅《はば》広い見方ができるようになるのではないでしょうか～それによって、難問に対して新しいヒントが得られるかもしれません～それによって、これまで考えたことがなかったような新鮮なイメージが思い浮《う》かんだりするでしょう」とある。これらを受けて、「科学は、そんな可能性を秘《ひ》めているのです」とある。

問７　筆者は、前の行にある、「知ることが生きる力に変えられる」ということを説明するために、ベーコンの「知は力なり」という言葉を引用している。したがって、このベーコンの考え方について、筆者は「自然を支配するという考え方は好きではない」としながらも、おおむね同じ考えをもっている。よって、ウの「自分とは違《ちが》う考え方の例を示すことで」は、適当でない。

問８　「この研究」は、「地球の温暖化がどれくらい進んでいるかを調べようというもの」であり、「野生の動植物が

地球の気温変化にどう反応したかを調べ」て、「地球が温暖化している証拠《しょうこ》」を得ようとするものである。3・4段落には、比較《ひかく》的温度が低い場所を好むクマゼミの生息地が北上していることや、鳴き出す時期が早くなっていること、低温を好むツクツクボウシが鳴く時期が遅《おそ》くなっていることなどが書かれている。つまり、ここでの仮説は、セミの生息地の移動や鳴きだす時期の変化は、地球温暖化によって起こったというものである。

問9　問8の解説にあるように、「この研究」は、「野生の動植物が地球の気温変化にどう反応したかを調べ」て、「地球が温暖化している証拠」を得ようとするものである。8段落には、野生生物の北上や、高山植物の分布高度の変化など、地球温暖化によって、「地球の生物の分布に大きな変化が生じるようになっている」ことが書かれている。

問10a　――④の前後で、筆者は、「知ることが生きる力に変えられる」ということを説明するために、ベーコンの「知は力なり」という言葉を引用している。「知ること」に関するこの言葉を、筆者は、「さまざまな科学的な経験を積み重ねれば、自然のみならず社会や人間の世界の真実まで認識する力を獲得《かくとく》することができる、という意味に受け取って」いると説明している。　**b**　aの解説にもあるように、ここで言う「知」は、「さまざまな科学的な経験を積み重ね」ることで獲得するものである。この、「さまざまな科学的な経験を積み重ね」と同じことを言っているのが、【文章Ⅱ】の８行目にある「科学の営みを積み重ね」である。　**c**　科学を学び、その営みを通して身につけた「知」が、人間一人ひとりの何に影響するかを考える。――★の直前に、「科学を学び、科学の考え方を応用するということを通して」とある。また、最後の段落に、「『科学する』ということを～応用して、私たちの生き方に反映させる」とある。　**d**　――★の少し前に、科学を学び、その営みを通して「知」を身につけることで、人は「豊かで、やさしく人と接し合えるように」なり、「そのような人間の集団では～それを互いに尊重するという気にもなるのではないでしょうか」とある。

《解答例》

【問題1】(1)8500　(2)2024　(3)20.52　(4)ウ　(5)イ，ウ

【問題2】(1)80　(2)京太さん／150　(3)420　(4)7分12秒　(5)3300

【問題3】(1)4　(2)33　(3)③0022　④22　(4)ＥＥＲＮＲ　(5)55

【問題4】(1)右図　(2)イ　(3)①32　②16　(4)イ，ウ，オ，カ

(5)7・6・6・5・4・4／7・6・5・5・5・4／7・5・5・5・5・5

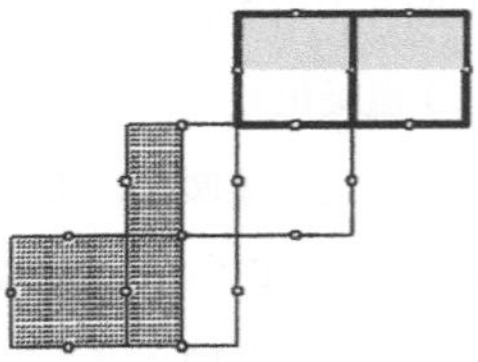

【問題5】(1)①→④→③　(2)エ

(3)②→①→④→③→②→③／②→③→④→③→②→①／②→①→③→④→③→②／②→①→③→④→③→④／②→③→①→④→③→②／②→③→①→④→③→④ のうち1つ　(4)ウ，オ

(5)小鬼ロボットを捕まえるためには最短でも7秒必要であり，鬼ロボットは7秒でＣ地点に到着してしまうから。

《解　説》

【問題1】

(1)　会員カードを作ることで，シャツの値段は$(1-\frac{20}{100})\times(1-\frac{10}{100})=\frac{4}{5}\times\frac{9}{10}=\frac{18}{25}$(倍)になる。

この値段が6220－100＝6120(円)だから，定価は，$6120\div\frac{18}{25}=8500$(円)

(2)　与式$=\frac{9}{2}\times\frac{8\times10\times12}{9\times11}\times\frac{24+20}{20\times24}\div\frac{1}{22\times23}=\frac{9\times8\times10\times12\times44\times22\times23}{2\times9\times11\times20\times24}=8\times11\times23=2024$

(3)　図形をａ倍に拡大(または縮小)すると面積はａ×ａ(倍)になる。したがって，1マスの中に収まっている葉っぱ型の模様の面積を①とすると，2×2(マス)の正方形に収まっている葉っぱ型の模様の面積は①×2×2＝④，3×3(マス)の正方形に収まっている葉っぱ型の模様の面積は①×3×3＝⑨，4×4(マス)の正方形に収まっている葉っぱ型の模様の面積は①×4×4＝⑯となる。よって，①×8＋④×4＋⑨＋⑯＝㊾の面積を求めればよい。

1マスの1辺の長さは$\frac{6}{7}$cmだから，右の「葉っぱ型の図形の面積」を利用すると，

①$=\frac{6}{7}\times\frac{6}{7}\times0.57$(cm²)である。よって，求める面積は，$\frac{6}{7}\times\frac{6}{7}\times0.57\times49=20.52$(cm²)

葉っぱ型の図形の面積

右の斜線部分の面積は，

(円の$\frac{1}{4}$の面積)×2－(正方形の面積)＝

$(1\times1\times3.14\times\frac{1}{4})\times2-1\times1=0.57$ だから，

(葉っぱ型の面積)＝(正方形の面積)×0.57

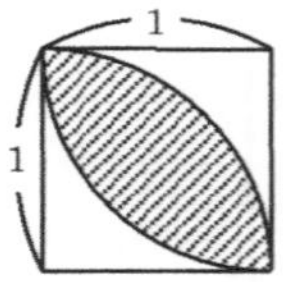

(4)　並べ方を考えるのではなく，面積を考える。

1枚の紙の面積は，2×2÷2＋1×1＝3(cm²)だから，面積が3の倍数にならない図形は作ることができない。ア，イ，ウ，エの面積をそれぞれ数えると，36cm²，36cm²，32cm²，30cm²となる。よって，作ることができないのはウである。

(5)　ア．31個のデータの中央値は，31÷2＝15余り1より，大きさ順に並べたときの16番目の値である。図3より，16番目の値は16.0度以上18.0度未満にふくまれるから，中央値は最頻値より小さいので，適切でない。

イ．図3より，16.0度以上22.0度未満は6＋6＋4＝16(日)だから，②＝16－9＝7なので，適切である。

ウ．図３より，22.０度以上28.０度未満は１＋２＋１＝４(日)だから，③＝４－２＝２である。したがって，19.０度以上は９＋２＋２＝13(日)だから，全体の日数の$\frac{13}{31}\times100=41.9\cdots$(%)なので，適切である。

エ．表１より，13.０度未満の日は０日だから，最小値は13.０度以上なので，適切でない。

以上より，イ，ウが適切である。

【問題２】　グラフから，右図の内容が読み取れる。

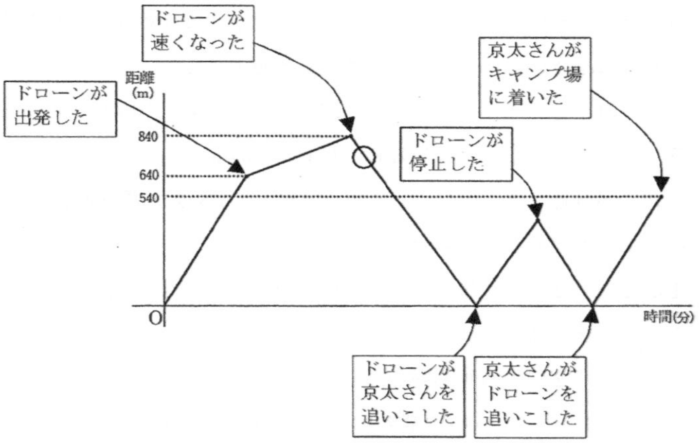

(1)　京太さんは８分で640m歩いたから，分速$\frac{640}{8}$m＝分速80m

(2)　京太さんが出発してから20分後はドローンが速くなってから20－８－10＝２(分後)である。グラフから，ドローンが京太さんを追いこした後に２人の間の距離が700mになることはなかったとわかるので，京太さんが出発してから20分後はグラフで○をつけたあたりであり，京太さんの方がキャンプ場に近い。ドローンは２分で京太さんとの間の距離を840－700＝140(m)縮めたので，このときの京太さんとドローンとの速さの差は，分速$\frac{140}{2}$m＝分速70mである。よって，ドローンの速さは，80＋70＝150より，分速150mになっていた。

(3)　ドローンが停止してから，京太さんは80×12＝960(m)歩いてキャンプ場に着いた。このときの京太さんとドローンの間の距離は540mだから，ドローンが停止した地点はキャンプ場から540mの地点である。よって，ドローンが停止した時点では，ドローンが京太さんの960－540＝420(m)先にいた。

(4)　(3)より都さんは540m進んだので，かかった時間は，$\frac{540}{75}=7\frac{1}{5}$(分)，つまり，７分($\frac{1}{5}\times60$)秒＝７分12秒

(5)　ここまでの解説から，ドローンは速さを上げてから停止するまでに京太さんよりも840＋420＝1260(m)多く進んだので，この間の時間は，$\frac{1260}{70}=18$(分)である。したがって，この間にドローンは150×18＝2700(m)進んだ。また，ドローンが出発してからの10分間でドローンは京太さんよりも840－640＝200(m)少なく進んだので，このときのドローンの速さは，$80-\frac{200}{10}=60$より，分速60mである。この10分間でドローンは60×10＝600(m)進んだ。以上より，求める道のりは，600＋2700＝3300(m)

【問題３】

(1)　[2]，[0]，[2]，[4]が１枚ずつのとき，作ることができる数は小さい順に，0224，0242，0422，2024……となる。よって，2024は４番目である。

(2)　[0]，[2]，[4]が４枚ずつのとき，千の位を０とすると，百の位，十の位，一の位はそれぞれ０，２，４の３通りが考えられるので，３×３×３＝27(通り)の数ができる。千の位が２の数は小さい順に，2000，2002，2004，2020，2022，2024……となる。よって，2024は27＋６＝33(番目)である。

(3)　[0]，[2]，[4]が２枚ずつのとき，１番目の数は0022である。

次に，千の位が０の数のうち，(2)のときに作れたが(3)では作れない数を考える。

そのような数は，まず下３けたが同じ数である0000，0222，0444の３通りである。

また，下３けたに０が２個ふくまれる数もあてはまる。そのような下３けたは，002を並べかえてできる３通りと，

004 を並べかえてできる３通りの，合わせて６通りである。

したがって，[0]，[2]，[4]が２枚ずつのとき，千の位を０とすると，27－（３＋６）＝18(通り)できる。

千の位が２の数は小さい順に，2002，2004，2020，2024……となる。よって，2024 は 18＋４＝22(番目)である。

(4)　アルファベットのままで考えるとまぎらわしいので，Ｅ→１，Ｎ→２，Ｒ→３，Ｔ→４とし，５けたの数を作ると考える。また，万の位が１で千の位が１の数を，11[ア][イ][ウ]のように表す。

112[ア][イ]は小さい順に，右の線で囲んだ８通りある。

113[ア][イ]は小さい順に，11322，11323……，だから，10 番目の文字列は，11323→ＥＥＲＮＲである。

11223
11224
11232
11233
11234
11242
11243
11244

(5)　(4)をふまえる。ＥＮＴＥＲ→12413 である。

112[ア][イ]が８通りあるから，113[ア][イ]と 114[ア][イ]も８通りずつあるので，11[ア][イ][ウ]は８×３＝24(通り)ある。

次に 12[ア][イ][ウ]が何通りあるかを考える。

１が２つ，２が２つ並ぶ場合，[ア][イ][ウ]への１と２の並べ方が３×２＝６(通り)で，残り１つが３か４の２通りだから，６×２＝12(通り)ある。

１が２つ，２が１つ並ぶ場合，[ア][イ][ウ]への１の並べ方が３通りで，残り２つはそれぞれ３か４の２通りだから，３×２×２＝12(通り)ある。同様に，１が１つ，２が２つ並ぶ場合も 12 通りある。

１が１つ，２が１つ並ぶ場合，[ア][イ][ウ]がそれぞれ３か４の２通りで２×２×２＝８(通り)と計算すると，333 と 444 もふくんでしまう。したがって，この場合は８－２＝６(通り)となる。

よって，12[ア][イ][ウ]は全部で，12×３＋６＝42(通り)あるから，12[ア][イ][ウ]で最も大きい数は 24＋42＝66(番目)である。12[ア][イ][ウ]を大きい順に並べると，右の線で囲んだようになり，12413 は大きい方から 12 番目である。以上より，12413→ＥＮＴＥＲは，66－12＋１＝55(番目)である。

12443
12442
12441
12434
12433
12432
12431
12424
12423
12421
12414
12413
⋮

【問題４】

(1)　立方体の展開図では，となりの面にくっつくのならば，面を 90° だけ回転移動させることができる。したがって，右図のように展開図を変形させると，色を塗る部分がわかる。

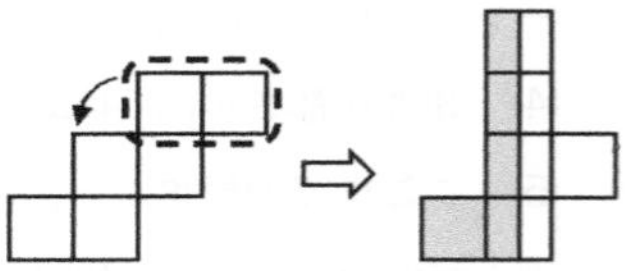

(2)　ア．色を考えなくても前後で見える図形が異なる。

イ．例えば右の図Ｉのように塗れば，条件に合う。

図Ｉ

ウ．どの４方向から見ても３つの正方形が横に並んで見える。前から見ると左の正方形の右半分が色が塗られているが，右から見ると左の正方形にすべて色が塗られているので，条件に合わない。

エ．どの４方向から見ても３つの正方形が横に並んで見える。左から見ると真ん中の正方形の左半分が色が塗られているので，他の方向も合わせると，図Ⅱのようになる。すると，前後から見たときに右の正方形が色が塗られているので，他の方向も合わせると図Ⅲのようになる。これですべてのブロックに色が塗られたが，前後と左右で見え方が異なる。

図Ⅱ

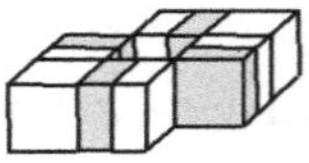

図Ⅲ

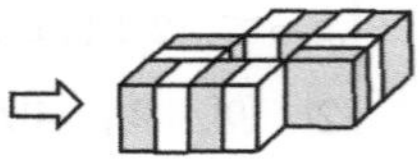

よって，イが正しい。

(3)　前から見たとき右上に見えるブロックについて考える。

色が塗られている部分が外側から最も多く見えるのは図Ⅳの置き方であり，このブロックによる面の数の合計は，２＋１＋１＝４となる。すべてのブ

図Ⅳ

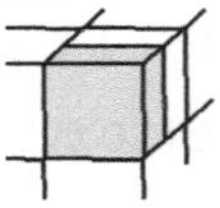

図Ⅴ

ロックについて同様の置き方ができるので，６つの面の数の和は最大で
４×８＝32である。

色が塗られている部分が外側から最も少なく見えるのは図Ⅴの置き方であり，このブロックによる面の数の合計は，１＋１＝２となる。すべてのブロックについて同様の置き方ができるので，６つの面の数の和は最小で
２×８＝16である。

(4)　【図６】で見えない左の面，下の面，後ろの面はそれぞれ右図のようになり，「？」のブロックだけ色が塗られている部分の向きがわからない。右図の時点で左・下・後ろのそれぞれの面の数は，４・３・３である。

図Ⅵ

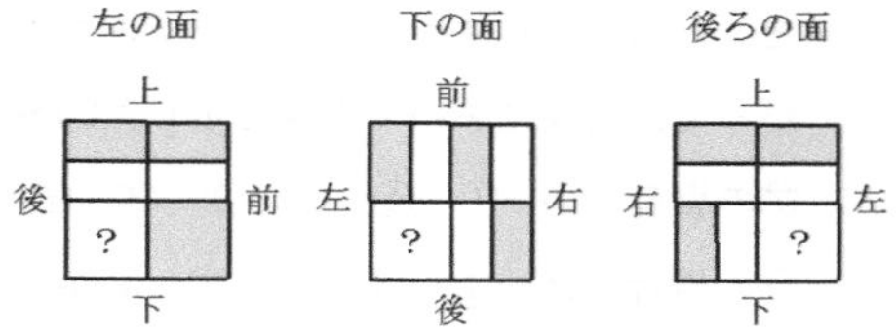

８個のどのブロックも，置き方は(3)の図Ⅳのように「２の面」を見せるか，図Ⅴのように「２の面」を見せないかの２パターンに分けられる。

「２の面」を見せない置き方の場合，そのブロックがふくまれる３つの面のうち２つの面だけに１ずつ足すことができ，その２つの面はブロックを置く向きによって自由に変えられる。したがって，図Ⅵの「？」の色の向きによって，左・下・後ろのそれぞれの面の数は，（４＋１）・（３＋１）・３＝５・４・３，（４＋１）・３・（３＋１）＝５・３・４，４・（３＋１）・（３＋１）＝４・４・４のいずれかになる。

「２の面」を見せる置き方の場合，そのブロックがふくまれる３つの面のうち１つの面に２を，２つの面に１ずつを足すことができ，２を足す面はブロックを置く向きによって自由に変えられる。したがって，図Ⅵの「？」の色の向きによって，左・下・後ろのそれぞれの面の数は，（４＋２）・（３＋１）・（３＋１）＝６・４・４，（４＋１）・（３＋２）・（３＋１）＝５・５・４，（４＋１）・（３＋１）・（３＋２）＝５・４・５のいずれかになる。

以上より，考えられる組み合わせは，イ，ウ，オ，カである。

(5)　７の面を右の図Ⅶのように前向きに置き，後ろにある４個のブロックを①～④とする（④は図では見えない，後ろの左下のブロック）。７の面において，１つだけ１を加えているブロックのすべて色が塗られている面の向きは，図Ⅶのように右向きでも，上向きであっても，答えを探す作業には影響《えいきょう》しない（図形の対称性のため）。

図Ⅶ

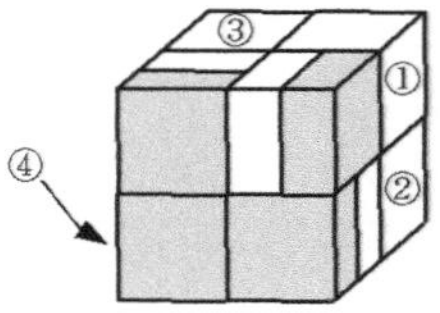

６つの面の目の数の和が最大となるのだから，①～④のブロックの置き方はすべて，(3)の図Ⅳの置き方である。したがって，(4)の解説より，㋐①～④それぞれが自身がふくまれる３つの面に１ずつ加えた後，さらに，㋑①～④それぞれが自身がふくまれる３つの面のうち１つの面に１を加えることができる。

図Ⅶの時点の各面の数と，下線部㋐の作業をした時点での各面の数は表Ⅰのようになる。

この後㋑の作業をするが，まずはブロックと面の位置関係を気にせずに，前以外の５つの面に＋４を自由にふり分け，ふり分けた後に実際にそのようにブロックを置けるかを確認する。７以上の面はこれ以上作れないので，６の面をいくつ作るかで場合分けして考えると，表Ⅱの３通りが見つかる。いずれの場合も，①～④のブロックの向きしだいで実際に作ることができる。

表Ⅰ

	前	左	右	上	下	後ろ
図Ⅶ	7	2	3	2	2	0
㋐	7	4	5	4	4	4

表Ⅱ

	前	左	右	上	下	後ろ
㋑－1	7	6	6	5	4	4
㋑－2	7	5	6	5	5	4
㋑－3	7	5	5	5	5	5

よって，求める面の数の組み合わせは，

「7・6・6・5・4・4」「7・6・5・5・5・4」「7・5・5・5・5・5」の3通りである。

【問題5】 以下の解説では，向きを変える指示を「②：右を向く」「④：左を向く」と読みかえる。

(1) 1区間進み→左を向いて→3区間進んだので，ボタンの押し方は①→④→③である。

(2) 「②→①→③→④→①」とボタンを押すと，右を向いて→1区間進み→3区間進み→左を向いて→1区間進むので，エに到着する。

(3) AからBにまっすぐ進んでから，BからPにまっすぐ進むルートを通ろうとすると，どこかで必ず①を2回連続で押さなければならないので，条件に合わない。したがって，右図において点線で示した㋐～㋒の3つのルートが考えられる。

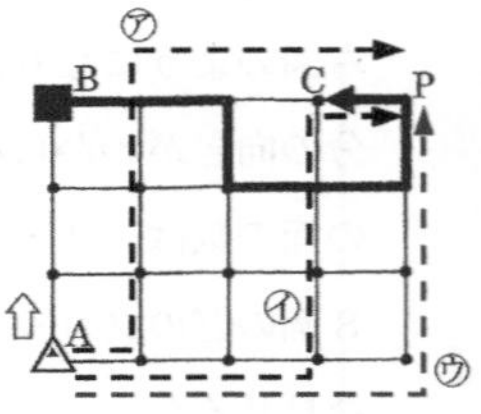

㋐の場合，②→①→④→③→②→③，㋑の場合，②→③→④→③→②→①と押せばよい。㋒の場合，②→①→③→④→③→②か②→①→③→④→③→④と押せばよい（下線部の①と③は入れかえてもよい）。

(4) ①→③→①と押せば3秒で捕まえられる。②→①→④→③→①と押せば5秒で捕まえられる。他の秒数では捕まえることができない。

(5) 小鬼ロボットを捕まえるためには，最短でも右図の点線のように動いて7秒かかるが，鬼ロボットは7秒でC地点に到着してしまう。

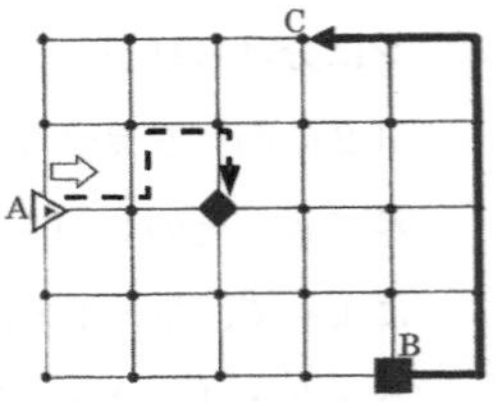

《解答例》

【問題１】⑴ウ　⑵ア　⑶ウ　⑷①イ　②特徴…においがある。　注意するべきこと…大量に吸いこまないようにする。　⑸イ

【問題２】⑴①イ　②ア．$\frac{1}{2}$　イ．２　③$\frac{2}{3}$　④$\frac{4}{3}$　⑵Cのかざりの重さ…140　輪ゴムののびた長さ…5.25

【問題３】⑴イ　⑵イ　⑶体重当たりの表面積が大きくなり，体の表面から熱を放出しやすくなるから。
⑷エ　⑸エ

【問題４】⑴①ア，オ　②除雪車やダンプカーの燃料やすべり止め剤　③野菜を低温保存するための雪室
⑵①グラフ…ウ　説明…コ　②ア，エ，オ　③エ　⑶①イ　②肥料にする　⑷①エ
②X．(地方)税収　Y．生産年齢人口　③メタバース　⑸①エ　②エ，オ　⑹①イ　②ア　③ア
⑺①食料を豊富に手にしたい　②街の振興のために誘客する

《解　説》

【問題１】

⑴　ある条件の影響《えいきょう》について調べるとき，その条件以外を同じにして結果を比べる必要がある。

⑵　Bは目の粗《あら》い紙やすりで細かいきずをつけたので，Aよりも表面に細かい凹凸《おうとつ》が多くあると考えられる。

⑶　砂糖やミョウバンなどの固体は，水温が上がると溶《と》けやすくなる。これに対し，実験１－２より，ふたを開けたときの気体の勢いは，20℃の方が５℃よりも強かった，つまり20℃の方が気体がたくさん出ていったから，気体は水温が上がると溶けにくくなると考えられる。

⑷①　塩酸は，気体の塩化水素を水に溶かしたものだから，水が蒸発すると気体は空気中に出ていき，蒸発皿には何も残らない。塩酸と同じように気体が溶けているのは炭酸水とアンモニア水であり，これらのうち赤色リトマス紙を青色にする(アルカリ性である)のはアンモニア水である。なお，炭酸水は塩酸と同じ酸性であり，青色リトマス紙を赤色にする。　②　アンモニアは有害な気体である。よって，においを確認するときには，手であおぐようにして，気体を大量に吸いこまないように注意する。

⑸　食塩水の水分を蒸発させたときに出てくる白い固体は食塩である。これに対し，実験２の結果より，塩酸にアルミニウムを溶かした水溶液《すいようえき》の水分を蒸発させて出てきた白い固体は，塩酸に加えても泡《あわ》が出なかったから，アルミニウムとは異なる物質であると考えられる。

【問題２】

⑴①　輪軸《りんじく》の中心を支点とし，輪軸を回転させるはたらき〔おもりの重さ(g)×支点からの距離《きょり》(cm)〕が時計回りと反時計回りで等しくなるとつり合う。よって，支点からおもりを下げた点までの距離(ここではおもりを下げた輪の半径)がより大きい(い)の方が，輪軸を時計回りに回転させるはたらきが大きいため，棒を下向きに押《お》す力を大きくする必要がある。　②　半径が異なる輪にひもをかけて輪軸を回転させるはたらきが等しくなるのは，それぞれのひもを引っ張る力の比が，それぞれの輪の半径の逆比と等しくなるときである。よって，Cの半径はDの２倍だから，Cのひもを引っ張る力はDの$\frac{1}{2}$倍である。また，100gのおもりを60度回転させるには，それぞれの輪を60度回転させる必要がある。半径が異なる輪を同じ角度回転させるとき，ひもを引っ張る長さは円周に比例

する。円周は直径(半径)に比例するから，半径がDの２倍のCにかけたひもを引っ張る長さはDの２倍になる。

③　(d)と(b)の後輪側の輪軸はどちらもDだから，ペダル側の輪軸のAとBのちがいに着目する。BからAへと輪の半径が$\frac{15}{10}=\frac{3}{2}$(倍)になれば，力の大きさは$\frac{2}{3}$倍になる。　④　ペダルを１回転させると，AとBの輪軸も１回転する。このとき，Aにかかったチェーンと Bにかかったチェーンが動く距離はそれぞれの輪の半径に比例するから，AからBに変えると$\frac{10}{15}=\frac{2}{3}$倍になる。また，チェーンが動く距離が同じとき，CとDが回転する角度はそれぞれの輪の半径に反比例するから，CからDに変えると$\frac{6}{3}=2$(倍)になる。よって，歯車の組み合わせを(a)から(d)に変えると，ペダルを１回転させたときの後輪が回転する角度は$\frac{2}{3}\times 2=\frac{4}{3}$(倍)になる。自転車が進む距離は後輪が回転する角度に比例するので，ペダルを１回転させる時間が同じであれば，自転車が進む速さは後輪が回転する角度に比例すると考えてよい。

(2)　図６では，支点からの距離を白と黒の目盛りの数におきかえて，てこをかたむけるはたらきを考える。表より，輪ゴムは40ｇで1.0㎝のびることがわかるから，輪ゴムを1.75㎝のばしたAの重さは$40\times\frac{1.75}{1.0}=70$(ｇ)である。棒が水平になるとき(てこをかたむけるはたらきが等しいとき)，両はしにかかる重さの比は支点からの距離の逆比と等しくなる。一番上の棒について，支点からの左右のはしまでの距離の比は６：１だから，左右のはしにかかる重さの比は１：６になる。よって，右はしにかかる重さ(B～Dの重さの合計)は$70\times 6=420$(ｇ)である。上から２番目の棒についても同様に考えると，Bと右はしにかかる重さ(CとDの重さの合計)の比は１：５だから，420ｇのうち，Bの重さは$420\times\frac{1}{1+5}=70$(ｇ)であり，右はしにかかる重さは$420-70=350$(ｇ)である。さらに一番下の棒についても同様に考えると，CとDの重さの比は２：３だから，350ｇのうち，Cの重さは$350\times\frac{2}{2+3}=140$(ｇ)であり，Dの重さは$350-140=210$(ｇ)である。よって，Dをつり下げている輪ゴムは$1.0\times\frac{210}{40}=5.25$(㎝)のびる。

【問題３】

(2)　温暖化の時期を表した図より，②や③と比べて①の期間は非常に長いことがわかる。

(3)　あたたかい地域とは逆に，寒い地域では体の大型化により，体重当たりの表面積を小さくし，熱を放出しにくくしている生物が多い。

【問題４】

(1)①　ア，オ　　イ．誤り。計画や予算の最終決定は市議会で行われる。ウ．誤り。市議会に対して請願書を提出することも，市議会を傍聴することも可能である。エ．誤り。市議会で制定や改廃できるのは，法律ではなく条例である。　③　雪室で野菜を保存すると，長期間保存できるだけでなく甘みが増してくる。

(2)①　グラフ…ウ　説明…コ　　米の生産量は，新潟県＞北海道＞秋田県の順に多い。アとケは新潟県，イとキは北海道，エとカは福島県，オとクは青森県。　②　ア，エ，オ　　県内の各地域の数値の平均が50以下になると，平年の米の収穫量の半分以下に減少したことを意味する。青森県…$(0+45+9+1)\div 4=13.75$
秋田県…$(69+89+86)\div 3=81.3$…　　山形県…$(88+56+78+79)\div 4=75.25$　　岩手県…$(2+30+7+34+8)\div 5=16.2$　　宮城県…$(33+41+42+42)\div 4=39.5$　　福島県…$(82+71+51+49)\div 4=63.25$

③　エ　　資料５において，特に太平洋沿岸の地域の数値が極端に低いことが読み取れる。夏，東北地方の太平洋側に吹く，北東からの冷たく湿った風をやませという。やませが吹くと，雲や霧が発生し，気温が上がらないため，農作物が成長しない冷害が起きる。

(3)①　イ　　千葉県にある銚子港は，水揚量は多いが単価の安い魚種が多いために，石巻港や焼津港などの遠洋漁業の基地となっている港より漁業産出額は少なくなる。また，千葉県は大消費地東京に近いため，ねぎなどを栽培する近郊農業がさかんであり，京葉工業地域もあるので製造品出荷額も比較的多い。アは静岡県，ウは北海道，エは宮城県。　②　干したイワシは干鰯と呼ばれ，綿栽培の肥料として，特に近畿地方で利用された。

⑷①　エ　　資料６を見ると，長岡市の人口は緩やかに増加しているのに対して，山古志村の人口は減少し続けていることがわかる。資料７の山古志村と長岡市の人口の内訳を比較すると，山古志村は０～14 歳の年少人口が少なく，65 歳以上の老年人口が多いことがわかる。生産年齢人口が流出したことで，過疎化と少子高齢化が進行していることが読み取れる。　②　生産年齢人口が減ったことで，住民税などの地方税収が減り，行政サービスに必要な財源が確保できなかったことが想像できる。

⑸①　エ　　ア．誤り。紫式部は藤原道長の娘彰子に教育係として仕えていた。イ．誤り。漢字の一部を切り取ってつくられたのはカタカナであり，ひらがなは漢字をくずしてつくられた。ウ．誤り。束帯は男性貴族の衣装である。オ．誤り。平安時代中期に発達した国風文化は，中国風の文化ではなく，日本独特の文化である。

②　エ，オ　　桃の節句は上巳の節句ともいう。　曲水の宴…古代中国で行われていたお祓いの儀式。これが日本に伝わって，３月３日に貴族のたしなみや遊びとして行われるようになった。ア．誤り。七草がゆを食べるのは，１月７日の人日《じんじつ》の節句である。イ．誤り。しょうぶを飾り，柏もちを食べるのは５月５日の端午の節句である。ウ．誤り。先祖の霊をなぐさめ，仏を供養する行事が行われるのは，７月または８月に行われるお盆である。

⑹①　イ　　聖徳太子は，それまでの朝貢形式ではなく，対等な立場で国交を開こうとした。

②　ア　　ウ．1931 年→エ．1933 年→ア．1937 年→イ．1941 年→オ．1943 年

③　ア　　輸入総額が最も高く，上位品目に衣類があるアが中国である。イはアメリカ合衆国，ウはロシア，エはオーストラリア。

⑺①　古くから続く祭りは，「竿灯まつり」「大潮まつり」「葵祭」である。「米の豊作を願い」「大漁・海上安全を祈願する」「豊作を祈った」のように，いずれも神々に自然の実りの豊かさを願うものであった。

②　多くの観光客が集まることで，宿泊・食事・土産の購入などの消費活動が行われ，関連する産業が活性化する。イベントが行われることで，大きな経済効果が見込める。

《解答例》

問い１．A．オ　B．イ　C．ウ　D．ア　E．エ　　問い２．ア　　問い３．エ　　問い４．ウ
問い５．牙の大きなゾウから選択的に殺されて、遺伝的に牙の小さい系統が生き残り、全体的に牙が小型化したから。
問い６．危害を加えられないかぎり、積極的に人間をおそうことはない　　問い７．記憶力が抜群であり、何世代もが何十年も同じ群れで一緒に暮らしていて家族の絆が強い　　問い８．何千年も親密で友好的な関係を保ってきたゾウが牙をむくようになってしまうほど、人間がむごい大量殺りくをくり返してきたから。　　問い９．最近は、ア
問い10．(1)ア．地元民　イ．同じ所で生活することはできない
(2)(例文)

人間の考えた対策がいずれゾウに見破られ、いたちごっこになることが課題だと考えた。

一時的な対策をくり返すのではなく、根本的に解決するためには、ゾウが生きていける場所を回復させなければならない。ゾウが人間の農村を荒らすのは、餌に困っているからだ。ゾウが餌に困らないような草原や森林を再生するためには、現状を調査して植生を回復する方法を見きわめ、適切に管理や保全をしていくことが必要だ。

《解　説》

問い１Ａ　前後に「動物園やサーカスや映画の人気者」「積極的に人間をおそうことはない」とあることから，オの「共存」が適する。　**Ｂ**　本文後半で「人間への復讐《ふくしゅう》ではないかと考える研究者もいる」と述べていることと同じ。イの「報復」とは，仕返しをすること。　**Ｃ**　この段落では，ゾウの生息状況《じょうきょう》の変化が説明されているので，ウが適する。　**Ｄ**　「一九八〇年代には年間二〇〇万個の象牙《ぞうげ》の印鑑《いんかん》が製造されていた」と続くことから考える。アの「需要《じゅよう》」とは，購入《こうにゅう》しようとする欲求，求めること。　**Ｅ**　エの「推定」とは，あることを手がかりにして，こうだろうと判断すること。

問い３　本文３段落目で「その(象牙の)最大の輸入国は日本と中国だった」と述べたことをふまえて，「この(象牙の)主な輸出先は～日本と中国だった」と述べているので，エの「やはり」が適する。

問い４　ワシントン条約で禁止されたが，「現在でも毎年二万頭前後が密猟《みつりょう》者に殺されている計算になる」「このチャドのほかに～でも密猟が続いている。ケニアの例では～一頭を殺して～一年以上，楽に暮らせる。これでは密猟が止まるはずもない」「密猟が続いていることは，密貿易もまだ続いていることをものがたる」「規制強化で価格は暴騰《ぼうとう》しているので，これでも商売になる」と述べている。よって，ウが適する。

問い５　――①の直後の段落で「牙《きば》の大きなゾウから選択《せんたく》的に殺されるために，遺伝的に牙の小さい系統が生き残り，全体的に牙の小型化が起きているともいわれる」と理由を説明している。

問い６　本文２行目に「危害を加えられないかぎり，積極的に人間をおそうことはないとされる」とある。

問い７　「仮説」は，人間の殺りくによって「家族の絆《きずな》を崩壊《ほうかい》」させられ，むざんに母を殺された子ゾウたちが，「二〇～三〇年後に『復讐』に走っているのではないか」というもの。――③では，ゾウの能力や暮らし方から考えると，大事な家族を殺されたうらみを長年にわたって忘れず，仕返しをしているのではないかという説に納得がいくということを言っている。――③のある段落と，その直前の段落を参照。「記憶《きおく》力は抜群《ばつぐん》だ」「何世代もの家族が何十年も

同じ群れで一緒《いっしょ》に暮らす。一頭が死ぬと何時間も寄りそって見守り，死骸《しがい》から離《はな》れずに骨になっても愛撫《あいぶ》する姿もみられる」とあることから，ゾウがどのような動物かをまとめる。

問い８　「野生動物でゾウほど人間と親密だったものは，他にいない～その友好的なゾウが，ついに人間に刃《は》向かうようになった」原因は人間にある，ゾウにそうさせたのは人間だということ。ゾウに対して人間がしてきたこととは，本文を通して述べてきた「虐殺《ぎゃくさつ》」「殺りく」である。「凶暴《きょうぼう》」とは，残忍で乱暴なさま。

問い９　本文後ろから８行目の「最近は～野生化し，大群で人間をおそって死者まで出ている凶暴なハチだ」という一文が，それまでの内容とつながらず，とうとつに感じられることから判断する。一文を入れるとスムーズにつながる。

問い10(1)　ア．「アフリカの農村ではゾウは嫌《きら》われ者だと書かれていたね」「アフリカでは人口が急激に増えて，ゾウの生活圏《けん》が急激に縮んでいるようだね」「だから～衝突《しょうとつ》が絶えないみたいだね」という会話は，本文の，四角で囲まれた部分の直後の３段落で述べられている内容である。「ゾウが水を求めて人間の水場にやってくるようになったことも，地元民との衝突の一因になっている」より。　イ．直前に「『共生』の意味をふまえて考えると」とあるので，その直前で都さんが「辞書に，『共生』とは，ともに所を同じくして生活すること，と書いてあったよ」と言っていることから考える。

西京高等学校附属中学校　2023 令和5年度　適性をみる検査Ⅱ

《解答例》

【問題１】⑴(イ)　⑵(ア)　⑶(ア)，(ウ)，(オ)　⑷12，6

⑸グラフ…２　理由…勉強中に眠くなって寝てしまう人が大半　方法…勉強する時間帯を早めに設定

【問題２】⑴花子さん／２　⑵90　⑶890　⑷(a)(エ)　(b)９，15

【問題３】⑴16　⑵16　⑶(ア)　⑷22.84　⑸22.41

【問題４】⑴ＰＡ，ＰＥ，ＰＨ　⑵右図　⑶(ア)，(イ)，(エ)，(カ)　⑷(ア)，(ウ)，(エ)

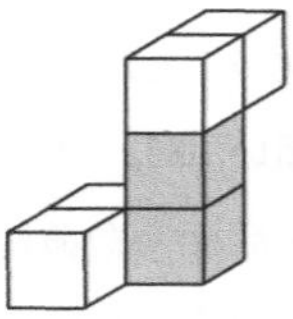

【問題５】⑴①３　②３　⑵①Ｌ→Ｌ→Ｒ→Ｌ→Ｒ→Ｒ　②Ｒ→Ｌ→Ｒ→Ｌ→Ｌ→Ｌ

⑶７段目にはリンゴが３個ある。７段目のリンゴが１段目にあるのは２秒間で，この２秒間で人は２マスまでしか移動できないから，７段目のリンゴは２個までしかとれない

《解　説》

【問題１】

⑴　35÷２＝17 余り１より，中央値は，大きさ順で 18 番目の時刻となる。10 時未満が６＋９＝15(人)，10 時 30 分未満が 15＋７＝22(人)なので，中央値を含《ふく》む階級は，10 時以降 10 時 30 分未満の階級である。

⑵　９時以降９時 30 分未満の階級が６人，９時 30 分以降 10 時未満の階級が９人，10 時以降 10 時 30 分未満の階級が７人，10 時 30 分以降 11 時未満の階級が４人，11 時以降 11 時 30 分未満の階級が５人，11 時 30 分以降 12 時未満の階級が１人になるヒストグラムを選べばよい。

⑶　(ア)表２より，キャシーさんと同じ階級である９時 30 分以降 10 時未満の階級で②と答えた人は３人なので，正しい。　(イ)表１より，９時以降９時 30 分未満の階級が６人いるので，正しくない。

(ウ)表２より，就寝《しゅうしん》時間が 11 時未満で，③と答えた人はいないので，正しい。

(エ)就寝時間がもっとも早い人のうち，考えられるもっとも早い時間は９時以降，就寝時間がもっとも遅い人のうち，考えられるもっとも遅い時間は 12 時 30 分未満だから，差は最高でも 12 時 30 分－９時＝３時間 30 分未満となる。よって，正しくない。　(オ)表２より，①と答えた人は全部で５＋６＋２＋３＋１＋２＝19(人)いる。これはクラスの半数以上なので，正しい。

⑷　10 時を基準とすると，35 人の就寝時間の合計は，10 時よりも 18×35＝630(分)だけ遅い。

また，36 人の就寝時間の合計は，10 時よりも 21×36＝756(分)だけ遅いから，京子さんの就寝時間は，10 時よりも 756－630＝126(分)，つまり，２時間６分だけ遅い。求める時刻は，10 時＋２時間６分＝12 時６分

⑸　根拠《こんきょ》となるグラフは，結果がどちらかにかたよっているグラフを選ぶと考えやすい。

【問題２】

⑴　太郎さんはルート②で駅から学校まで進むから，南北の道を合わせて 600m，東西の道を合わせて 1200m進む。

よって，太郎さんは出発してから 600÷120＋1200÷80＝５＋15＝20(分後)に学校に着く。

花子さんは 600＋1200＝1800(m)進むから，出発してから 1800÷100＝18(分後)に学校に着く。

よって，花子さんのほうが 20－18＝２(分)早く学校に着く。

⑵　２人が同時に駅を出発し，同時に学校に着くとき，花子さんは 1800mの道のりを 20 分で進む。

よって，求める速さは，分速(1800÷20)m＝分速 90m

(3)　太郎さんは駅を出発してから 20 分後に学校に着く。また，学校の手前の 200m南北の道を分速 120mで進むから，出発してから 19 分後は，学校から 120mだけ南の位置にいることがわかる。

花子さんは出発してから 19 分で 100×19＝1900(m)進む。また，花子さんは出発してから 19 分で太郎さんと出会うから，(学校から工事現場までの距離《きょり》)×２＋120mだけ進む。よって，学校から工事現場までの距離は，(1900－120)÷２＝890(m)

(4)(a)　どのルートを進む場合でも，南北の道を合わせて 600m，東西の道を合わせて 1200m進むことに変わりはないので，学校に着くまでの時間は同じである。

(b)　ルート③について，右のように記号をおく。

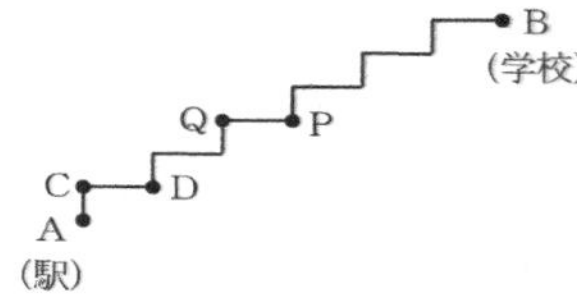

太郎さんはＡＣ間を $100\div120=\frac{5}{6}$(分)，ＣＤ間を $200\div80=\frac{5}{2}$(分)で進む。

ジョンさんはＡＣ間を $100\div80=\frac{5}{4}$(分)，ＣＤ間を $200\div120=\frac{5}{3}$(分)で進む。

ジョンさんはＢからＰまで進むのに，$\frac{5}{4}\times3+\frac{5}{3}\times3=\frac{35}{4}$(分)かかり，

太郎さんはＡからＱまで進むのに，$\frac{5}{6}\times3+\frac{5}{2}\times2=\frac{15}{2}$(分)かかる。

よって，ジョンさんがＰについたとき，太郎さんはＱから $80\times(\frac{35}{4}-\frac{15}{2})=100$(m)進んだ位置にいるから，このときの２人の間の距離は，200－100＝100(m)である。ここから，２人の間の距離は１分で 80＋120＝200(m)短くなるので，求める時間は，$\frac{35}{4}+100\div200=\frac{37}{4}=9.25$(分後)，つまり，９分(0.25×60)秒後＝９分 15 秒後

【問題３】

(1)　インクがついた部分は右図の斜線《しゃせん》部分のように，たてが２cmで横が２＋６＝８(cm)の長方形になるから，求める面積は，２×８＝16(cm²)

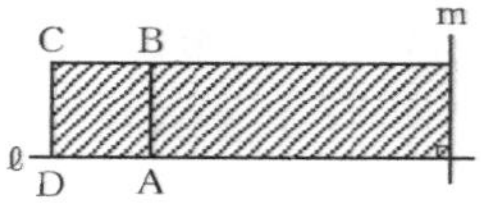

(2)　インクがついた部分は右図の斜線部分のようになるので，太線で３つの図形にわけて考える。正方形ＡＢＣＤの面積は，２×２＝４(cm²)

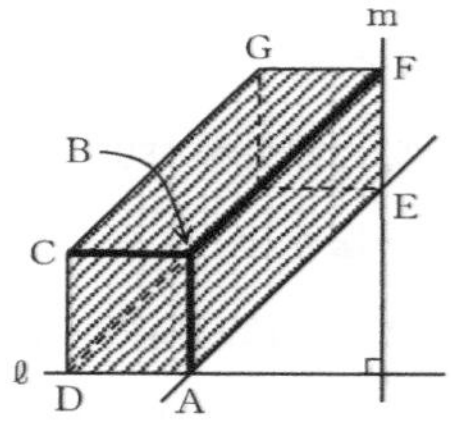

平行四辺形ＡＢＦＥは，底辺をＡＢ＝２cmとすると，高さが３cmとなるので，
面積は，２×３＝６(cm²)

平行四辺形ＢＣＧＦは，底辺をＢＣ＝２cmとすると，高さが３＋２－２＝３(cm)となるので，面積は，２×３＝６(cm²)　　求める面積は，４＋６＋６＝16(cm²)

(3)　点Ａを中心とした半径ＡＤのおうぎ形について，曲線部分に点Ｐをとると，常にＡＰ＝ＡＤ＝２cmが成り立つ。図７について，右のようにＰをとると，三角形ＡＤＰは角ＡＤＰ＝90°の直角三角形だから，ＡＰはＡＤより大きいことがわかる。よって，図７のようにおうぎ形が正方形ＡＢＣＤからはみ出すことはない。

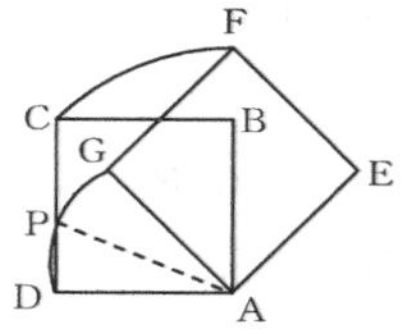

(4)　インクがついた部分は右図の斜線部分のようになるので，太線で２つの図形にわけて考える。三角形ＡＣＱは底辺をＣＱ＝２×２＝４(cm)とすると高さがＡＤ＝２cmとなるので，面積は，４×２÷２＝４(cm²)

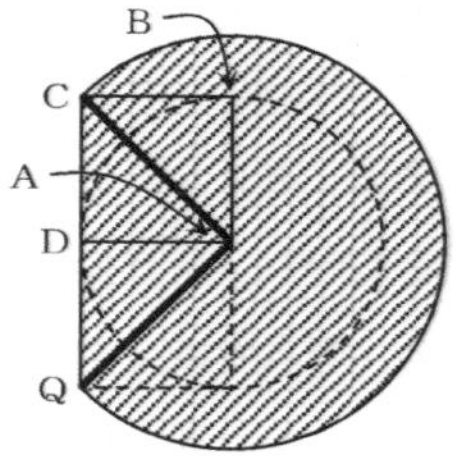

おうぎ形ＡＣＱは，半径がＡＣで中心角が 270° のおうぎ形である。

正方形の面積は(対角線)×(対角線)÷２で求められるから，正方形ＡＢＣＤの面積について，ＡＣ×ＡＣ÷２＝４となるので，ＡＣ×ＡＣ＝４×２＝８

よって，おうぎ形ＡＣＱの面積は，ＡＣ×ＡＣ×$3.14\times\frac{270°}{360°}=8\times3.14\times\frac{3}{4}=18.84$(cm²)

したがって，求める面積は，４＋18.84＝22.84(cm²)

(5)　インクがついた部分は右図の斜線部分のようになるので，太線で３つの図形にわけて考える。三角形ＡＣＤの面積は，２×２÷２＝２(㎠)

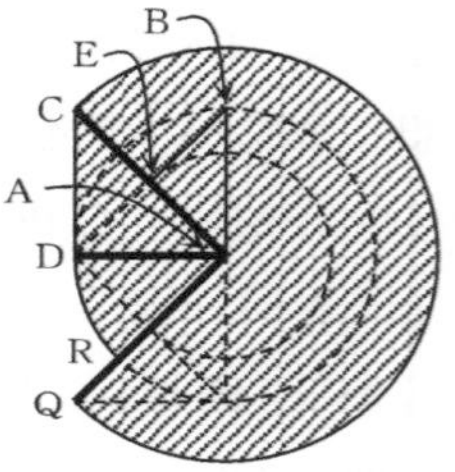

おうぎ形ＡＤＲは，半径がＡＤ＝２㎝，中心角が角ＤＡＲ＝45°なので，面積は，

$2\times2\times3.14\times\frac{45^\circ}{360^\circ}=1.57$(㎠)

おうぎ形ＡＣＱの面積は18.84㎠なので，求める面積は，２＋1.57＋18.84＝22.41(㎠)

【問題４】

(1)　ＰＱの長さは，右図の太線のように，立方体を２つあわせてできる直方体の対角線の長さに等しい。これと同じ長さになるのは，ＰＡ，ＰＥ，ＰＨの３つある。

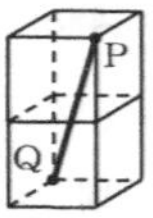

(2)　図６で動かすことができる面は，右図の太線で囲まれた面である。

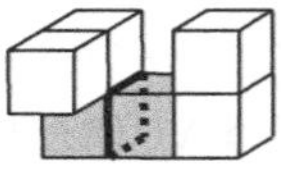

太線より右側の立体を90°だけ奥に回転させ，その後立体全体を90°だけ反時計回りに回転させると，図７のようになる。

(3)　図８で動かすことができる面は，右図の太線で囲まれた２つの面である。

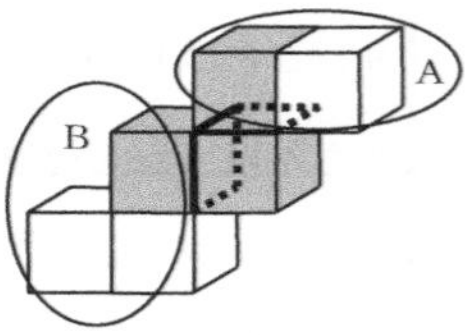

Ａの部分を180°だけ回転させ，その後Ｂの部分を90°だけ手前に回転させると，(ア)ができる。Ａの部分を90°だけ奥に回転させ，その後Ｂの部分を180°だけ回転させると，(イ)ができる。Ａの部分を90°だけ手前に回転させ，その後Ｂの部分を90°だけ手前に回転させると，(エ)ができる。Ｂの部分を180°だけ回転させ，立体全体を90°だけ，時計回りに回転させると，(カ)ができる。

(4)　図８で動かすことができる面は，右図の太線で囲まれた３つの面である。

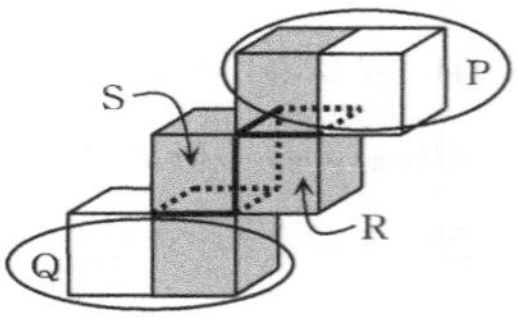

ＱとＳの部分をまとめて180°だけ回転させ，その後ＰとＱの部分をそれぞれ90°だけ手前に回転させる。その後，立体全体を90°だけ奥に回転させると，(ア)ができる。

Ｑの部分を180°だけ回転させ，その後ＰとＲの部分をまとめて90°だけ手前に回転させ，さらにＰを90°だけ下に回転させる。その後，立体全体を90°だけ反時計回りに回転させ，さらに90°だけ奥に回転させると，(ウ)ができる。ＱとＳの部分をまとめて90°だけ手前に回転させ，その後ＰとＱの部分をそれぞれ180°だけ回転させると，(エ)ができる。

【問題５】

秒数ごとのリンゴの位置を考えるのは大変なので，スタート前のリンゴの位置を固定し，人が２秒ごとに１段進むと考える(Ｒの場合は右上，Ｌの場合は左上に進む)。

図ⅰ　図ⅱ　図ⅲ

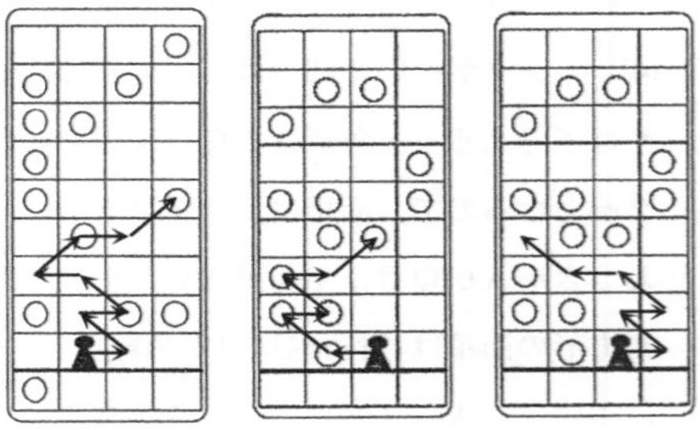

(1)　人は，図ⅰのように１秒ごとに矢印の向きに移動する。よって，１つ目のリンゴを受け止めるのは３秒後で，８秒間で３個のリンゴを受け止める。

(2)①　図ⅱのように人が動けばよいので，人の動きは，「Ｌ→Ｌ→Ｒ→Ｌ→Ｒ→Ｒ」である。

②　図ⅲのように人が動けばよいので，人の動きは，「Ｒ→Ｌ→Ｒ→Ｌ→Ｌ→Ｌ」である。

(3)　各段のリンゴについて，とれるのは最大で２個となる。

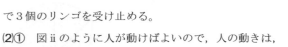

《解答例》

【問題１】⑴ウ　⑵実験４　⑶イ　⑷イ

【問題２】⑴①ｄ　②クモを食べる生物の中にはアリをきらうものも多いので，アリに似ていることで，食べられにくくなる。
⑵顔以外の部分に塗料を塗り，顔の模様は変えずに　⑶エ

【問題３】⑴エ　⑵イ　⑶ア．Ｃ　イ．Ｄ

【問題４】⑴使用する温度計によって，温度にちがいが出ないことを確かめるため。　⑵右グラフ　⑶ウ

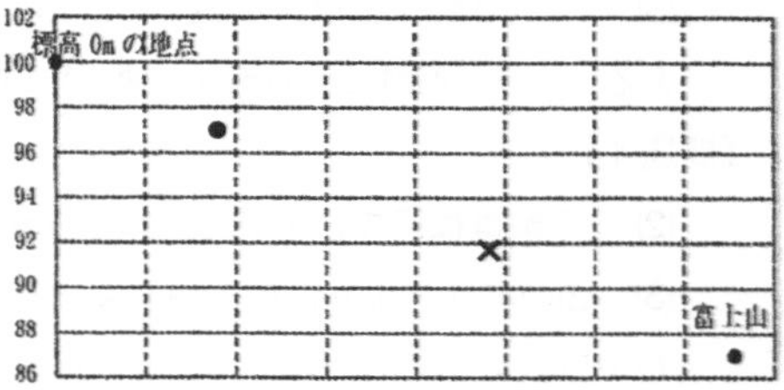

【問題５】⑴エ　⑵イ　⑶イ　⑷富国強兵　⑸ア　⑹盛岡　⑺ア，ウ　⑻カ　⑼エ　⑽イ，キ
⑾エ

【問題６】⑴ウ　⑵①燃料　②４　③輸入相手国と海をへだてていて，遠い　⑶流通時間も短縮され，食品が傷みにくくなるので，食品の廃きを減らすことができる。　⑷①イ　②だけでなく，一年中提供する
⑸持続可能

《解　説》

【問題１】

⑴　ふりこが１往復する時間はふりこの長さによって変わるが，おもりの重さやふれはばによって変わらないので，おもりの重さを変えても，ふりこが１往復する時間は変わらない。

⑵　てこでは，棒を左右に回転させるはたらき〔おもりの重さ(ｇ)×支点からの距離《きょり》(㎝)〕が等しくなるときにつり合う。均一な棒の重さは中央にかかるので，実験２～５では，7.8ｇが棒の中央にかかる。よって，Ｐからおもりまでの距離《きょり》が最も長い実験２と実験４の棒とおもりのうち，おもりがより重い実験４の方がてこを時計回りに回転させるはたらきが大きくなり，ＰからＱまでの長さが長くなる。

⑶　ものの重さがかかる点を重心といい，ふりこの長さはふりこをとめている部分から重心までの長さである。実験２と４では，おもりが棒の同じ位置についているが，実験４のおもりの方が実験２よりも重いので，実験４の重心の方が40ｇのおもりに近い位置にある。よって，実験４のふりこの方が長さが長く，１往復する時間も長くなる。

⑷　⑵でひもを重心につるすと水平につり合うので，実験５の棒の重心は中央だが，実験３では，図６のように20ｇのおもりの近くに重心がある。よって，実験３の方が重心が上にあり，実験５に比べてふりこの長さが短いので，１往復する時間は実験５の方が長くなる。

【問題２】

⑴①　アリグモはクモのなかまであしが８本ある。ｓもそのうちの１本である。

⑵　顔の模様ではなく，塗料《とりょう》の臭《にお》いで仲間ではないと判断したかどうかを確かめるので，Ｅのグループは顔以外の部分に塗料を塗り，顔の模様は変えずに群れに戻《もど》したと考えられる。

⑶　ツバメは５月から９月ごろまでは日本で見かけるが，日本の気温が低くなってくる10月ごろには日本の南のベトナムなどへ渡り，４月ごろまでを日本の南の地域ですごす。地球の気温が上がってきている近年では，日本ですごす期間が長くなり，その分ベトナムで過ごす期間が短くなってきている。

【問題３】

⑴　ア×…上流では，川の流れが速いので，小さな石の粒《つぶ》や大きい砂は流されて残っていない。　イ×…中流に残っている石は平らになっていないものが多い。　ウ×…下流の砂粒は角がとれて丸くなっているものが多い。

⑵　イ○…川の曲がっているところの内側では水の流れがゆるやかで，小石や砂がたい積して川原ができやすい。

⑶　ア．川の上流の流れが速いところでは，しん食作用によってＶ字谷ができやすい。よって，上流で傾斜が急なＣである。　イ．河口付近の流れがゆるやかなところでは，たい積作用によって三角州ができやすい。よって，Ｄである。

【問題４】

⑵　横軸《よこじく》は標高で，１目もりは500ｍである。

⑶　⑵のグラフより，標高が高くなるにつれて，ほぼ一定の割合でお湯が沸《わ》いたときの温度が下がっていることがわかる。よって，⑵のグラフに直線を引くと，標高1438ｍの神山の山頂《さんちょう》でお湯が沸く温度はウだとわかる。

【問題５】

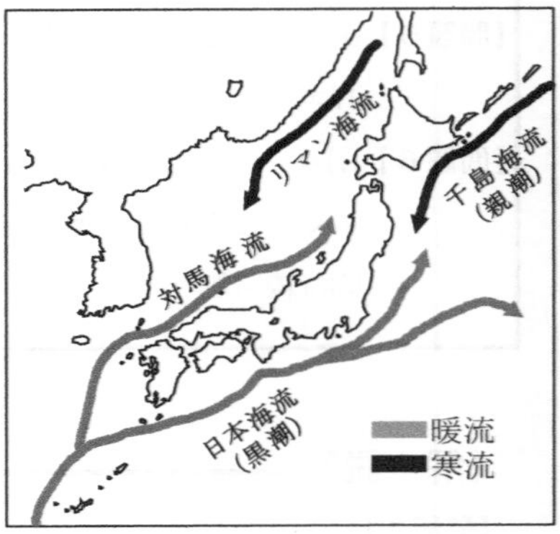

⑴　アは飛鳥時代，イは奈良時代，ウは平安時代前期の出来事なので誤り。

⑵　ア・イ．日本周辺の海流については右図。　ウ．潮目には魚のエサとなるプランクトンが多く発生し，好漁場となる。　エ．マグロは暖流魚である。

⑶　ア．資料２の①より，甲府市では１日の気温差が大きいことがわかる。ウ．資料３より，甲府市は東京より夏の降水量が少ないことがわかる。内陸性の気候では１年を通して降水量が少なくなる。　エ．資料３より，東京より夏に気温が高いことがわかる。盆地では夏に気温が上がりやすい。

⑸　エ(1866年)→オ(1867年)→ア(1871年)→イ(1881年)→ウ(1885年)の順となる。年号を覚えていなくても，大政奉還までの出来事の順番や，自由民権運動の始まりから，国会開設までの出来事の順番は覚えておきたい。

⑺　イ・オは室町時代，エは江戸時代が始まる直前(1600年)の出来事である。

⑻　Ｂは埼玉県にある稲荷山古墳から出土した鉄剣，Ｃは古墳の上に並べられた武人埴輪である。Ａは「漢委奴国王」とほられた金印で弥生時代，Ｄは縄文土器で縄文時代のものである。

⑼　1590年に天下統一を果たしたのは豊臣秀吉である。豊臣秀吉は刀狩りを行って，兵農分離を進めた。アは十七条の憲法，イは五箇条の御誓文，ウは武家諸法度(寛永令)である。

⑽　ア・ウ・エ・オは強い風を防ぐ工夫，カは水不足を補うための工夫である。白色は光を多く反射するので，白いかべは暑さを和らげる効果がある。ヨーロッパの地中海沿岸にも夏の日光による暑さ対策などのために，白いかべの家が多く並ぶ街並みがある。

⑾　ユネスコは国際連合教育科学文化機関の略であり，国連の機関なので，ア・イ・ウは不適切だと判断できる。

【問題６】

⑴　まだ食べられるのに廃きされる食品のこと，または廃きされることを食品ロス(フードロス)という。大切な資源の有効活用や環境負荷への配慮から，食品ロスを減らすことが呼びかけられている。資料１は，消費期限や賞味期限切れによる，食品の廃きを減らすための呼びかけである。

⑵②　諸外国と比べて日本の食料自給率は低く，カロリーベースで40％前後，生産額ベースで60％台であることは覚えておこう。　③日本は島国であることや，アメリカやカナダ，オーストラリアとの関係が深いことから，輸入の際に海を渡り，輸送距離が長くなる。

⑶　地産地消はほかにも，バーチャルウォーターの問題への取り組みや，町おこしにもつながる。

⑷　日本において，かぼちゃの栽培に適した時期は，夏から秋にかけてである。それ以外の時期は季節が逆となる南半球のニュージーランドなどから輸入している。

★西京高等学校附属中学校　2022 令和4年度　適性をみる検査Ⅰ

《解答例》

問１．イ　問２．A.「時間がかかる」ことは障害だ　B．より速く動いて無駄を省くこと

問３．9，10　問４．時間と空間という制約を克服　問５．エ　問６．12，13

問７．ａ．野暮用　ｂ．損　ｃ．価値　問８．ウ　問９．⑴ａ．心の豊かさや安らぎ、生きる喜び

ｂ．生きた時間　ｃ．じぶんのものである　ｄ．時間とは、生きるということそのもの

⑵（例文）

「時間がかかる」ことを無駄だと責める考えを改め、時間とゆっくり向き合うべきだというメッセージを読み取った。それは、「生きた時間」を「じぶんのもの」として守るということだ。

私もその考えに賛成だ。なぜなら、時間を節約することに必死になっているあいだは、今というかけがえのない時間をおろそかにしていると思うからだ。目の前の人や出来事を大切にすることの積み重ねが、豊かな人生をつくるのだと考える。

《解　説》

問１　――①とイの「かかる」は、（時間や労力、お金などが）必要であるという意味。

問２　前の段落でザックスが言っているように、近代においては、「時間と空間は克服《こくふく》されるべき障害」であり、「距離《きょり》があること自体がやっかい事」「時間がかかること自体が無駄《むだ》であり損である」と考えられている。――②は、こうした考え方に基づいている。自動車や新幹線、携帯《けいたい》電話などを使えば、距離を縮め、時間を省くことができる。「加速」すれば時間を省けるので、無駄を省くことにつながる。近代という時代では、そうするように求められている（＝命令されている）のである。

問３　まず、9段落に「あらゆる新技術で『浮《う》いた時間』はさらなる距離へ～より多くの会合や商談へ、と転換《てんかん》される」とある。せっかく浮いた時間をこうしたことに使うのでつらくなるのである。また、10段落には、「加速が成長を駆《か》り立て～こうしてスピード病が社会に蔓延《まんえん》する」とある。現代では、スピード病のせいで「みんな忙《いそが》しそう」である。ほとんどの人にとって、せかされるのはつらいはずである。

問４　――④の「力」と、次の行にある「そうした力」は同じものを表している。「そうした力」が指すものは、「時間と空間という制約を克服」する力である。

問６　ぬけている文章の最初の「これ」が指す内容は、直後にあるように「経済学でいう『生産』の時間と『再生産』の時間が対立し～後者が～片隅《かたすみ》に追いやられている姿」である。「これ」という言葉は直前の内容を指すので、抜けている文章の直前では、こうした姿が説明されているはずである。12段落の「『時間がかかる』ことの中でも～家族と過ごすことさえ『雑用』と見られかねない」の部分が、「これ」が指す部分である。また、13段落の「前にあげた『雑事』の数々」が指すものは、ぬけている文章の「遊び、趣味《しゅみ》～休息」の部分である。

問７ａ　12段落では、「雑事」と同じ意味の言葉として、「雑用」と「野暮《やぼ》用」が挙げられている。　**ｂ**　2段落に「時間がかかること自体が無駄であり損である」とある。また、12段落に、「雑事」「野暮用」のひとつである「家事」について、「それに携《たずさ》わることは一種の無駄だと見なされ～損でもしたかのように感じながら」と書かれている。

ｃ　13段落の内容に着目する。「人生とはそもそもこうした雑事の集積のことではなかったのか」「我々は『留まるこ

と』の価値を忘れがちだった」「前にあげた『雑事』の数々はどれも『留まること』に関わる、『留まる者』たちならではの技術だといえる」などから、人生は雑事の集まりであり、雑事の中に人生(生きること)の価値があるということがわかる。

問８ この文章では、近代において、直接生産や金に結びついていないように見えるもの、つまり「雑事」に時間をかけるのは無駄であり損だと考えられていると述べている。一方、筆者は、人生は「雑事」の集まりであり、その中に生きることの価値があるのに、人々はそのことを忘れていると考えている。ジョージア・オキーフの言葉にある、小さな花を見ること、友だちをつくることは、人生において大切で価値があり、時間がかかることの例としてあげられている。つまり、ジョージア・オキーフの言葉は、人生において大切で価値があるものは、時間がかかることもあるが、人々はそのことを忘れているということを表すために引用されている。

問９ａ 直前の「筆者が『雑事』といっているもの」には、「家族と過ごすこと」や、「遊びや雑談、友達づき合いなど」がふくまれている。これらがどんなことを与《あた》えてくれるかを考える。　**ｂ** 問８の解説にあるように、小さな花を見ること、友だちをつくることは、人生において大切で価値があり、時間がかかることである。こうした行動あるいは時間にあてはまるものを資料から探す。　**ｃ** ｂには「生きた時間」が入る。資料には「この時間は、ほんとうにじぶんのものであるあいだだけ、生きた時間でいられる」とあるので、この部分からぬき出す。　**ｄ** 「人生とはそもそもこうした雑事の集積のことではなかったのか」という部分は、時間のかかる雑事にこそ生きることの価値があるということを言っている。このことは、「時間とは、生きるということそのもの」という考えにつながっていく。

《解答例》

【問題1】⑴(ウ)　⑵(ウ)　⑶①記号…(ウ)　求め方…(21＋25＋33＋30＋20＋25＋33＋28＋37)÷9＝28(歩)に，基準にした6500歩を足すと，28＋6500＝6528(歩)　②(イ)，(オ)

【問題2】⑴24　⑵750　⑶(ア)，(エ)　⑷400　⑸2.6

【問題3】⑴14　⑵1260　⑶105　⑷(ア)　⑸15，45

【問題4】⑴4　⑵3，5，6，8　⑶最小…5　最大…9　⑷A．(ア)　B．上と下，右と左，前と後ろの面の目はそれぞれ等しく，6つの面の目の合計は上と右と前の面の目の合計の2倍になるから　⑸(ウ)

【問題5】⑴(イ)，(オ)　⑵(ウ)　⑶⑤　⑷(ア)，(エ)，(カ)　⑸aからgまで進むためには必ず⑥を通るが，⑥は道が3本に分かれているので，ロボットが止まってしまうから。

《解　説》

【問題1】

⑴　教子さんは1日で約40×6000＝240000(cm)，つまり，約$\frac{240000}{100\times1000}$＝2.4(km)歩くので，合計で300km歩くには，およそ300÷2.4＝125(日)かかる。

⑵　グラフより，6月4日まで歩いた歩数の合計は95000歩より少なく，6月5日まで歩いた歩数の合計は100000歩より多い。よって，6月5日に歩いた歩数は，100000－95000＝5000(歩)より多く，明らかに10000歩より少ない。そのようなグラフは(ウ)しかないので，適するグラフは(ウ)である。

⑶①　6500歩を基準にすると，8月1日は21歩，8月2日は25日，…となるので，解答例のような式で計算できる。基準をいくつにしても，平均は変わらない。

②　(合計)＝(平均)×(日数)で求められるから，(イ)と(オ)は正しい。お父さんの9日間の歩数の平均がわかっても，1日ごとの歩数はわからないので，(ア)と(ウ)と(エ)正しいとはいえない。

【問題2】

⑴　①，②，③について，だし汁，しょうゆ，みりんのうち，どれを使い切ったのかを考える。

①について，めんつゆとだし汁，めんつゆとしょうゆ，めんつゆとみりんの比はそれぞれ，600：400＝3：2，600：140＝30：7，600：100＝6：1である。②のしょうゆが750×$\frac{7}{30}$＝175(g)より少なく，③のみりんが900×$\frac{1}{6}$＝150(g)より少ないから，①はだし汁を使い切ったことがわかる。また，②と③のだし汁はそれぞれ，750×$\frac{2}{3}$＝500(g)，900×$\frac{2}{3}$＝600(g)より多いから，②と③はだし汁以外を使い切った。

②について，めんつゆとしょうゆ，めんつゆとみりんの比はともに750：150＝5：1である。①のみりんが600×$\frac{1}{5}$＝120(g)より少ないから，②はしょうゆを使い切ったことがわかる。また，③のしょうゆは900×$\frac{1}{5}$＝180(g)より多いから，③はだし汁としょうゆ以外の，みりんを使い切ったことがわかる。

したがって，めんつゆ120gに含《ふく》まれるしょうゆの量は，120×$\frac{1}{5}$＝24(g)

⑵　⑴より，「めんつゆの作り方」で作っためんつゆとだし汁，めんつゆとしょうゆ，めんつゆとみりんの割合はそれぞれ，3：2，5：1，900：120＝15：2である。④について，だし汁，しょうゆ，みりんをそれぞれ使い切

ったときにできるめんつゆの量は，$500\times\frac{3}{2}=750$(g)，$200\times5=1000$(g)，$200\times\frac{15}{2}=1500$(g)となるから，完成品のめんつゆの量は，750gである。

⑶　⑤について，だし汁，しょうゆ，みりんをそれぞれ使い切ったときにできるめんつゆの量は，$320\times\frac{3}{2}=480$(g)，$40\times5=200$(g)，$24\times\frac{15}{2}=180$(g)となり，完成品のめんつゆの量は180gとなるから，(ア)と(エ)は適切であり，(イ)と(ウ)は適切でない。割合さえ守れば，どんな量のめんつゆも作れるから，(オ)は適切でない。

⑷　5倍のめんつゆ100gは，水を蒸発させる前は$100\times5=500$(g)だから，加える水の量は，$500-100=400$(g)

⑸　2倍のめんつゆ40gと3倍のめんつゆ60gの水を蒸発させる前の量はそれぞれ，$40\times2=80$(g)，$60\times3=180$(g)である。よって，$80+180=260$(g)のめんつゆを濃縮して$40+60=100$(g)としためんつゆと同じものができるから，$260\div100=2.6$(倍)のめんつゆができる。

【問題3】

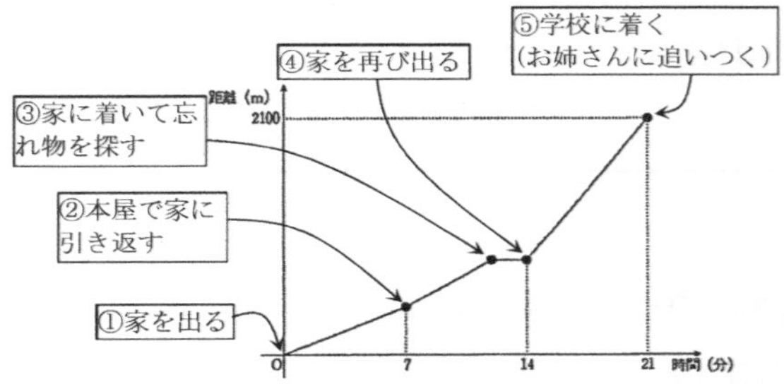

⑴　グラフから，右図のようなことがわかるので，求める時間は，$21-7=14$(分)

⑵　京子さんとお姉さんは家から本屋までを7分で進み，同じ速さでお姉さんは家から学校までを21分で進んだ。よって，家から本屋までと家から学校までの距離《きょり》の比は$7:21=1:3$となる。家から本屋までの距離を1，家から学校までの距離を3とすると，京子さんは全部で2100m進んだので，$1+1+3=5$が2100mにあたる。よって，家から学校までの距離は，$2100\times\frac{3}{5}=1260$(m)

⑶　⑵より，家から本屋までの距離は，$2100\times\frac{1}{5}=420$(m)

②から③までにかかる時間は$(14-3)-7=4$(分)だから，求める速さは，分速$(420\div4)$m＝分速105m

⑷　③から④の間，京子さんは家で止まっており，お姉さんは学校に向かって進んでいるので，2人の間の距離は増加している。そのようなグラフは(ア)だけなので，適切なグラフは(ア)である。

⑸　お兄さんとお姉さんがすれ違うまでに歩いた距離は同じだから，2人の速さは同じで，分速$(420\div7)$m＝分速60mである。家から本屋までの距離は家から学校までの距離の半分より短いので，お兄さんと京子さんがすれちがうのは，④から⑤の間だとわかる。④のとき，お兄さんは学校から$60\times14=840$(m)進んだ位置にいるので京子さんとお兄さんの間の距離は$1260-840=420$(m)である。④から⑤の間の京子さんの速さは，分速$\{1260\div(21-14)\}$m＝分速180mだから，京子さんとお兄さんがすれちがうのは，④から$420\div(180+60)=1.75$(分後)，つまり，1分(0.75×60)秒後＝1分45秒後である。

よって，求める時間は，14分＋1分45秒後＝15分45秒後

【問題4】

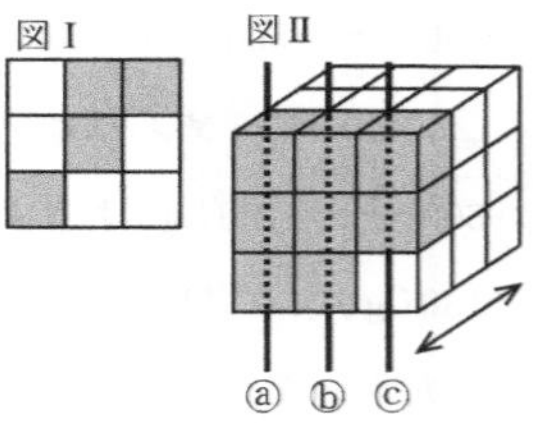

⑴　図2を上から見ると，図Ⅰのようになるから，上の面の目は4である。

⑵　さいころの上と下の面，右と左の面，前と後ろの面はそれぞれ，同じ目になる。図Ⅱのように太線ⓐ，ⓑ，ⓒに3つ，3つ，2つの黒い立方体をさし，太線ごとまとめて黒い立方体のかたまりを前後に動かすことで，上と下の面の目が3，前と後ろの面の目が8となるさいころを表すことができる(太線ⓐ，ⓑ，ⓒの左右の位置を入れかえることで，このようなさいころをすべて表すことができるが，この問題では図Ⅱのパターンだけ調べれば十分である)。

右と左の面の目は，図Ⅱの状態だと３，ⓒが１つ後ろに下がると５，ⓐまたはⓑが１つ後ろに下がると６，ⓐが１つ後ろに下がってⓒが２つ後ろに下がると８となる。よって，上の目として考えられる目は，３，５，６，８である。

⑶　図Ⅲを基準に考える。図Ⅲは前と後ろの面の目が５だから，ここから，黒い立方体を動かして，前と後ろの面の目が５のまま，上と下，右と左の面の目が５になるようにすると，例えば図Ⅳのようになる。また，黒い立方体をできるだけ多く加えて，前と後ろの面の目が５のまま，上と下，右と左の面の目が５になるようにすると，例えば図Ⅴのようになる。

図Ⅲ

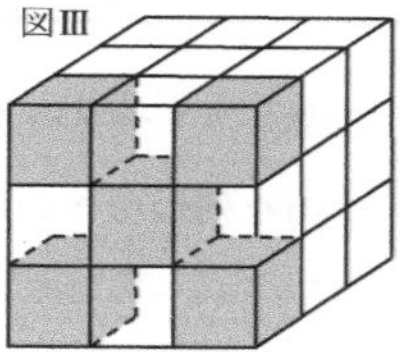

図Ⅳ

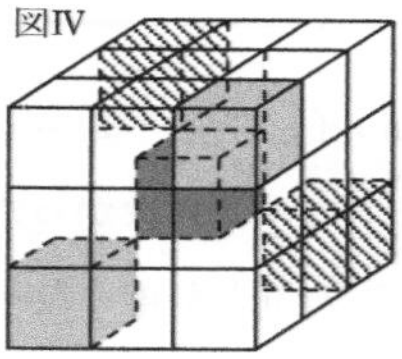

図Ⅴ

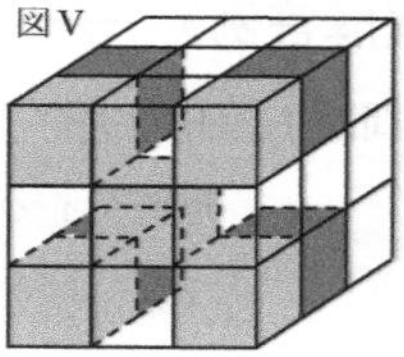

※黒い立方体の色は，一番手前がうすいグレー，一番奥がしゃ線，それらの間をこいグレーで表している。

よって，黒い立方体の個数は，最小で５個，最大で９個ある。

⑷　上と下の面，右と左の面，前と後ろの面はそれぞれ同じ目になるので，上と下の面，右と左の面，前と後ろの面の目の和はそれぞれ偶数《ぐうすう》（２の倍数）となる。よって，６つの面の目の合計は偶数となる。

⑸　さいころは図Ⅵのようになるので，上からみた図は（ウ）となる。

図Ⅵ

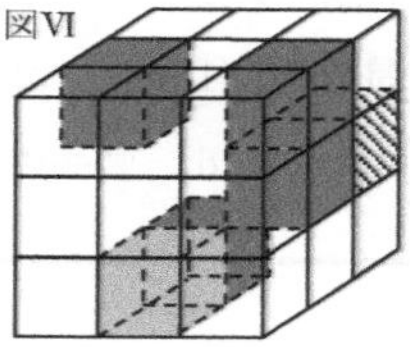

※黒い立方体の色は，一番手前がうすいグレー，一番奥がしゃ線，それらの間をこいグレーで表している。

【問題５】

⑴　（イ）と（オ）が正しい。（ア）は，「手順」で決めた右左に曲がる指示より多く分かれ道があるときは分かれ道で止まるので，正しくない。（ウ）は，３本以上道が分かれている分かれ道にくると止まるから，正しくない。（エ）は，２つ目の分かれ道まで分かれ道が２本に分かれている場合は，３つ目の分かれ道まで進んで止まるから，正しくない。

⑵　（ア）～（エ）は右図の矢印まで進むので，Ｇで止まらないマップは（ウ）である。

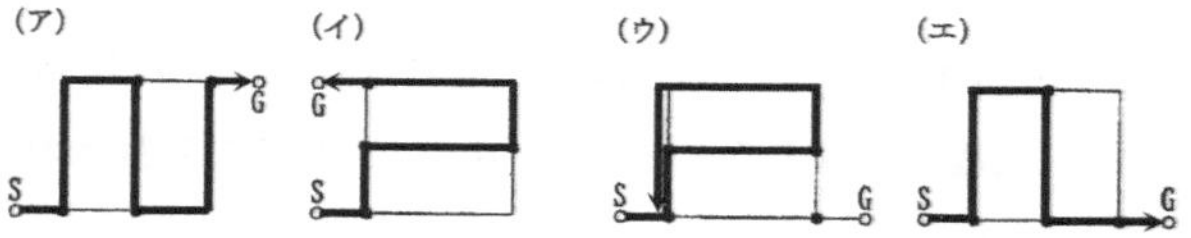

⑶　ロボットはａから進んで①で右に曲がり，②で左に曲がり，③で左に曲がり，④で左に曲がり，⑤で止まる。

⑷　（ア）～（カ）について，ロボットは次のように動く。

（ア）ｇ→⑩→⑨→⑧→⑦→ｆ　　（イ）ｇ→⑩→⑨→⑧→⑥（３本に道が分かれているから止まる）

（ウ）ｇ→⑩→⑨→⑩→⑨→⑧→⑦　　（エ）ｇ→⑩→⑨→⑧→⑦→ｆ（最後の左の指示の前に線がとぎれて止まる）

（オ）ｇ→⑩→⑨→⑧→⑥　　（カ）ｇ→⑩→⑨→⑩→⑨→⑧→⑦→ｆ

よって，ｆで止まるのは，（ア），（エ），（カ）である。

⑸　３本以上に道が分かれている分かれ道に来ると，ロボットが止まるというルールから，説明ができる。

★西京高等学校附属中学校　2022 令和4年度　適性をみる検査Ⅲ

《解答例》

【問題１】⑴(ｉ)イ　(ⅱ)イ，エ　⑵エ　⑶図④のモーターが回る向きは…反時計回り
発光ダイオードは…光らなかった　⑷並列つなぎの乾電池が増えたことで，モーターに流れる電流の強さは変わらず，車の重さが重くなったから。

【問題２】⑴ウ　⑵イ　⑶⑥　⑷それぞれの水よう液を蒸発皿にとって加熱する。黒くこげた方がさとう水で，白い固体が出てきた方が食塩水である。　⑸ウ

【問題３】⑴ア　⑵エ　⑶背の高い植物の方が日光を受けやすい。　⑷種子が持ちこまれ，学校ではんしょくする。／病気が持ちこまれ，在来種に伝染する。／付着していた生物が，在来種を食べる。などから１つ
⑸背の高い植物などに巻きつくことができる。

【問題４】⑴ウ　⑵エ，ク　⑶①ア　②ごおん　③ウ　④イ　⑤Ⅰ．イ　Ⅱ．エ　⑷エ　⑸イ

【問題５】⑴イ　⑵(Ｄ)イ　(Ｅ)エ　⑶②　⑷福岡市　⑸②　⑹ａ．気候　ｂ．原材料　ｃ．製品
ｄ．製品の小型化に

《解　説》

【問題１】

⑴　図アは図２と，図ウは図１とそれぞれ同じつなぎ方だから，モーターはどちらの向きにも回らない(豆電球に変えても光らない)。図イは，２個の並列つなぎの乾電池《かんでんち》のプラスとモーターの■側がつながるので，時計回りに回る(豆電球に変えると光る)。図エは，２個の直列つなぎの乾電池のプラスとモーターの□側がつながるので，反時計回りに回る(豆電球に変えると光る)。

⑵　アとイでは，確認事項《じこう》②のようにならない。ウでは，確認事項②と③のようにならない。

⑶　図①でモーターが時計回りに回ったことから，モーターの■側がプラスにつながったことになるので，手回し発電機を図①とは反対向きに回した図②ではコンデンサーの左側がプラスにつながったことになる。これにより，たくわえた電気がコンデンサーから流れるとき，コンデンサーの左側がプラスになるので，図④ではモーターが反時計回りに回り，図５では発光ダイオードが光らない。

⑷　電池の数を増やすと車の重さが重くなるため，同じ坂でもより大きな力が必要になる。このとき，モーターに流れる電流が強くなれば，モーターのはたらきも強くなり坂をのぼることができるが，並列つなぎの乾電池を増やしても，モーターに流れる電流の強さは乾電池が１個のときと同じなので，乾電池が増えるごとに坂をのぼりにくくなった。

【問題２】

⑴⑵　①より，Ｄは二酸化炭素の水よう液である炭酸水である。③で，石灰水に二酸化炭素をふきこんだときと同じ反応が見られたことから，Ｅは石灰水である。②で，リトマス紙に対してＥと同じ反応を示すのは，Ｅと同じアルカリ性の水酸化ナトリウム水よう液であり，赤色のリトマス紙を青色に変える。④で，リトマス紙に対してＤと同じ反応を示したＡとＣは，Ｄと同じ酸性の塩酸かホウ酸水よう液であり，青色のリトマス紙を赤色に変える。さらに，⑤で，Ａに入れたアルミの粒《つぶ》についた泡《あわ》はアルミニウムがとけて発生した水素だから，Ａがアルミニウムを

とかす塩酸，Ｃがホウ酸水よう液である。

(3)　においをかぐときは，試験管に鼻を近づけるのではなく，手であおぐようにしてかぎ，大量に吸いこまないように注意する。

(5)　ア×，ウ○…ゴム球は親指と人差し指で操作し，その他の指でガラス管の部分をにぎる。　イ×…先端《せんたん》部分を上に向けると，水よう液がゴム球に入り，ゴム球をいためてしまう。　エ×…少し多めにとってから，少しずつ減らしていくことで量を調整する。

【問題３】

(3)　植物は，日光に当たると，水と二酸化炭素を材料にしてでんぷんと酸素をつくり出す光合成を行う。日光がよく当たるほど光合成がさかんになり，よく育つ。

(5)　アサガオはくきが巻きついて高いところを目指し，ツルレイシは巻きひげを伸ばして高いところを目指す。

【問題４】

(1)　ウ．１は「鎌倉府(関東・甲斐・伊豆の統治)」から室町幕府，２は「六波羅探題(京都の警護・朝廷の監視)」から鎌倉幕府，３は「大老(臨時の職)」「寺社奉行・町奉行・勘定奉行(江戸の三奉行)」から江戸幕府と判断する。

(2)　エ．六波羅探題は，鎌倉時代の承久の乱後に朝廷と西国の御家人を監視するため，鎌倉幕府によって設置された。ク．京都所司代は，京都の警備や，朝廷と公家を監視をするため，江戸幕府によって設置された。

(3)①　アを選ぶ。源氏の将軍が３代(源頼朝・頼家・実朝)で途絶えたのをきっかけに，後鳥羽上皇が鎌倉幕府打倒をかかげて挙兵したのが承久の乱である。鎌倉幕府方は，北条政子の呼びかけのもと，これを打ち破った。イは室町時代，ウは平安時代，エは江戸時代。　②　鎌倉幕府は，土地を仲立ちとしたご恩《おん》と奉公《ほうこう》による主従関係(封建制度)で支えられ，将軍は，ご恩として御家人の以前からの領地を保護したり，新しい領地を与えたりして，御家人は，奉公として京都や幕府の警備につき命をかけて戦った。　③　ウ．北条義時は２代執権であった。承久の乱後も御家人と将軍の主従関係は続いたが，将軍は名目的存在であり，将軍を補佐する執権についた北条氏が政治の実権をにぎった。　④　イが誤り。源義経は，源頼朝の異母弟であり，平氏を滅亡させた壇ノ浦の戦いで活躍した。また，頼朝は義経をとらえることを理由に，軍事・警察の役割を持つ守護を国ごとに，年貢の取り立てなどを行う地頭を荘園や公領ごとに設置した。　⑤　家来は，戦いの前(Ⅰ)は源氏は東国，平氏は西国を従えていたからイ，戦いの後に新たに加わった(Ⅱ)は西(左)側に集中していたからエを選ぶ。承久の乱に勝利したことで，鎌倉幕府は朝廷側についた西国武士の領地を取り上げ，ご恩として関東の御家人を取り上げた領地の守護や地頭に任命した。

(4)　エ．鎌倉幕府は壇ノ浦の戦い(源氏・平氏の最後の戦い／平安時代末期)の「い」，江戸幕府はペリー率いる黒船来航(江戸時代末期)の「ろ」を選ぶ。「は」は遣唐使船(平安時代前期に派遣停止)，「に」は南蛮貿易(室町時代後半～安土桃山時代)。

(5)　イ．豊臣氏が徳川氏による全国支配の妨げになっていると考えた江戸幕府初代将軍徳川家康は，征夷大将軍を辞した後に，方広寺の鐘に書かれている文字に言いがかりをつけ，大阪夏の陣を引き起こして豊臣氏を滅ぼした。

【問題５】

⑴　イ．大隅半島(鹿児島県)の笠之原に広がる火山灰土のシラス台地は，水はけがよいため稲作に向かず，畜産や畑作がさかんに行われている。

⑵(D)　イの八幡製鉄所を選ぶ。八幡製鉄所は，鉄道建設や軍備拡張のための鉄鋼を生産することを目的に，中国のターイエ鉄山から鉄鉱石を輸入しやすく，筑豊炭田から石炭を輸送しやすい北九州の地につくられた。　(E)　「輸出に便利」「沿岸部」から太平洋ベルトを導き，エの愛知県(中京工業地帯)のトヨタ自動車工場を選ぶ。アは朝鮮戦争中のアメリカ軍用機の工場，ウは大阪紡績会社の工場。

⑶　Xは「熊本平野」「宮崎平野」から②と判断する(右図参照)。Yは北九州工業地帯がある①，Zは桜島がある③。

⑷　九州地方の政令指定都市には，人口最多の福岡市の他に，北九州市もある。

⑸　「水質汚濁」「深刻な公害が発生」から，八代海沿岸(熊本県・鹿児島県)で発生した水俣病を導いて②を選ぶ。水俣病は手足が震えたりしびれたりする病気で，工場廃水中の有機水銀が原因であった。

⑹(a)　宮崎県では近くを流れる黒潮(暖流)の影響で冬でも暖かいため，一般的に夏から秋が旬であるピーマンを時期をずらして栽培している。高い値段で売るために出荷時期をずらす栽培方法として，暖かい気候の地域では農作物の生長を早める促成栽培，寒い気候の地域では農作物の生長を遅らせる抑制栽培がさかんであることを覚えておこう。

(b)・(c)　原材料を輸入し，工業製品を輸出する加工貿易が行われてきたため，輸出入に便利な沿岸部の太平洋ベルトに工業が発達した。　(d)　小型・軽量なＩＣ(集積回路)など電子部品の生産がさかんになったことから，九州地方を「シリコンアイランド」と呼ぶ。

★西京高等学校附属中学校　2021 令和３年度　適性をみる検査Ⅰ

《解答例》

【問題一】問１．⑴おどる　⑵ウ　問２．A．遺伝子の図かん　B．生命をつくるパーツ　C．「生命とは何か？」
問３．同じようなものであり続けようとしていること。〔別解〕少しずつ細胞を壊し続けることで安定させること。　問４．ウ　問５．⑴①メンバー　②決まりごと　③成果（①～③は順不同）
⑵A．長く残っている　B．過程　問６．エ　問７．A．情熱　B．視点ややり方を変える　C．人生

【問題二】〈作文のポイント〉
・最初に自分の主張、立場を明確に決め、その内容に沿って書いていく。
・わかりやすい表現を心がける。自信のない表現や漢字は使わない。
さらにくわしい作文の書き方・作文例はこちら！→
https://kyoei-syuppan.net/mobile/files/sakupo.html

《解　説》

【問題一】

問１⑵　ア．「顔から火が出る」は，はずかしくて顔が真っ赤になること。　イ．「歯が立たない」は，相手の力が自分よりはるかに上で，とても張りあうことができないこと。　ウ．「手にあまる」は，自分の能力をこえていてどう処理すべきかわからない，手に負えないということ。よって，「喜んで引き受けた」にはつながらない。
エ．「腕《うで》をみがく」は，技術や能力が向上するよう訓練すること。　オ．「耳が痛い」は，弱点をつかれて聞くのがつらいということ。

問２　「映画のエンドロールをながめているような」とあるとおり，直前で述べたことのたとえとして取り上げている。つまり，「約２万 2000 個の遺伝子が一覧になり，できあがったA遺伝子の図かん」を見て「B生命を構成するパーツのことがすべてわかっても，C『生命とは何か？』の答えはまったくわからない」ということを，「映画のエンドロール」だけを見ていても「この映画に関わるすべての人の名前はわかる。でも～肝心《かんじん》の映画の中身はまったくわからない」ということにたとえたのである。「生命を構成するパーツ」は 10 字なので，同じ意味の９字の言葉を探すと「生命をつくるパーツ」とある。

問３　自分の一部を壊《こわ》し，少しずつ新しいものと入れ替《か》えながら，同じ「あなた」であり続けるよう，他のパーツとの関係性も保ちながら，安定させているのである。つまり，絶えず細胞《さいぼう》を入れ替えているが，すべての細胞が入れ替わっても「見かけ上は，あなたはあなたであるように見えます」となるよう調整しているということ。

問４　[X]に入る問いかけの答えにあたる内容を探し，その答えから，どんな問いかけだったのかを考える。５段落後で「生き物は常に，劣化《れっか》する脅威《きょうい》にさらされています。だから，できるだけ長く生き続けるために，自分自身をどんどん壊し，入れ替えて，変化していくことが必要なのです」とまとめていることから，ウの「なぜ壊してまで，自分の一部を入れ替え続けているのでしょうか」が適する。

問５⑴　――aの１～２行後で「毎年先輩《せんぱい》が卒業し，新入生が入部し，長い期間で見ると常にメンバーが変化しています～部活の決まりごとや成果も変わっているかもしれません」と述べている。　**⑵A**　――bの次の行に「法隆寺《ほうりゅうじ》も伊勢神宮《いせじんぐう》も長い歴史を持つ～建築物です」とあることから。　**B**　伊勢神宮は「20 年ごとに～

『遷宮《せんぐう》』を行って～建物を定期的に新しくしている」が，法隆寺は「建物のさまざまな部材が常に少しずつ入れ替えられ，更新《こうしん》されている」という，現在にいたるまでの「過程」がちがう。

問６　「『動的平衡《どうてきへいこう》』にたどり着くまで，私は２度の挫折《ざせつ》を経験しました」で始まることからわかるように，「動的平衡」そのものの説明をしている中で，それに「たどり着くまで」の筆者の経験から「挫折した先に見える景色が必ずあるはずです」というメッセージを差しはさんでいる。このことによって，話の展開に変化がもたらされているので，エが適する。

問７Ａ　本文の「虫のことだけを考えていられるような研究者になりたいと考え」，「遺伝子のことがわかっても，『生命とは何か？』の答えはわかりませんでした。そこで私は，まったく別の角度から～考えてみることにしました」などから，「情熱」を持ち続けていることがわかる。　**Ｂ**　「まったく別の角度から～考えてみることにしました」というあり方。　**Ｃ**　直前の「そういう」が指している，都さんの発言「挫折を経験～あきらめるのではなく～道を切りひらくことにつながった」より，筆者の「人生」だと読み取れる。

★西京高等学校附属中学校　2021 令和３年度　適性をみる検査Ⅱ

《解答例》

【問題１】⑴(キ)　⑵(ア)，(カ)　⑶(ウ)　⑷10月に比べて，11月の「家庭ごみの総量」が２割よりも多く減ったために，「家庭ごみの中にある生ごみの割合」が増えたと考えられる。

【問題２】⑴(ア)１，３，５　(イ)１，６　⑵(ア)Ｂ　(イ)五郎…５　六郎…３　⑶一郎はいないものとして，出た目の数だけ右回りに空いている席を進み，その席

【問題３】⑴11　⑵60　⑶980　⑷160　⑸70，100

【問題４】⑴(イ)　⑵【図４】５：３　【図５】５：３　⑶①，④，⑥，⑦

【問題５】⑴ＦＦＲＦＲＦ　⑵【図６】(ア)　【図７】(エ)　【図８】(ウ)

⑶ＦＦＲＦＲＲＦＲＲＦＲＦ〔別解〕ＦＦＲＦＲＲＦＲＦＲＦＲＦＦ

⑷(カ)，(ケ)

《解　説》

【問題１】

⑴　①は，グラフ３の41.9％という数字から，約42％とわかる。②については，グラフ３の右の円グラフに注目する。この円グラフの割合の合計は19.1＋22.8＝41.9(％)になることから，左の円の食品ロス41.9％の内訳を表したものとわかる。したがって，$\frac{22.8}{41.9}$×100＝54.4…より，②は約54％である。③は，グラフ４の37.2％という数字から，約37％とわかる。よって，(キ)が正しい。

⑵　1981年度と2018年度の家庭ごみの総量がわからないので，具体的な量で比べることはできないが，生ごみの割合は1981年度の43.8％から2018年度の29.3％に減ったとわかる。よって，(ア)と(カ)が正しい。

⑶　2018年度の家庭ごみの総量を１とすると，生ごみの量はグラフ２から１×0.293であり，グラフ３から，そのさらに0.419倍の１×0.293×0.419が食品ロスの量である。よって，「家庭ごみの中にある食品ロスの割合(％)」は，$\frac{1\times0.293\times0.419}{1}$×100＝１×0.293×0.419×100だから，(ウ)が正しい。

⑷　例えば，10月の家庭ごみの総量を100，生ごみの量を30とすると，11月は生ごみの量が２割減って，30×(１－0.2)＝30×0.8になった。家庭ごみの総量も２割減ったとすると，家庭ごみの総量は100×0.8になったので，11月の「家庭ごみの中にある生ごみの割合」は，$\frac{30\times0.8}{100\times0.8}$となり，10月と同じになる。この分母が小さくなると「家庭ごみの中にある生ごみの割合」が増えるので，家庭ごみの総量が２割より多く減ったとわかる。

【問題２】

図①

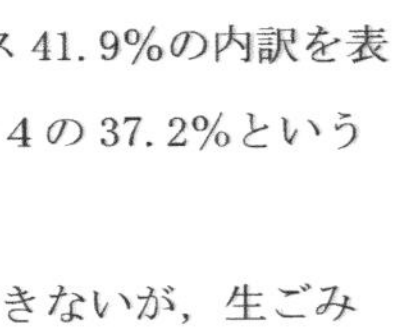

⑴(ア)　四郎までの席は右図①のようになる。五郎がさいころをふりなおさなくてすむのは，１，３，５の目が出たときである。

(イ)　右図①のあと五郎も５の目が出ると，ＢとＧの席がうまるので，七郎は一郎のとなりには座らない。したがって，５の目は条件に合わない。また，５の目が出続けると左回りに７－５＝２(つ)進んだ席に座ることがくり返される。２の目が出続けると右回りに２つ進んだ席に座ることがくり返されるので，２の目も条件に合わない。このように和が７になる２つの目はこの問題の条件に合うかどうかをまとめて調べることができる。

１の目が出続けると図②のようになるので，１と７－１＝６の目は条件に合う。

３の目が出続けると図③のようになるので，３と７－３＝４の目は条件に合わない。

図②

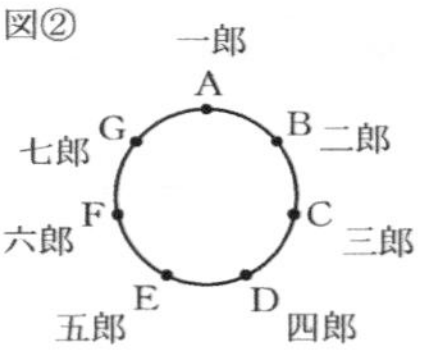

図③

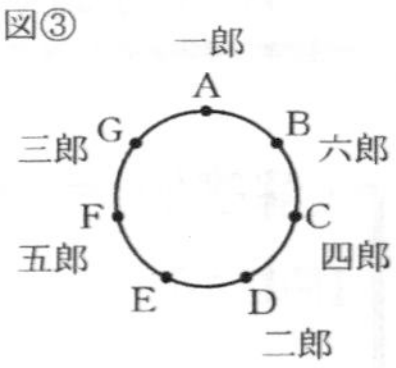

⑵(ア)　右図④のように，四郎はBに座る。

図④

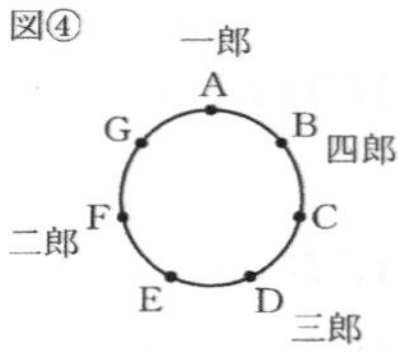

(イ)　前の順番の人の席からいくつ進んだ席に座っているかだけから考えると，二郎の目は２，三郎の目は１か６，四郎の目は１か５，五郎の目は２か５である。ここで全員の目が異なるという条件を加えると，五郎の目は５，四郎の目は１，二郎の目は６に決まる。五郎のあと六郎がBの席に座るためには，六郎のさいころの目が奇数でなければならず，奇数のうちまだ出ていない目は３だけだから，六郎の目は３である。

⑶　七郎がAに座るようなさいころの目が３通りあり，まだだれも座っていない席に座るさいころの目が３通りあるようなルールにするのがよいであろう。

【問題３】　グラフが折れているところに右図のように①～④の番号をふる。①で２人が歩いた距離の合計が増える割合が減ったのは，Aが郵便局に着いて立ち止まったからである。②と③の間でグラフが水平になっているのは，AとBの２人が郵便局の前で立ち止まっているからである。したがって，②でBが郵便局に着き，③で２人が郵便局の前から歩き始めたとわかる。④は３人が図書館に着いたときである。

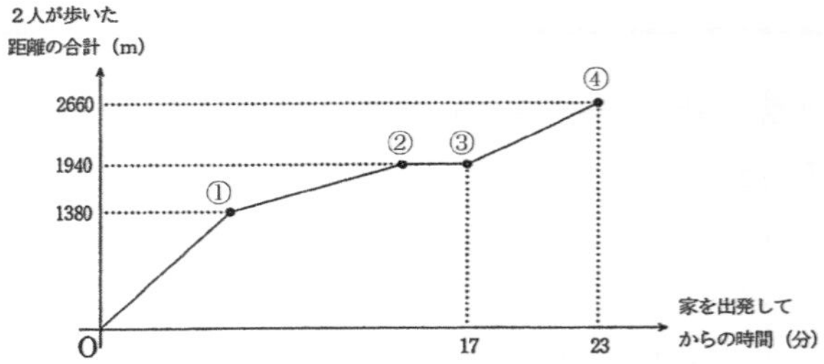

⑴　８＋３＝11(分間)

⑵　③から④までのAとBの速さの合計は，(2660－1940)÷(23－17)＝120 より，分速 120mだから，それぞれの速さは，分速$\frac{120}{2}$m＝分速 60m

⑶　①から②までの間，Bさんは８分で 1940－1380＝560(m)進んだから，このときのBさんの速さは，分速$\frac{560}{8}$m＝分速 70mである。Bさんは家から郵便局まで 17－３＝14(分)かかったから，Bさんの家から郵便局までの距離は，70×14＝980(m)

⑷　Aさんは家から郵便局まで 17－３－８＝６(分)かかった。６分の間にBさんが進んだ距離は，70×６＝420(m)だから，Aさんが進んだ距離は，1380－420＝960(m)である。よって，求める速さは，分速$\frac{960}{6}$m＝分速 160m

⑸　Cさんがもっとも遅い場合，AさんとBさんが図書館に着く直前に２人に追いついたことになる。

Cさんがもっとも速い場合，AさんとBさんが郵便局を出発した直後に２人に追いついたことになる。

AさんとBさんが図書館に着いたのと同時にCさんが２人に追いついたとすると，そのときCさんは，23－15＝８(分)で，家から郵便局までの 200mと，郵便局から図書館までの(2660－1940)÷２＝360(m)を進んだことになる。この場合のCさんの速さは，分速$\frac{200+360}{8}$m＝分速 70mだから，Cさんは分速 70mよりは速い。

AさんとBさんが郵便局を出発したのと同時にCさんが２人に追いついたとすると，そのときCさんは，17－15＝２(分)で，家から郵便局までの 200mを進んだことになる。この場合のCさんの速さは，分速$\frac{200}{2}$m＝分速 100mだから，Cさんは分速 100mよりは遅い。

以上より，Cさんは分速 70mより速く，分速 100mより遅い。

【問題４】以下の解説では，１個のようかんの立方体の１辺の長さを１とする。

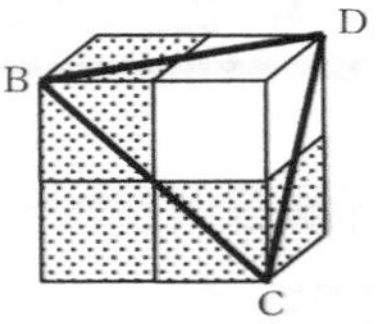

⑴　右図のように記号をおく。ＢＤとＣＤは，縦２，横１の長方形の対角線だから，長さが等しい。ＢＣは１辺が２の正方形の対角線だから，ＢＤ，ＣＤとは長さが異なる。よって，三角形ＢＣＤはＢＤ＝ＣＤの二等辺三角形だから，(イ)が正しい。

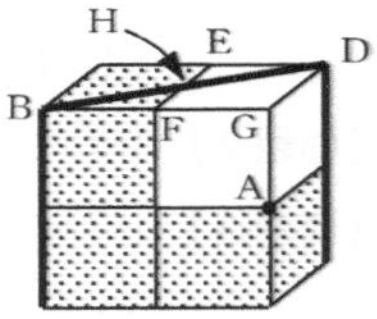

⑵　図４について，右図のように記号をおく。１個のようかんの体積は，$1\times1\times1=1$であり，直方体は切り口によって体積が２等分されたから，体積が$4\div2=2$ずつになった。この体積と，白いようかんのうちＡをふくむ部分の体積の比を求める。

ＨはＥＦの真ん中の点だから，台形ＨＦＧＤの面積は，$(\frac{1}{2}+1)\times1\div2=\frac{3}{4}$

よって，Ａをふくむ立体の体積と白いようかんのうちＡをふくむ部分の体積の比は，$2:\frac{3}{4}=8:3$だから，求める体積比は，$(8-3):3=5:3$

図５も向きが変わっただけで図４と同じ体積比となるので，求める体積比は，$5:3$

⑶　①〜⑧から４点を選んで切ると，どのように選んでも直方体の体積は２等分される。したがって，Ａをふくむ立体は体積が２になるから，そのうちの白いようかんの部分の体積が，$2\times\frac{1}{2}=1$になればよい。これは白いようかん１個分の体積だから，白いようかんを切らないように，①，④，⑥，⑦を通る面で切断すればよい。

【問題５】

⑴　図２の例から，Ｒの指示は「向きを右に変えて１マス前に進む」という意味であることに注意する。

図５では，前→前→右→前→右→前と進んでいるので，プログラムは，ＦＦＲＦＲＦである。

⑵　図６では，ＦＲのあと左に進んでいるので，〈ルール①〉に反するから，(ア)である。

図７の指示はＦＲＦＲであり，どのルールにも反しないので，(エ)である。

図８の最初の指示はＦＦＦであり，〈ルール③〉によって停止するはずなので，(ウ)である。

⑶　最初に１回前に進んだだけで右に曲がると，図７のプログラムしか作れなくなる。最初に３回前に進むと，〈ルール③〉により停止する。したがって，最初に２回前に進むプログラムを考える。

ロボットは前か右にしか進めないことと，同じ指示を３回続けてはいけないことに注意してプログラムを考えると，右図Ⅰか図Ⅱがあるとわかる。

図Ⅰ

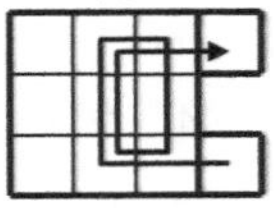

図Ⅱ

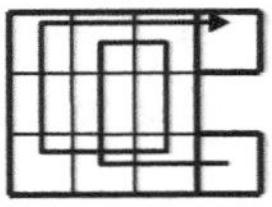

図Ⅰのプログラムは，ＦＦＲＦＲＲＦＲＲＦＲＦ，

図Ⅱのプログラムは，ＦＦＲＦＲＲＦＲＦＲＦＲＦＦである。

⑷　(ア)ＦＲＲでたどりつける。　(イ)⑴⑵より，たどりつける。　(ウ)ＦＲＦＦでたどりつける。　(エ)ＦＦＲＦＦでたどりつける。

図Ⅲ

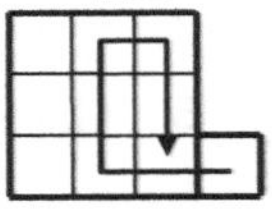

(オ)以降については，⑶で確認したように，まずはＦＦＲＦＲＲＦで右図Ⅲのように進まなければならない。以下のプログラムの指示は図Ⅲ以降の指示だけを記す。

(オ)ＲＦＲＦＦでたどりつける。　(カ)たどりつけない。　(キ)ＲＦＲＦＲＦＲＲＦＦでたどりつける。

(ク)ＲＦＦでたどりつける。　(ケ)たどりつけない。　(コ)ＲＦＲＦＲＲＦＦでたどりつける。

(サ)Ｆでたどりつける。

以上より，たどりつけないのは，(カ)，(ケ)である。

《解答例》

【問題１】(1)ア　(2)ア　(3)鉄くぎの磁石の力は，棒磁石と比べて弱いから。　(4)ウ，オ
(5)何度もくり返し実験したことで，鉄くぎ③が磁石になったから。

【問題２】(1)エ　(2)4　式…$\frac{175}{4375}\times100=4$　(3)容器内に水蒸気としてふくまれているから。

【問題３】(1)①２，57　②東　(2)かべの周りより明るい部分があるところに行き，しばふを見る。　(3)右図などから１つ　理由…影はこの後，東へ動いていくから。

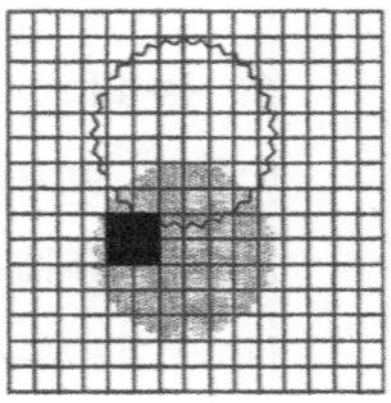

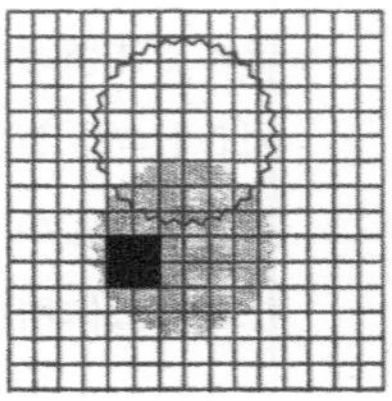

【問題４】(1)①D　②E　(2)①さなぎ　②ア，エ

【問題５】(1)ウ　(2)①げんこう　②ア，エ　(3)元の三度目の日本侵攻に備えて九州北部の警備をする

【問題６】(1)エ　(2)エ　(3)くろしお　(4)水はけ　(5)①え．日本海　お．太平洋
②か．夏　き．れいがい

【問題７】(1)エ　(2)あ．大量　い．価格　う．保存がきく

《解　説》

【問題１】

(1)　ア○…鉄くぎに棒磁石をこすりつけて磁石をつくるときは，こすりつける棒磁石をはなす側（図１の鉄くぎの先）の極がこすりつける棒磁石の極と反対になる。

(2)　ア○…鉄くぎの一部をこすることで，鉄くぎ全体が磁石になる。磁石の極の向きは(1)と同じである。

(3)　鉄くぎは磁石になっているが，磁石の力は弱いので，鉄くぎのＮ極になっていた部分に棒磁石を近づけると，棒磁石のどちらの極にもくっつく。

(4)　ア×…電磁石のコイルの巻数を増やすと，電磁石が強くなるが，鉄球Ｂが落下してゆかに到達するまでの時間には関係しない。　イ×…電池を強力なものにかえると，電磁石が強くなるが，鉄球Ｂが落下してゆかに到達するまでの時間には関係しない。　ウ○，エ×…鉄球Ｂが落下してゆかに到達するタイミングが遅れたので，光センサーを置く場所を図の右にずらし，鉄球Ｂが落下し始めるタイミングを早くする。　オ○，カ×…鉄球Ａのゆかでの速さをおそくすれば，鉄球Ｂがゆかに到達するタイミングと合うようになるので，しゃ面の低い位置から鉄球Ａをスタートさせ，鉄球Ａのゆかでの速さをおそくする。

(5)　何度もくり返し実験したことで鉄くぎ③がわずかに磁石の力をもつようになり，回路が切れて電流が流れなくなってから，鉄球Ｂが鉄くぎ③から離れるまでに，少し時間がかかるようになったと考えられる。

【問題２】

(1)　エ○…水は蒸発するが食塩は蒸発しないので，水だけを集めることができる。

(2)　5000ｇの食塩水に175ｇの食塩がとけていたので，水を蒸発させて食塩水の重さが4375ｇになっても，食塩は175ｇとけている。したがって，〔濃度(%)＝$\frac{\text{とけているものの重さ(g)}}{\text{水よう液の重さ(g)}}\times100$〕より，$\frac{175}{4375}\times100=4$（%）となる。

(3)　水が蒸発して，水てきの形でビニルシートにつくものの他に，水蒸気の形で空気中にふくまれているものもある。

【問題３】

⑴① ＡとＢの影の長さは同じであることに着目する。これは，Ａから影の長さが最も短くなるときまでの時間と，影の長さが最も短くなってからＢまでの時間が同じであることを示している。したがって，12 時９分－９時 21 分＝２時間 48 分より，12 時９分＋２時間 48 分＝14 時 57 分→午後２時 57 分となる。　② かげは太陽と反対の方角にできるので，かげは西，北，東の順に動いていく。したがって，ＡＢのちょうど真ん中の影ができる方位は北だから，(あ)の方位は東である。

⑵ 満月からの光が鏡で反射して家のかべに当たって，かべが明るくなっていると考えられるので，かべの明るくなっているところまで行き，鏡を落としたしばふを見れば，鏡があるところが光って見えるはずである。

⑶ 午後１時の影は北よりの方位にできるので，図６の下が北だと考えられる。影は２時間ほどの間に東に動いていき，影の長さは長くなっていくので，１時の時点ですでにすべて影に入っていて，３時になっても影に入っていると考えられる位置を選ぶ。

【問題４】

⑴ ヘチマの種が収かくでき，セイタカアワダチソウが花をつけるのは秋だから，Ａグループは秋の記録である。オオカマキリの卵のうからたくさんのよう虫がかえり，アブラナの花がさき始めるのは春だから，Ｂグループは春の記録である。ナナホシテントウが落ち葉の下でじっとしていて，ヒキガエルが土の中でじっとしているのは冬だから，Ｃグループは冬の記録である。ツルレイシの緑色の実ができ，ヒルガオが花をつけ，アオカナブンが木のしるをなめているのは夏だから，Ｄグループは夏の記録である。タンポポは春から秋にかけて花をさかせ，ツバメは春から初夏にかけて巣をつくるが，その後もツバメの巣は残り，カラスは１年中見られるので，Ｅグループは季節を判断することができない。

⑵① ナナホシテントウは卵，よう虫，さなぎ，せい虫の順に成長する完全へんたいのこん虫である。

② ア．ナナホシテントウとモンシロチョウは完全へんたい，シオカラトンボとショウリョウバッタは不完全へんたいのこん虫である。　イ．シオカラトンボはよう虫のときは水中でくらす。　ウ．すべてのこん虫のせい虫はしょっ角をもっている。　エ．ナナホシテントウとシオカラトンボはほかの生きものをつかまえて食べる。　オ．４種類すべてのこん虫が４まいのはねをもっている。したがって，アとエによって，京美さんがどのカードを選んでいても，そのこん虫の名前を当てられる。

【問題５】

⑴ ウ．御家人の竹崎季長は，元寇での活やくを「蒙古襲来絵詞」にえがかせた。鎌倉幕府８代執権北条時宗が元による服属の要求をしりぞけた後，元は２度にわたって九州北部に侵攻した(元寇)。

⑵① 元寇は，南宋を滅ぼして中国を統一したフビライ＝ハンが，日本に服属を求めて遠征軍を送った戦いである。

② アとエが正しい。　ア．Ａの防塁は，文永の役の後，元の再度のしゅう来に備えて，博多湾岸に築かれた。エ．Ｂの右側の騎馬による一騎打ちが幕府側，左側の火器による集団戦法が元軍である。　イ．元軍は上陸していない。Ａの中央で馬に乗っているのは竹崎季長である。　ウ．Ｂは，幕府が上陸した元に苦戦した文永の役である。

⑶ 先生が「元は３度目の日本侵攻を計画しました」と言っていることに着目する。≪ノート≫より，１度目の文永の役で苦戦したため，２度目の弘安の役の前に武士たちが九州北部の備えを十分にしていたことがわかるから，３度目の元の侵攻に備えて，武士たちに九州北部の警備(異国警固番役)が課されていたと導き出せる。

【問題６】

⑴　Ａは静岡県，Ｂは鹿児島県だから，エが正しい。みかんであれば和歌山県・愛媛県，さつまいもであれば鹿児島県・茨城県，サトウキビであれば沖縄県・鹿児島県，菊であれば愛知県・沖縄県，スイカであれば熊本県・千葉県が生産量の上位になる。

⑵　「年間降水量が 1300 ㎜以上」なのはアとエであり，「４～９月は多くの降水量が必要」だからエと判断する。

⑶　夏の南東季節風が，暖流の黒潮の上空で大量の水蒸気を含んだ後，山地にぶつかって，静岡県や鹿児島県に大量の雨を降らせる(右図参照)。

⑷　火山灰土は，水はけがよいので米の栽培に向かない。そのため，鹿児島の火山灰土のシラス台地では，畑作や畜産などが盛んに行われている。

⑸①　岩手県・宮城県は太平洋側，秋田県・山形県は日本海側に位置する。日本海側では，北西季節風の影響で冬の間に積もった雪が，春になって暖かくなるととけ出して河川に流れこむ。この雪どけ水が米の栽培に用いられ，夏に晴天の日が多いため，生産量が多くなる。

②　夏に東北地方の太平洋側に北東から吹く，冷たく湿った風を「やませ」と言う。やませが吹くと，濃霧が発生して日照時間が短くなり，気温が十分に上がらなくなることから，稲の生長がさまたげられる冷害が発生しやすい。

【問題７】

⑴　日本の食料自給率は，米＞とり肉＞牛乳＞魚介類＞大豆となるので，エを選ぶ。日本の大豆の大部分は，アメリカ・ブラジル・カナダからの輸入に頼っている。

⑵　アメリカなどでは大型機械が導入されているため，農業従事者一人当たりの農地面積が広く，大量に生産できる。このような機械化された大規模な農業方法のことを「企業的な農業」と言う。

★西京高等学校附属中学校　2020 令和2年度　適性をみる検査Ⅰ

《解答例》

【問題一】問1．自分自身が変わってしまう　　問2．ところで　　問3．やわらかな状態　　問4．オ

問5．A．注視点のやりとり〔別解〕視線をやりとりすること　B．相手が話す内容を聞くこと　C．心を通わせ会話を楽しむ　　問6．自分の将来を考えさせられること。〔別解〕自分も挑戦したくなること。

問7．イ　　問8．人類の誰もがまだ考えたことがなく、成功する保証もない理論について、辛抱強く考えることだから。　　問9．見えない

【問題二】(例文)

筆者は、一人ひとりが自分なりの目標を持って努力を続けることが挑戦だと考えている。

私も、そのような姿勢が重要だと考える。私は人前で話すことが苦手だった。しかし、このままではいけないと思い、機会があるごとに積極的に挑戦してきた。うまくいかないこともあったが、改善方法を考えながら努力を続けるうちに、苦手意識がなくなった。この経験から、挑戦することによって自分自身が変われるということを知った。

《解　説》

【問題一】【問題二】

著作権に関係する弊社《へいしゃ》の都合により本文を非掲載《ひけいさい》としておりますので、解説を省略させていただきます。ご不便をおかけし申し訳ございませんが、ご了承《りょうしょう》ください。

《解答例》

【問題１】⑴135　⑵(ア)，(エ)　⑶①(ア)　②(イ)　⑷72

【問題２】⑴(ア)，(イ)，(オ)　⑵(イ)，(エ)，(オ)　⑶214.88　⑷52

⑸右図のような五角形である

・三角形ＡＢＥはＡＢ＝ＡＥの二等辺三角形　・四角形ＢＣＤＥは長方形

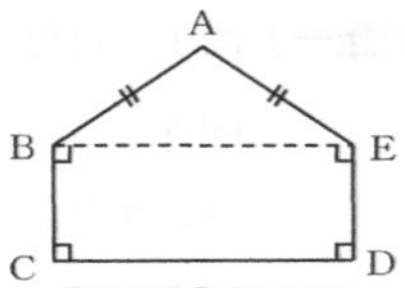

【問題２】⑸の図

【問題３】⑴120　⑵80　⑶860　⑷36，30　⑸35

【問題４】⑴(ウ)　⑵オ　⑶右図　⑷右図

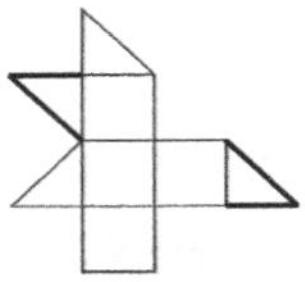
【問題４】⑶の図

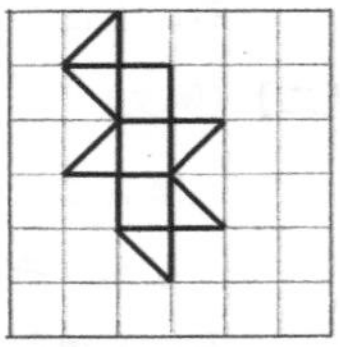
【問題４】⑷の図

【問題５】⑴操作(ア)…南２　最初にいた位置…３⑥　⑵３⑤

⑶(ア)(a)東　(b)１　(c)北　(d)１ ((a)と(c)は順不同)

(イ)１回目の操作が東５，２回目の操作が西４，３回目の操作が北１のプログラムについて考える。このプログラムを１回行うと，３①から，８①→４①→４②となり，２度くり返すと，４②から，９②→５②→５③となるので，２度くり返せば５③に移動する。しかし，３度くり返すと，５③から東５の操作をするときに強制終了してしまうため，６度くり返すことができない。

⑷42

《解　説》

【問題１】

⑴　項目２について，Ａ小学校全体の$\frac{45}{120}=\frac{3}{8}$が「好き」と答えたので，求める角度は，$360\times\frac{3}{8}=135$(度)である。

⑵　(ア)について，グラフ１より，Ａ小学校では，英語が好きと答えた人数の割合の方が，算数が好きと答えた人数の割合より大きいから，人数も英語のほうが算数より多くなるので正しい。(イ)について，グラフ１より，Ａ小学校では，算数が好きと答えた人数の割合とどちらともいえないと答えた人数の割合を足しても80％をこえていないので(およそ70％なので)正しくない。(ウ)について，Ｂ小学校で英語が好きと答えた人数の割合が$\frac{60}{75}\times100=80$(％)以上なら条件に合うが，グラフ２より80％をこえていないので，正しくない。(エ)について，グラフ２より，正しいことがわかる。(オ)について，グラフより，Ａ小学校もＢ小学校も英語が好きだと答えた人数は70％より多いとわかる。したがって，英語が好きと答えた人数は，Ａ小学校が$120\times\frac{70}{100}=84$(人)より多く，Ｂ小学校が$75\times\frac{70}{100}=52.5$より，52人より多く，足した人数が$84+52=136$(人)より多いとわかるから，正しくない。(カ)について，⑴よりＡ小学校の算数が好きと答えた人数は45人なので，Ｂ小学校の算数が好きと答えた人数が$45\times2=90$(人)以上なら条件に合うが，表１より，Ｂ小学校の児童数は75人なので，正しくない。

よって，正しいのは，(ア)と(エ)である。

⑶　⑵の(オ)についての解説をふまえる。Ａ小学校で英語が好きだと答えた人数は，84人より多い。Ｂ小学校で英語が好きだと答えた人数は70％より多く80％より少ないから，52人より多く，$75\times\frac{80}{100}=60$(人)より少ない。

よって，英語が好きと答えた人数は，Ａ小学校のほうがＢ小学校より多い(ア)とわかる。

②について，算数が好きと答えた人数は，⑴よりＡ小学校は45人，Ｂ小学校は全体の80％より多いから$75\times\frac{80}{100}=60$(人)より多い。よって，Ａ小学校のほうがＢ小学校より少ない(イ)とわかる。

⑷　国語が好きと答えた人数の割合がＡ小学校とＢ小学校で同じなので，Ａ小学校，Ｂ小学校でのそれぞれの割

合と，Ａ小学校とＢ小学校の合計人数に対する割合が同じになる。Ａ小学校とＢ小学校の合計人数が $120+75=195$(人)だから，Ａ小学校，Ｂ小学校で $\frac{117}{195}\times100=60$(%)の人が，国語が好きと答えたとわかる。よって，求める人数は，$120\times\frac{60}{100}=72$(人)である。

〔別の解き方〕

国語が好きと答えた人数の割合がＡ小学校とＢ小学校で同じなので，国語が好きと答えたＡ小学校とＢ小学校の人数の比は，児童数の比に等しく $120:75=8:5$ である。よって，国語が好きと答えたＡ小学校の人数と，２つの小学校の合計人数の比は $8:(8+5)=8:13$ だから，求める人数は，$117\times\frac{8}{13}=72$(人)である。

【問題２】

(1)　合同な図形で敷き詰められるのは，１つの点に集まった角の和が，360度になるときである。

四角形の内角の和は360度なので，(ア)と(イ)は敷き詰めることができる。(オ)の凹四角形は，右図ⅰのように分けると，２つの三角形に分けることができ，内角の和が $180\times2=360$(度)とわかるから，敷き詰めることができる(右図ⅱのような敷き詰め方が考えられる)。正八角形の１つの内角は $180\times(8-2)\div8=135$(度)なので，$360\div135=2$ 余り90より，360度を作れないので，(ウ)は敷き詰めることができない。また，(エ)の円は敷き詰めることができない。

図ⅰ

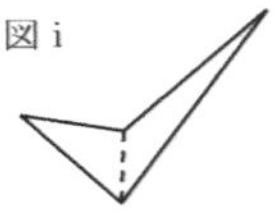

図ⅱ

(2)　右図ⅲのように記号をおく。(ア)について，２つの図形Ｂでできるのは四角形だけなので正しくない。(イ)について，３つの図形Ｂで例えば台形ａｃｆｅができるので正しい。(ウ)について，３つの図形Ｂでできるのは四角形(台形)だけなので正しくない。(エ)について，４つの図形Ｂで例えば平行四辺形ａｃｆｄができるので正しい。(オ)について，４つの図形Ｂで三角形ａｃｇができるので正しい。よって，正しいのは，(イ)と(エ)と(オ)である。

図ⅲ

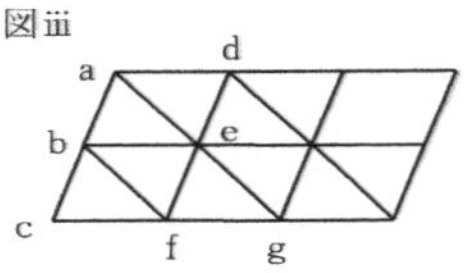

(3)　白色の部分と黒色の部分の面積の和は，$30\times8=240$(㎠)である。図形Ｃ１つにある白色の部分のおうぎ形をすべて合わせると，半径が１㎝の円になるので，白色の部分の面積の和は，$1\times1\times3.14\times8=25.12$(㎠)である。したがって，求める面積は，$240-25.12=214.88$(㎠)である。

(4)　１辺が10㎝の正方形の縦と横に円が５個ずつ並ぶから，円の直径は $10\div5=2$(㎝)である。図形Ｄを右図ⅳの矢印のように移動させると，図形Ｄの面積は１辺が２㎝の正方形の面積に等しく $2\times2=4$(㎠)とわかる。また，図Ⅱの正方形の４つの角にある図ⅴの形も矢印のように移動させると，面積が４㎠になるとわかる。図Ⅱの黒色の部分には，図形Ｄまたは図ⅴの形をした図形が全部で13個あるから，求める面積は $4\times13=52$(㎠)である。

図ⅳ

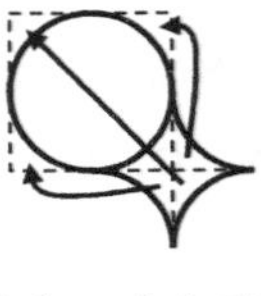

図ⅴ

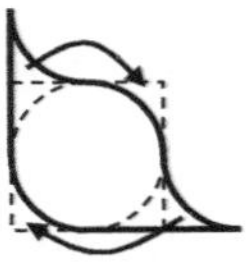

(5)　敷き詰めることができる五角形は，全部で15種類あると知られているが，解答例の五角形は，その中でも最も思いつきやすいとされる形である。考え方は，以下のようになる。

五角形に対角線を１本引くと，三角形と四角形に分けられるから，このことを利用する。二等辺三角形は図ⅵのように敷き詰めることができる。これに敷き詰められるような四角形を合わせて，五角形が作れればよいので，図ⅶのように二等辺三角形の下に長方形を合わせると，敷き詰めることができる五角形ができる。なお，二等辺三角形の下に合わせる図形は，正方形や平行四辺形(合わせたときに四角形にならないことに注意する)でもよい。

図ⅵ

図ⅶ

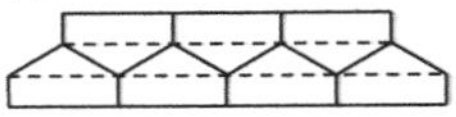

【問題３】

(1) 京子さんの進む速さは変わらず，お姉さんの進む速さは自転車から走りに変えたときに変わるので，グラフより右のことがわかる。

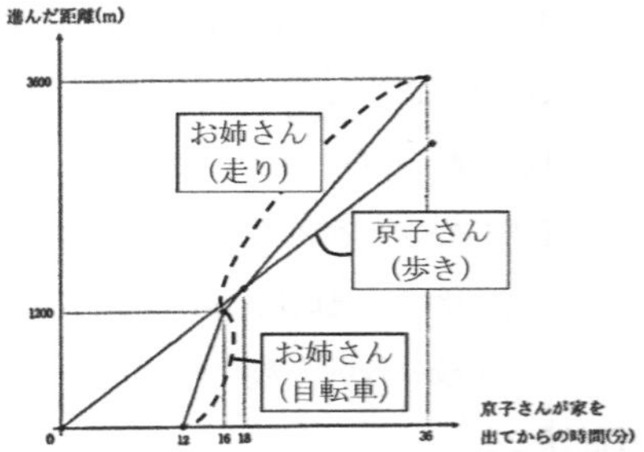

お姉さんが走った道のりは3600－1200＝2400(m)で，時間は36－16＝20(分)だから，求める速さは，分速(2400÷20)m＝分速120mである。

(2) 京子さんとお姉さんのグラフが重なる，京子さんが家を出てから18分後に注目する。このときまでに，お姉さんは合計1200＋120×(18－16)＝1440(m)の道のりを進んだから，京子さんは，18分で1440m歩いたとわかる。よって，求める速さは，分速(1440÷18)m＝分速80mである。

(3) ２人が出会った地点をＰとすると，家から学校に着くまでに２人が進んだ道のりについて，右図のように表せる。

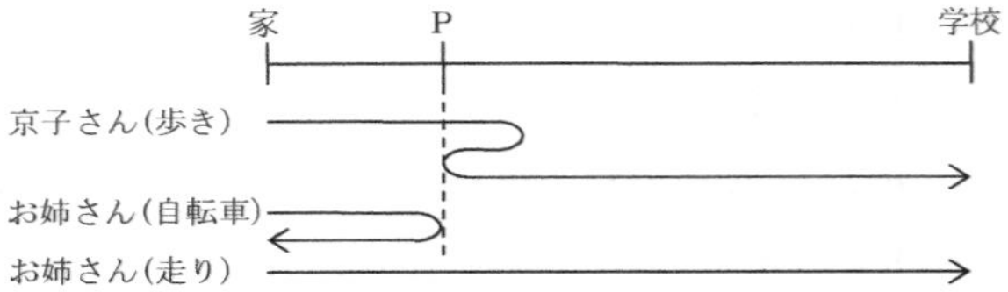

お姉さんが最初にＰ地点に着くまでにかかる時間は(16－12)÷２＝２(分)，進んだ道のりは1200÷２＝600(m)である。したがって，２人が出会うまでに京子さんが進んだ時間は12＋２＝14(分)だから，２人が出会うまでに進んだ道のりの和は，600＋80×14＝1720(m)である。よって，京子さんが忘れものに気づいたのは，家から1720÷２＝860(m)の地点である。

(4) 家から学校までの距離は，お姉さんが走った道のりに等しく2400mである。京子さんが引き返した道のりは860－600＝260(m)なので，京子さんが学校に着くまでに歩いた道のりの和は，2400＋260×２＝2920(m)である。よって，求める時間は，$2920 \div 80 = \frac{73}{2} = 36\frac{1}{2}$(分後)，つまり，36分($\frac{1}{2} \times 60$)秒後＝36分30秒後である。

(5) お姉さんが走って家を出たとき，京子さんはＰ地点から２分進んだ地点にいるから，２人の間の道のりは，600＋80×２＝760(m)である。したがって，お姉さんが走って家を出てから，760÷(120－80)＝19(分後)に京子さんを追い越す。よって，求める時間は16＋19＝35(分後)である。

【問題４】

立方体を切って展開図を考えるとき，各面のつながっている部分(波線部分以外)の辺の数や位置に注目して考える。立方体の各面に，右図のように記号をおく。

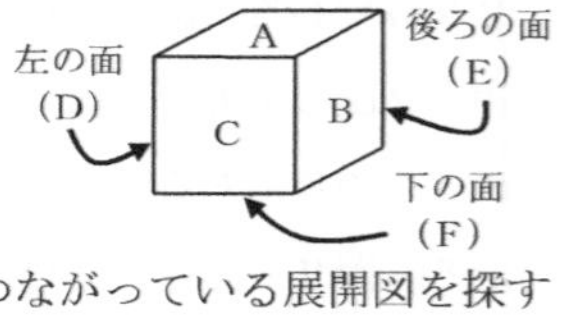

(1) 図４のＡ，Ｃ，Ｄ，Ｆの４つの面はつながっている辺が２本ずつあり，すべてＬ字の形をしている。また，Ｂ，Ｅの２つの面はつながっている辺が１本ずつある。よって，４つの面がＬ字の形の２本の辺でつながっていて，２つの面が１本の辺でつながっている展開図を探すと，(ウ)が見つかる。

(2) 図６の展開図より，２つの面が１本の辺でつながっていて，３つの面がＬ字の形の２本の辺でつながっていて，１つの面が平行な２本の辺でつながっているから，図５のＦのウ，エ，オのどれかの辺を切ればよいとわかる。図５において，ＡがＬ字の形の２本，Ｂが１本，ＣがＬ字の形の２本，Ｄが平行な２本，Ｅが平行な２本，Ｆが３本でつながっているから，ＥとＦの間にあるオの辺を切ればよいとわかる。

(3)　図７，８より，足りない部分は，立方体の１つの面を対角線で切ってできる直角二等辺三角形が２つ分とわかる。図７より，つながっている辺の数と位置を参考に，図８に面の記号をかくと右図ｉのようになる。実際には，Ａにはあと Ｃの半分がくっついていて，Ｅにはあと Ｂの半分がくっついている。図８に足りない，ＢとＣの残りの部分を右図ⅱのように作図し，立方体の展開図ではとなりの面にくっつくならば，面を 90 度だけ回転移動させて変形することができることを利用すると，解答例のような展開図がかける。

図ｉ

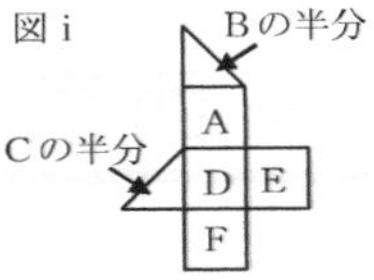

図ⅱ

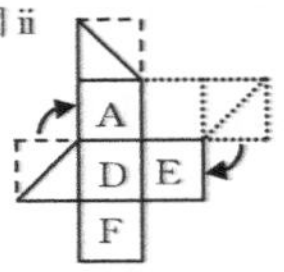

(4)　４本の辺でつながっているＥを基準に考えるとよい。面の対角線が切られていない，Ａ，Ｅ，Ｆとくっついている三角形５つを作図すると，右図ⅲのようになる。残りの三角形１つはＣの半分であり，Ａとくっついている Ｄの半分にくっつく。向きに気をつけて作図すると，解答例のようになる。

図ⅲ

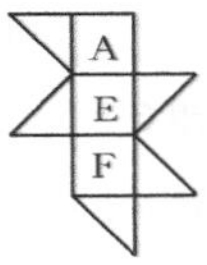

【問題５】

(1)　２回目の操作で，１回目の操作後の位置から，南に６－４＝２(マス)進んだので，２回目の操作は，南２である。最初にいた位置から東に３マス移動した位置が６⑥なので，最初の位置は，右図の●の位置で３⑥である。

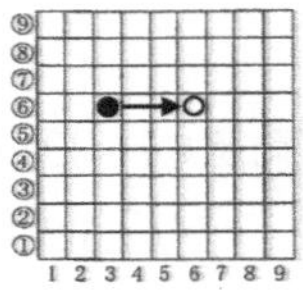

(2)　10 回の動作で，東に４＋７＝11(マス)，西に６＋２＋２＝10(マス)，南に３＋７＝10(マス)，北に２＋４＋２＝８(マス)進んだので，最初にいた位置から，東に 11－10＝１(マス)，南に 10－８＝２(マス)移動した位置が４③である。したがって，最初にいた位置は，右図の●の位置で３⑤である。

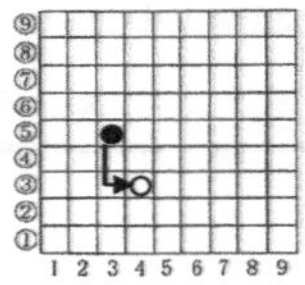

(3)(ア)　プログラムを２度くり返すことで，最初にいた位置から，東に５－３＝２(マス)，北に３－１＝２(マス)移動しているので，このプログラムを１度行うと，●は最初にいた位置から，$_{a}$東に２÷２＝$_{b}$１(マス)，$_{c}$北に２÷２＝$_{d}$１(マス)移動する。

(イ)　プログラムを３度から６度くり返したときに，９マス×９マスの盤から外に出てしまう(強制終了されてしまう)プログラムを考えればよい。

(4)　３回の操作で西に９－３＝６(マス)，南に６－２＝４(マス)移動するので，$_{A}$１回の操作で西に６マス移動し，２回の操作で南に４マス移動するか，$_{B}$２回の操作で西に６マス移動し，１回の操作で南に４マス移動する場合が考えられる。Ａの場合，３回の操作のうち必ず１回は西６の操作をする。西６の操作を１回目にすると，強制終了せずに南に４マス移動する(２回目，３回目)の操作は，(南１，南３)，(南２，南２)，(南３，南１)，(南５，北１)，(北１，南５)，(北２，南６)，(北３，南７)の７通りある。西６の操作が２回目，３回目であるときも同様に７通りずつあるとわかるので，７×３＝21(通り)ある。

Ｂの場合もＡと同様に考える。南４の操作を１回目にすると，強制終了せずに西に６マス移動する(２回目，３回目)の操作は，(西１，西５)，(西２，西４)，(西３，西３)，(西４，西２)，(西５，西１)，(西７，東１)，(西８，東２)の７通りあるので，７×３＝21(通り)ある。

したがって，求めるプログラムは全部で 21＋21＝42(通り)ある。

《解答例》

【問題１】⑴ウ　⑵①Ｂ　②Ｃ　③Ａ　⑶ウ　理由…水は押し縮められることがなく，ペダルを押す力がそのままタイヤを押しつける力になるから。

【問題２】⑴ウ，オ　⑵1.6　⑶イ　⑷ほとんどがちっ素だ
⑸出てきた二酸化炭素が再び水に溶けたから。

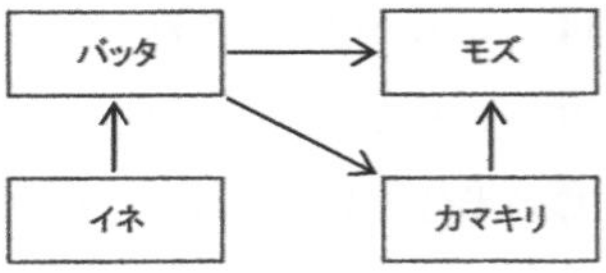

【問題３】⑴ア　⑵Ｄ　⑶⑤

【問題４】⑴①イ，エ　②イ，オ　⑵①右図　②(ⅰ)イ，ウ　(ⅱ)Ｂ

【問題５】⑴夏　⑵あ．冬　い．山陰　う．夏　え．南四国　⑶冬に積もった雪が春から夏にかけて雪どけ水となって川に流れこむために夏に水不足にならない　⑷イ

【問題６】⑴①イ　②エ　⑵Ｄ→Ｅ→Ｃ→Ｂ→Ａ　⑶Ｆ…Ｅ　Ｇ…Ｄ　Ｈ…Ａ　Ｉ…Ｂ　⑷河口
⑸入り江や汐入地を埋め立てる

【問題７】⑴①北九州　②い．イ　う．ア　⑵え．土地の価格　お．人件費　えとおは順不同　か．内陸　き．高速道路

《解　説》

【問題１】

⑴　ウ○…空気は押《お》し縮められるが，水は押し縮められないので，空気の体積は２㎤より小さく，水の体積は３㎤のままである。

⑵　空気の体積が減少した割合が大きいものほど，空気が元の体積にもどろうとする力が大きく，１円玉が高く飛び上がる。空気が元の体積から，Ａは$\frac{4}{5}$倍，Ｂは$\frac{1}{2}$倍，Ｃは$\frac{2}{3}$倍になっているから，減少した割合は大きいものからＢ＞Ｃ＞Ａとなる。したがって，①がＢ，②がＣ，③がＡの結果である。

⑶　ウ○…空気は押し縮められるので，管の中に少しでも空気が入っていると，ペダルを押した力の一部が空気を押し縮めるのに使われて，タイヤを押しつける力が弱くなる。

【問題２】

⑴　ウ，オ○…二酸化炭素は水に溶《と》けると酸性を示すので，青色リトマス紙に二酸化炭素の水溶液《すいようえき》である炭酸水をつけると赤色に変わるが，気体のままふきつけてもリトマス紙の色は変わらない。

⑵　温度が同じとき，二酸化炭素が水に溶ける量は水の体積に比例する。太郎さんの発言に，「０℃の水100㎤には半分の体積に押し縮められた二酸化炭素は0.68ｇ溶ける」とあるから，０℃の水500mLには$0.68\times\frac{500}{100}=3.4$(ｇ)まで溶ける。同様に考えると，半分の体積に押し縮められた二酸化炭素は20℃の水500mLに$(0.18\times2)\times\frac{500}{100}=1.8$(ｇ)まで溶けるから，$3.4-1.8=1.6$(ｇ)の二酸化炭素が出てくると考えられる。

⑶　酸性の性質，酸味の強さ，あわによる刺激《しげき》はすべて溶けている二酸化炭素によるものである。コーラを40℃に温めると，溶けている二酸化炭素は減るが，なくなるわけではないので，イが正答となる。

【問題3】

(1)　ア○…月や気球は自ら光っているのではなく，太陽の光を受けて光っている。京太さんから見て気球が月と同じ方向に来たときの気球の光り方は月と同じになる。

(2)　地球から見て月が太陽と反対方向のCにあるときが満月(④)だから，位置がC→D→E→F→G→H→A→Bと移動する間に，形が④→⑤→⑥→⑦→⑧→①→②→③と変化する。⑤のような月が見えるときの位置はDである。

(3)　(2)解説より，①のように見える月はHの位置にある。Hの位置にある月から見る地球の光り方は，地球から見るDの位置にある月の光り方と同じだから，⑤が正答となる。

【問題4】

(1)①　酸素は肺で，養分は小腸で血液中に取り入れられる。　②　二酸化炭素は肺で，その他の不要物はじん臓で血液中から出される。

(2)①　生物どうしの「食べる」「食べられる」という関係を食物連鎖《れんさ》という。図1より，食べられる生物から食べる生物に向かって矢印を記入すればよい。イネはバッタに食べられ，バッタはカマキリとモズに食べられ，カマキリはモズに食べられる。　②(ⅰ)　植物は，光を受けると水と二酸化炭素を材料にして，でんぷんと酸素をつくり出す。このはたらきを光合成という。真っ暗な夜では光合成は行われないので，酸素を出すイと二酸化炭素を取り入れるウが正答となる。なお，酸素を取り入れるアと二酸化炭素を出すエは呼吸によるものである。

(ⅱ)　B○…地球の大気中の酸素の割合はほとんど変化していない。酸素を出しているのが植物だけだとすると，植物が出している酸素の量が取り入れている酸素よりも多くなければ，1年間で動物が取り入れている分だけは確実に酸素の量が減っていくはずである。

【問題5】

(1)　山梨県・長野県は中央高地の気候，岡山県は瀬戸内の気候である。夏の南東季節風や冬の北西季節風は，高い山地や山脈を越える前に大雨や大雪をもたらし，山地や山脈を越えた後には乾いた風となるため，中央高地や瀬戸内地方は1年を通して降水量が少ない。

図　瀬戸内地方に雨が少ない理由

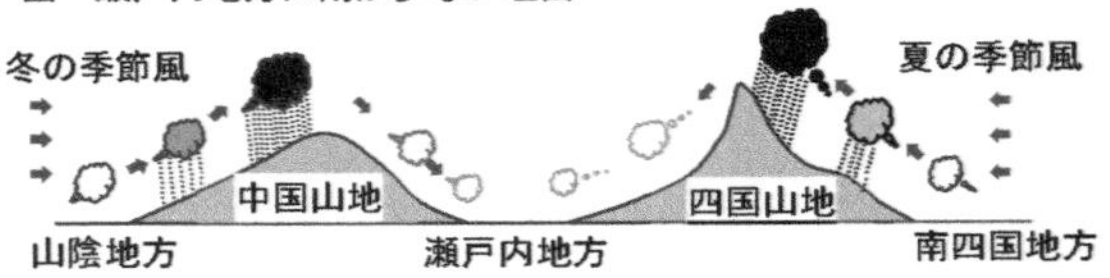

(2)　右図参照。

(3)　長野県には日本アルプス，山梨県には南アルプスや富士山があるため，雪解け水が多い。日本アルプスとは，北アルプスの飛驒山脈，中央アルプスの木曽山脈，南アルプスの赤石山脈の総称である。

(4)　《メモ》の「夏は日差しが強く，乾燥している」からイと判断する。地中海沿岸部では，乾燥する夏にブドウやオレンジ，オリーブを栽培し，まとまった雨が降る冬に小麦を栽培する地中海式農業が行われている。

【問題6】

(1)①　弥生時代→古墳時代→飛鳥時代→奈良時代→平安時代→鎌倉時代→室町時代の順だから，イを選ぶ。

②　D．奈良時代→E．平安時代→C．鎌倉時代→B．室町時代→A．江戸時代

(2)　Aは「安定した政治が約260年間(江戸幕府)」から江戸時代，Bは「戦乱(応仁の乱)をさけた都の人々」から室町時代，Cは「朝廷とは別の政府(鎌倉幕府)」から鎌倉時代，Dは「国ごとに寺院(国分寺)」から奈良時代，Eは「日本独自の文字(仮名文字)」から平安時代と判断できるので，D→E→C→B→Aとなる。

(3)F　藤原頼通が建てた平等院鳳凰堂だからEを選ぶ。藤原頼通は，平安時代の藤原氏の摂関政治が全盛だった頃

の摂政・関白である。　G　聖武天皇が建てた東大寺の正倉院だからDを選ぶ。聖武天皇は，奈良時代に仏教の力で世の中を安定させようとして国分寺を全国につくり，奈良の都に東大寺と大仏をつくった。　H　葛飾北斎の浮世絵「富嶽三十六景—神奈川沖浪裏」だからAを選ぶ。葛飾北斎は江戸時代後期の化政文化で活躍した。

I　雪舟の水墨画「天橋立図」だからBを選ぶ。室町時代の水墨画として「秋冬山水図」なども有名である。

(4)　江戸幕府初代将軍徳川家康は，埋め立てや水路の整備を行い，河口に城下町をつくった。江戸市中には物資が船で集められ，18 世紀には 100 万人が住む世界最大の都市となった。一方で，鎌倉幕府初代将軍源頼朝は，敵の攻撃から守るのにつごうがよいなどの理由から，三方を山に囲まれて海に面している鎌倉に幕府を開いた。

(5)　満潮になれば海水が入り込んでいた江戸の土地を広げるため，江戸湊や汐入地の埋立が行われた。また，神田山を切り崩して日比谷入江の埋立も行われた。

【問題7】

(1)①　北九州工業地帯の生産量が減少した原因として，1960 年代のエネルギー革命(主要エネルギーが石炭から石油に代わる革命)によって国内での石炭生産量が減少したことも挙げられる。　②(い)　イ．中国から鉄鉱石を輸入しやすく，筑豊炭田から石炭を輸送しやすい北九州の地に八幡製鉄所がつくられ，工業化が始まった。

(う)　ア．日本は主に鉄鉱石をオーストラリアやブラジルから輸入している。

(2)(え)・(お)　海外に工場を移転した結果，国内の工場が減り，産業の空洞化が起こっている。　(か)　海岸から遠い場所を内陸部，海岸に近い場所を沿岸部と言う。　(き)　高速道路網が発達すると，目的地まで貨物を直接運べるようになったため，インターチェンジ周辺に多くの工場ができた。

《解答例》

【問題一】　問1．サルに近い　問2．ダシを使う味付けが卓越している　問3．イ　問4．ア　問5．一人で簡単に栄養の補給ができる食事。　問6．始め…二十四時間　終わり…存の技術。　問7．⑴勝者に味方する　⑵エ　問8．a．内容　b．量　aとbは順不同　c．コミュニケーションをとり、人間関係を築く　〔別解〕気持ちを通じ合わせて、信頼関係を築く　問9．ア　問10．a．コミュニケーション　b．ともに生きようとする実感

問11．（例文）

　文章Ⅰからは、日本人の知恵が、旬の食材を生かし、ダシを使って料理を仕上げる美味で健康に良い和食文化を育てたことを学んだ。文章Ⅱからは、日本人が、食事を通して、自然と人、人と人とを豊かにつなぐ和の伝統を育んできたことを学んだ。

　和食文化を受けつぐために、私は、家の食事を和食中心にし、祖母や母から教わって、和食を実際に作っていくというようなことができると思う。

《解　説》

【問題一】

問１　〈文章Ⅱ〉の傍線部《ぼうせんぶ》⑦の２段落後に、「サルに近い身体をもった人間も、これらの四季の変化に同じように反応する」「人間の五感は食を通じて自然の変化を的確に感知するようにつくられてきたのだ」とあり、旬《しゅん》の食材に目がいき、それらを欲すると説明されている。こうした人間の特性が、旬を見極め、それらを生かす「旬にこだわる食文化」を生み出した。

問２　〈文章Ⅰ〉の最後から２段落目に、「味つけにも卓越《たくえつ》しているのが和食文化だ」とあり、美味で健康にもよい「ダシ」を使った味つけの魅力《みりょく》について述べている。

問３　［A］の前も後も、人間が食べたり手に入れたりできる食材を増やす工夫が書かれている。よって、前の内容に後の内容を加えることを表す、イの「さらに」もしくは、エの「また」が入る。［C］は、前の内容が理由で、後の内容がその結果起こることになっている。よって、イの「だから」が入る。よって、イが適する。

問４　「複雑」と同じ漢字を使うのは、アの「重複」。　イ．副作用　ウ．回復　エ．敬服

問５　「効率化とはむしろ逆行する特徴《とくちょう》」とは、同じ段落内で説明されている、「他者との関係の維持《いじ》や調整」のために、多様な技術を考案し、「莫大《ばくだい》な時間と金」をかけて、食事を社交の場として機能させてきたことである。これとは逆、つまり、他者との関係を考えず、そこに技術や時間、金をかけないことが、効率化された食事の特徴である。具体的には、一人でいつでも、どこでも、簡単に栄養がとれる食事ということになる。

問６　傍線部⑤の「技術」は、２～３行後にある「自分の好きなものを好きな時間と場所で好きなように食べることを可能にし、個食を増加させた技術である。〈文章Ⅱ〉の最初の段落に「二十四時間営業の～保存の技術。これらは私たちが、いつでも、どこでも、どんなものでも、好きなように食べることを可能にした」とある。

問７⑵　「生き馬の目をぬく」は、すばやく行う、油断のならないという様子を表すことば。よって、エが正解。

問８ａｂ　直後に「いっしょにたべる相手によって、自分がどのように、どれくらい食物に手を出せるかが変わる～からだ」とある。サルは、自分の方が強ければ食物を独占《どくせん》し、自由に食べられるが、弱ければ相手に譲《ゆず》って別

の食べ物を探さなければならない場合がある。「どのように」は、食事の内容が変わることを表し、「どれくらい」は、食事の量が変わることを表している。　c　人間が他の人と食事をとることについて述べた部分を探す。傍線部⑤の前の段落に、「相手とじっくり向かい合い、気持ちを通じ合わせながら信頼《しんらい》関係を築くためである」とある。また、 A の次の段落に、「人間が食事を人と人とをつなぐコミュニケーションとして利用してきた」とある。

問９　★★ではさまれた２つの段落では、「食事は、人間どうしが無理なく対面できる貴重な機会である」こと、人間は生まれつき、「相手の目の動きから心の状態を読みとることができること」、「対面して相手の目の動きを追いながら同調し、共感する間柄《あいだがら》をつくること」は、人間に特有の能力であり、これが「人間に独特な強い信頼関係を育み、高度で複雑な社会の資本となってきたと考え」られることを説明している。つまり、人間は食事をとおして強い信頼関係を育んできたと考えられること、それは、食事の際に対面することで、相手と同調し、共感する間柄をつくることによるものだということが説明されている。よって、アが適する。

問 10 a　 A の次の段落に、「人間が食事を人と人とをつなぐコミュニケーションとして利用してきた」とある。盆《ぼん》や正月は、ふだんはいっしょにいない親類も集まって、ともに食事をとる。これが親類をふくむ大きな家族の結びつきを強める、大事なコミュニケーションの機会になっている。　b　傍線部⑤の１～４行前の「同じ物をいっしょに食べることによって、ともに生きようとする実感がわいてくる。それが信頼する気持ち～を生みだすのだと思う」と、会話文中の「同じものを分け合って～食べることで、人間の心には（　b　）が芽生えてきたんじゃないかしら。そして、それが信頼関係へと深まっていったのよ」が対応している。

★西京高等学校附属中学校　2019 平成31 年度　適性をみる検査Ⅱ

《解答例》

【問題１】(1)69.4　(2)２　(3)ウ　(4)ア．120　イ．B→F→E→C→A→D

【問題２】(1)右図　(2)C，B，D，A　※(3)［ア／イ］［２／３］，［４／６］

(4)《図４》のあみだくじも《図５》のあみだくじもBの位置は変わらないので，どの順に何個つないでも，下端がD，C，B，Aとなることはない。

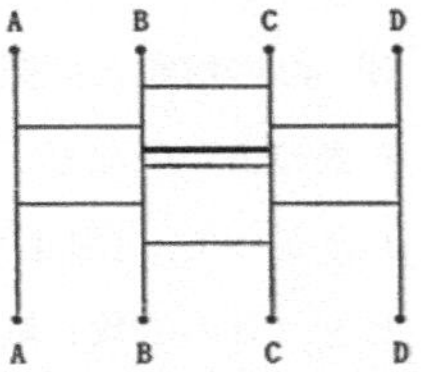

【問題２】(1)の図

【問題３】(1)ア，エ　(2)右図　(3)①右図　②966

【問題４】(1)花子さん／760　(2)４　(3)220　(4)4320

【問題５】(1)７　(2)左→左→右→右→右→右

(3)①チ　②ロボットXが，別のロボットに反応した衝突防止プログラムによって止まっているときに，さらに別のロボットがロボットXのいる交差点に進んでくる場合。

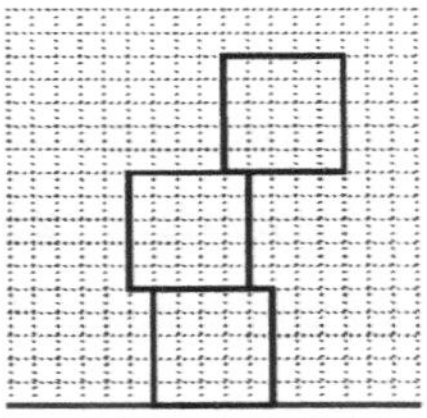
【問題３】(2)の図

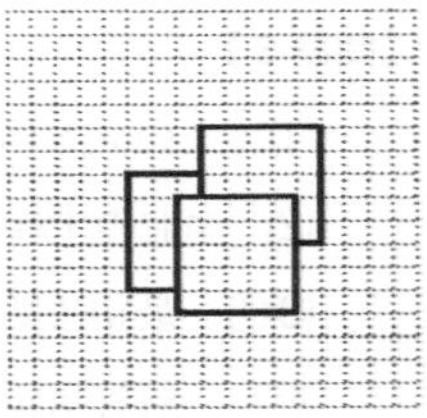
【問題３】(3)①の図

※の別解は解説を参照してください。

《解　説》

【問題１】

(1)　各学校の実行委員に立候補する人数の割合は，松小学校が，$\frac{12+31}{62}\times100=69.35\cdots$より69.4%，竹小学校が，$\frac{10+12}{38}\times100=57.89\cdots$より57.9%，梅小学校が$\frac{30+22}{83}\times100=62.65\cdots$より62.7%だから，最も大きい値は69.4%である。

(2)　竹小学校で応援団に立候補する人数は，《表２》より24人，応援団には立候補せず実行委員に立候補する人数は，《グラフ》より12人だから，どちらかに立候補する人数は24＋12＝36(人)である。よって，どちらにも立候補しない人数は，38－36＝２(人)

(3)　それぞれの学校の割合を表すには，ウの「６年生の人数」を100%とする帯グラフが最も適している。

アとイのグラフは人数を表していて，エのグラフは３校の合計の割合を表している。

(4)ア　E→Cをまとめて１人のGという児童だと考え，A，B，D，F，Gの５人の走る順番を考える。

決め方は１番手から５番手まで順に，５通り，４通り，３通り，２通り，１通りとなるから，並び方は全部で，５×４×３×２×１＝120(通り)ある。

イ　③と④から，B→F→E→Cの並びがあるとわかる。したがって，Aが２番手だとD→A→B→F→E→Cとなり，Dが１番手になってしまうので，条件に合わない。Aが５番手だと，B→F→E→C→A→Dとなり，条件に合う。

【問題２】

(1)　BとCの位置は変わらないこと，B(またはC)が通る道すじ(右図Ⅰの太線または破線)に横線を加えると，B(またはC)の下端の位置は必ず変わることから，横線を加える位置は，BとCが通る道すじの上ではないとわかる。よって，図Ⅱの点線で囲んだ部分のどこかに１本横線を加えるとよい。

図Ⅰ

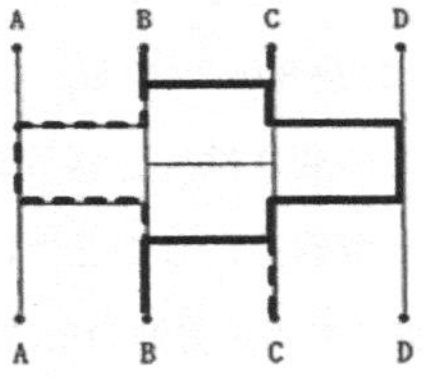

図Ⅱ

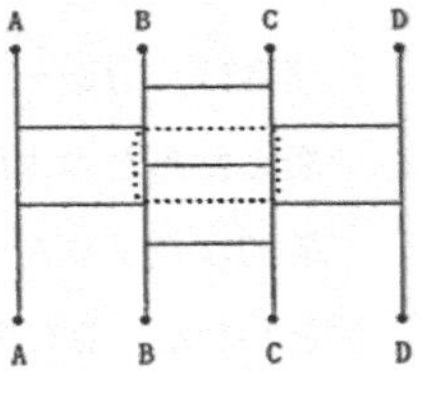

⑵　１個目，２個目，３個目のそれぞれのあみだくじを進み終えたときの並びを調べると，右表のようになる。したがって，３個進み終えるごとに元の並びに戻《もど》るとわかる。1000÷３＝333 余り１より，３×333＝999(個目)で元の並びに戻り，1000 個目で，１個目を進み終えたときと同じ並びになるから，左から順に，C，B，D，Aとなる。

《図５》のあみだくじ

上端	A	B	C	D
１個	C	B	D	A
２個	D	B	A	C
３個	A	B	C	D
⋮	⋮	⋮	⋮	⋮

⑶　⑵の解説と同様に《図４》のあみだくじについても並び方の変化を調べると，右表のようになる。２個進み終えるごとに元の並びに戻るとわかる。
したがって，《図４》のあみだくじを「２の倍数」個つなぎ，《図５》のあみだくじを「３の倍数」個つなげば，上端と下端の並びがともにA，B，C，Dとなる。
よって，アには２の倍数，イには３の倍数を入れればよい。

《図４》のあみだくじ

上端	A	B	C	D
１個	D	B	C	A
２個	A	B	C	D
⋮	⋮	⋮	⋮	⋮

【問題３】

⑴　上の立方体が下の立方体より西に３cmずれているので，アとエが適する。

⑵　南北のずれは考える必要がない。２個目の立方体を西に１cmずらし，３個目の立方体を東に４cmずらせばよい。

⑶①　最初に問題用紙の図に３個の立方体を重ねてかくとよい。そのあと，重なって見えない部分に気をつけながら，解答用紙にかくとよい。

②　７個の立方体の表面積の和から，重なって見えなくなった部分の面積を引けばよい。
１個の立方体の表面積は，(５×５)×６＝150(cm²)だから，７個の立方体の表面積の和は，150×７＝1050(cm²)
《表３》ののせ方をすると，重なる部分は縦５－２＝３(cm)，横５－３＝２(cm)の長方形になるから，上下の立方体で合わせて(３×２)×２＝12(cm²)の表面が見えなくなる。同様に，《表４》ののせ方をすると，上下の立方体で合わせて{(５－３)×(５－１)}×２＝16(cm²)の表面が見えなくなる。
よって，この立体の表面積は，1050－12×３－16×３＝966(cm²)

【問題４】　グラフが変化しているところに，右図のように記号をおく。

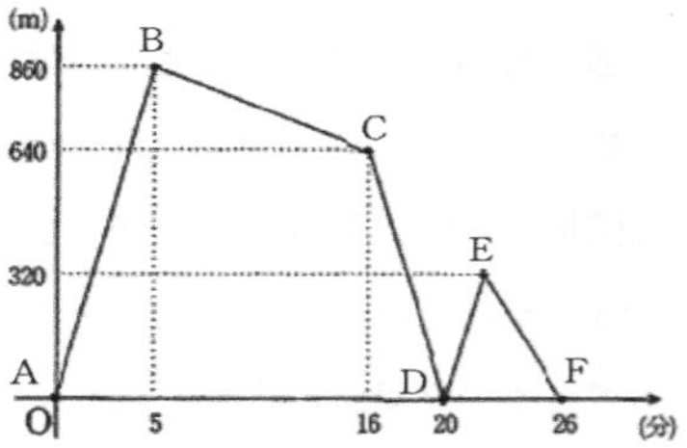

⑴　２人が図書館に着く前に２人の移動した距離《きょり》の差が０mになるのは，一方がもう一方を追いこすときである。太郎さんが先に着いたのだから，Dは太郎さんが花子さんを追いこしたところとわかる。したがって，AD間では花子さんの方が前にいるから，10 分後も花子さんが前にいる。BC間での２人の速さの差は分速$\frac{860-640}{16-5}$m＝分速 20mだから，10 分後の２人の移動した距離の差は，860－20×(10－５)＝760(m)

⑵　⑴の解説をふまえる。太郎さんが図書館に着いたのはEのときである。CD間での２人の速さの差は分速$\frac{640}{20-16}$m＝分速 160mで，DE間でも同様だから，DE間の時間は 320÷160＝２(分)である。よって，太郎さんは出発してから 20＋２＝22(分後)に図書館に着き，花子さんは 26 分後に着いたので，太郎さんの方が 26－22＝４(分)早く着いた。

⑶　ここまでの解説をふまえる。EF間では花子さんだけが移動しているから，速さを変えたあとの花子さんの速さは，分速$\frac{320}{4}$m＝分速 80mである。CE間の速さの差が分速 160mで，太郎さんの方が速いのだから，速さを変えたあとの太郎さんの速さは，分速(160＋80)m＝分速 240mである。太郎さんが先に速さを変えたのだから，最初は花子さんのほうが速く，Bのときに太郎さんが花子さんより速くなり，Cのときに花子さんが遅《おそ》くなったとわかる。BC間の速さの差が分速 20mで，太郎さんの方が速いのだから，速さを変える前の花子さんの速さは，分速(240－20)m＝分速 220mである。

(4)　ここまでの解説をふまえる。花子さんは分速220mで16分進み，分速80mで26－16＝10(分)進んだのだから，学校から図書館までの距離は，220×16＋80×10＝4320(m)

【問題５】

(1)　AからBまで８分で行く道のり１通りに対して１種類のプログラムがあるから，AからBまで８分で行く道のりが何通りあるかを求めればよい。ロボットは直前に通ってきた道に引き返すことができないことに注意すること。また，交差点に右図Ⅰのように記号をおく。

図Ⅰ

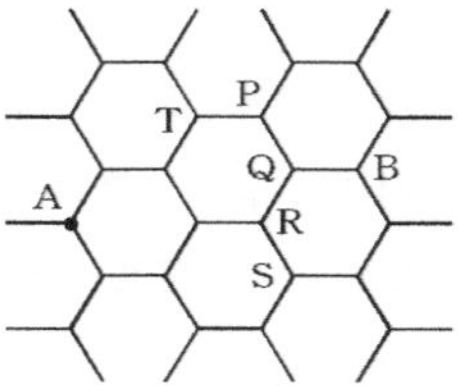

図Ⅱ

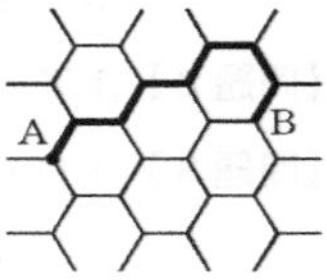

Bの右上の道から入ってきてBに８分で着くためには，Pに４分で着けばよい。そのような道のりは図Ⅱの１通りある。

図Ⅲ

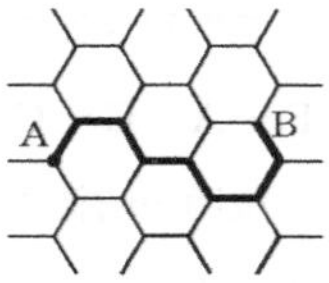

図Ⅳ

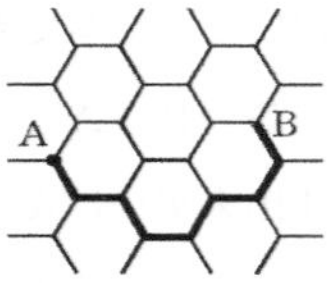

図Ⅴ

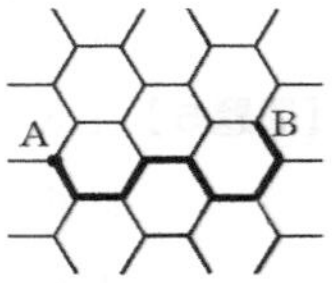

Bの右下の道から入ってきてBに８分で着くためには，Sに５分で着けばよい。そのような道のりは図Ⅲ，Ⅳ，Ⅴの３通りある。

Bの左の道から入ってきてBに８分で着くためには，Qに７分で着けばよい。

図Ⅵ

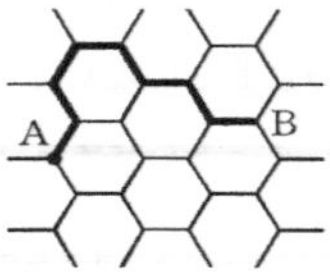

図Ⅶ

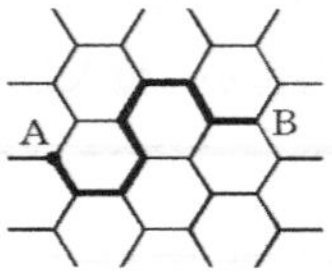

図Ⅷ

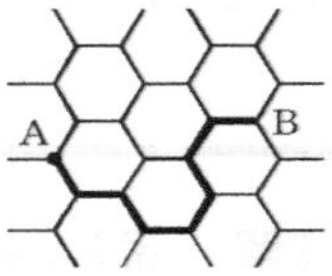

Qの左上の道から入ってきてQに７分で着くためには，Tに５分で着けばよい。そのような道のりは図Ⅵ，Ⅶの２通りある。

Qの左下の道から入ってきてQに７分で着くためには，Rに６分で着けばよい。そのような道のりは図Ⅷの１通りある。

よって，プログラムは１＋３＋２＋１＝７(種類)ある。

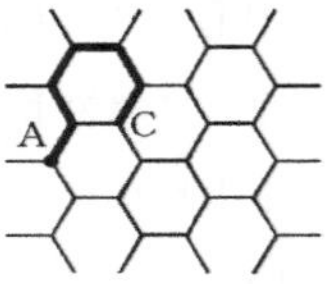

(2)　６分後にCに着く道のりは右図の１通りだけである。

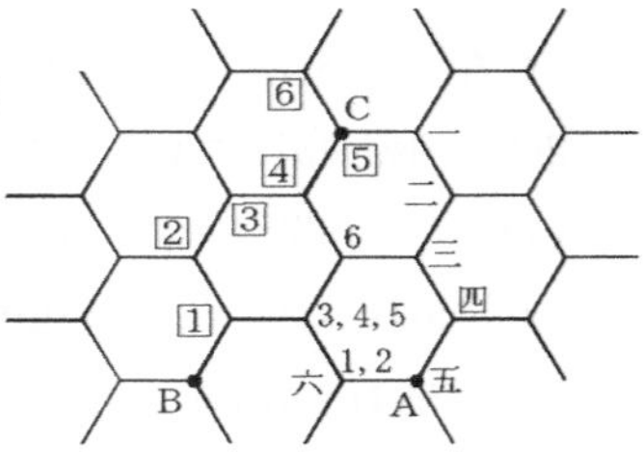

(3)①　ロボットXの衝突防止プログラムに注意しながら，時間の経過を追って各ロボットの位置を確認していく。ロボットYとロボットZは止まることがないので，この２台の動きを先にかきこむとよい。右図は，１秒後，２秒後，３秒後，…について，ロボットXの位置を1，2，3，…，ロボットYの位置を[1]，[2]，[3]，…，ロボットZの位置を一，二，三，…と表したものである。

１分後に移動を終えたロボットXは，ロボットYに反応して衝突防止プログラムが作動し，その場所に１分間とどまる。また，３分後に移動を終えたロボットXは，次にロボットZに，その次にロボットYに反応して，その場所に２分間とどまる。そして６分後にはチの交差点にいる。

②　ロボットX以外にロボットYしかいない場合，２台がとなりあったあとはXもYも必ず動くから，XとYが道の途中ですれちがうことはあっても，同じ交差点に着くことは起こりえない。したがって，２台がとなりあったときに，３台目のロボットに反応してロボットXの衝突防止プログラムが作動する場合を考えればよい。

《解答例》

【問題１】⑴①イ　②エ→イ→ア→ウ　⑵①イ　②ア，エ　③橋脚の数を増やすと流木がたまりやすくなり，大量の水を受け止めて洪水が起こりやすくなるから，逆効果になる。

【問題２】⑴ア　⑵①ウ　②ア　③カ　④キ　⑶ア，ウ

【問題３】⑴115　⑵賛成する考え…エ　A．1.5　B．6　⑶おもりの重さを 450ｇにしたときの輪ゴムののびが 13.5㎝になること。

【問題４】⑴イ，エ，オ　⑵ア，イ　⑶ウ　⑷①冬には暖かい地域や南半球の国から輸入しているから。
②促成栽培によって冬でも国内で生産されているから。

【問題５】⑴E→C→D→B→A　⑵F…A　G…C　H…E　⑶①刀狩　②検地 ①と②は順不同　③百姓の一揆を防止　⑷出来事…げんこう　説明…防衛戦であったため，幕府が御家人に十分な恩賞を与えることができなかったから。　⑸Ⅰ．武芸　Ⅱ．役人

【問題６】⑴①あ…水力発電所　い…都市部〔別解〕電力消費地 「あ」と「い」は順不同
②燃料を外国から輸入しなければならない　⑵天候などによって出力が大きく変動する点。

《解　説》

【問題１】

⑴①　ア．生まれたときの体重はパンダよりヒトの方が重いが，成体(大人)の体重はパンダよりヒトの方が軽い。ウ．ア解説より，「成体(大人)の体重÷生まれたときの体重」の値はヒトよりパンダの方が大きいが，寿命《じゅみょう》はヒトよりパンダの方が短い。エ．寿命はパンダよりヒトの方が長いが，成体(大人)の体重はパンダよりヒトの方が軽い。　②　イとエは子宮の中にいるとき(エ→イの順)，アは産声《うぶごえ》をあげたとき，ウは食べ物を口からとりこむようになってから，はたらき始める。

⑵①　川の曲がっているところでは，外側の方が川の流れがはやい。流れがはやいところでは，しん食作用が大きくはたらき，岸がけずられやすいため，外側に護岸工事がなされている。なお，川の曲がっているところの内側では川の流れがおそく，たい積作用が大きくはたらくため，土砂がたまって河原ができやすい。　②　ア．流木のほとんどは山の斜面《しゃめん》にある木が，土砂とともに流されたものだから，斜面にある木をすべて切れば，流木が原因となる被害はすぐになくなる。イ．木の根が深くはることで，斜面がくずれにくくなる効果はあるが，根を深くはるまでに時間がかかるので，すぐに効果は期待できない。ウ．川を流れてきた流木には非常に大きく重いものもあり，これを意図的に河原にためていくことは難しい。エ．水の流れを止めることなく，土砂や流木などを食い止めることができる柵《さく》や杭《くい》を設置すれば，設置後すぐに効果が期待できる。

【問題２】

⑴　気体検知管では，調べたい気体が管の中を通過するときに，中の薬品の色が変化し，気体がふくまれる割合を調べることができる。したがって，管の両端《はし》を折らなければ，気体が管の中を通過することができない。

⑵　１％までしか測れない二酸化炭素用の気体検知管を使って，二酸化炭素の割合がだいたい４％になっていると思われる気体を調べるのだから，二酸化炭素がほとんどふくまれていない空気と混ぜて，二酸化炭素の割合が小さくなるようにしなければならない。

(3) 酸素にはものが燃えるのを助けるはたらきがあり，ろうそくが燃えるには酸素が必要である。さらに，実験で，ろうそくの火が消えたとき，酸素は21％から17％に減っていた(酸素が残っていた)ことから，酸素がある一定の割合以上でふくまれていなければ，ろうそくが燃焼しないと考えることができる。したがって，酸素の割合が空気中にふくまれる酸素の割合(21％)より大きいアとウではろうそくが燃焼し，酸素の割合がろうそくの火が消えたときの気体にふくまれる酸素の割合(17％)より小さいイとエではそうろくが燃焼しないと考えられる。

【問題３】

(1) 表１より，この輪ゴムは50ｇで1.5㎝のびるから，輪ゴムを3.45㎝のばした太郎さんの筆箱の重さは$50\times\frac{3.45}{1.5}=115$(ｇ)である。

(2) Ａのように輪ゴムを２本束ねておもりをつるすと，おもりの重さは２本の輪ゴムに等しく分かれて50ｇずつかかるから，のびは，１本の輪ゴムに50ｇのおもりをつるしたときと同じ1.5㎝である。また，Ｂのように輪ゴム２本を縦に連結すると，どちらの輪ゴムにもおもりの重さと同じ100ｇがかかるから，それぞれが３㎝ずつのびて，合計６㎝のびる。

(3) 実験１では，おもりの重さが250ｇ以下のときについて，おもりの重さと輪ゴムののびが比例することを確認した。実験３では，磁石Ｄの力によるのびが磁石Ｃの力によるのびの５倍になっているが，磁石Ｄのときの輪ゴムののびは13㎝になっているから，このとき輪ゴムは250ｇより大きい力で引っぱられている。おもりの重さを250ｇより大きくしていくと，どこかで輪ゴムがのびきってしまうことが考えられるので，おもりの重さを450ｇにしたときの輪ゴムののびが$1.5\times\frac{450}{50}=13.5$(㎝)になることが確認できれば，輪ゴムののびが13㎝になったときでも，おもりの重さと輪ゴムののびが比例していることがわかり，③は正しいといえる。

【問題４】

(1) イとエとオが誤り。先生が「カボチャは夏野菜…収穫の時期は夏から秋にかけて」と言っていることから，暖かい地域のメキシコ産や，南半球のニュージーランド産のカボチャと判断する。

(2) アとイが正しい。長期保存ができ，寝かせることで栄養価の増すカボチャは，冬至に食べると風邪予防になると言われ，縁起の良い食べ物として重宝されてきた。

(3) カボチャが日本に伝わったのは16世紀頃なので，ウの南蛮屏風を選ぶ。アは瑠璃坏《るりのつき》と螺鈿紫檀琵琶《らでんしたんのびわ》(８世紀)，イは横浜への黒船来航(19世紀)，エは元寇(13世紀)の様子を描いた「蒙古襲来絵詞」である。

(4)① (1)の解説参照。　② 促成栽培とは，冬でも暖かい気候を利用して農作物の生長を早めて出荷時期をずらす栽培方法で，ナスやキュウリの促成栽培は高知平野や宮崎平野でさかんである。

【問題５】

(1) Ｅ．鎌倉時代→Ｃ．室町時代→Ｄ．戦国時代→Ｂ．江戸時代→Ａ．明治時代の順である。

(2) Ｆ．地券発行のための土地の調査の様子から，明治時代の地租改正を導きＡを選ぶ。　Ｇ．室町幕府８代将軍足利義政が建てた慈照寺の銀閣だからＣを選ぶ。　Ｈ．鎌倉幕府初代将軍源頼朝の妻の北条政子だから，Ｅを選ぶ。

(3)①② 刀狩は百姓から刀などの武器を取り上げる政策，検地は年貢の取りたてを目的に田畑の面積や収穫高を調べる政策である。百姓は，「刀狩」によって武器を使って戦うことができなくなり，「検地」によって勝手に土地を離れられなくなったため，武士との身分がはっきりと区別されるようになった(兵農分離)。

(4) 鎌倉幕府８代執権北条時宗が元による服属の要求をしりぞけた後の，元軍による２度に渡る襲来を元寇《げんこう》という。鎌倉幕府は，将軍と，将軍に従う御家人との結びつきによって支えられており，将軍は，ご恩として御家人の以前からの領地を保護したり，新たな領地を与えたりして，御家人は，奉公として京都や幕府の警備につき命をかけて戦った。防衛戦であった元寇後，恩賞を貰えずに生活に困る御家人が増え，幕府に不満を持つ者も出てきた。

⑸　江戸時代，初代将軍徳川家康から３代将軍家光までは武力を背景とした武断政治，４代将軍家綱から７代将軍家継までは安定政権の文治政治であった。幕府の支配体制が確立して世の中が安定すると，武士には武芸ではなく法律・道徳・儒学などによって人民を統制する役人としての役割が求められるようになった。

【問題６】

⑴①　水力発電所は河川の近くや貯水ダムをつくることのできる山間部につくられるため，電力消費地である都市部との送電距離が遠くなってしまう。　②　日本は，火力発電の燃料となる石油や石炭を外国からの輸入に依存している。東日本大震災(2011 年)による福島第一原子力発電所の放射能漏れ事故の影響を受け，全国の原子力発電所が安全点検のため一時稼働を停止した。その結果，不足する電力分を火力発電でまかなうようになったため，石油や石炭の輸入が増大した。

⑵　太陽光発電では，地球温暖化の原因となる二酸化炭素などの温室効果ガスをほとんど発生させず，原料を半永久的に使えるなどの長所がある。一方で，天候などによって出力が大きく変動したり，夜間の発電ができなかったりするなどの短所もある。

■ ご使用にあたってのお願い・ご注意

（1）問題文等の非掲載

著作権上の都合により，問題文や図表などの一部を掲載できない場合があります。

誠に申し訳ございませんが，ご了承くださいますようお願いいたします。

（2）過去問における時事性

過去問題集は，学習指導要領の改訂や社会状況の変化，新たな発見などにより，現在とは異なる表記や解説になっている場合があります。過去問の特性上，出題当時のままで出版していますので，あらかじめご了承ください。

（3）配点

学校等から配点が公表されている場合は，記載しています。公表されていない場合は，記載していません。

独自の予想配点は，出題者の意図と異なる場合があり，お客様が学習するうえで誤った判断をしてしまう恐れがあるため記載していません。

（4）無断複製等の禁止

購入された個人のお客様が，ご家庭でご自身またはご家族の学習のためにコピーをすることは可能ですが，それ以外の目的でコピー，スキャン，転載（ブログ，ＳＮＳなどでの公開を含みます）などをすることは法律により禁止されています。学校や学習塾などで，児童生徒のためにコピーをして使用することも法律により禁止されています。

ご不明な点や，違法な疑いのある行為を確認された場合は，弊社までご連絡ください。

（5）けがに注意

この問題集は針を外して使用します。針を外すときは，けがをしないように注意してください。また，表紙カバーや問題用紙の端で手指を傷つけないように十分注意してください。

（6）正誤

制作には万全を期しておりますが，万が一誤りなどがございましたら，弊社までご連絡ください。

なお，誤りが判明した場合は，弊社ウェブサイトの「ご購入者様のページ」に掲載しておりますので，そちらもご確認ください。

■ お問い合わせ

解答例，解説，印刷，製本など，問題集発行におけるすべての責任は弊社にあります。

ご不明な点がございましたら，弊社ウェブサイトの「お問い合わせ」フォームよりご連絡ください。迅速に対応いたしますが，営業日の都合で回答に数日を要する場合があります。

ご入力いただいたメールアドレス宛に自動返信メールをお送りしています。自動返信メールが届かない場合は，「よくある質問」の「メールの問い合わせに対し返信がありません。」の項目をご確認ください。

また弊社営業日（平日）は，午前９時から午後５時まで，電話でのお問い合わせも受け付けています。

2025 春

教英出版

株式会社教英出版
〒422-8054　静岡県静岡市駿河区南安倍３丁目 12-28
TEL　054-288-2131　　FAX　054-288-2133
URL　https://kyoei-syuppan.net/
MAIL siteform@kyoei-syuppan.net

福岡県

- ①［国立］福岡教育大学附属中学校（福岡・小倉・久留米）
- ②［県立］
  - 育徳館中学校
  - 門司学園中学校
  - 宗像中学校
  - 嘉穂高等学校附属中学校
  - 輝翔館中等教育学校
- ③西南学院中学校
- ④上智福岡中学校
- ⑤福岡女学院中学校
- ⑥福岡雙葉中学校
- ⑦照曜館中学校
- ⑧筑紫女学園中学校
- ⑨敬愛中学校
- ⑩久留米大学附設中学校
- ⑪飯塚日新館中学校
- ⑫明治学園中学校
- ⑬小倉日新館中学校
- ⑭久留米信愛中学校
- ⑮中村学園女子中学校
- ⑯福岡大学附属大濠中学校
- ⑰筑陽学園中学校
- ⑱九州国際大学付属中学校
- ⑲博多女子中学校
- ⑳東福岡自彊館中学校
- ㉑八女学院中学校

佐賀県

- ①［県立］
  - 香楠中学校
  - 致遠館中学校
  - 唐津東中学校
  - 武雄青陵中学校
- ②弘学館中学校
- ③東明館中学校
- ④佐賀清和中学校
- ⑤成穎中学校
- ⑥早稲田佐賀中学校

長崎県

- ①［県立］
  - 長崎東中学校
  - 佐世保北中学校
  - 諫早高等学校附属中学校
- ②青雲中学校
- ③長崎南山中学校
- ④長崎日本大学中学校
- ⑤海星中学校

熊本県

- ①［県立］
  - 玉名高等学校附属中学校
  - 宇土中学校
  - 八代中学校
- ②真和中学校
- ③九州学院中学校
- ④ルーテル学院中学校
- ⑤熊本信愛女学院中学校
- ⑥熊本マリスト学園中学校
- ⑦熊本学園大学付属中学校

大分県

- ①［県立］大分豊府中学校
- ②岩田中学校

宮崎県

- ①［県立］五ヶ瀬中等教育学校
- ②［県立］
  - 宮崎西高等学校附属中学校
  - 都城泉ヶ丘高等学校附属中学校
- ③宮崎日本大学中学校
- ④日向学院中学校
- ⑤宮崎第一中学校

鹿児島県

- ①［県立］楠隼中学校
- ②［市立］鹿児島玉龍中学校
- ③鹿児島修学館中学校
- ④ラ・サール中学校
- ⑤志學館中等部

沖縄県

- ①［県立］
  - 与勝緑が丘中学校
  - 開邦中学校
  - 球陽中学校
  - 名護高等学校附属桜中学校

もっと過去問シリーズ

北海道

北嶺中学校
7年分（算数・理科・社会）

静岡県

静岡大学教育学部附属中学校
（静岡・島田・浜松）
10年分（算数）

愛知県

愛知淑徳中学校
7年分（算数・理科・社会）
東海中学校
7年分（算数・理科・社会）
南山中学校男子部
7年分（算数・理科・社会）
南山中学校女子部
7年分（算数・理科・社会）
滝中学校
7年分（算数・理科・社会）
名古屋中学校
7年分（算数・理科・社会）

岡山県

岡山白陵中学校
7年分（算数・理科）

広島県

広島大学附属中学校
7年分（算数・理科・社会）
広島大学附属福山中学校
7年分（算数・理科・社会）
広島学院中学校
7年分（算数・理科・社会）
広島女学院中学校
7年分（算数・理科・社会）
修道中学校
7年分（算数・理科・社会）
ノートルダム清心中学校
7年分（算数・理科・社会）

愛媛県

愛光中学校
7年分（算数・理科・社会）

福岡県

福岡教育大学附属中学校
（福岡・小倉・久留米）
7年分（算数・理科・社会）
西南学院中学校
7年分（算数・理科・社会）
久留米大学附設中学校
7年分（算数・理科・社会）
福岡大学附属大濠中学校
7年分（算数・理科・社会）

佐賀県

早稲田佐賀中学校
7年分（算数・理科・社会）

長崎県

青雲中学校
7年分（算数・理科・社会）

鹿児島県

ラ・サール中学校
7年分（算数・理科・社会）

※もっと過去問シリーズは
国語の収録はありません。

教英出版
〒422-8054
静岡県静岡市駿河区南安倍3丁目12−28
TEL 054-288-2131
FAX 054-288-2133
詳しくは教英出版で検索
教英出版　検索
URL https://kyoei-syuppan.net/

④[府立]富田林中学校
⑤[府立]咲くやこの花中学校
⑥[府立]水都国際中学校
⑦清風中学校
⑧高槻中学校（A日程）
⑨高槻中学校（B日程）
⑩明星中学校
⑪大阪女学院中学校
⑫大谷中学校
⑬四天王寺中学校
⑭帝塚山学院中学校
⑮大阪国際中学校
⑯大阪桐蔭中学校
⑰開明中学校
⑱関西大学第一中学校
⑲近畿大学附属中学校
⑳金蘭千里中学校
㉑金光八尾中学校
㉒清風南海中学校
㉓帝塚山学院泉ヶ丘中学校
㉔同志社香里中学校
㉕初芝立命館中学校
㉖関西大学中等部
㉗大阪星光学院中学校

兵庫県

①[国立]神戸大学附属中等教育学校
②[県立]兵庫県立大学附属中学校
③雲雀丘学園中学校
④関西学院中学部
⑤神戸女学院中学部
⑥甲陽学院中学校
⑦甲南中学校
⑧甲南女子中学校
⑨灘中学校
⑩親和中学校
⑪神戸海星女子学院中学校
⑫滝川中学校
⑬啓明学院中学校
⑭三田学園中学校
⑮淳心学院中学校
⑯仁川学院中学校
⑰六甲学院中学校
⑱須磨学園中学校（第1回入試）
⑲須磨学園中学校（第2回入試）
⑳須磨学園中学校（第3回入試）
㉑白陵中学校
㉒夙川中学校

奈良県

①[国立]奈良女子大学附属中等教育学校
②[国立]奈良教育大学附属中学校
③[県立]
　国際中学校
　青翔中学校
④[市立]一条高等学校附属中学校
⑤帝塚山中学校
⑥東大寺学園中学校
⑦奈良学園中学校
⑧西大和学園中学校

和歌山県

①[県立]
　古佐田丘中学校
　向陽中学校
　桐蔭中学校
　日高高等学校附属中学校
　田辺中学校
②智辯学園和歌山中学校
③近畿大学附属和歌山中学校
④開智中学校

岡山県

①[県立]岡山操山中学校
②[県立]倉敷天城中学校
③[県立]岡山大安寺中等教育学校
④[県立]津山中学校
⑤岡山中学校
⑥清心中学校
⑦岡山白陵中学校
⑧金光学園中学校
⑨就実中学校
⑩岡山理科大学附属中学校
⑪山陽学園中学校

広島県

①[国立]広島大学附属中学校
②[国立]広島大学附属福山中学校
③[県立]広島中学校
④[県立]三次中学校
⑤[県立]広島叡智学園中学校
⑥[市立]広島中等教育学校
⑦[市立]福山中学校
⑧広島学院中学校
⑨広島女学院中学校
⑩修道中学校
⑪崇徳中学校
⑫比治山女子中学校
⑬福山暁の星女子中学校
⑭安田女子中学校
⑮広島なぎさ中学校
⑯広島城北中学校
⑰近畿大学附属広島中学校福山校
⑱盈進中学校
⑲如水館中学校
⑳ノートルダム清心中学校
㉑銀河学院中学校
㉒近畿大学附属広島中学校東広島校
㉓AICJ中学校
㉔広島国際学院中学校
㉕広島修道大学ひろしま協創中学校

山口県

①[県立]
　下関中等教育学校
　高森みどり中学校
②野田学園中学校

徳島県

①[県立]
　富岡東中学校
　川島中学校
　城ノ内中等教育学校
②徳島文理中学校

香川県

①大手前丸亀中学校
②香川誠陵中学校

愛媛県

①[県立]
　今治東中等教育学校
　松山西中等教育学校
②愛光中学校
③済美平成中等教育学校
④新田青雲中等教育学校

高知県

①[県立]
　安芸中学校
　高知国際中学校
　中村中学校

神奈川県

①[県立] 相模原中等教育学校
　　　　 平塚中等教育学校
②[市立]南高等学校附属中学校
③[市立]横浜サイエンスフロンティア高等学校附属中学校
④[市立]川崎高等学校附属中学校
✿⑤聖光学院中学校
✿⑥浅野中学校
⑦洗足学園中学校
⑧法政大学第二中学校
⑨逗子開成中学校（1次）
⑩逗子開成中学校（2·3次）
⑪神奈川大学附属中学校（第1回）
⑫神奈川大学附属中学校（第2·3回）
⑬栄光学園中学校
⑭フェリス女学院中学校

新潟県

①[県立] 村上中等教育学校
　　　　 柏崎翔洋中等教育学校
　　　　 燕中等教育学校
　　　　 津南中等教育学校
　　　　 直江津中等教育学校
　　　　 佐渡中等教育学校
②[市立]高志中等教育学校
③新潟第一中学校
④新潟明訓中学校

石川県

①[県立]金沢錦丘中学校
②星稜中学校

福井県

①[県立]高志中学校

山梨県

①山梨英和中学校
②山梨学院中学校
③駿台甲府中学校

長野県

①[県立] 屋代高等学校附属中学校
　　　　 諏訪清陵高等学校附属中学校
②[市立]長野中学校

岐阜県

①岐阜東中学校
②鶯谷中学校
③岐阜聖徳学園大学附属中学校

静岡県

①[国立]静岡大学教育学部附属中学校
　（静岡·島田·浜松）
② [県立]清水南高等学校中等部
　 [県立]浜松西高等学校中等部
　 [市立]沼津高等学校中等部
③不二聖心女子学院中学校
④日本大学三島中学校
⑤加藤学園暁秀中学校
⑥星陵中学校
⑦東海大学付属静岡翔洋高等学校中等部
⑧静岡サレジオ中学校
⑨静岡英和女学院中学校
⑩静岡雙葉中学校
⑪静岡聖光学院中学校
⑫静岡学園中学校
⑬静岡大成中学校
⑭城南静岡中学校
⑮静岡北中学校
⑯ 常葉大学附属常葉中学校
　 常葉大学附属橘中学校
　 常葉大学附属菊川中学校
⑰藤枝明誠中学校
⑱浜松開誠館中学校
⑲静岡県西遠女子学園中学校
⑳浜松日体中学校
㉑浜松学芸中学校

愛知県

①[国立]愛知教育大学附属名古屋中学校
②愛知淑徳中学校
③ 名古屋経済大学市邨中学校
　 名古屋経済大学高蔵中学校
④金城学院中学校
⑤椙山女学園中学校
⑥東海中学校
⑦南山中学校男子部
⑧南山中学校女子部
⑨聖霊中学校
⑩滝中学校
⑪名古屋中学校
⑫大成中学校
⑬愛知中学校
⑭星城中学校
⑮名古屋葵大学中学校
　（名古屋女子大学中学校）
⑯愛知工業大学名電中学校
⑰海陽中等教育学校（特別給費生）
⑱海陽中等教育学校（I·II）
⑲中部大学春日丘中学校
新刊⑳名古屋国際中学校

三重県

①[国立]三重大学教育学部附属中学校
②暁中学校
③海星中学校
④四日市メリノール学院中学校
⑤高田中学校
⑥セントヨゼフ女子学園中学校
⑦三重中学校
⑧皇學館中学校
⑨鈴鹿中等教育学校
⑩津田学園中学校

滋賀県

①[国立]滋賀大学教育学部附属中学校
②[県立] 河瀬中学校
　　　　 守山中学校
　　　　 水口東中学校

京都府

①[国立]京都教育大学附属桃山中学校
②[府立]洛北高等学校附属中学校
③[府立]園部高等学校附属中学校
④[府立]福知山高等学校附属中学校
⑤[府立]南陽高等学校附属中学校
⑥[市立]西京高等学校附属中学校
⑦同志社中学校
⑧洛星中学校
⑨洛南高等学校附属中学校
⑩立命館中学校
⑪同志社国際中学校
⑫同志社女子中学校（前期日程）
⑬同志社女子中学校（後期日程）

大阪府

①[国立]大阪教育大学附属天王寺中学校
②[国立]大阪教育大学附属平野中学校
③[国立]大阪教育大学附属池田中学校

令和六年度

適性をみる検査Ⅰ

注意

1 指示があるまで、この用紙を開いてはいけません。

2 問題は、**8ページ**にわたって印刷してあります。
検査が始まって、文字などの印刷がはっきりしないところや、ページが足りないところがあれば、静かに手をあげなさい。

3 検査時間は**五十分間**です。

4 声に出して読んではいけません。

5 問題文中の「*」のついている語句には語注があります。

6 解答用紙は、**二枚**です。

7 名前を書くところはありません。
受付番号を、受検票を見ながらまちがわないように、はっきりと書きなさい。
受付番号を書くところは、**二枚の解答用紙に、それぞれ一か所ずつあります。**

8 答えはすべて解答用紙に書きなさい。
記号や番号を選ぶ問題は、解答用紙の記号や番号を○で囲みなさい。
すべての問いにおいて、記号や句読点は一字と数えます。
（例）私は、「はい！」と答えた。（13字）

9 答えを直すときには、用紙が破れないようにていねいに消してから、新しい答えを書きなさい。

10 問題用紙の余白は、メモなどに使ってもよろしい。

京都市立西京高等学校附属中学校

次の【文章Ⅰ】【文章Ⅱ】を読んであとの問いに答えなさい。1～10は形式段落の番号を表すものとします。

【文章Ⅰ】

1 春が近づくと「桜前線」が日本列島を北上していくことで春の訪れを思い、晩秋になると今度は「紅葉前線」が日本列島を南下していくことで冬の訪れを実感しています。日本列島がほぼ南北方向に並んでいるために、気温の上昇が南から北へ、気温の下降が北から南へと進んでいくことを、桜と紅葉で代表させていると言えるでしょう。

2 この研究で取り上げるのは、例えば桜が開花する日がどれくらい早くなったか、紅葉が始まる日がどれくらい遅《おそ》くなったかで、地球の温暖化がどれくらい進んでいるかを調べようというものです。実は、桜前線は300年以上前から暦《こよみ》などに書かれてきましたから、300年の間の開花の記録があります。桜や紅葉だけでなく、さらに昔からのいろんな記録を使って、野生の動植物が地球の気温変化にどう反応したかを調べれば、地球が温暖化している証拠《しょうこ》が得られるのではないか、と期待できるでしょう。これを「*地球温暖化のフィンガープリント(指紋《しもん》)」と言います。自然が何気なく残した「指紋」を読み取れば、過去の地球環境の変化を探《さぐ》れるだろう、というアイデアです。

3 例えば、比較《ひかく》的温度が低い場所を好むクマゼミが、日本列島を北上していることを知っていますか? クマゼミは、最初九州や沖縄の島々に生息していたのですが、少しずつ北上を続けて1980年代に関西の都市部で見られるようになり、1990年代には中部地方、2000年代には神奈川や東京にまで広がってきたことが報告されています。クマゼミの生息地が北上しているのは確かなのです。実際にこのことを具体的に確かめようと、大阪や京都の博物館が呼びかけて子どもたちの協力を得て、いつクマゼミが鳴き始めたか、その数はどう変わったか、都市部と山間部でどんな違《ちが》いがあるか、などの観察が10年以上にわたって続けられました。その結果、クマゼミが鳴き出す時期は早くなり、関西での全体の数は減っており、都市部から山間部へと移動していることがわかってきました。やはりクマゼミは気温が高くなった場所から、比較的低温の場所へと移動しているようなのです。

4 あるいは、低温を好むツクツクボウシが鳴く時期が、8月末頃《ごろ》であったのが、9月に入って鳴くようになり、そのうちに9月末になってやっと鳴き始めたというふうに、暑い時期が長引くのでツクツクボウシが姿を見せる時期が遅くなっていることも観察されています。その他のさまざまな昆虫《こんちゅう》(コオロギ、スズムシ、ホタル、カブトムシ、トンボなど)の分布の変化も併《あわ》せて調べれば、もっと地球温暖化の証拠が示せるのではないでしょうか。

5 野生植物でいえば、高山植物がどの程度山の高い場所へと移動しているかが調べられています。植物は自分では動くことはできませんが、生える場所は移動できるのです。というのは、野生植物は花が受精すると周辺部に花粉を振り撒《ま》くだけでなく、虫にくっついたり、風に吹《ふ》かれたり、獣《けもの》の毛にくっついたり、鳥に食べられ遠くまで運ばれたり、というような方法で次の世代の子孫である花粉を広い場所に散らばらせているからです。[X]、その土地が植物の好む温度や湿度《しつど》であれば発芽して花を咲《さ》かせ、温度が高くて成育に好ましくなければ発芽しないままとなりますから、植物も生育の条件が良い土地に移動するといえますね。寒いところを好む高山植物も地球温暖化のために、より気温が低い場所、[Y]より高い場所へと「登る」わけです。

6 このようなさまざまな記録を世界各地から集約して、実際に地球温暖化が野生の動植物の分布にどのような影響《えいきょう》を与《あた》えているかを調べた研究があります。指紋を調べて犯人の①キョ動を推理するのに似て、長年の動植物の動きを指紋と同じように読み取り、地球温暖化がどのような*痕跡《こんせき》を自然に与えてきたかを探ろうというわけです。

7 ②私は、この研究をとても高く評価しています。まずいろんな地域で動植物の地道な観察が行われ、それを何年にもわたって続けていることに敬意を表したいと思います。さらに、その報告を数多くの文献《ぶんけん》から探し出して整理し、地球温暖化のフィンガープリントとして歴史を読み取る研究者の粘《ねば》り強さにも脱帽《だつぼう》しています。実際のデータは採集者ごとに*矛盾《むじゅん》していたり、地域ごとの差があったりする上、年ごとの変化はジグザグで*一辺倒《いっぺんとう》ではないし、不十分なデータを補わねばならない、というように実に注意深い研究が必要であるからです。

8 そして1500種くらいの動植物のデータを集約して、この10年間に、野生の生物は約6km北上し、高山植物は6m高く登り、鳥が卵を*孵《ふ》化し、桜の花が開花するのが2・3日早くなったという結果が報告されています。「たったそれだけの変化なの?」と思われるかもしれませんが、このような変化が100年続くとすれば、この結果を10倍しなければなりません。実際には地球温暖化は加速され、どんどん進み方が速くなっていますから、50年でこの10倍になり、100年先には50倍になっているかもしれません。重要なことは、はっきりと地球温暖化のフィンガープリントが読み取れるようになったということです。地球の生物の分布に大きな変化が生じるようになっていると言えるのです。

9 この研究の予言が証明されつつあることを述べておきましょう。春先になると❶植物の若葉が広がり、❷昆虫の幼虫(毛虫)がうごめき始め、❸鳥が卵をかえしてヒナの養育を開始します。実は、自然界がこの❶―❷―❸の順序で春を迎《むか》えるということが、野生の生物にとってとても重要なことなのです。昆虫の毛虫は柔《やわ》らかい葉っぱしか食べられませんから、幼虫がうごめき始める頃には植物に新緑が芽を出していなければなりません。[Z]、鳥はかえったばかりの幼いヒナに毛虫を餌《えさ》として与えますから、鳥が孵化してヒナとなるころには毛虫がうごめき始めていなければなりません。このように、植物の新緑の葉―毛虫―ヒナが、ほぼ同じ頃に順序を違《たが》えずに育っている必要があり、その順序が狂《くる》うと野生生物が死に絶えることになりかねないのです。

10 例えば、植物の若芽が早く育ってしまい、毛虫が動き始める頃にはもはや固い葉っぱになっているとか、逆に植物の新緑が出るのが遅くなると、生まれた毛虫には食べ物がなく死んでしまうでしょう。あるいは、毛虫が現れるのが早すぎて、鳥のヒナが育つころにはチョウやガになって飛び回っていたら、親鳥もヒナのために必要な餌を集めることができないでしょう。何しろ、ヒナは1日に50匹《びき》は毛虫を食べるそうですから。だから、ヒナが育つころに毛虫がいなくなっていたら、ヒナは餌がなくて*餓死《がし》してしまうことになります。野生生物が生き残る上では、微妙《びみょう》な時期の調節がなされる必要があるのです。

【文章Ⅱ】

学校の科目では「理科」と呼んでいますが、通常私たちが当面する自然現象に関わる問題を「科学」と呼ぶのは、それが社会的な事象や人間の生き方、つまり学校の科目で言えば社会や歴史や国語など他の科目にも関連しているためでしょう。理科が対象とするのは自然物そのものですが、「科学」はそれだけにとどまることがなく、「科学的判断」とか「科学的予測」と言われるように、生じている自然現象に対する考え方（判断、予測）や社会との関係までをも問うことになるからです。「理科的判断」とか「理科的予測」と言うのと、*ニュアンスが大きく異なることがわかると思います。また、直面する問題の解決のために科学の立場からどう考えるかは人間の生き方への重要なヒントになるように、科学は自然と人間が関係して繰《く》り広げられる現象を全分野から論じるという意味があります。

つまり、科学を学ぶとさまざまな問題に応用でき、科学の力によって物事の仕組みや歴史的繋《つな》がり、そして思いがけない社会的関係までも発見することができると考えられるのです。科学は、見えない部分で何が起こっているかを想像し、あたかもそれが実際に目の前で起こっているかのように見抜《みぬ》く学問なのです。そのような科学の営みを積み重ねていくと、世の中のさまざまな事柄《ことがら》に対しても幅《はば》広い見方ができるようになるのではないでしょうか。いろんなことを学び考え想像するのが科学の*真髄《しんずい》なのですから、直接自分で経験したことがなくても、科学の力によって頭の中で追体験できるようになるでしょう。それによって、難問に対して新しいヒントが得られるかもしれません。違った観点からものを見ると、違った姿に見えることは確かで、それによってこれまで考えたことがなかったような新鮮《しんせん》なイメージが思い浮《う》かんだりするでしょう。科学は、③そんな可能性を秘《ひ》めているのです。

実際、思いがけない結びつきが発見できると知ることが楽しくなり、「そんなことが本当にあるの?」と、自分が見つけた意外な発見に、自分自身が感動するに違いありません。それにとどまらず、人に話したい、一緒《いっしょ》に感動したいという気にもなり、何事にも自信を持って人と対応できるようになります。豊かで、やさしく人と接し合えるようになるということです。そのような人間の集団では、人それぞれが異なった発見をしているだろうし、それを互《たが》いに尊重するという気にもなるのではないでしょうか。つまり、科学を学び、科学の考え方を応用するということを通して、「★知ることが生きる力に変えられる」ということに繋がるのです。

④昔、*フランシス・ベーコンという人が「知は力なり」と言ったそうです。元々は、経験によって得られた知識を活《い》かして自然に対すれば、自然を支配する力を得ることができるという意味の言葉のようです。私は、自然を支配するという考え方は好きではないので、この言葉を、さまざまな科学的な経験を積み重ねれば、自然のみならず社会や人間の世界の真実まで認識《にんしき》する力を獲得《かくとく》することができる、という意味に受け取っています。

そして、「知」という言葉には科学的知識も含《ふく》まれるけれど、英知や理知や機知など物事の道理や知恵《ちえ》一般《いっぱん》のことを意味する英語の「インテリジェンス」という言葉がもっとも近い感じがします。インテリジェンスは、理解力、思考力、知性、理性、知識などを総称《そうしょう》した、知的な世界をつかみ取る力のことを意味します。そのような知をわきまえている人間こそ、本当の生きる力を備えていると言ってもいいのではないかと思います。「科学する」ということは、私たちが自然のうちにできる知的作業であるとともに、「知は力」を証明するために人が意識的に行う営みの一つでもあると言えるのではないでしょうか。だから、いろんな社会的・人間的事柄に対しても、

1　⑤なぜその事柄が起こったのかの仮説を持ち、

2　それが事実であるか事実ではないかをさまざまな証拠によって*弁別し、

3　⑥その事柄の背景にある、まぎれもない一つの確かな「真実」を発見する、

というふうに言い換《か》えることができるでしょう。つまり、科学の精神は何に対しても適用できることになります。「科学する」ということを幅広くさまざまな問題に応用して、私たちの生き方に反映させるということが大事なのではないでしょうか。

池内了《いけうちさとる》『なぜ科学を学ぶのか』ちくまプリマー新書　ただし、出題のために省略した部分、表記を変えたところがあります。

【語注】

地球温暖化のフィンガープリント　・・・　地球の自然や気候などの変動に影響《えいきょう》を及《およ》ぼしていることを示すあと。

痕跡　・・・　何事かがあったあと。あとかた。

矛盾　・・・　前後の筋道が合わないこと。

一辺倒　・・・　一方だけにかたよること。

孵化　・・・　卵がかえること。

餓死　・・・　うえて死ぬこと。

ニュアンス　・・・　調子や意味、感情などのわずかなちがい。

真髄　・・・　物事のもっとも大切な根本の性質。

フランシス・ベーコン　・・・　イギリスの哲学者《てつがくしゃ》。

弁別　・・・　見分けること。

問1　文中の空らん X ～ Z に入る言葉の組み合わせとして、もっとも適切なものをア～オから一つ選びなさい。

	X	Y	Z
ア	それゆえ	よって	一方
イ	それとも	しかしながら	さらに
ウ	そこで	かつ	しかし
エ	そして	つまり	また
オ	または	要するに	そして

問2　【文章Ⅰ】の 1 ～ 10 段落を、内容のまとまりごとに分けると、どのようになりますか。もっとも適切なものをア～オから一つ選びなさい。

ア　（1）―（2）―（3 4 5 6）―（7）―（8 9 10）
イ　（1）―（2）―（3 4 5 6）―（7 8）―（9 10）
ウ　（1 2）―（3 4 5）―（6）―（7 8）―（9 10）
エ　（1 2）―（3 4 5）―（6 7 8）―（9 10）
オ　（1）―（2 3 4 5）―（6 7 8）―（9 10）

問3　――①「キョ動」とありますが、「キョ」と同じ漢字を使う文をア～エから一つ選びなさい。

ア　授業で質問されてキョ手する。
イ　新しい家に転キョする。
ウ　自転車通学をキョ可する。
エ　キョ年の誕生日を思い出す。

【図２】

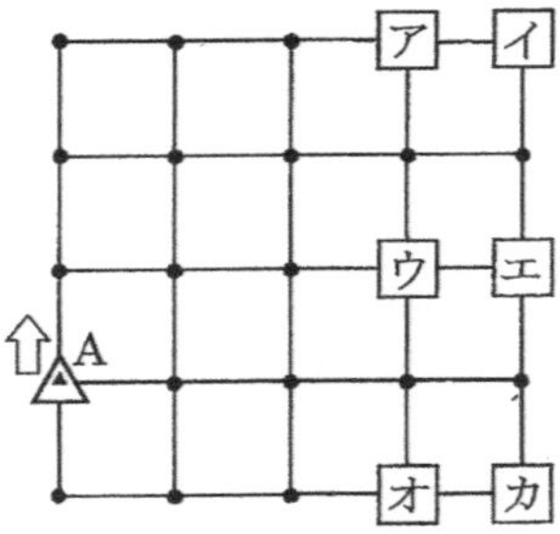

（３）右の【図３】で、勇者ロボットがスタートしてからちょうど６秒後にＰ地点に到着して鬼ロボットを捕まえるようなボタンの押し方を１つ答えなさい。

【図３】

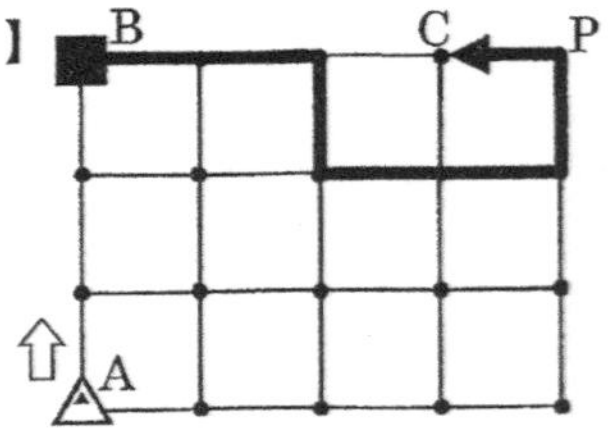

（４）右の【図４】で、勇者ロボットがスタートしてから鬼ロボットを捕まえるまでの時間として適切なものを次のア～カからすべて選びなさい。

ア　１秒	イ　２秒	ウ　３秒
エ　４秒	オ　５秒	カ　６秒

【図４】

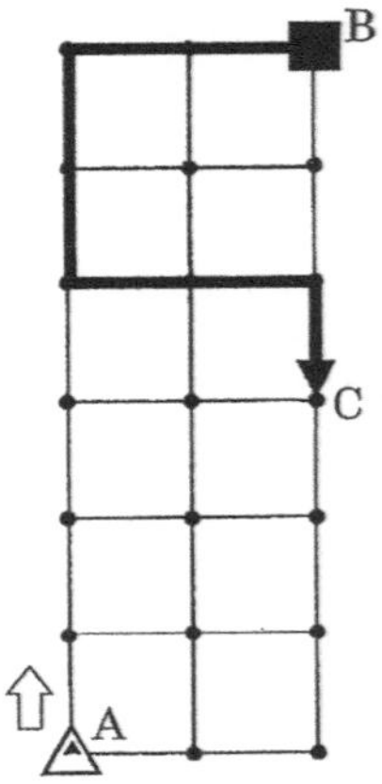

小鬼ロボットがゲームに追加されました。小鬼ロボットは◆で表され、交差点を動かずにその場にとどまります。小鬼ロボットも鬼ロボットと同様に、勇者ロボットが同じ時間に同じ交差点の上に止まれば、小鬼ロボットを捕まえたことになります。

（５）右の【図５】の状態で、小鬼ロボットを捕まえてから鬼ロボットを捕まえようとすると、ゲームオーバーとなってしまいます。その理由を説明しなさい。

【図５】

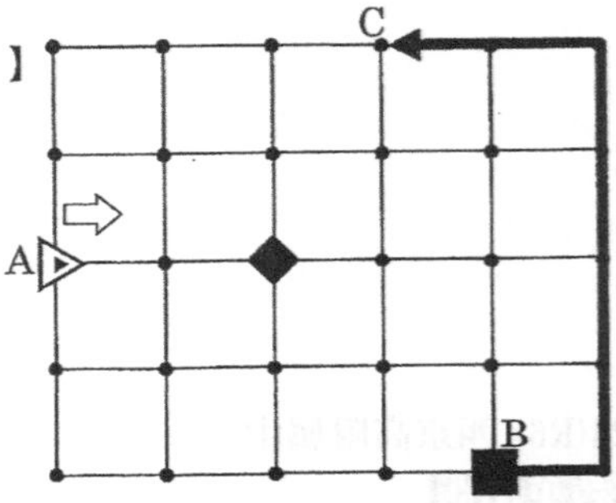

【問題５】京子さんは、勇者ロボットを操作して鬼《おに》ロボットを捕《つか》まえるゲームで遊んでいます。勇者ロボットと鬼ロボットは格《こう》子状の道の上や、道と道とが交差する交差点（●）の上を動きます。それぞれのロボットはマークで表示され、同時にスタートします。また、次のような特徴《ちょう》をもって動きます。

＜ 勇者ロボット：マーク△ ＞ ・Ａ地点からスタートする。最初に向いている方向は矢印で表示される。 ・４つのボタン①、②、③、④の組み合わせにより、指示を与えることができる。 １秒間に１つのボタンの指示を実行し、完了すると次のボタンの指示を実行する。 ・進行方向に対して、「①：１区間まっすぐ進む」「②：時計回りに 90 度その場で回転する」「③：３区間まっすぐ進む」「④：時計回りに 270 度その場で回転する」のいずれかの指示を与えることができる。 ・次のような指示はできない。 【２回以上連続で同じボタンを押す指示】【格子状の道を越《こ》える指示】【その場に２秒以上とどまる指示】
＜ 鬼ロボット：マーク■ ＞ ・Ｂ地点からスタートし、あらかじめ決まった道順の矢印に沿って進んで、Ｃ地点で動きを止める。 ・交差点（●）から次の交差点（●）に進むのに１秒かかり、方向転換《かん》には時間を要さない。

勇者ロボットが、同じ時間に、鬼ロボットと同じ交差点の上に止まれば、鬼ロボットを捕まえたことになりますが、鬼ロボットがＣ地点に到《とう》着するまでに勇者ロボットが捕まえることができなければ、ゲームオーバーとなります。

【図１】は、京子さんが３回ボタンを押して、スタートしてから３秒後に鬼ロボットを捕まえた様子を表しています。

【図１】　スタート時点　　１秒後　　２秒後　　３秒後

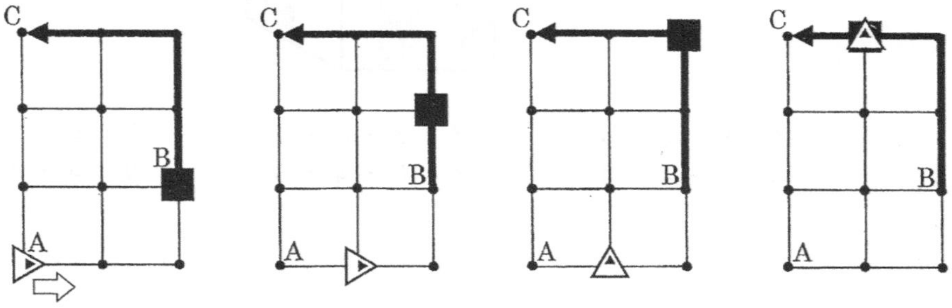

（１）【図１】で、京子さんが押したボタンの押し方を答えなさい。

（２）次の【図２】のような格子状の道において、京子さんは勇者ロボットに対して「②→①→③→④→①」と５回ボタンを押して指示を与えました。このとき、勇者ロボットがＡ地点からスタートして５秒後に到着する交差点として適切な場所をア～カから１つ選びなさい。

ブロック８つの面と面をぴったりとくっつけて、大きな立方体のさいころを作ります。このとき、ブロックの半分が塗られていたら１、全部が塗られていたら２とし、大きな立方体の面の塗られ方の合計でさいころの面の数を決めます。たとえば、さいころの正面から見た図が【図５】のようであれば、この面の数は２＋１＋１＋０＝４となります。

【図５】

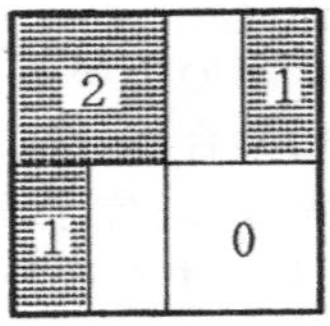

（３）大きな立方体のさいころの和について書かれた次の文章の空らん ① ・ ② に当てはまる数を求めなさい。

『大きな立方体のさいころの６つの面の数の和が最大になるとき、その和は ① です。また、６つの面の数の和が最小となるとき、その和は ② です。』

（４）次の【図６】のように、大きな立方体の３つの面の数が６・４・４であるさいころがあります。残りの３つの面の数の組み合わせとして、考えられるものをア～カからすべて選びなさい。

【図６】

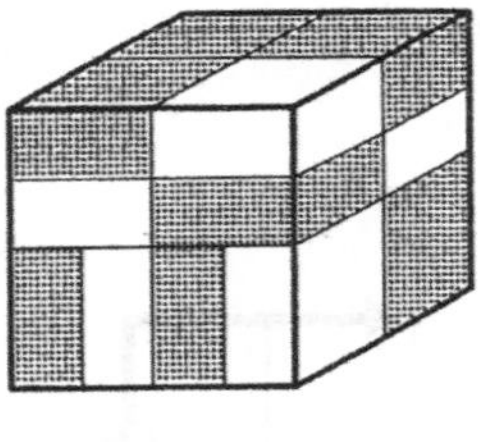

ア　６・５・４　　イ　６・４・４　　ウ　５・５・４
エ　５・４・４　　オ　５・４・３　　カ　４・４・４

（５）大きな立方体のさいころの面の数に８を含《ふく》まないようにさいころを作ります。このとき、大きな立方体の６つの面の数の和が最大となる面の数の組み合わせとして考えられるもののうち、面の数に１つだけ７を含むものをすべて答えなさい。ただし、（例）にならって面の数の大きい順に答えること。

（例）６・４・４・４・４・０

【問題４】立方体のブロックがあります。ブロックは【図１】のように２色に塗《ぬ》り分けてあり、色の境界となる線は立方体の辺を二等分する点を通っています。このとき、以下の問いに答えなさい。

【図１】

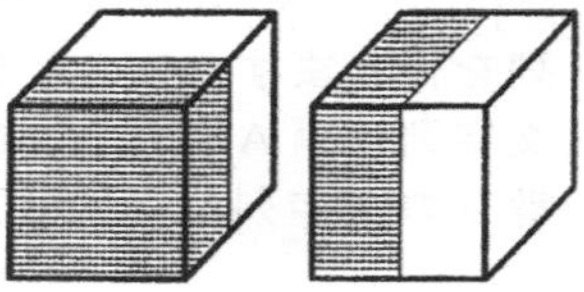

（１）下の【図２】は、ブロックの展開図です。この展開図の太枠《わく》で囲まれた２面に色の境界となる線をかき入れて色を塗り、ブロックの展開図を完成させなさい。ただし、図の○は立方体の辺を二等分する点を表します。

【図２】

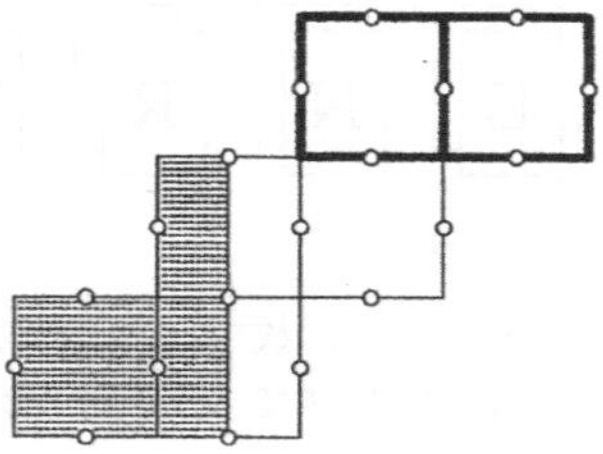

（２）いくつかのブロックの面と面をぴったりとくっつけて、立体を作ります。作った立体を床の上に置き、前、後、左、右の４方向から観察します。【図３】のようにブロックを４つ組み合わせて観察すると、どの４方向から見ても、【図４】のように見える面の形はどれも合同で、色の塗り方も同じ状態になっています。

【図３】

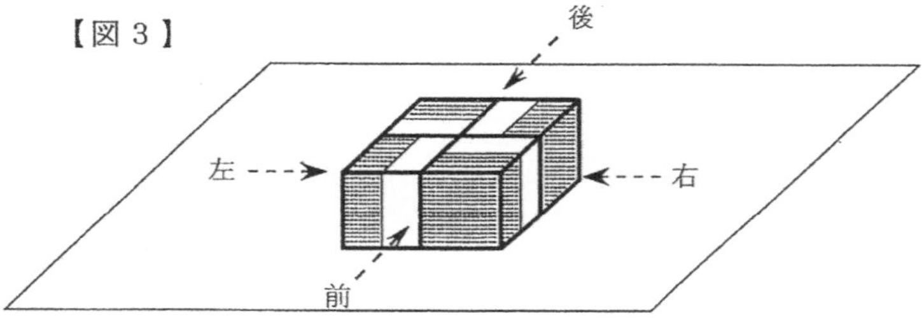

【図４】

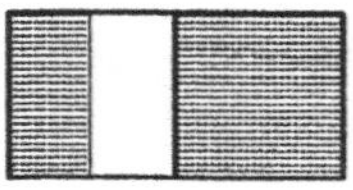

ブロックの置き方によって、【図３】のように、どの４方向から見ても、見える面の形はどれも合同で、色の塗り方も同じ状態になるものを、次のア～エの中から１つ選びなさい。ただし、１つのブロック以外は、面の線や色はかいていません。

ア　　イ　　ウ　　エ

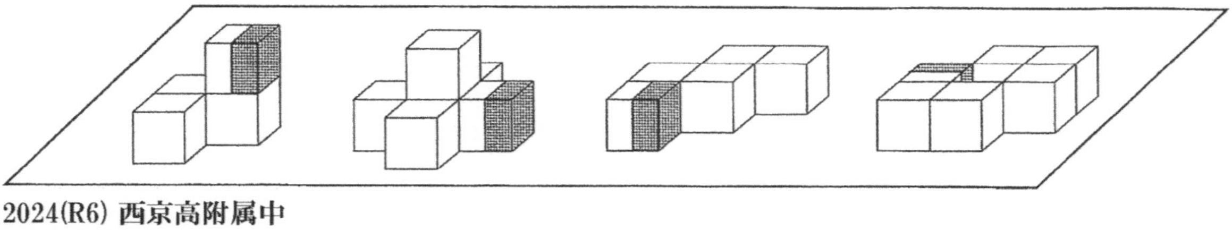

A・B・Cの３種類のカードを３枚ずつ使い、左から順に並べることで３文字の文字列を作ります。このときにできる文字列をアルファベット順に並べるとき、１番目の文字列は「ＡＡＡ」、２番目の文字列は「ＡＡＢ」、３番目の文字列は「ＡＡＣ」、４番目の文字列は「ＡＢＡ」です。

【参考】アルファベット順
ＡＢＣＤＥＦＧＨＩＪＫＬＭＮＯＰＱＲＳＴＵＶＷＸＹＺ

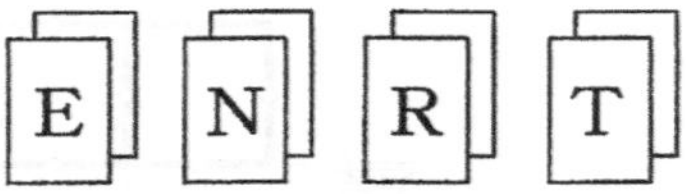

E・N・R・T の４種類のカードを２枚ずつ、計８枚を用意します。この中から、５枚のカードを選んで、左から順に並べて文字列を作ります。

（４）作った文字列をアルファベット順に並べます。このとき、１番目の文字列は「ＥＥＮＮＲ」で、２番目の文字列は「ＥＥＮＮＴ」です。このとき、10番目の文字列を答えなさい。

（５）（４）のとき、「ＥＮＴＥＲ」は何番目の文字列かを答えなさい。

令和６年度

適性をみる検査Ⅲ

注　意

1　指示があるまで、この用紙を開いてはいけません。

2　問題は**【問題１】～【問題４】**で、**１８ページ**にわたって印刷してあります。
　検査が始まって、文字などの印刷がはっきりしないところや、ページが足りないところがあれば、静かに手をあげなさい。

3　検査時間は**５０分間**です。

4　声に出して読んではいけません。

5　名前を書くところはありません。
　受付番号を、受検票を見ながらまちがわないように、はっきりと書きなさい。
　受付番号を書くところは、**解答用紙の２か所**です。

6　答えはすべて解答用紙に書きなさい。
　すべての問いにおいて、記号や句読点は１字と数えます。

7　記号や番号を選ぶ問題は、解答用紙の記号や番号を○で囲みなさい。

8　答えを直すときには、用紙が破れないようにていねいに消してから、新しい答えを書きなさい。

9　問題用紙の余白は、メモなどに使ってもよろしい。

京都市立西京高等学校附属中学校

【問題１】京太さんは、よく炭酸水にレモン果汁を混ぜて飲んでいます。ある日、ガラス棒《ぼう》がなかったため、割りばしで混ぜたところ、ガラス棒のときより多くの二酸化炭素の泡《あわ》が出て、たくさん割りばしにつきました。ここで、ガラス棒と割りばしにつく泡の量が違《ちが》う理由について考え、２つの表面を観察したところ、割りばしの表面には細かい凹凸《おうとつ》がありました。この表面の違いが泡の出方、つき方の違いに関係しているかもしれないと考えた京太さんは、炭酸水を使って［実験１―１］を行いました。

［実験１―１］泡の出方、つき方を調べる。

＜１＞１本の割りばしを２つに割り、片方はそのままにしてＡとする。もう片方は目の粗《あら》い紙やすりで細かいきずをつけてＢとする。

＜２＞《図１》のようにビーカーに入れた炭酸水にＡとＢを入れ、泡がつくようすを見る。

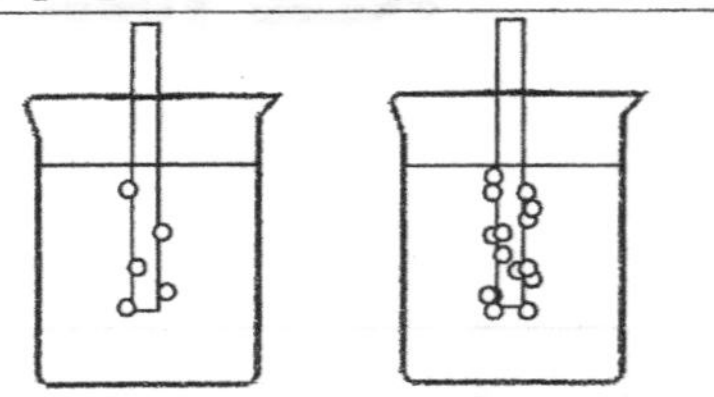

Ａの割りばしを入れたビーカー　Ｂの割りばしを入れたビーカー

《図１》

［結果］

細かいきずをつけたＢを入れた炭酸水の方が、泡の出方、つき方が多かった。

次に、炭酸水から二酸化炭素が泡などの気体となって出る理由を調べるため、次のような［実験１―２］を行いました。

［実験１―２］条件を変えて二酸化炭素の気体が出るようすを見る。

＜１＞ペットボトルの炭酸水を、ふたを開けていない新品の状態で２本用意する。

＜２＞１本は常温（20℃）にし、もう１本は冷やしておく（５℃）。

＜３＞ふたを開けたときの、20℃と５℃の炭酸水からの気体の出方を比較《かく》する。

［結果］

＜１＞どちらも、ふたを開けた瞬間に、ペットボトル中に閉じ込められていた気体が出た。その後、どちらも、炭酸水の中から少しずつ細かい泡が発生した。

＜２＞ふたを開けた瞬間に出る気体の勢いは、20℃の方が５℃よりも強かった。

また、京太さんは、理科の授業でも、泡が出て、ものが溶《と》ける実験をしたことを思い出しました。それは次のような［実験２］です。

［実験２］

＜１＞試験管にアルミニウムを入れ、そこに塩酸を加えたときのようすを見る。

＜２＞＜１＞でできた液体を蒸発皿に入れて加熱し、ようすを見る。

＜３＞＜２＞の結果、蒸発皿に残ったものを別の試験管に入れ、そこに塩酸を加え、ようすを見る。

［結果］

＜１＞《図２》のように泡が出て、しばらくするとアルミニウムが溶けてなくなった。

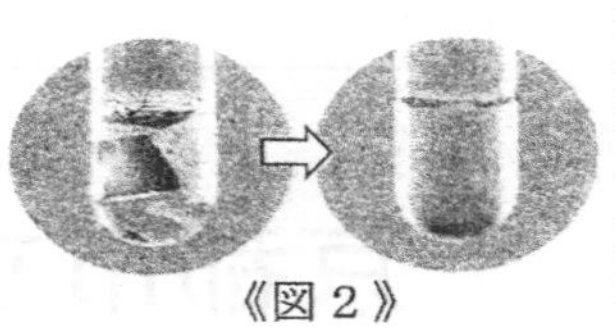

《図２》

＜２＞蒸発皿に白い固体が残った。

＜３＞白い固体を塩酸に加えても白い固体や液体から泡は出なかった。

これらの実験をふまえて、次の問いに答えなさい。

（1）［実験１―１］で、ガラス棒と割りばしを使わず、１つの割りばしを割り、そのままにしたＡと細かいきずをつけたＢを使ったのはなぜですか。もっとも適切な理由を次のア～エから１つ選びなさい。

ア　安全性を重視し、割れる危険性があるガラスをさけたから
イ　ガラス棒よりも割りばしの方が水の中に入れたときに見やすいから
ウ　使用するものの材質をそろえ、表面のようす以外の違いをなくしたから
エ　ガラス棒と割りばしでは表面温度が違うので、実験結果に違いが出る可能性があるから

（2）［実験１―１］で、Ｂの割りばしを入れた方が泡が多かった。このことから、泡の量と割りばしの表面のようすとの関係は、次の文のように表せる。（　Ｘ　）にあてはまる文としてもっとも適切なものを下のア～ウから１つ選びなさい。

表面に細かい凹凸が（　　　Ｘ　　　）。

ア　多い方が、つく泡の量が多い
イ　多い方が、つく泡の量が少ない
ウ　多い、少ないに関係なく、つく泡の量は変わらない

（3）［実験１―２］の結果を参考にして、水に溶ける固体と気体の、水温の変化による溶けやすさは、次の文のように表せる。（　Ｙ　）にあてはまる文としてもっとも適切なものを下のア～エから１つ選びなさい。

通常、水温が上がると、（　　　Ｙ　　　）。

ア　固体も気体も溶けやすくなる
イ　固体も気体も溶けにくくなる
ウ　固体は溶けやすくなり、気体は溶けにくくなる
エ　固体は溶けにくくなり、気体は溶けやすくなる

（4）［実験２］で加えた塩酸について、塩酸だけを蒸発皿で加熱しても何も残りません。

①　蒸発皿で加熱すると塩酸と同じように何も残らない水溶《よう》液のうち、赤色リトマス紙を青色にする水溶液を、次のア～エから１つ選びなさい。

ア　炭酸水
イ　アンモニア水
ウ　砂糖水
エ　水酸化ナトリウム水溶液

②　①で選んだ水溶液には、他の選択肢の水溶液にはない、明確な特徴《ちょう》があります。それはどのようなものですか。その特徴を10字以内で答えなさい。また、その特徴を確認する際に注意するべきことを、15字以内で答えなさい。

（５） 食塩が水に溶ける現象と、アルミニウムが塩酸に溶ける現象は、同じ「溶ける」という言葉でも、別の現象を表しています。この２つの「溶ける」が、どのように違うのか、もっとも適切に表したものを次のア～エから１つ選びなさい。

ア　食塩水の水分を蒸発させると食塩が現れる。塩酸にアルミニウムを溶かした水溶液の水分を蒸発させるとアルミニウムが現れる
イ　食塩水の水分を蒸発させると食塩が現れる。塩酸にアルミニウムを溶かした水溶液の水分を蒸発させてもアルミニウムは現れない
ウ　食塩水の水分を蒸発させても食塩は現れない。塩酸にアルミニウムを溶かした水溶液の水分を蒸発させるとアルミニウムが現れる
エ　食塩水の水分を蒸発させても食塩は現れない。塩酸にアルミニウムを溶かした水溶液の水分を蒸発させてもアルミニウムは現れない

【問題２】生活に関わっている輪軸《じく》とてこの原理の利用について、次の問いに答えなさい。

（１） 下の《図１》は、変速機付きの自転車と、その自転車のペダルとチェーンと歯車のモデル図です。変速機とは、自転車の速さを出しやすくしたり、坂道を登りやすくしたりするためのものです。そのしくみは次の通りです。
ペダルを踏《ふ》むと、ペダルと同じ軸に固定された大きさの違う２つの歯車Ａ、Ｂも回ります。前のペダル側の歯車にかかっているチェーンが、後輪と同じ軸に固定された大きさの違う２つの歯車Ｃ、Ｄのどちらかに力を伝えます。チェーンがかかっている歯車の組み合わせを変えることで、ペダルを踏む力や後輪の回転する速さが変わります。

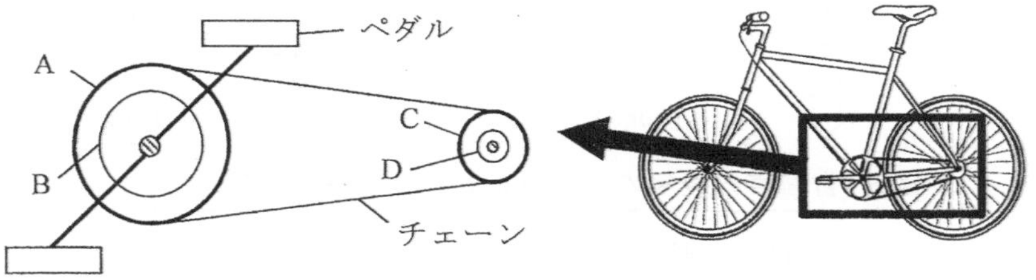

《図１》自転車と、その自転車のペダルとチェーンと歯車のモデル図
（わかりやすくするため、歯車を切り替《か》える変速機の部分を省略）

ここで、チェーンがかかる歯車を切り替えると、ペダルを踏むのに必要な力が、どのように変わるのか、自転車のペダル周辺のしくみを表した輪軸のモデルで考えます。

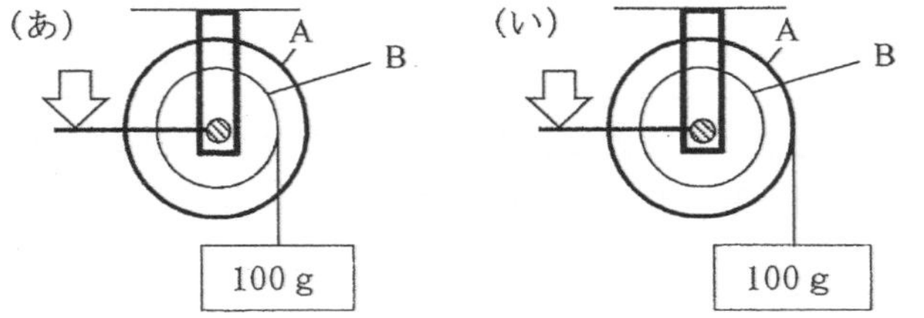

《図２》自転車のペダル周辺のしくみを表した輪軸のモデル

① 《図２》の(あ)、(い)では、同じ輪軸を上からつりさげ、さらに、ペダルと同じはたらきをする長さの同じ棒を軸につけ、その先を下向きに押して回転させようとしています。(あ)は輪軸の内側の輪Ｂに、(い)は外側の輪Ａに、それぞれ100ｇのおもりをさげています。このおもりにつり合うように《図２》の白い矢印の方向に棒を押して下向きの力を加えます。このとき(あ)、(い)の力の大きさを比較《かく》した文としてもっとも適切なものを次のア～ウから１つ選びなさい。

ア　(あ)の棒を押す力の方が、(い)の棒を押す力よりも下向きの力が大きい
イ　(い)の棒を押す力の方が、(あ)の棒を押す力よりも下向きの力が大きい
ウ　どちらの棒を押す力も、下向きの力の大きさは同じ

次に、ペダルの回転をチェーンが自転車の後輪に伝えたとき、後輪を回転させる力と、後輪が地面を進む距離が、どのように変わるのか、自転車の後輪のしくみを表した輪軸のモデルで考えます。

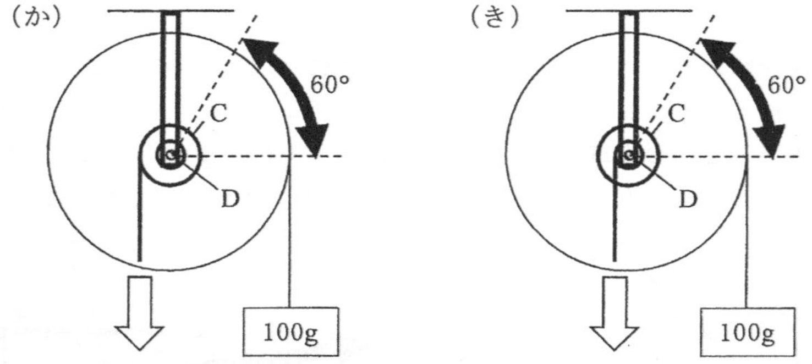

《図３》自転車の後輪のしくみを表した輪軸のモデル

② 《図３》の(か)、(き)では同じ輪軸を上からつり下げ、チェーンと同じはたらきをする長いひもを輪C、輪Dに、右図のようにかけ、それを下向きに引っ張って回転させようとしています。一番外側の輪には100gのおもりをつりさげています。《図３》の白い矢印の向きにひもを引っ張って60° 回転させるとき、ひもを引っ張る力と引っ張る長さを説明した次の文の［ア］、［イ］にあてはまる数を、整数か分数で答えなさい。ただし、輪Cの半径は輪Dの半径の２倍とします。

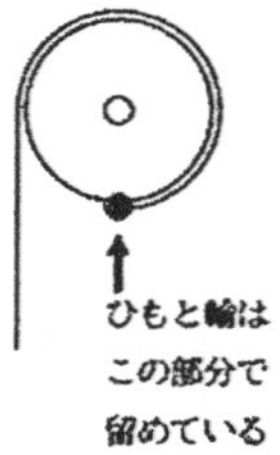

輪Cにかけたひもを引っ張る力は、輪Dにかけたひもを引っ張る力の［ア］倍で、輪Cにかけたひもを引っ張る長さは、輪Dにかけたひもを引っ張る長さの［イ］倍になる。

次に、チェーンがかかる歯車の組み合わせを変えたとき、ペダルとつながる歯車を回転させる力と自転車が進む速さについて考えます。

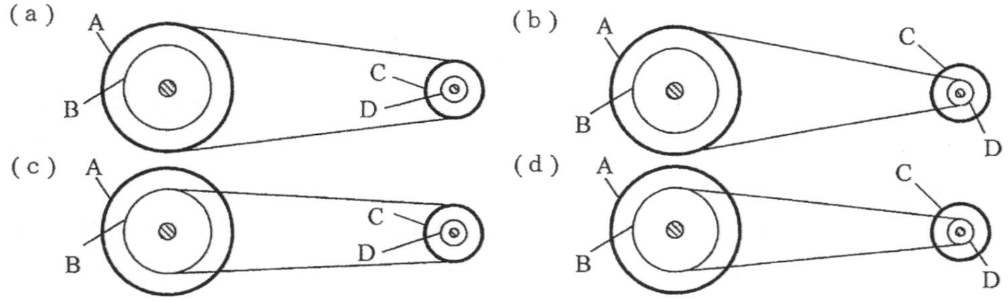

《図４》 歯車の組み合わせ

《図４》の（ａ）～（ｄ）は、力を伝えるチェーンがかかる歯車の組み合わせを表したものです。歯車Ａの半径は 15cm、歯車Ｂの半径は 10cm、歯車Ｃの半径は６cm、歯車Ｄの半径は３cm です。また、歯車とチェーンにおいて、すべりとまさつは考えないものとします。この４つの組み合わせ（ａ）～（ｄ）のいずれかに、歯車を切り替えることのできる自転車を使って坂道を登るとき、次の③、④に答えなさい。

③ 歯車の組み合わせを（ｄ）から（ｂ）に変えたとき、ペダルとつながる歯車を回転させる力は、組み合わせを変える前の何倍になりますか。整数か分数で答えなさい。ただし、かけた力はすべてペダルを回す方向に伝わるものとします。

④ 歯車の組み合わせを（ａ）から（ｄ）に変えたとき、ペダルを１回転させる時間を変えない場合、自転車が坂道を登る速さは、組み合わせを変える前の何倍になりますか。整数か分数で答えなさい。

（２）《図５》は、モビールという、部屋の装飾《しょく》に使うものです。これは、てこの原理を利用して、つり合いをとっています。

京太さんがモビールを作っていると、糸がなくなったので途《と》中でつりさげる糸の代わりに、輪ゴムを使うことにしました。輪ゴムは、おもりをつり下げると次の表のようにのびます。

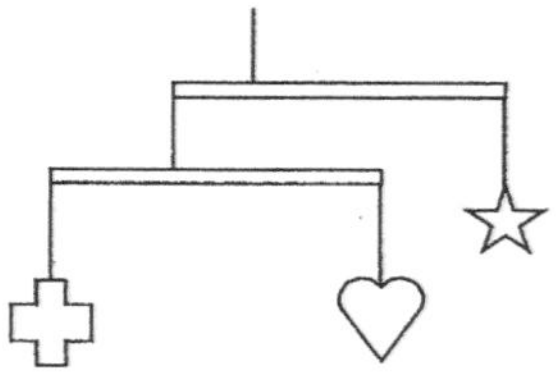

《図５》

下げたおもりの重さ	輪ゴムののびた長さ
40ｇ	1.0cm
80ｇ	2.0cm
120ｇ	3.0cm
160ｇ	4.0cm
200ｇ	5.0cm
240ｇ	6.0cm

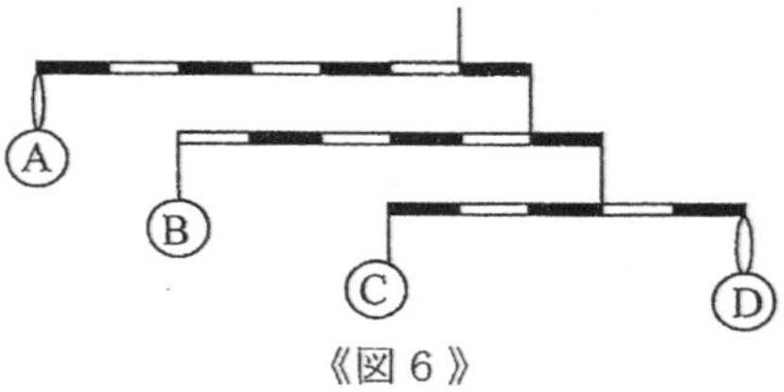

《図６》

《図６》は京太さんがつくったモビールです。もらったかざりの位置を調整して、棒をすべて水平にしました。黒い部分と白い部分の長さは同じです。ＡとＤのかざりは輪ゴムでつり下げており、ＢとＣのかざりは糸でつり下げています。

Ａをつり下げている輪ゴムが 1.75cm のびているとき、Ｃのかざりの重さを答えなさい。また、Ｄのかざりをつり下げている輪ゴムののびた長さを答えなさい。ただし、棒と糸、輪ゴムの重さは考えないこととします。

【問題３】 京太さんは、過去から現代の温暖化の中で、次の①～③の３つの時期の温暖化について本で調べたことを、次のようにノートにまとめました。

① 白亜《あ》紀（１億 4500 万年前から始まった時代）の温暖化
・期間　１億 2000 万年前から数千万年の間　　・上昇温度　５℃
・主な原因は火山の噴《ふん》火と考えられている。

② 始新世（5600 万年前から始まった時代）の温暖化
・期間　5600 万年前から数千から数万年の間　・上昇温度　５℃
・主な原因は火山の噴火と考えられている。

③ 現代の温暖化
・期間　ここ約 100 年の間　　・上昇温度　２～４℃
・社会活動が活発になり、石炭や石油などの燃料を大量に燃やしたことによって二酸化炭素が増えているのが原因という説がある。

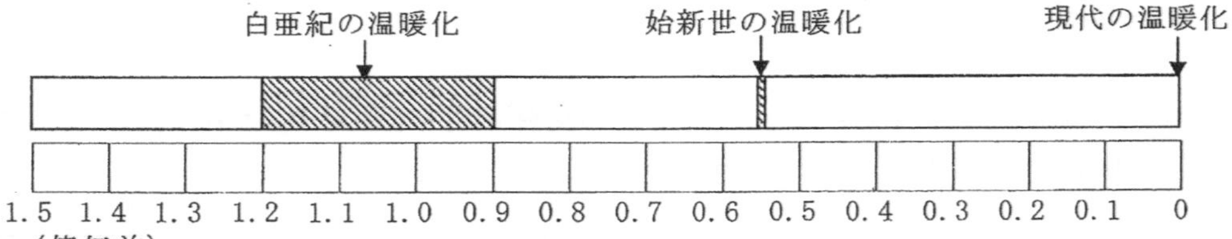

①～③の温暖化の時期を表した図

京太さんがさらに調べたところ、生物に対する影響として、①では目立った生物の絶滅《ぜつめつ》は起こらなかったとされています。②では一部の生物が絶滅しましたが、ほとんどの生物が適応、または移住し、絶滅することはありませんでした。③では多くの生物がより気温の低い地域に移動することで、元々あった生息地からそれらの生物が消失したり、サンゴやその他の種類の生物が絶滅の危機にあったりするようです。これらをふまえて次の問いに答えなさい。

（１） 過去の地球のようすを知るうえで化石や地層の調査は重要ですが、その中でも当時の環境を知ることができる化石を「示相《しそう》化石」といいます。示相化石となることができるのは、どのような生物ですか。もっとも適切なものを、次のア～エから１つ選びなさい。

ア　過去に、様々な場所で広く生息した生物
イ　現在、特定の場所で生きている生物に近い種類の生物
ウ　長い期間にわたって生存してきた生物
エ　ある時期を境に絶滅し、いなくなった生物

（２） 京太さんが調べたことから判断できる、白亜紀の温暖化で目立った生物の絶滅が起こらなかった理由としてもっとも適切なものを、次のア～エから１つ選びなさい。

ア　元々温暖な気候で、最初から温暖な気候に適応した生物が多かったため
イ　他の時期の温暖化に比べ、非常に時間をかけて温度上昇をしたため
ウ　他の時期の温暖化に比べ、上昇温度が高くなかったため
エ　当時の生物は、両生類やは虫類であり、温暖化した方が有利だったため

（３） ほ乳類などは、始新世の温暖化に対して、体を小型化することで適応したといわれています。体の小型化が、温暖化に対して有効である理由を、「熱」「表面積」の２つの言葉を使って説明しなさい。なお、「体を小型化すると」の言葉に続けて、35 字以内で書くこと。

（４） 京太さんは、過去のようすを知るには地層を研究するのが重要であると考え、調べてみました。すると、地球には何度か方位磁針の指す向きが変わる地磁気（地球の磁気）の逆転があったことがわかりました。約 77 万年前に地球で最後の地磁気の逆転がありましたが、この現象が日本のある場所でよく表れていることがわかりました。この場所の名前を入れた地球の時代区分が 2020 年１月に設定されました。この時代区分の名前を次のア～エから１つ選びなさい。

ア　トチギニアン
イ　ギフニアン
ウ　ミヤギニアン
エ　チバニアン

（５） 地磁気の逆転には数千年かかるため、地磁気が逆転している時期に土砂がたい積していた地層を調べることでそのようすが分かります。（４）の時代区分の名前の元になった地域の地層が他の地域の地層に比べて地磁気の逆転をよく表しているのはなぜでしょう。もっとも適切な理由を次のア～エから１つ選びなさい。

ア　当時この場所は海底で土砂のたい積が少なく、同じ期間にできた地層の厚さがうすいため、比較的長い期間に起こった地磁気の変化を細かく確認できるから
イ　当時この場所は海底で土砂のたい積が少なく、同じ期間にできた地層の厚さがうすいため、比較的短い期間に起こった地磁気の変化をまとめて確認できるから
ウ　当時この場所は海底で土砂のたい積が多く、同じ期間にできた地層の厚さがうすいため、比較的長い期間に起こった地磁気の変化をまとめて確認できるから
エ　当時この場所は海底で土砂のたい積が多く、同じ期間にできた地層の厚さが厚いため、比較的短い期間に起こった地磁気の変化を細かく確認できるから

【問題４】新型コロナウィルスの影響により全国各地で中止されていた多くの祭りが 2023 年に本格的に再開されました。それを知った京子さんは、全国の祭りに興味をもち、調べました。京子さんが調べた祭りは〔資料１〕に示しています。これについて、あとの問いに答えなさい。

〔資料１〕

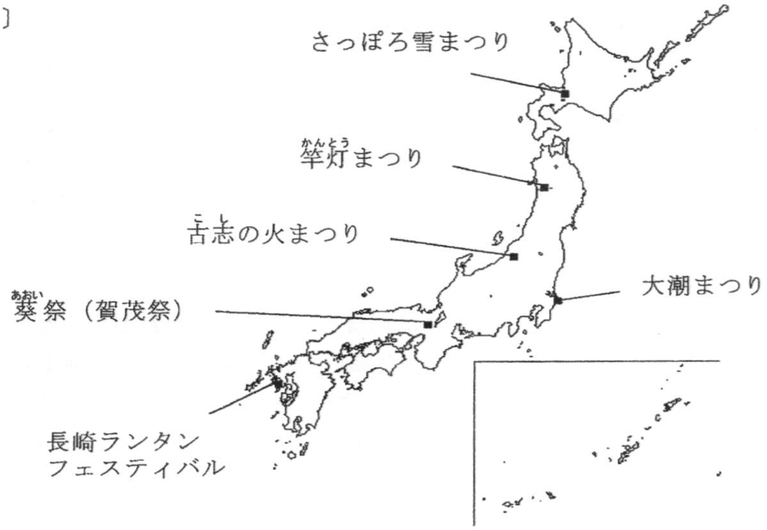

※「祭り」の名称《しょう》の表記は、それぞれ公式ホームページにある名称で記載《さい》しています。

（１）「さっぽろ雪まつり」は、北海道札幌《さっぽろ》市で毎年２月上旬に開催されます。この祭りでは巨大な雪の像や雪のすべり台を楽しむことができ、今では国内外から 200 万人以上が訪れる札幌の冬の一大行事です。もともとは捨てられた雪を利用しようと中学生や高校生が６つの雪像を作ったことがきっかけで、1950 年にはじまりました。

〔資料２〕札幌市の雪対策予算と雪対策に関わる実際の支出の推移《すいい》

	雪対策予算（単位：円）	雪対策に関わる実際の支出（単位：円）
令和元年度	215 億	192 億
令和２年度	220 億	206 億
令和３年度	214 億	316 億

※予算とは４月から翌年３月までの１年間で必要な事業に必要なお金をどのように割り振るかを決めたものをいいます。

※雪対策に関わる支出には、車道や歩道に積もった雪の除雪・排《はい》雪などにかかる道路除雪費用や、雪たい積場（道路などからダンプカーで運んできた雪を冬の間たい積しておく施設）の整備や路面の凍《とう》結防止のためのすべり止め剤《ざい》の散布などにかかる雪対策費用などがあります。

問7

ア　イ　ウ　エ

問8

a

10　20　30　40

b

問9

1　2　3　4　5　6　7　8　9　10

問10

a

10　20　30　40

10　20　25

b

c

d

※

※

※

解答用紙は二枚あります。受付番号は二枚とも記入してください。

受付番号

2024(R6) 西京高附属中
教英出版

【問題4】

(1)	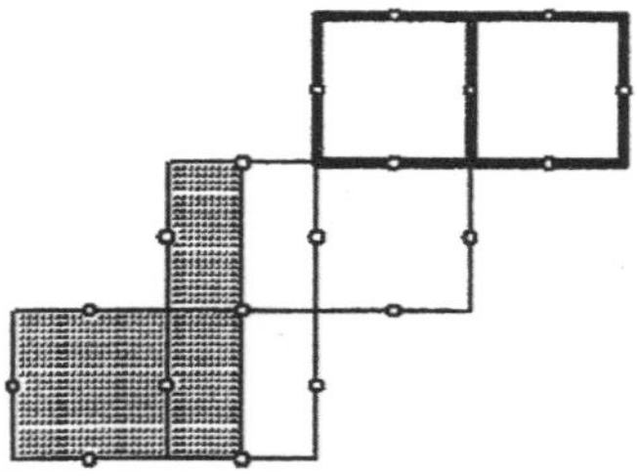	(2)	ア　　イ　　ウ　　エ
		(3)	①　　　　　　　②
		(4)	ア　　イ　　ウ　　エ　　オ　　カ
(5)			

※

【問題5】

(1)	(　　)→(　　)→(　　)
(2)	ア　　イ　　ウ　　エ　　オ　　カ
(3)	(　　)→(　　)→(　　)→(　　)→(　　)→(　　)
(4)	ア　　イ　　ウ　　エ　　オ　　カ
(5)	理由

※

※この解答用紙には【受付番号】を2カ所記入しますので、注意してください！

受付番号	

【問題4】

(1)	①	ア　イ　ウ　エ　オ
	②	
	③	として利用している
(2)	①	グラフ　ア　イ　ウ　エ　オ
		説明　カ　キ　ク　ケ　コ
	②	ア　イ　ウ　エ　オ　カ
	③	ア　イ　ウ　エ　オ
(3)	①	ア　イ　ウ　エ
	②	
(4)	①	ア　イ　ウ　エ
	②	(X)
		(Y)
	③	
(5)	①	ア　イ　ウ　エ　オ
	②	ア　イ　ウ　エ　オ
(6)	①	ア　イ　ウ　エ　オ
	②	ア　イ　ウ　エ　オ
	③	ア　イ　ウ　エ
(7)	①	5　10　12
	②	5　10　12

※

※

京都市立西京高等学校附属中学校

令和6年度
適性をみる検査Ⅲ　解答用紙

受付番号	

（配点非公表）

【問題1】

(1)	ア　イ　ウ　エ	(2)	ア　イ　ウ
(3)	ア　イ　ウ　エ		

(4)	①	ア　イ　ウ　エ														
	②	特徴														
											10					
		注意するべきこと														
											10					15

(5)	ア　イ　ウ　エ

※

【問題2】

(1)	①	ア　イ　ウ			
	②	ア	倍	イ	倍
	③		倍	④	倍
(2)	Cのかざりの重さ		g	輪ゴムののびた長さ	cm

※

【問題3】

(1)	ア　イ　ウ　エ	(2)	ア　イ　ウ　エ

(3)	体を小型化すると														
															15
															30
					35										

(4)	ア　イ　ウ　エ	(5)	ア　イ　ウ　エ

※

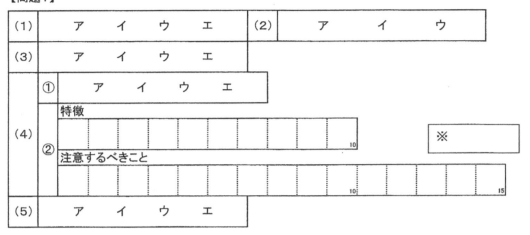

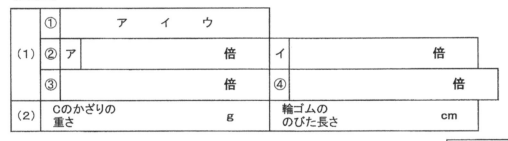

京都市立西京高等学校附属中学校

令和6年度
適性をみる検査Ⅱ　解答用紙

（配点非公表）

受付番号	

【問題1】

(1)	（円）	(2)	
(3)	cm^2	(4)	ア　イ　ウ　エ
(5)	ア　イ　ウ　エ		

※

【問題2】

(1)	分速　m		
(2)	京太さん・ドローン		分速　m
(3)	m	(4)	分　秒
(5)	家から　m		

※

【問題3】

(1)	①	(2)	②
(3)	③　④	(4)	
(5)	番目		

※

令和六年度
適性をみる検査Ⅰ
解答用紙（二枚目）

問11

150

200

受付番号

※

解答用紙は二枚あります。受付番号は二枚とも記入してください。

令和六年度
適性をみる検査Ⅰ　解答用紙（一枚目）

（配点非公表）

問1　ア　イ　ウ　エ　オ

問2　ア　イ　ウ　エ　オ

問3　ア　イ　ウ　エ

問4
(1)

(2)
10　20　30　40

10　20　30　40

※

問5　ア　イ　ウ　エ　オ

※

問6
20
可能性

20
可能性

※

① 〔資料２〕は、札幌市の雪対策予算と雪対策に関わる実際の支出の推移を表しており、札幌市役所には除雪や排雪などに取り組む雪対策室という部署《しょ》が設置されています。その地域に住む人々の困りを解消したり、願いを実現したりすることが、市町村の役割の１つです。市町村の政治のしくみについて正しく説明しているものを、次のア～オからすべて選びなさい。

ア　市長や市議会議員は、国会議員と同様に選挙によって選ばれ、市民から政治を任された市民の代表である

イ　市長は、市役所でつくられた事業の計画書や予算について必要に応じて修正し、最終決定を行う

ウ　市民は、市議会に請願《せいがん》をすることはできるが、傍聴《ぼうちょう》することはできない

エ　市議会は、市の仕事を進めていくために必要な法律を制定、改正、廃《はい》止することができる

オ　市議会は、市の仕事が正しく運営されているかどうかを確認するために、市の仕事の状況《きょう》を聞いたり、問題点を指摘《てき》したりすることもある

② 〔資料２〕について述べた次の文の（　Ｘ　）にあてはまる適切な言葉を答えなさい。

〔資料２〕から「令和３年度には例年より雪が多く降ったために、予算と実際の支出が大きく異なった」と予想できる。これを確かめるためには令和元年度、２年度、３年度のそれぞれの降雪量を調べ、さらに、降雪量以外の要因がなかったかどうかも確認するために（　Ｘ　）にかかる費用を調べるとよい。

③ 「さっぽろ雪まつり」は、札幌市民を悩ませている雪を観光に利用しています。雪は、この他に野菜に関連することにも利用されていますが、それはどのような利用ですか。「野菜」という語句を必ず用いて、次の文の（　Ｙ　）にあてはまる適切な言葉を答えなさい。

（　Ｙ　）として利用している。

（２）「竿灯《かんとう》まつり」では、下の〔資料３〕のように、米俵《たわら》に見立てたちょうちんで稲穂《いなほ》の形にかたどった竿灯を持ってねり歩き、米の豊作を願います。毎年８月に行われるこの祭りの原型は江戸時代にはじまったともいわれ、厳しい自然環境の中で米づくりを行ってきた東北地方において、人々が豊作を祈って始めたものと考えられています。現在では、東北三大祭りの１つともいわれています。

〔資料３〕

〔資料４〕米の生産量（2018 年）

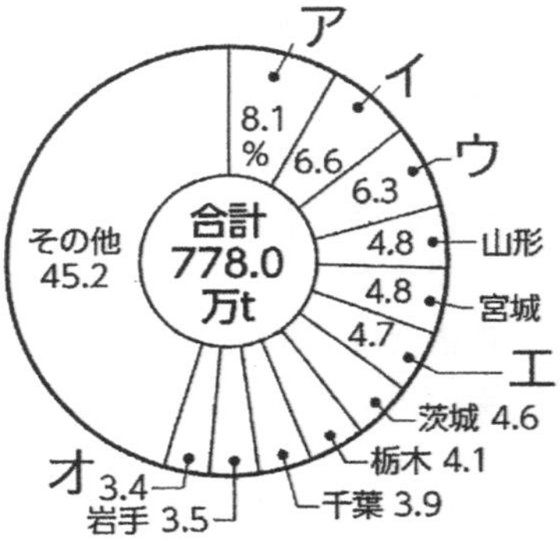

① 上の〔資料４〕のグラフは米の生産量（2018 年）の都道府県別割合を表しており、グラフのア～オには、下のカ～コの文で説明している都道府県名があてはまります。「竿灯まつり」が行われる秋田県を示しているものをア～オ、カ～コからそれぞれ１つずつ選びなさい。（文中の生産量は 2019 年の全国順位を示しています。）

カ　沿《えん》岸部は東日本大震災で被害を受けており、原子力発電所に近い地域では現在も避《ひ》難指示が続いている

キ　稲作のほかに畑作や畜《ちく》産もさかんで、だいこんや肉牛の生産量は日本一である

ク　りんごの生産量が日本一である

ケ　冬の雪が多い時期には屋内で作業できる工芸品づくりがさかんで、燕《つばめ》市では洋食器の生産が発達している

コ　奥羽《おうう》山脈の西側に位置し、日本で一番深い田沢湖《たざわこ》がある

〔資料５〕1993 年の米の収穫《かく》具合

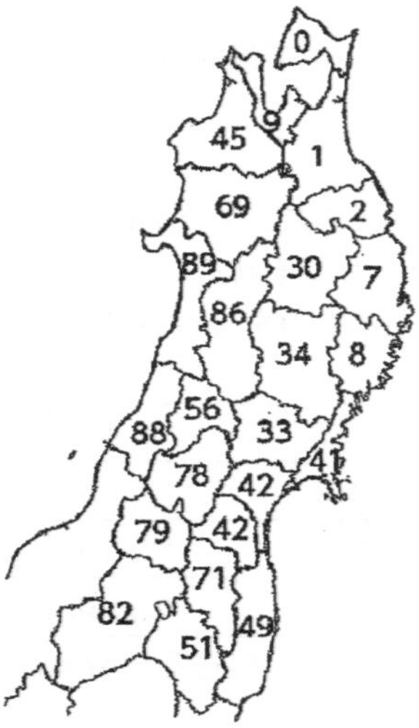

〔資料５〕は東北地方の地図です。県境ならびに細かい地域に区切った線を引いています。数値は、その地域ごとの平年の米の収穫量を 100 とした場合の、1993 年の収穫の割合（%）を示しています。

② 〔資料５〕を見て、1993 年に県全体の米の収穫量が平年と比べて半分以下に減少した東北地方の県を、次のア～カから３つ選びなさい。

ア　青森県　　　イ　秋田県　　　ウ　山形県
エ　岩手県　　　オ　宮城県　　　カ　福島県

③ 〔資料５〕を見て、上の②の原因について 1993 年に特に東北地方で何があったかを推測した文としてもっとも適切なものを、次のア～オから１つ選びなさい。

ア　後継《けい》者不足で農作業ができなかったと推測される
イ　東日本大震災が影響《きょう》を与えたと推測される
ウ　南東からの温かい風が影響を与えたと推測される
エ　北東からの冷たい風が影響を与えたと推測される
オ　ユーラシア大陸から飛散した黄砂《こうさ》が影響を与えたと推測される

（３）「大潮まつり」は、千葉県銚子《ちょうし》市で旧暦６月 15 日にあたる日に毎年開催され、漁業関係者が神輿《みこし》を担ぎ、大漁・海上安全を祈願する祭りです。起点となる川口神社（明治期に歯櫛明神《はくしみょうじん》から改名）は 986 年の創《そう》建以来、漁業関係者の守り神として漁師にあつく信仰《こう》されてきました。

① 2019 年の日本の主要漁港の水あげ量は、１位：銚子港、２位：釧路《くしろ》港、３位：焼津《やいづ》港、４位：石巻《いしのまき》港となっています。これらの漁港をもつそれぞれの都道府県のデータをまとめた次の表のア～エから、千葉県を表しているものを１つ選びなさい。

	ア	イ	ウ	エ
面積（km^2）	7,777	5,157	78,421	7,282
漁業産出額（億円）	459	252	2,021	718
ねぎの収穫量（ｔ）	9,780	52,300	21,600	9,950
製造品出荷額（億円）	172,749	125,846	61,336	45,590

（面積・ねぎの生産額は 2021 年、漁業産出額は 2020 年、製造品出荷額は 2019 年の数値）

② 銚子港の沖合は、黒潮と親潮が交わり好漁場を形成することから、サバ、イワシを中心としたまき網《あみ》漁業がおこなわれています。とくにイワシ漁は、江戸時代の中ごろから農業と密接に結びつき、さらに発展しました。下の図は、江戸時代の漁業と農業の結びつきを図式化したものです。図中の（　Ｘ　）にあてはまる適切な文を書きなさい。

イワシ漁がさかんになり、干したイワシが売買される

↓

干したイワシを（　Ｘ　）

↓

農業生産が向上する

↓

人々の生活が安定する

↓

全国各地で特産物の生産がさかんになる

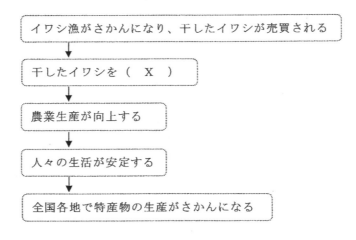

（4）「古志の火まつり」は、新潟県長岡市山古志《やまこし》地区で毎年３月に行われる、高さ 25m 級の「さいの神」に新成人が点火を行い、その年の無病息災や五穀豊穣《ごこくほうじょう》などを祈願する祭りです。1988 年に集落の交流や冬季の誘客《ゆうきゃく》を目的としてはじまり、中越《ちゅうえつ》地震後は震災からの復興も祈願しています。茅《かや》やわらなどを組み上げた「さいの神」への点火後は、真っ白な雪原に舞《ま》いのぼる 50m にも届く火柱があらわれます。しかし、祭りの継《けい》続が難しくなり、2023 年３月で休止することが発表されました。

①「古志の火まつり」が行われる山古志地区は、もとは山古志村であったが、2005 年に市町村合併《ぺい》が行われ、長岡市に編《へん》入されました。〔資料６〕と〔資料７〕を参考にして、市町村合併する前の山古志村の問題点としてもっとも適切なものを、あとのア～エから１つ選びなさい。

〔資料６〕山古志村と長岡市の人口の移り変わり

	1985 年	1990 年	1995 年	2000 年
山古志村	3,219 人	2,867 人	2,523 人	2,222 人
長岡市	183,756 人	185,938 人	190,470 人	193,414 人

〔資料７〕2000 年の山古志村と長岡市の年齢《れい》別構成比

	０～14 歳	15～64 歳	65 歳以上
山古志村	217 人 （9.8%）	1,236 人（55.6%）	769 人（34.6%）
長岡市	29,044 人（15.0%）	128,989 人（66.7%）	35,275 人（18.2%）

ア　都市化とＩターン現象
イ　産業の空洞《どう》化とドーナツ化現象
ウ　過密化と交通渋滞《じゅうたい》
エ　過疎《そ》化と少子高齢化

②〔資料６〕と〔資料７〕から、市町村合併について説明した次の文の（　Ｘ　）（　Ｙ　）について、あてはまる適切な言葉をそれぞれ書きなさい。

2000 年の山古志村では、村の（　Ｘ　）が十分に確保されず、行政サービスが行き届かないことがあったと推測できる。その理由として、資料から（　Ｙ　）の割合が少ないということがあげられる。これが市町村合併を選択《たく》した一因《いちいん》になっている。

③ 長岡市山古志地区（旧山古志村の地域）では、デジタルで村おこしをしていく「仮想山古志村プロジェクト」という取り組みが行われています。その中で、「古志の火まつり」をいつか復活できるように、インターネット上の仮想空間に残しています。利用者がアバターを操《そう》作して他者と交流できるこの仮想空間を何というか、カタカナ５字で答えなさい。

（５）「葵《あおい》祭（正式には賀茂祭という）」は京都市にある上賀茂神社と下鴨《がも》神社の祭りです。平安京以前、風水害で作物が作れなかったときに鈴をつけた馬を走らせ、豊作を祈ったことがはじまりとされます。これが次第に平安時代の貴族にとって重要な年中行事の１つとなりました。現在も毎年５月 15 日に 500 人ほどの人々が平安時代の貴族のいでたちで行列をつくって市内を歩きます。2023 年は雨のため１日順延になりましたが、沿《えん》道には４万人の人が集まりました。

①「葵祭（賀茂祭）」は平安時代に紫式部《むらさきしきぶ》が著《あらわ》した「源氏物語」にも登場します。平安時代のようすについて正しく述べているものを、次のア～オから１つ選びなさい。

ア　紫式部は天皇のきさきだった菅原道真《すがわらみちざね》の娘に教育係として仕えていた
イ　漢字の一部を切り取ってつくられたひらがながうまれた
ウ　源氏物語絵巻《まき》にはきらびやかな束帯《そくたい》を着た貴族の女性の姿が描かれた
エ　平安時代の貴族は寝殿《しんでん》造りのやしきでくらし、和歌やけまりなどを楽しんだ
オ　平安時代中期に発達した中国風の文化は、貴族のくらしの中から生まれた

② 平安時代の貴族のくらしは年中行事が中心でしたが、その中には「葵祭（賀茂祭）」のように今に受け継《つ》がれているものもあります。年中行事の名称《しょう》と内容の組み合わせとして正しいものを、次のア～オから２つ選びなさい。

ア　元旦《がんたん》・・・七草がゆを食べる
イ　菊の節句・・・しょうぶを飾《かざ》り、柏もちを食べる
ウ　端午《たんご》の節句・・・なくなった先祖の霊《れい》をなぐさめ、仏を供《く》養する行事が行われる
エ　桃の節句・・・曲水の宴《うたげ》が行われる
オ　大はらい・・・罪やけがれをはらい清める儀式が行われる

（6）「長崎ランタンフェスティバル」は、毎年１月下旬から２月下旬に、長崎新地《しんち》中華街《がい》をはじめとする市街中心部に約１万５千個のランタン（中国提灯《ちょうちん》）が飾られ龍踊《じゃおどり》や中国雑技、中国獅子舞《ししまい》などが披露《ひろう》されます。長崎新地中華街に暮らす人たちが中国の旧正月を祝う行事として親しんでいた春節《しゅんせつ》祭を、街の振興《しんこう》のために 1994 年から「長崎ランタンフェスティバル」として規模を拡大したところ、現在では長崎の冬の風物詩となりました。

① 長崎新地中華街は、もともと江戸時代にオランダと中国に限って貿易を許可した幕府が長崎につくった唐人《とうじん》屋敷《やしき》の跡《あと》地を、外国人居留区として活用し発達しました。日本の歴史を学ぶ上で、中国との交流によって受けた影響は数多くあります。中国と対等の立場をめざしたと考えられる出来事を、次のア～オから１つ選びなさい。

ア　日本が日清戦争で手に入れた領土の一部をロシアなどの干渉《かんしょう》により返還《かん》したこと

イ　聖徳太子が「日出づるところの天子、書を日没《ぼっ》するところの天子に・・・」という手紙を隋《ずい》の皇帝に送ったこと

ウ　豊臣秀吉が２度にわたって朝鮮に大軍を送り、明《みん》軍とも戦ったこと

エ　卑弥呼《ひみこ》が魏《ぎ》から倭《わ》王の称《しょう》号を与えられ、織物や銅鏡などを授《さず》かったこと

オ　足利尊氏《たかうじ》が明と貿易を行ったこと

② 長崎市は、1945 年に原子爆弾《ばくだん》が投下され、現在では核兵器廃《はい》絶を訴《うった》える平和都市です。原爆が投下されるまでの日本の戦争の様子を説明する次のア～オの文を年代の古い順に並び替《か》えたとき、３番目になるものを選びなさい。

ア　日本軍と中国軍がペキン郊《こう》外で衝《しょう》突し、日中戦争が起こった

イ　日本がハワイの真珠《じゅ》湾にあったアメリカの軍港を攻撃《こうげき》し、太平洋戦争が起こった

ウ　満州《まんしゅう》にいた日本軍が中国軍を攻撃し、満州事変が起こった

エ　日本が国際連盟に脱退を通告した

オ　都市部から地方へ集団疎《そ》開を始めた

③　現在、中国は日本の重要な貿易相手国となっています。アメリカ合衆《しゅう》国、オーストラリア、中国、ロシアのいずれかの国からの日本の輸入額（2020 年、単位：百万円）を示す次の表のア～エから、中国からの輸入額を表しているものを１つ選びなさい。

ア	
機械類	8,517,148
衣類	1,474,615
金属製品	614,694
家具	452,280
プラスチック製品	385,070
その他	6,063,936
合計（百万円）	17,507,743

イ	
機械類	1,923,701
医薬品	564,645
肉類	409,594
科学光学機器	396,975
液化石油ガス	288,686
その他	3,869,956
合計（百万円）	7,453,557

ウ	
液化天然ガス	250,464
石炭	194,786
原油	192,315
パラジウム	160,697
魚介類	102,721
その他	243,800
合計（百万円）	1,144,783

エ	
液化天然ガス	1,289,875
石炭	1,027,736
鉄鉱《こう》石	540,654
銅鉱	209,034
肉類	194,676
その他	569,284
合計（百万円）	3,831,259

（７）京子さんは（１）～（６）の祭りを調べ、ノートの最後に次のようにまとめを書きました。（参考として、次のページにそれぞれの祭りの説明文を抜き出して再掲《けい》しています。）

> 祭りがはじまった年代で分類してみると、古くから続く祭りのはじまりには、（　X　）という願いが共通していることがわかった。新しい祭りにも、すべてではないが同様の願いをもつものがあったり、その地域の困りごとを解決したいという目的をもつものがあったりした。祭りのはじまりには、その地域に密接に結びついた願いが込められているのだと思った。さらに考えていくと、はじまった年代に関係なく、現在行われている祭りのすべてに共通して、願いとは別に（　Y　）という目的もあることに気付いた。もともと地域との結びつきが強かった祭りの広がりを感じることができた。

①　（　X　）にあてはまる適切な内容を 10 字程度で答えなさい。

②　（　Y　）にあてはまる適切な内容を 10 字程度で答えなさい。

≪以下は、参考です≫

（1）「さっぽろ雪まつり」は、北海道札幌市で毎年２月上旬に開催されます。この祭りでは巨大な雪の像や雪のすべり台を楽しむことができ、今では国内外から 200 万人以上が訪れる札幌の冬の一大行事です。もともとは捨てられた雪を利用しようと中学生や高校生が６つの雪像を作ったことがきっかけで、1950 年にはじまりました。

（2）「竿灯まつり」では、下の〔資料３〕のように、米俵に見立てたちょうちんで稲穂の形にかたどった竿灯を持ってねり歩き、米の豊作を願います。毎年８月に行われるこの祭りの原型は江戸時代にはじまったともいわれ、厳しい自然環境の中で米づくりを行ってきた東北地方において、人々が豊作を祈って始めたものと考えられています。現在では、東北三大祭りの１つともいわれています。

（3）「大潮まつり」は、千葉県銚子市で旧暦６月 15 日にあたる日に毎年開催され、漁業関係者が神輿を担ぎ、大漁・海上安全を祈願する祭りです。起点となる川口神社（明治期に歯櫛明神から改名）は 986 年の創建以来、漁業関係者の守り神として漁師にあつく信仰されてきました。

（4）「古志の火まつり」は、新潟県長岡市山古志地区で毎年３月に行われる、高さ 25m級の「さいの神」に新成人が点火を行い、その年の無病息災や五穀豊穣などを祈願する祭りです。1988 年に集落の交流や冬季の誘客を目的としてはじまり、中越地震後は震災からの復興も祈願しています。茅やわらなどを組み上げた「さいの神」への点火後は、真っ白な雪原に舞いのぼる 50mにも届く火柱があらわれます。しかし、祭りの継続が難しくなり、2023 年３月で休止することが発表されました。

（5）「葵祭（正式には賀茂祭という）」は京都市にある上賀茂神社と下鴨神社の祭りです。平安京以前、風水害で作物が作れなかったときに鈴をつけた馬を走らせ、豊作を祈ったことがはじまりとされます。これが次第に平安時代の貴族にとって重要な年中行事の１つとなりました。現在も毎年５月 15 日に 500 人ほどの人々が平安時代の貴族のいでたちで行列をつくって市内を歩きます。2023 年は雨のため１日順延になりましたが、沿道には４万人の人が集まりました。

（6）「長崎ランタンフェスティバル」は、毎年１月下旬から２月下旬に、長崎新地中華街をはじめとする市街中心部に約１万５千個のランタン（中国提灯）が飾られ龍踊や中国雑技、中国獅子舞などが披露されます。長崎新地中華街に暮らす人たちが中国の旧正月を祝う行事として親しんでいた春節祭を、街の振興のために 1994 年から「長崎ランタンフェスティバル」として規模を拡大したところ、現在では長崎の冬の風物詩となりました。

令和６年度

適性をみる検査Ⅱ

注　意

1　指示があるまで、この用紙を開いてはいけません。
2　問題は**【問題１】**～**【問題５】**で、**１０ページ**にわたって印刷してあります。
　検査が始まって、文字などの印刷がはっきりしないところや、ページが足りないところがあれば、静かに手をあげなさい。
3　検査時間は**５０分間**です。
4　声に出して読んではいけません。
5　問題文中の「*」のついている語句には語注があります。
6　名前を書くところはありません。
　受付番号を、受検票を見ながらまちがわないように、はっきりと書きなさい。
　受付番号を書くところは、**解答用紙の１か所**です。
7　答えはすべて解答用紙に書きなさい。
　記号や番号を選ぶ問題は、解答用紙の記号や番号を○で囲みなさい。
8　答えを直すときには、用紙が破れないようにていねいに消してから、新しい答えを書きなさい。
9　問題用紙の余白は、メモなどに使ってもよろしい。

京都市立西京高等学校附属中学校

【問題１】 以下の問いに答えなさい。

（１）次の京太さんと店員さんの会話文を読み、文章中の空らんに当てはまるシャツの定価を求めなさい。ただし、消費税は考えないものとします。

店員	定価 □ 円のシャツが、割引キャンペーン中につき 20％引きになります。会員カードをお持ちでしたら、この割引後の金額からさらに10％引きになる会員サービスがあるのですが、会員カードをお持ちですか。
京太	いえ、持っていません。
店員	今、100 円で会員カードを作成すると、今日から会員サービスが適用されますよ。会員カードをお作りしますか。
京太	お願いします。
店員	かしこまりました。それでは、会員カードも発行いたしますので、シャツの代金と合計で 6,220 円です。

（２）次の計算をしなさい。

$$4.5\times\frac{8\times10\times12}{9\times11}\times\left(\frac{1}{20}+\frac{1}{24}\right)\div\left(\frac{1}{22}-\frac{1}{23}\right)$$

（３）１辺の長さが６cm の正方形ＡＢＣＤがあります。次の【図１】のように正方形ＡＢＣＤをいくつかの正方形に分けて、それらの頂点を中心とし、正方形の１辺の長さを半径とした円の一部と、正方形を組み合わせて模様をつくりました。このとき、色のついた部分の面積を求めなさい。ただし、円周率は 3.14 とします。

【図１】

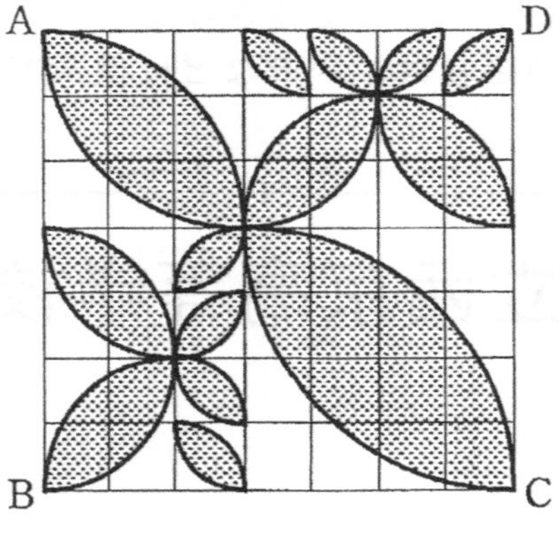

（４）【図２】のように、１目もりが１cmの方眼紙から紙を切り取りました。この紙を回転させたり裏返したりしながら何枚か並べて図形を作るとき、次のア～エの中には１つだけ作ることができない図形があります。ア～エの中から作ることができないものを１つ選びなさい。

【図２】

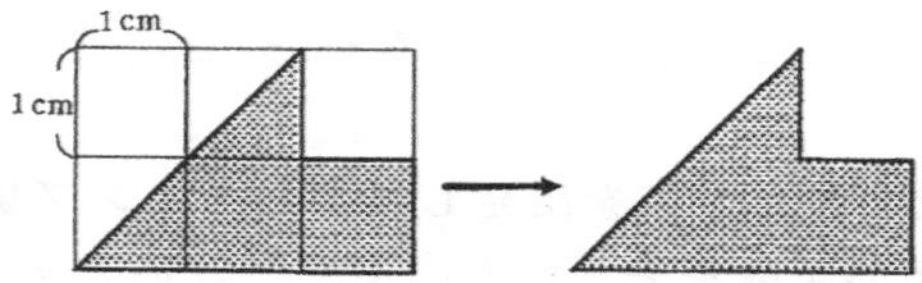

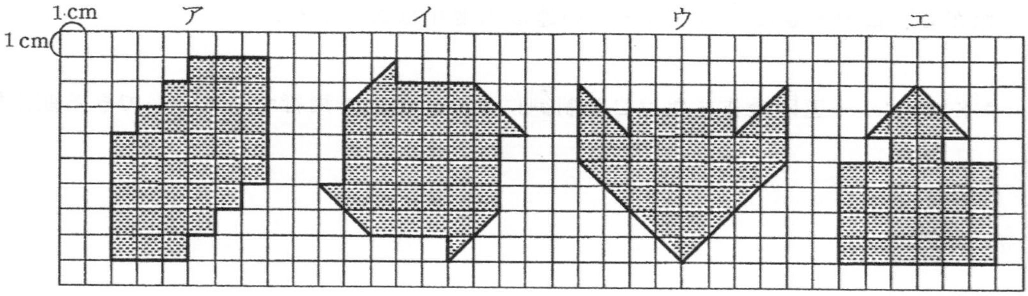

（５）マイケルさんは、京都市のある年の10月の31日間について、１日の平均気温を小数第１位まで調べて資料にまとめ、その資料をもとに【図３】の柱状グラフと【表１】の度数分布表を作成しました。また、マイケルさんの資料によると、この10月の１日の平均気温の最頻《ひん》値は19.4度でした。このとき、マイケルさんの調査からわかることとして適切なものを次のア～エからすべて選びなさい。

ア　この10月の、１日の平均気温の最頻値よりも、中央値のほうが値が大きい

イ　【表１】の度数分布表の空らん ② に当てはまる数は、７である

ウ　この10月の、１日の平均気温が19.0度以上の日数は、全体の日数の40％以上を占める

エ　この10月の、１日の平均気温の最小値は12.4度だった

【図３】

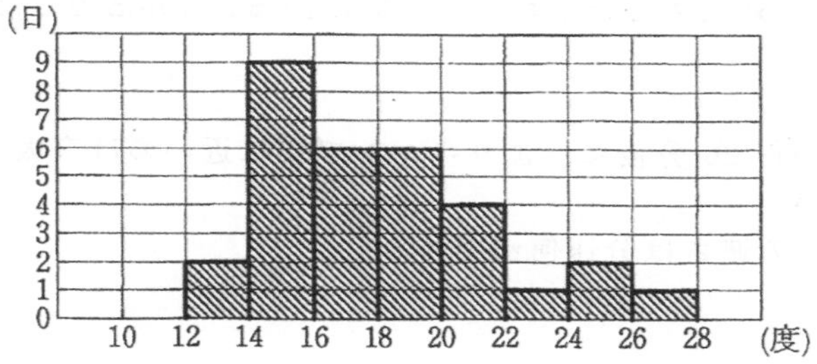

【表１】

１日の平均気温(度)	日数(日)
10.0 以上 13.0 未満	0
13.0 ～ 16.0	①
16.0 ～ 19.0	②
19.0 ～ 22.0	9
22.0 ～ 25.0	2
25.0 ～ 28.0	③
計	31

【問題２】京太さんは、家からキャンプ場へ、一定の速さで歩いて向かいます。またドローン*が、京太さんが家を出発してから８分後に家を出発し、京太さんと同じルートを通ってキャンプ場へ向かいます。ドローンは家を出発してから一定の速さで飛び、家を出発してから 10 分後に速さを切り替え、そこからは一定の速さでキャンプ場へ向かいました。しかし、ドローンは途中で電池が切れて動かなくなり、その場で停止しました。京太さんがキャンプ場に着いたのは、ドローンの電池が切れてから 12 分後でした。

下のグラフは、京太さんが家を出発してからキャンプ場に着くまでの時間と、京太さんとドローンの間の距離《きょり》を表したものです。このとき、以下の問いに答えなさい。ただし、電力不足によるドローンの速度の変化はありません。

*ドローン …遠隔《かく》操作または自動制御《ぎょ》により、無人で飛行することができる航空機

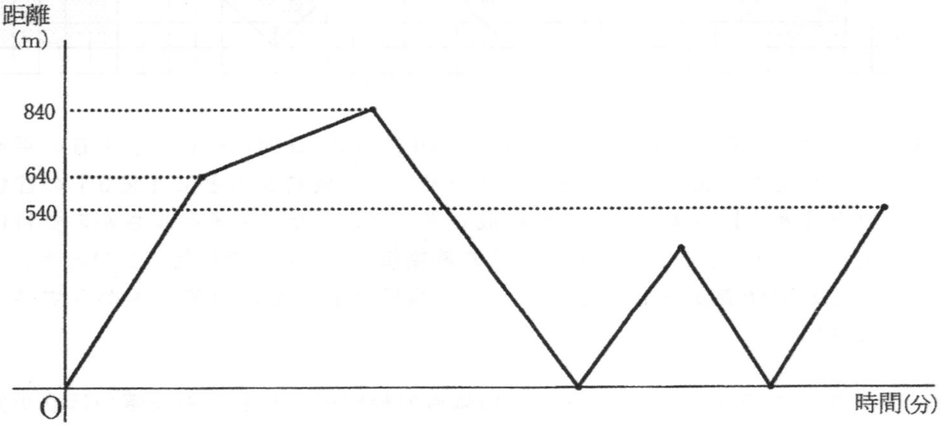

（１）京太さんの歩く速さは分速何ｍですか。

京太さんが出発してから 20 分後、京太さんとドローンの間の距離は 700ｍでした。

（２）京太さんが家を出発してから 20 分後に、よりキャンプ場に近いのは京太さんとドローンのどちらですか。
また、そのときのドローンの速さは分速何ｍですか。

（３）ドローンが停止したときの、京太さんとドローンの間の距離を求めなさい。

（４）都さんは、電池が切れたドローンを回収するために、キャンプ場を出発しました。都さんが京太さんと同じルートを分速 75ｍの一定の速さで進んだとき、都さんはキャンプ場を出発してドローンが停止している地点に到着するまでに何分何秒かかりますか。

（５）ドローンの電池が切れた場所は、家から何ｍの場所ですか。

【問題３】京太さんとアナさんは、数字が書かれたカードについて、話をしています。

[2]　[0]　[2]　[4]

京太　[2]・[0]・[2]・[4]の４枚のカードを使って、数を作ってみよう。
どんな数が作れるかな。

アナ　この４枚のカードを左から順に並べて数を作るとき、最も小さい数は「０２２４」で、最も大きい数は「４２２０」になるね。

京太　作ることができる数を、小さい順に並べていくと、
１番目は「０２２４」で、２番目は「０２４２」で、
このとき「２０２４」は[　①　]番目になるよ。

アナ　では、ここからカードを増やしてみましょう。

アナ　[0]・[2]・[4]の３種類のカードを４枚ずつ準備したよ。
このうち、４枚のカードを使って、数を作りましょう。今度は、最も小さい数は「００００」で、最も大きい数は、「４４４４」になるね。

京太　作ることができる数を小さい順に並べていくと、「２０２４」は[　②　]番目になるね。

アナ　ちょっとカードを減らしましょうか。

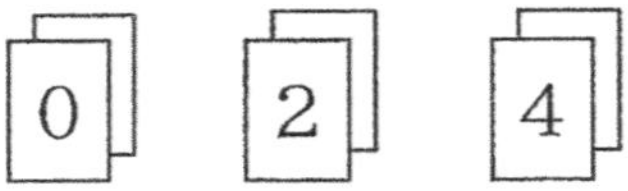

アナ　[0]・[2]・[4]の３種類のカードを２枚ずつに減らしてみたわ。

京太　このうち、４枚のカードを使って作ることができる数を小さい順に並べていくと、１番目の数は「[　③　]」になるよ。

アナ　そして、「２０２４」は[　④　]番目になるね。

この会話文を読んで、以下の問いに答えなさい。

（１）会話文中の空らん[　①　]に当てはまる数を答えなさい。

（２）会話文中の空らん[　②　]に当てはまる数を答えなさい。

（３）会話文中の空らん[　③　]・[　④　]に当てはまる数を答えなさい。

問4　――②「私は、この研究をとても高く評価しています」の部分について次の問いに答えなさい。

(1)　「高く評価しています」という言葉と同じ意味を表す表現を 7 段落から**七字でぬき出し**なさい。

(2)　「高く評価」したとありますが、どのようなことを筆者は高く評価しているのですか、それぞれ**四十字以内で二つ**答えなさい。

問5　**【文章Ⅱ】**で、「理科」と「科学」のちがいについて述べていますが、筆者が言う「科学」にあてはまるものをア～オから**すべて**選び答えなさい。

ア　植物の発芽と成長について学び、家庭菜園で野菜を上手に作る方法を考えること。
イ　セミの鳴き声を録音し、地域に多く生息するセミの種類を調べること。
ウ　歴史上の優れた人物の自伝を読み、どう生きたいのか、自分の将来について考えること。
エ　人の体の仕組みについて学び、効率の良い野球の練習方法について考えること。
オ　メダカを飼育して産卵させ、魚がどのように成長していくかを学ぶこと。

問6　――③「そんな可能性」とありますが、どんな「可能性」を指していますか、二つ答えなさい。ただし、「可能性」という語に続くようにそれぞれ**二十字程度（十七～二十二字）**とします。

問7　――④「昔、フランシス・ベーコンという人が『知は力なり』と言ったそうです」とありますが、ここでベーコンの言葉を引用することで、どのような効果が生まれますか。**適当でないもの**をア～エから一つ選びなさい。

ア　短い表現によって「知」と「力」のつながりをわかりやすくしている。
イ　「力」という言葉の意味に着目させつつ、自分の主張を補っている。
ウ　自分とは違う考え方の例を示すことで、主張に客観性をもたせている。
エ　昔の人の名言を例にあげることで、自分の主張の正当性を高めている。

問8　――⑤「なぜその事柄が起こったかの仮説」とありますが、**【文章Ⅰ】**の[2]段落にある「この研究」における「仮説」とはどういうものですか。[3]・[4]段落の内容をふまえて、次の空らん[a]にあてはまる言葉を**四十字以内**で、[b]にあてはまる言葉を**六字以内**で答えなさい。

仮説……[a]ことは[b]によって起こった。

問9　――⑥「その事柄の背景にある、まぎれもない一つの確かな『真実』」とありますが、**【文章Ⅰ】**の[2]段落にある「この研究」からわかった「真実」が述べられている**段落番号**を[1]～[10]段落から選びなさい。また、述べられているその「真実」とはどのような内容ですか、**四十字以内**で答えなさい。

問10　――★「知ることが生きる力に変えられる」の部分について、京太さんと都さんが話しています。次の二人の会話文を読んで、次の空らん[a]～[d]に適する言葉を指示された字数で**【文章Ⅰ】【文章Ⅱ】からぬき出して**、それぞれ答えなさい。なお、同じ記号の[　]には、同じ言葉が入ります。

京太さん　「知ることが生きる力に変えられる」って、いい言葉だよね。みんなにも教えてあげたいけれど、具体的にどういうことなのかは、説明しづらいなあ。
都さん　確かにそうだよね。じゃあ、「知ること」と「生きる力」に分けて考えてみようよ。「生きる力」ってどういうことを言っているのかな。
京太さん　文中の[a（二十五字）]のことではないかな。

都さん　うーん。どうかな。大切な部分ではあるけれど、それは「知ること」に入るのではないかな。

京太さん　そうすると、［ａ］が「生きる力」に変えられるということだね。どうしたら「生きる力」に変えられるのかな。

都さん　最後の『科学する』ということを幅広くさまざまな問題に応用して、私たちの生き方に反映させるということが大事なのではないでしょうか。」という一文に注目してみようよ。ここに筆者からのメッセージがあると思うけれど、どうだろう。一人ひとりがさまざまな場面で［ｂ（五字）］を通して身につけた「知」が一人ひとりの［ｃ（三字）］に影響し、人々が［ｄ（五字）］し合うことで社会全体が豊かなものになることを期待しているのだと思うよ。

京太さん　なるほど。個人としてだけでなく、集団や社会の中の一人ひとりとしてよりよく生きられる状況を築いていくということかな。

都さん　そのように行動できることが、「生きる力」だと私たちに伝えているのだね。

問11　【文章Ⅰ】【文章Ⅱ】のあとの部分で、「科学することを学んだきみたちは、いわば『ミニ科学者』です。」と筆者は述べています。この一文に筆者はどのような期待を込めているのかを考え、【文章Ⅰ】【文章Ⅱ】の内容もふまえて、次の条件に従って作文しなさい。

条件１　**二段落構成**で、**百五十字以上、二百字以内**で書くこと。
条件２　一段落目には、筆者が「ミニ科学者」たちにどのような行動を期待しているかを書くこと。
条件３　二段落目には、一段落目の内容に対するあなたの考えを書くこと。

令和五年度

適性をみる検査Ⅰ

注意

1 指示があるまで、この用紙を開いてはいけません。
2 問題は、**10ページ**にわたって印刷してあります。
検査が始まって、文字などの印刷がはっきりしないところや、ページが足りないところがあれば、静かに手をあげなさい。
3 検査時間は**五十分間**です。
4 声に出して読んではいけません。
5 問題文中や問いの「*」のついている語句には語注があります。
6 解答用紙は、**二枚**です。
7 名前を書くところはありません。
受付番号を、受検票を見ながらまちがわないように、はっきりと書きなさい。
受付番号を書くところは、**二枚の解答用紙に、それぞれ一か所ずつあります。**
8 答えはすべて解答用紙に書きなさい。
すべての問いにおいて、記号や句読点は一字と数えます。
（例）私は、「はい！」と答えた。（13字）
9 **記号や番号を選ぶ問題**は、解答用紙の**記号や番号を○で囲みなさい。**
10 答えを直すときには、用紙が破れないようにていねいに消してから、新しい答えを書きなさい。
11 問題用紙の余白は、メモなどに使ってもよろしい。

京都市立西京高等学校附属中学校

次の文章を読んで、あとの問いに答えなさい。

この数年来、アフリカゾウが人間をおそう事件がしきりに伝えられる。もともとゾウはおとなしい動物だ。動物園やサーカスや映画の人気者であり、何千年も人間と平和に［　Ａ　］してきた。危害を加えられないかぎり、積極的に人間をおそうことはないとされる。そのゾウに何が起きているのだろうか。ゾウの保護運動にかかわる研究者や活動家の間では、大量＊虐殺《ぎゃくさつ》に対する［　Ｂ　］ではないか、とする見方が広がっている。

一九四〇年代には、少なく見積もってもアフリカには五〇〇万頭以上のゾウが［　Ｃ　］していた。それが、国際自然保護連合（ＩＵＣＮ）の一九八一年の調査では、一一九万頭しか確認できなかった。〈　Ｉ　〉、一九八九年にゾウの生息する三七カ国で調べたところ、六二万頭に半減していた。最新の二〇〇六年の調査では、四七万二〇〇〇頭しか残されていない。七〇年間で一〇分の一以下になったのだ。

アフリカでゾウがもっとも殺されたのは一九七〇〜八〇年代。この間にアフリカで八〇万頭のゾウが＊殺りくされて、象牙《ぞうげ》七万トンが密輸出された。その最大の輸入国は日本と中国だった。日本の輸入量は、最盛期《さいせいき》の一九八三年には四七六トン。世界の取引量の四割を占《し》めた。これだけで数万頭のゾウが殺された計算になる。

こうした大量輸入が、現地でのゾウの＊乱獲《らんかく》を加速させた。特に、日本では象牙製印鑑《いんかん》の［　Ｄ　］が大きく、一九八〇年代には年間二〇〇万個の象牙の印鑑が製造されていたと「トラフィック」（動物の違法《いほう》取引を監視《かんし》する国際ＮＧＯ）は［　Ｅ　］している。それ以外にもピアノの鍵盤《けんばん》や＊麻雀《マージャン》パイなどに使われた。

「絶滅《ぜつめつ》のおそれのある野生動植物の種の国際取引に関する条約」（ワシントン条約）で一九八九年に象牙の取引が禁止され、事実上、世界の象牙貿易は終わったはずだった。〈　Ⅱ　〉、一時よりも密猟《みつりょう》のペースは落ちたとはいえ、象牙の＊ヤミ取引の量からみて、現在でも毎年二万頭前後が密猟者に殺されている計算になる。二〇〇六年八月以後、＊チャドの＊ザクーマ国立公園近くで約一〇〇〇頭のゾウが虐殺された。＊スーダン内戦から逃《のが》れてきた二〇万人を超《こ》える難民が、生活のためにゾウを殺害して象牙を取ったのだ。公園監視員三人が密猟者に射殺される事件も起きた。

このチャドのほかに、＊カメルーン、＊中央アフリカ、＊コンゴ民主共和国（旧ザイール）、＊ニジェール、＊マリ、＊マラウイでも密猟が続いている。＊ケニアの例では、密猟者の取り分は一キログラムあたり三七〜五〇ドル。これが＊末端《まったん》価格では八〇〇〜一〇〇〇ドルぐらいになる。一頭を殺して一〇キロも取れれば一年以上、楽に暮らせる。これでは密猟が止まるはずもない。

密猟が続いていることは、密貿易もまだ続いていることをものがたる。〈 Ⅲ 〉、ケニアとマリ両国政府によると、二〇〇四年末から二〇〇六年末までに世界各国で*押収《おうしゅう》された違法取引による象牙は四〇トンあまり。アフリカゾウ約六〇〇〇頭分に相当する。

この主な輸出先は、［ X ］日本と中国だった。このなかには二〇〇六年に大阪南港で貨物船から押収された約三トンも含《ふく》まれる。ケニア政府は「日本では企業《きぎょう》の自主的な取り組みにまかされており、密輸入の監視態勢が不十分なことが密輸横行の一因だ」と指摘《してき》した。

ケニアの国立博物館には、三メートル近い超《ちょう》特大の象牙が展示されている。重さは一〇〇キロを軽く超える。こんな牙《きば》をもつゾウはとっくの昔に姿を消した。①最近ヤミ取引されているのは、平均五キロぐらいのものが多い。以前には見向きもされなかった、小さなものだ。

規制強化で価格は*暴騰《ぼうとう》しているので、これでも商売になる。牙の大きなゾウから選択《せんたく》的に殺されるために、遺伝的に牙の小さい系統が生き残り、全体的に牙の小型化が起きているともいわれる。

アフリカの農村でゾウは嫌《きら》われ者だ。地上最大の哺乳《ほにゅう》類であるゾウは、一頭あたり一日約三〇〇キログラムもの草を食べ、二〇〇リットルもの水を飲む。しかも群れで行動するので、畑の作物は一網打尽《いちもうだじん》にされる。

頭がいいため、侵入《しんにゅう》を防ぐのは難しい。ケニアでこんな光景を目撃《もくげき》したことがある。農場では電気柵《さく》を張りめぐらせて侵入を防ごうとしたが、ゾウは近くの大木を押《お》し倒《たお》して柵を破壊《はかい》、群れが入り込《こ》んで一晩で数ヘクタールの畑を丸坊主《ぼうず》にしてしまったのだ。

アフリカの人口は過去半世紀に四倍以上に増えて、ゾウが草をはんでいた草原は*開墾《かいこん》が進んで急激に縮んでいる。餌《えさ》に困ったゾウは畑を荒《あ》らすしかなくなってきた。しかも近年、干ばつの被《ひ》害が一段と激しくなり、ゾウが水を求めて人間の水場にやってくるようになったことも、地元民との衝突《しょうとつ》の一因になっている。

専門家は、ゾウの行動に大きな変化が現れているという。三〇年前には、ゾウが人間をおそうことはきわめてまれだった。最近はゾウが人間を追いかけて危害を加える例が増えている。

ケニアに本部を置いてゾウの保護活動をしている「セイブ・ザ・エレファンツ財団」の*4WD車もおそわれた。牙で*バンパーを持ち上げて三回も横転させたという。*マサイマラ動物保護区でゾウの保護を続けてきた専門家も、以前に比べてゾウが神経質になっているという。以前は二〇メートルぐらいまで近づけたが、最近は五〇メートルほど離《はな》れてもゾウが*威嚇《いかく》するそうだ。

ゾウにかかわる事件の統計は断片《だんぺん》的なものしかないが、ケニア野生生物局によると、二〇〇八年の一年間だけで少なくとも二五人が殺されて、数十人が負傷した。このなかには、観光客やサファリガイドも含まれている。二〇〇九年には、人をおそったために射殺されたゾウが九八頭にのぼった。前年のほぼ二倍の数だ。②一九七〇年代以前には、ゾウにおそわれた例は*皆無《かいむ》だという。ところが、最近は*ボツワナ、*ジンバブエ、マラウイ、*ザンビアなどでも同様の事件が相次いで報告されている。

マサイ族はゾウと同じ*生活圏《けん》で暮らしてきた。かなり廃《すた》れてはきたが、成人になるための通過儀《ぎ》式として、ライオンやゾウを槍《やり》で殺すことがまだ一部で行われている。以前はゾウが近づいてきても、身にまとっている赤布（シュカ）を振《ふ》り回せば逃《に》げたが、最近はかえっておそいかかるゾウが増えたともいう。

凶《きょう》暴化という行動の変化は、人間への復讐《ふくしゅう》ではないかと考える研究者もいる。例えば、親が殺されて孤児《こじ》になったゾウを収容して野生に戻《もど》す活動を、ケニアで三〇年以上続けている「デビッド・シェルドリック野生生物財団」の理事長で動物行動学者ダフニー・シェルドリックさんもその可能性を指摘する一人だ。マサイ族をおそったあるゾウが、耳の傷の特徴《とくちょう》などからみて、以前に殺した親ゾウに従っていた子ゾウにそっくりだったという証言もある。

ゾウの脳の*ＭＲＩ画像をみると、記憶《きおく》をつかさどる*海馬《かいば》がきわめて大きく、記憶力は抜群《ばつぐん》だ。一九八〇年代初期の大干ばつの時に水場を失った群れが、二〇年前の水場を覚えていてはるばる移動したという観察もある。一九七〇～八〇年代の大量殺りく時代に親の死を目撃した子ゾウが、大きくなって復讐しているのではないかと信じる地元民は多い。むろん、ゾウの*トラウマを*擬人《ぎじん》化してしまうのは危険だ、という専門家も少なくはない。

ゾウは複雑な社会構造を持っている。メスをリーダーとして、何世代もの家族が何十年も同じ群れで一緒《いっしょ》に暮らす。一頭が死ぬと何時間も寄りそって見守り、死骸《しがい》から離れずに骨になっても*愛撫《あいぶ》する姿もみられる。人間の殺りくがゾウの家族の絆《きずな》を崩壊《ほうかい》させ、その母殺しの*惨劇《さんげき》を生きのびた子ゾウたちが、二〇～三〇年後に「復讐」に走っているのではないかという③仮説は、説得力がある。

——中略——

＊ウガンダでは、一九七一年に軍事＊クーデターによってアミン将軍が実権を握《にぎ》り、暴力と恐怖《きょうふ》で国を支配した。深刻な内戦に突入《とつにゅう》し、反アミン派の三〇万人以上が＊惨殺《ざんさつ》された。兵士たちは肉や象牙を目当てに、手当たり次第《しだい》にゾウを殺した。それも、ゾウの群れに＊ライフルを乱射し、＊手榴弾《しゅりゅうだん》を投げつけるという大量殺りくだった。兵士は斧《おの》でゾウの死体から牙や肉をたたき切って、持ち去った。

もっとも人気の高い＊クイーンエリザベス国立公園では園内の九五%のゾウが殺され、三〇〇〇頭から一五〇頭にまで激減した。一世代分のゾウがまるごと消えてしまったのだ。近年は国際協力によって一二〇〇頭にまで回復したが、虐殺以来、ゾウは観光客や村人を威嚇し、攻撃《こうげき》するようになった。

攻撃的になったゾウと人間の共存のために、さまざまな対策が研究されている。ケニアでは畑の周りにロープを張りめぐらし、ロープにトウガラシとエンジンオイルを混ぜた液体を塗《ぬ》っている。臭《にお》いを嫌ってゾウが近づかないという。

最近は、アフリカから南米や北米に持ち込まれたものが野生化し、大群で人間をおそって死者まで出ている凶暴なハチだ。このミツバチの巣を畑の周りを取り囲むようにぶら下げ、それを針金でつないでおく。

ゾウがロープに触《さわ》ると巣が揺《ゆ》れて怒《おこ》ったアフリカミツバチが飛び出し、目の周りや耳の裏、鼻の上など、ゾウの皮膚《ひふ》の薄《うす》い部分を攻撃する。ケニアでこの方式を取り入れた農場では、作物の被害が八六%も減ったという。さらに改良して、録音したハチの羽音をスピーカーで流すだけで、ゾウが一斉《いっせい》に逃げ出すようになった。しかし、頭のいいゾウのことだから、いつかはこの対策を考えだすかもしれない。

野生動物でゾウほど人間と親密だったものは、他にいないだろう。古代には「軍象」として戦争に駆《か》り出され、今でもなおアジアでは運搬《うんぱん》などの＊使役《しえき》に使われ、世界中のサーカスで曲芸を披露《ひろう》している。その友好的なゾウが、ついに人間に刃《は》向かうようになったのだ。④そう仕向けた人間は、もっとも凶暴な動物なのだろう。

石《いし》　弘之《ひろゆき》『地球環《かん》境の事件簿《ぼ》』岩波科学ライブラリー　ただし、問題作成のため、一部改変した。

【語注】

虐殺　ひどい方法で殺すこと
殺りく　ひどい方法で多くを殺すこと
乱獲　魚や鳥などをむやみに獲《と》ること
麻雀　中国から伝わった室内での遊びの一つ
ヤミ取引　不正に行う取引のこと
チャド　アフリカ中部の国
ザクーマ国立公園　チャド南部にある国立公園
スーダン　アフリカ北東部の国
カメルーン　アフリカ中部の国
中央アフリカ　アフリカ中部の国
コンゴ民主共和国（旧ザイール）　アフリカ中部の国
ニジェール　アフリカ中西部の国
マリ　アフリカ西部の国
マラウイ　アフリカ南東部の国
ケニア　アフリカ東部の国
末端価格　流通経路における最後の値段
押収　捜査《そうさ》機関が証拠《しょうこ》品等を確保すること
暴騰　物の値段が急に高くなること
開墾　山野を切り開いて田畑にすること
4WD車　4つの車輪すべてにエンジンから動力が伝わっている車

バンパー　ここでは、自動車の前後にある衝撃《しょうげき》をやわらげる部分
マサイマラ動物保護区　ケニア南西部の動物保護区
威嚇　強い力をもっておどすこと
皆無　まったくないこと
ボツワナ　アフリカ南部の国
ジンバブエ　アフリカ南部の国
ザンビア　アフリカ南部の国
生活圏　生活行動の場所、範囲のこと
MRI画像　物の断面の画像
海馬　中期記憶を担《にな》う器官のこと
トラウマ　精神的ショックが原因で起きる心の傷のこと
擬人化　人間でないものを人間に見立てて表現すること
愛撫　なで、さすって大事にすること
惨劇　ひどく、むごたらしい出来事
ウガンダ　アフリカ東部の国
クーデター　非合法的な武力によって政権を奪《うば》うこと
惨殺　ひどく、むごたらしい方法で殺すこと
ライフル　小銃《しょうじゅう》
手榴弾　手で投げる小型の爆弾《ばくだん》
クイーンエリザベス国立公園　ウガンダ西部にある国立公園
使役　他者を使って仕事をさせること

（３）太郎さんと花子さんは正方形を回転させた図形について話し合っています。
ここで、おうぎ形の弧《こ》とは、円周の一部分（曲線の部分）を指します。

太郎　正方形ＡＢＣＤの板を点Ａを中心に時計回りに 45° 回転させると、どんな図形になるんだろう。
花子　【図５】のようになるんじゃないかな。
太郎　点Ｃは点Ｆまで動くけど、これは点Ａを中心とした半径ＡＣのおうぎ形の弧をえがくね。
花子　そうね。点Ｄは、点Ａを中心とした半径ＡＤのおうぎ形の弧をえがくわね。
太郎　この場合、おうぎ形は【図６】のように正方形ＡＢＣＤの内側にあるのかな。【図７】のように正方形ＡＢＣＤからはみ出るのかな。

【図5】

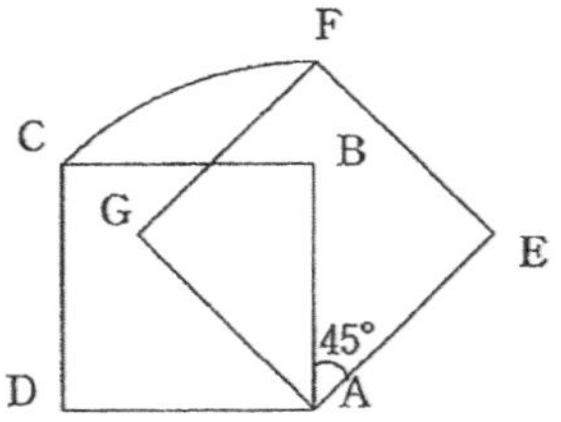

【図6】

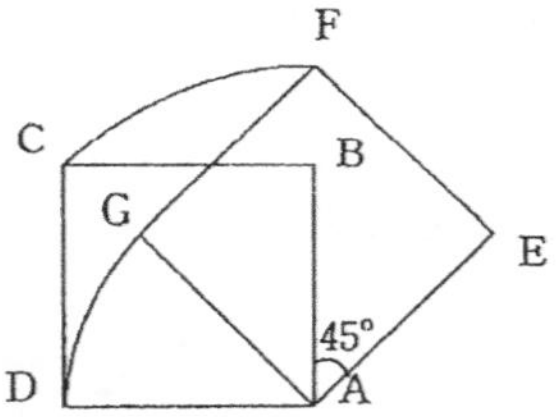

【図7】

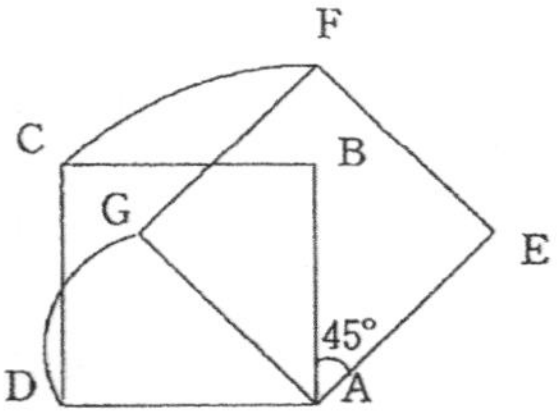

正しい文を次の（ア）（イ）から選び、記号で答えなさい。
（ア）おうぎ形は【図６】のように正方形ＡＢＣＤの内側にある
（イ）おうぎ形は【図７】のように正方形ＡＢＣＤからはみ出す

（４）太郎さんは、正方形ＡＢＣＤの板を点Ａを中心に時計周りに 270° 回転させます。このとき、インクがついた部分の面積を求めなさい。ただし、円周率は 3.14 とします。

（５）【図８】のように、正方形ＡＢＣＤの対角線の交点をＥとし、正方形ＡＢＣＤから三角形ＢＣＥを取り除いた図形の板を考えます。花子さんは、この板を点Ａを中心に時計回りに 270° 回転させます。このとき、インクがついた部分の面積を求めなさい。ただし、円周率は 3.14 とします。

【図8】

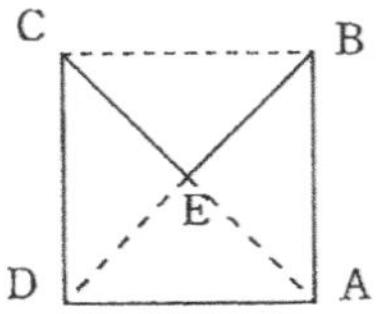

【問題４】同じ大きさの白い立方体と黒い立方体をたくさん用意し、面と面がぴったりと接している立体を作ります。ここで、白い立方体と白い立方体、白い立方体と黒い立方体は、接している面が固定されています。一方、黒い立方体と黒い立方体が接している部分は、動かすことができますが、そのときはもともと接していた面の組み合わせと異なる面の組み合わせにすることはできません。

例えば、【図１】のような立体について、【図２】のように動かすことはできますが、【図３】ではもともと接していた面の組み合わせと異なるので、このような動かし方はできません。

【図1】

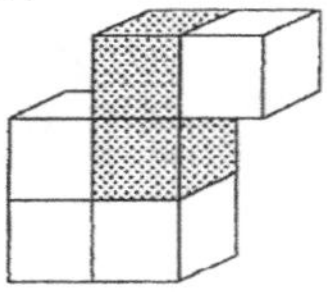

【図2】

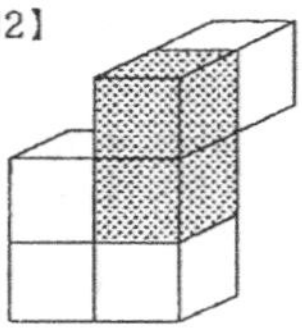

【図3】

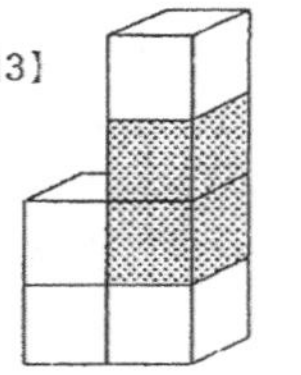

このとき、以下の問いに答えなさい。

（１）【図４】の立体を動かして、【図５】の立体を作りました。【図４】で、点Ｐと点Ｑを直線で結び、その長さをＰＱとあらわします。また、【図５】で、点Ｐと点Ａ、Ｂ、…、Ｈをそれぞれ直線で結び、その長さをＰＡ、ＰＢ、…、ＰＨとあらわします。このとき、８つの長さＰＡ、ＰＢ、…、ＰＨのうち、ＰＱと同じ長さになるものをすべて選び、記号で答えなさい。

【図4】

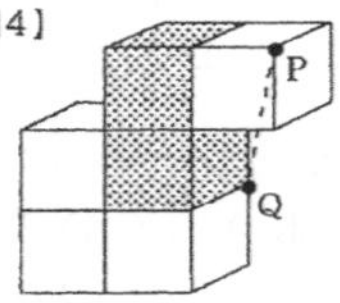

【図5】

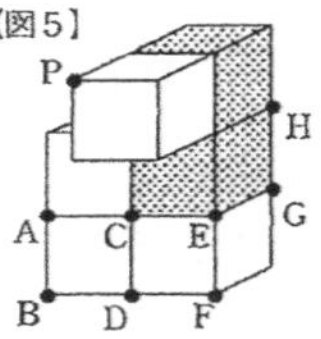

（２）次の【図６】の立体を動かして、【図７】の立体を作りました。ただし、【図７】の立体の各面はすべての面を白く塗《ぬ》ってあります。白く塗る前に黒かった面はどこですか。解答用紙の立体の面を黒く塗りなさい。

【図6】

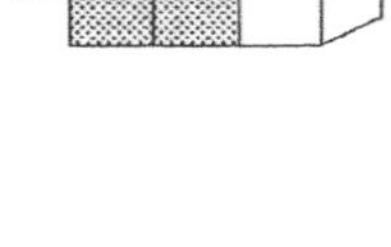

【図7】

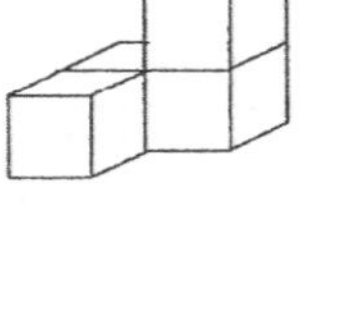

（３）【図８】のように、３個の黒い立方体を含《ふく》む立体があります。これを動かして、作ることができる立体を次の（ア）～（カ）から４つ選び、記号で答えなさい。ただし、立体の各面はすべて白く塗ってあります。

【図8】

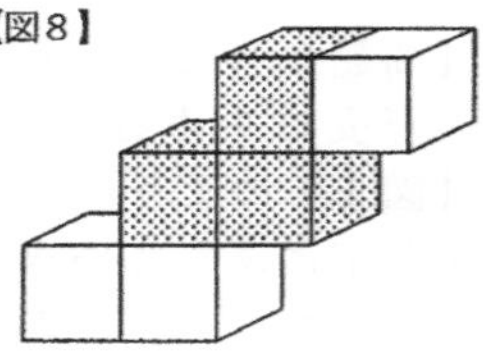

(ア)

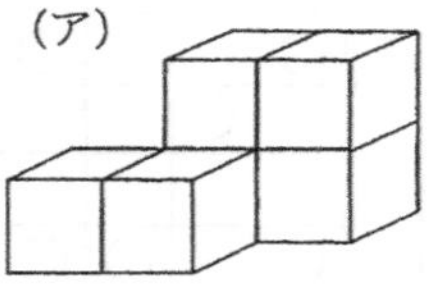

(イ)

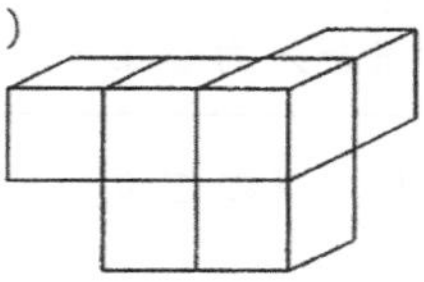

(ウ)

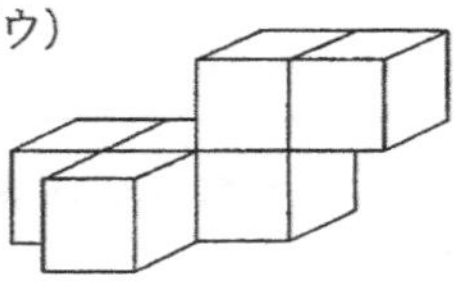

(エ)

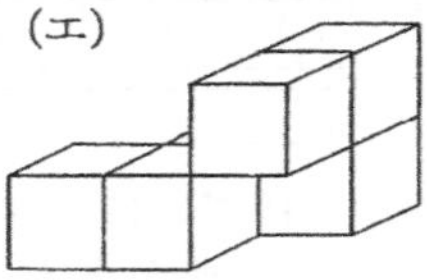

(オ)

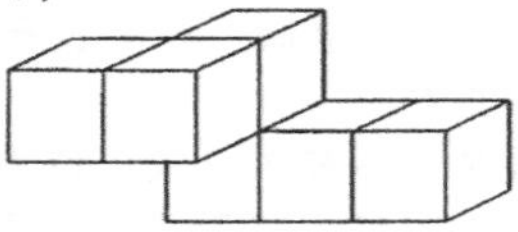

(カ)

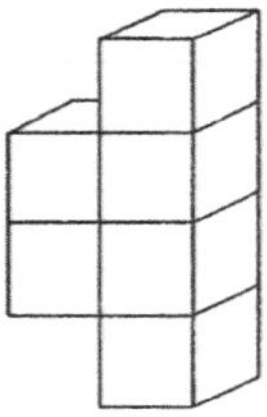

（４）【図９】のように、４個の黒い立方体を含む立体があります。これを動かして、作ることのできる立体を次の（ア）～（カ）から３つ選び、記号で答えなさい。

【図9】

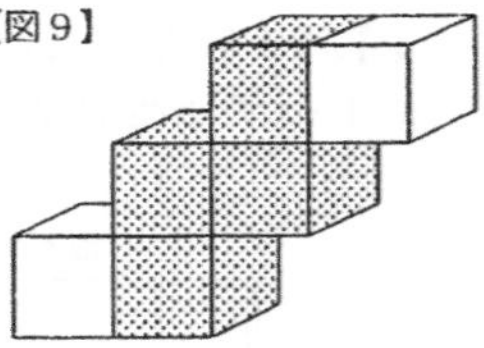

(ア)

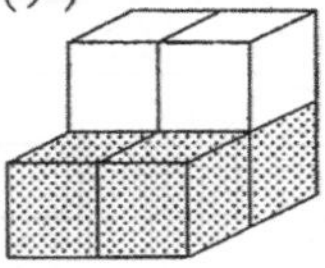

(イ)

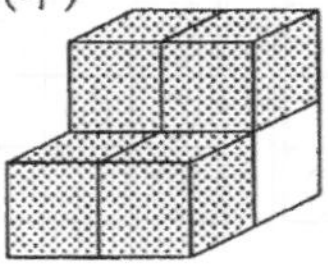

(ウ)

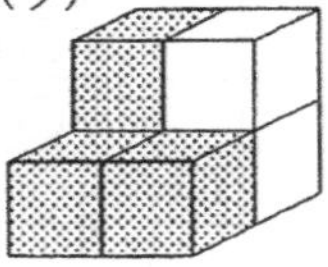

(エ)

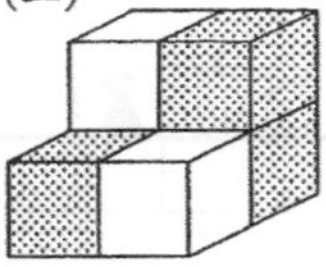

(オ)

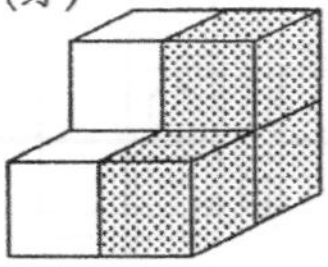

(カ)

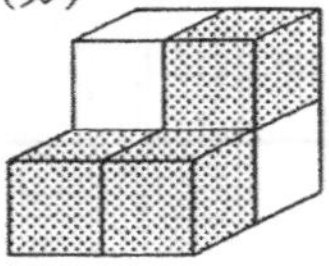

【問題５】 太郎さんは学校の宿題で、落ちてくるリンゴを人が受け止めるゲームのプログラムを作成しています。【図１】のように０段目から９段目の枠《わく》の中をリンゴが上から下に落ちていきます。人は１段目を右または左に動くことができ、リンゴと人が同じ時刻に同じマスにいるとき、人はリンゴを受け止めることができます。

プログラムには、次の２つの情報を入力します。

【図1】

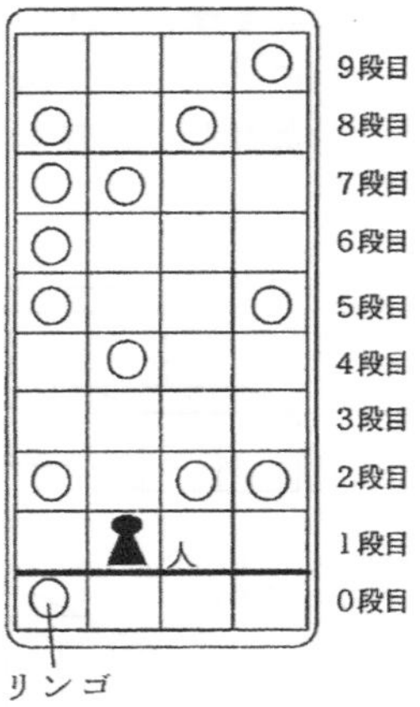

> ①　スタート前（０秒後）の「リンゴの位置」と「人の位置」
> ②　「人の動き」（右をＲ、左をＬと記す）

リンゴは、スタート前の「リンゴの位置」から、それぞれ２秒ごとに１マス、下に動きます。

人は、「人の動き」に従い、スタート前の「人の位置」から、１秒ごとに１マス、右または左に動きます。ただし、リンゴは１段目で人が受け止めると消えます。また、人に受け止められることなく０段目まで落ちた場合は、２秒後に画面の下に消えます。なお、人が画面から出るような情報は、入力することができません。

例えば、スタート前の「リンゴの位置」と「人の位置」を【図２】のように入力し、人の動きを「Ｒ→Ｒ→Ｌ」と入力します。このとき、１秒後は【図３】、２秒後は【図４】、３秒後は【図５】になります。また、２秒後と３秒後にそれぞれ、人がリンゴを１つずつ受け止めます。

【図2】

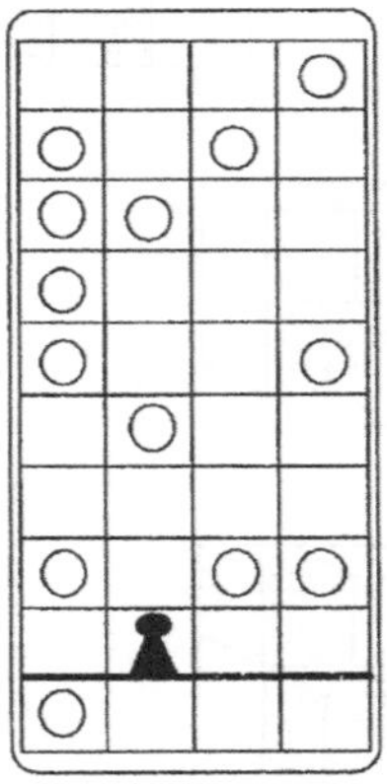

【図3】

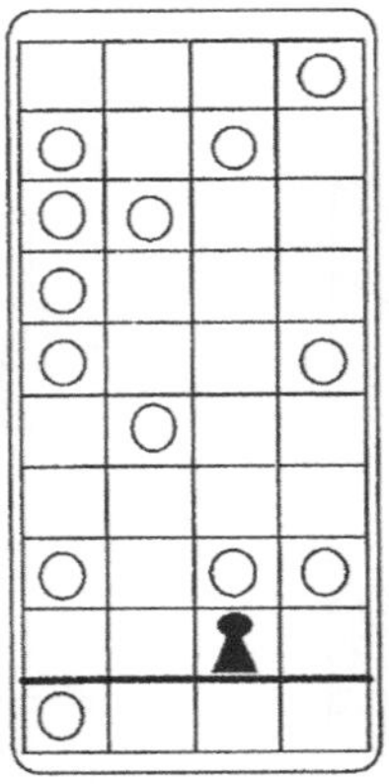

【図4】

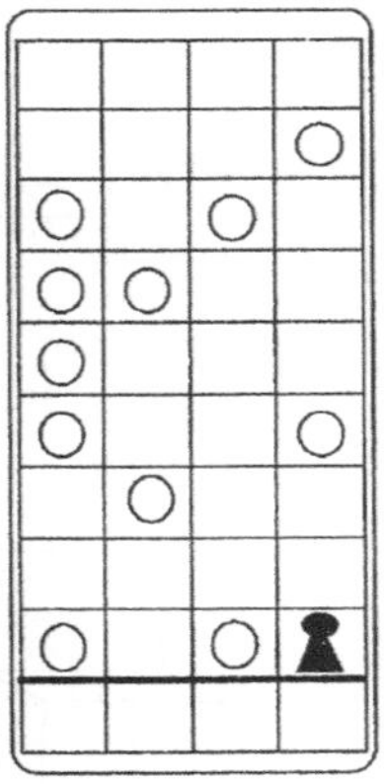

【図5】

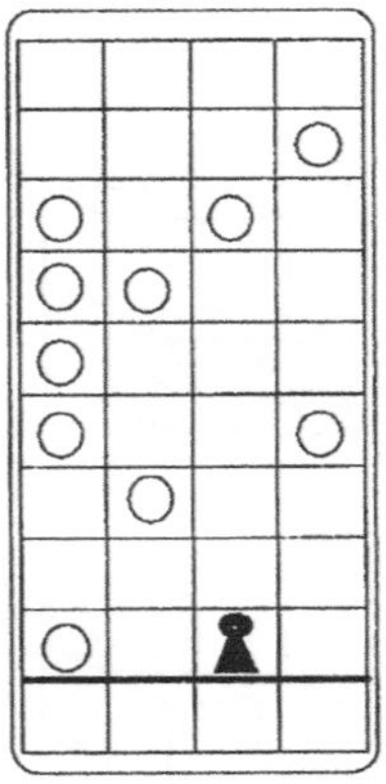

このとき、以下の問いに答えなさい。

（１）スタート前の「リンゴの位置」と「人の位置」を【図２】のように入力し、「人の動き」を「Ｒ→Ｌ→Ｒ→Ｌ→Ｌ→Ｒ→Ｒ→Ｒ」と入力したとき、次の問い①②に答えなさい。

① １つ目のリンゴを人が受け止めたのは、ゲームスタートから何秒後か答えなさい。

② ゲームスタート後の８秒間で、人が受け止めたリンゴの個数を答えなさい。

【図６】

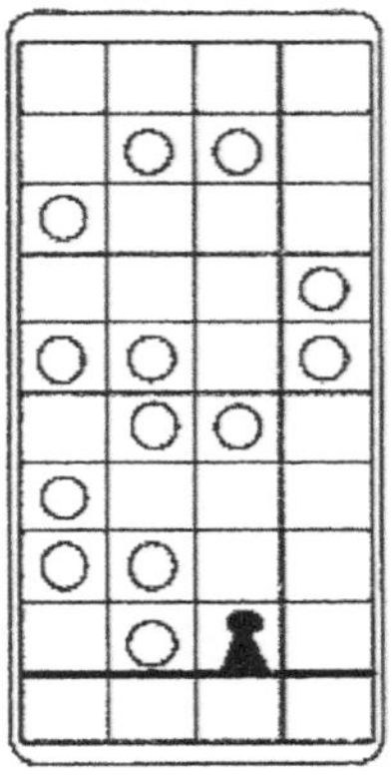

（２）スタート前の「リンゴの位置」と「人の位置」を【図６】のように入力したとき、次の問い①②に答えなさい。

① ゲームスタートから６秒間で、人が５つのリンゴを受け止めることのできる「人の動き」を、ひとつ答えなさい。

② ゲームスタートから６秒間で、人がひとつもリンゴを受け止めることのない「人の動き」を、ひとつ答えなさい。

（３）スタート前の「リンゴの位置」と「人の位置」を【図７】のように入力したとき、どのような「人の動き」でも、リンゴをすべて受け止めることはできない。その理由を答えなさい。

（　　理由　　）。よって、【図７】のリンゴをすべて受け止めることはできない。

【図７】

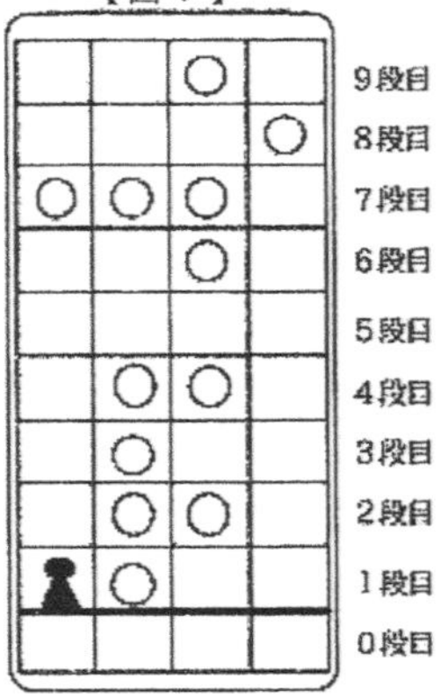

令和５年度

適性をみる検査Ⅲ

注　意

1　指示があるまで、この用紙を開いてはいけません。
2　問題は**【問題１】～【問題６】**で、**１５ページ**にわたって印刷してあります。
　検査が始まって、文字などの印刷がはっきりしないところや、ページが足りないところがあれば、静かに手をあげなさい。
3　検査時間は**５０分間**です。
4　声に出して読んではいけません。
5　名前を書くところはありません。
　受付番号を、受検票を見ながらまちがわないように、はっきりと書きなさい。
　受付番号を書くところは、**解答用紙の２か所**です。
6　答えはすべて解答用紙に書きなさい。
　すべての問いにおいて、記号や句読点は１字と数えます。
7　**記号や番号を選ぶ問題**は、解答用紙の**記号や番号を〇で囲みなさい。**
8　答えを直すときには、用紙が破れないようにていねいに消してから、新しい答えを書きなさい。
9　問題用紙の余白は、メモなどに使ってもよろしい。

京都市立西京高等学校附属中学校

【問題１】《写真》はメトロノームという道具で、決められたリズムで棒が左右に往復します。Ａのおもりは、棒のｘの方やｙの方に動かすことができ、ｘの方に動かすと往復する時間は長くなり、ｙの方に動かすと往復する時間は短くなります。これに関連して、次の実験を行います。

［実験１］から［実験５］の内容を見て、あとの問いに答えなさい。ただし、実験全体についての条件を次のとおりとします。

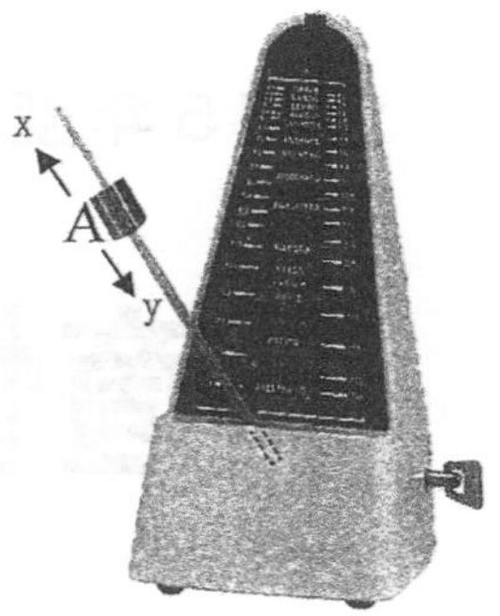

《写真》

・ふりこをとめている部分（《図１～図５》の〇の部分）のまさつは考えない。
・ふりこや糸、細い鉄の棒にかかる空気の抵抗《ていこう》は考えない。
・糸の重さはないものとする。
・細い鉄の棒の重さは 7.8g であり、太さは均一で、変形しないものとする。

［実験１］

糸に重さ 20ｇで高さ 2cm のおもりをつけ、ふりこにします。ふりこをとめている部分から、おもりの底までの長さは 25cm です。《図１》のａの位置まで糸がたるまないようにふりこを持ち、手を離《はな》すとふりこはｂを通り、ａとｃの間を行ったり来たりします。

ここで、ふりこが１往復する時間をはかると、このときの時間は 0.91 秒でした。

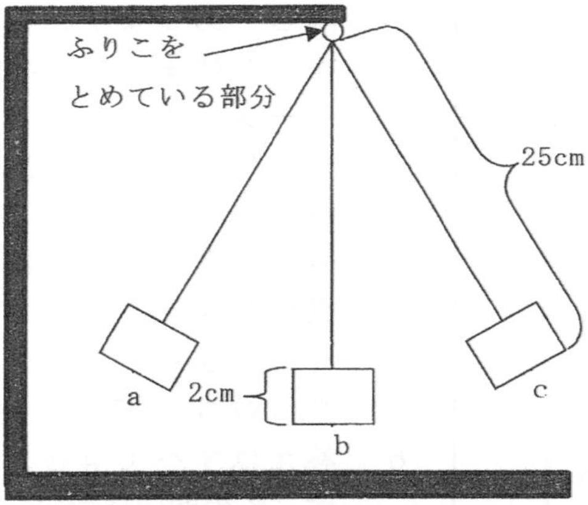

《図１》

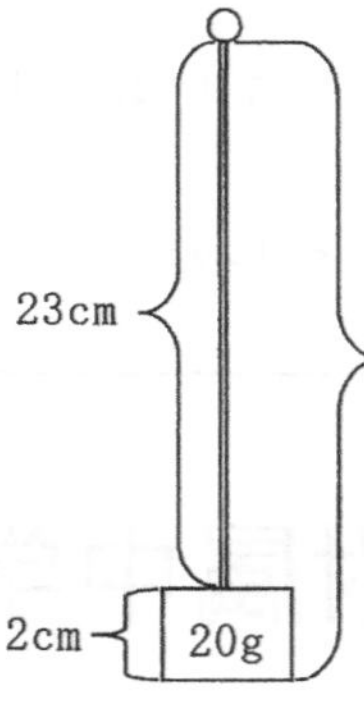

《図２》

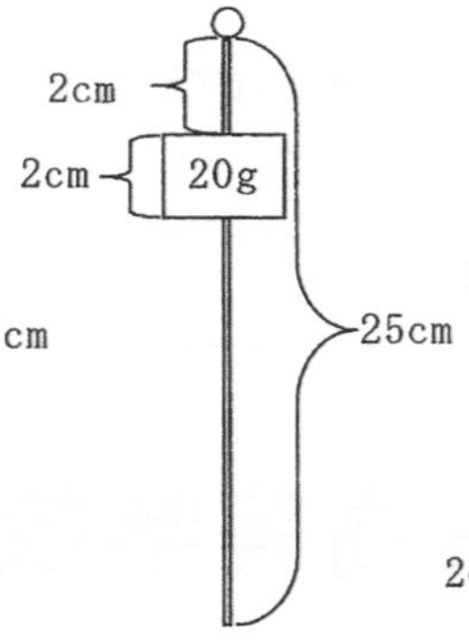

《図３》

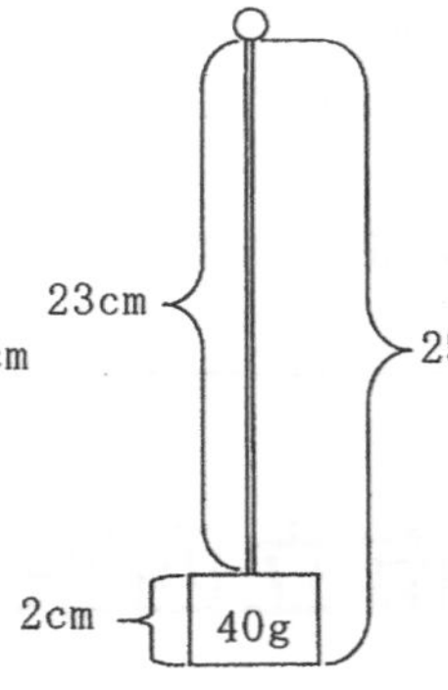

《図４》

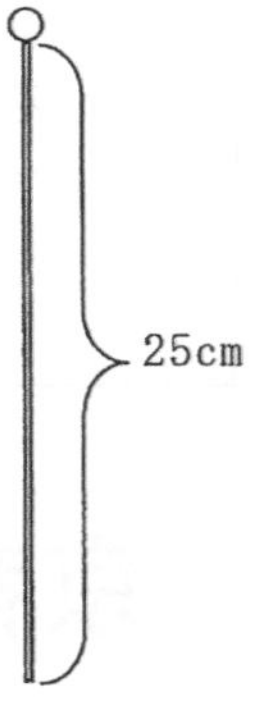

《図５》

［実験２］
《図２》のように［実験１］のふりこの糸の代わりに細い鉄の棒を使い、ふりこが１往復する時間をはかりました。時間は0.85秒でした。

［実験３］
《図３》のように［実験２］の細い鉄の棒の上から2cmのところまでおもりの位置をずらし、ふりこが１往復する時間をはかりました。時間は0.65秒でした。

［実験４］
《図４》のように［実験２］のふりこのおもりの重さを40gにし、ふりこの長さやおもりの位置は変わらないようにして、ふりこが１往復する時間をはかりました。

［実験５］
《図５》のようにおもりをはずして細い鉄の棒だけになったときも、細い鉄の棒だけの重さでふりこのように規則正しく往復したので、他の実験と同じように１往復する時間をはかりました。

（１）［実験１］でおもりの重さを40gに変えた場合、糸の重さやふりこの長さ、おもりの高さは変わらないものとして、ふりこが１往復する時間はどうなりますか。次のア～ウから１つ選び、記号で答えなさい。

ア．長くなる
イ．短くなる
ウ．変わらない

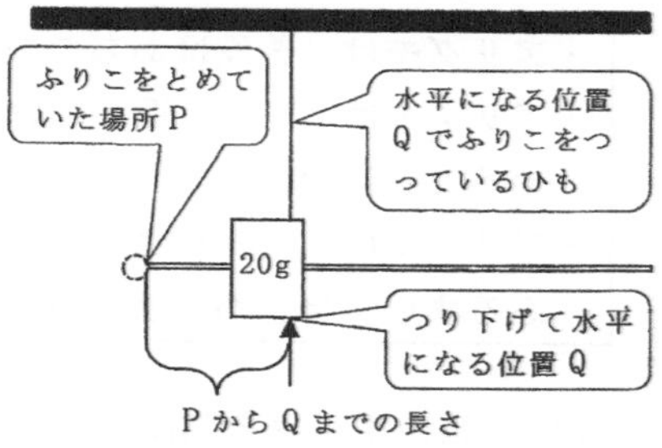

《図６》

（２）［実験２］～［実験５］で使用している細い鉄の棒とおもりを組み合わせたふりこを横にし、ある一点でつり下げると、水平につり合う点があります。［実験３］で使ったふりこは《図６》のようにつり下げると水平になります。他のふりこも同様につり下げたとき、ふりこをとめていた場所Ｐから、つり下げて水平になる位置Ｑまでの長さがもっとも長いものを１つ選び、実験の番号で答えなさい。

（３）［実験２］と［実験４］で、ふりこが１往復する時間を比較《ひかく》したとき、どのような結果になりますか。次のア～ウから１つ選び、記号で答えなさい。

ア．［実験２］が長くなる
イ．［実験４］が長くなる
ウ．［実験２］と［実験４］では同じ

（４）［実験３］と［実験５］で、ふりこが１往復する時間を比較したとき、どのような結果になりますか。次のア～ウから１つ選び、記号で答えなさい。

ア．［実験３］が長くなる
イ．［実験５］が長くなる
ウ．［実験３］と［実験５］では同じ

【問題２】生き物と生き物を取り巻く環境《かんきょう》について次の問いに答えなさい。

（１） 次の《図１》はアリグモという、大きさや姿がアリに似たクモのスケッチです。このクモは、アリの姿や動きをまねて生活しています。《図２》は、アリのスケッチです。

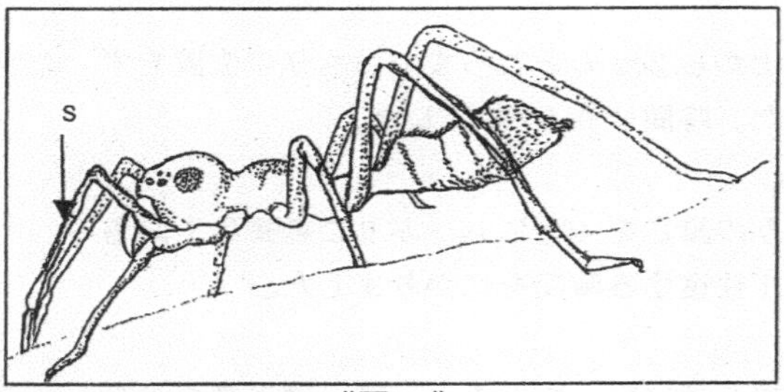

《図１》

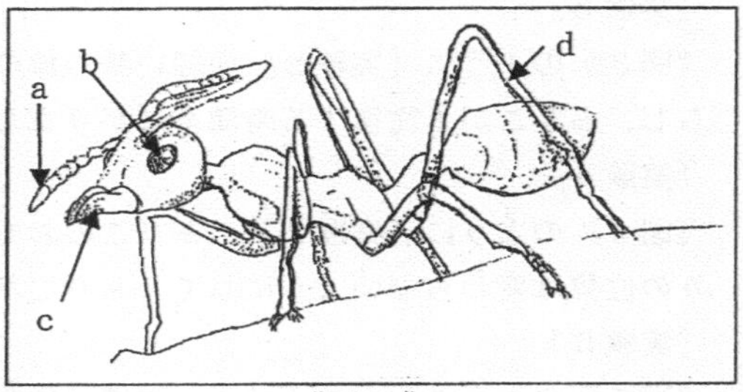

《図２》

① 《図１》のｓと同じ体のつくりは《図２》のａ～ｄのうちどれですか。もっとも適切なものをａ～ｄから１つ選び、記号で答えなさい。

② 次の四角の中のアリグモの動きについての説明を読み、アリグモが普段《ふだん》、アリに似た姿をし、かつ動きが似ていることで、生き残るために、どのような役にたっているのか、考えられる点を答えなさい。

・アリグモは、普段はあちこちを素早く歩き、アリのように行動している。
・アリグモは、アリの近くにいることが多いが、アリを食べることはないので近づきすぎることはない。
・アリグモは、アリを食べるクモに出会うと、アリに似せるのをやめて、クモのようにふるまい、自分がアリではないことをアピールする動きをとる。

（２） 他の生き物を判断するという点で、次のような実験の報告があります。アシナガバチの一種である、ある種類のハチ《図３》の顔には、一匹《びき》ずつ違う模様《もよう》があります。この顔の模様によって、仲間のハチを見分けているかを確認するため、以下のように［実験１］を行ったところ、［結果１］のようになりました。

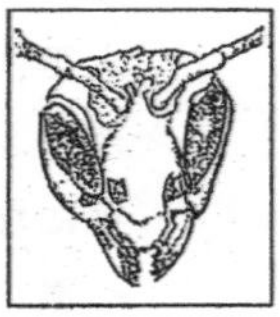
《図３》

［実験１］

・ハチの群れから、約十匹ずつを取り出し、それぞれをＡ、Ｂのグループとした。
・Ａのグループには顔に塗料《とりょう》を塗《ぬ》り、顔の模様を変えて元の群れに戻《もど》した。
・Ｂのグループには何もせずにそのまま元の群れに戻した。

［結果１］

・群れに戻ったＡのグループは、仲間から攻撃的《こうげきてき》にあつかわれた。
（仲間ではないと判断されたと考えられる）
・群れに戻ったＢのグループは、仲間から攻撃的にあつかわれることはなかった。
（仲間であると判断されたと考えられる）

この［実験１］［結果１］から、「このハチは仲間のバチを顔の模様で見分けている」という結論にしようとしましたが、「顔の模様ではなく、顔についた塗料の臭《にお》いで仲間ではないと判断したのではないか」という考えが出てきました。そのため、別の群れを使って次のように［実験２］を行ったところ［結果２］のようになりました。ただし、［実験２］で使用する塗料は、［実験１］で使う塗料と同じものとします。

［実験２］

・ハチの群れから、約十匹ずつのハチのグループを３つつくり、それぞれをＣ、Ｄ、Ｅとした。

・Ｃのグループには顔に塗料を塗り、顔の模様を変えて群れに戻した。

・Ｄのグループには何もせずにそのまま群れに戻した。

・Ｅのグループには［　　　　　（あ）　　　　　］群れに戻した。

［結果２］

・群れに戻ったＣのグループは、仲間から攻撃的にあつかわれた。

・群れに戻ったＤのグループは、仲間から攻撃的にあつかわれることはなかった。

・群れに戻ったＥのグループは、仲間から攻撃的にあつかわれることはなかった。

この実験の結果、「このハチは仲間のハチを顔の模様で見分けている」という判断をしました。Ｅのグループに、塗料をどのように使ったのか、空欄《くうらん》（あ）に入る内容をＣ、Ｄのグループに行った実験方法を参考にして答えなさい。

（３）次の《図４》の動物はツバメです。ツバメは、ある時期にベトナムで見かけることができます。また、近年は地球の気温が変化してきているため、ベトナムで見かける期間が変わってきているといいます。どのように変わったでしょうか。ベトナムで見かける時期と期間として、もっとも適切なものを次のア～エから１つ選び、記号で答えなさい。

《図４》

ア．５月頃から同じ年の９月頃まで見かけるが、近年は見かける期間が長くなってきている

イ．５月頃から同じ年の９月頃まで見かけるが、近年は見かける期間が短くなってきている

ウ．１０月頃から次の年の４月頃まで見かけるが、近年は見かける期間が長くなってきている

エ．１０月頃から次の年の４月頃まで見かけるが、近年は見かける期間が短くなってきている

【問題３】川の流れと地形の変化の関係について、次の問いに答えなさい。

（１） 川の上流、中流、下流についてもっとも適切な説明を次のア～エから１つ選び、記号で答えなさい。

ア．上流は水の量が少ないため、流されずに残る小さな石や粒の大きい砂が多い

イ．中流では上流から運ばれた小石や砂は、流れる量が多くなった水に流されて海に向かうため、大きくて平らな石がのこっていることが多い

ウ．下流では細かい砂粒《すなつぶ》が多くなる。砂粒は規則正しい角ばった形をしている

エ．上流は水の量が少ないため、削《けず》られずにのこる大きな石が多い。のこっている石の形は角ばっているものが多い

（２） 右の図は、山の中腹の斜面《しゃめん》にある川の流れを上から見たものです。地点㋐についてもっとも適切な説明を次のア～エから１つ選び、記号で答えなさい。

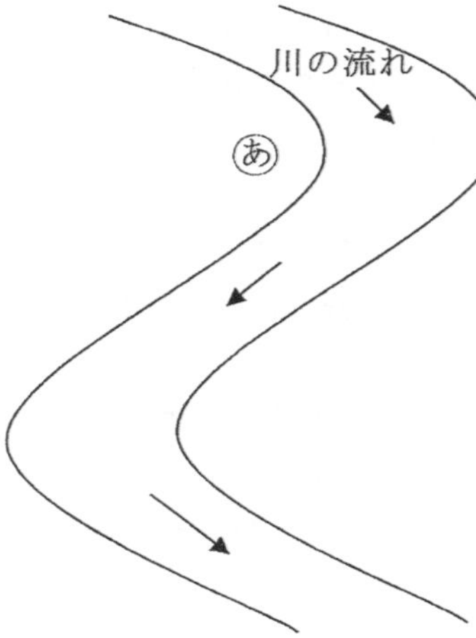

ア．岸辺の川の流れが対岸より速い。赤土の上に砂利《じゃり》がたまっており、周りに雑草やコケが生えている

イ．岸辺の川の流れが対岸より遅い。赤土の上に砂利がたまっており、周りに雑草やコケが生えている

ウ．岸辺の川の流れが対岸より速い。赤土がむきだしになっている

エ．岸辺の川の流れが対岸より遅い。赤土がむきだしになっている

（３） 次の図は、ある地形の断面図です。縦軸《たてじく》の目盛はこの地形の高度で、ほぼ 100m毎《ごと》に線が入っています。横軸の目盛はこの地形の幅《はば》で、1.0km 毎に線が入っています。この断面図のＡ～Ｄの地点について、次の場所ア、イについて説明しているものはどれですか。Ａ～Ｄからそれぞれ１つずつ選び、記号で答えなさい。

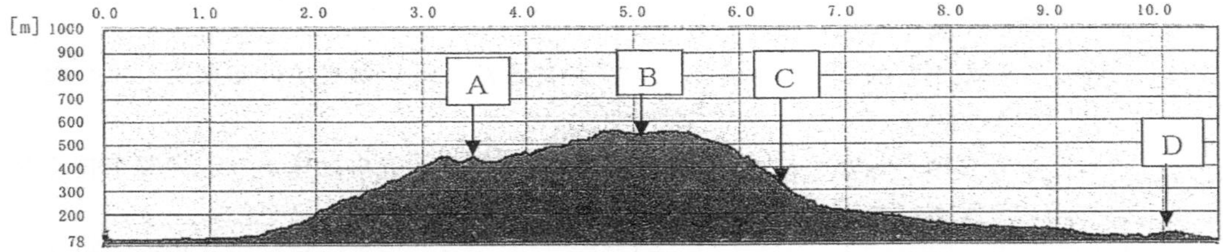

ア．V字谷《じこく》ができており、せまい崖《がけ》に挟《はさ》まれた川がある

イ．三角州があり、土砂がたい積している

【問題４】京太さんは富士山《ふじさん》の山頂ではお湯が沸《わ》く温度が 87.0℃になるという話を聞き、登山家のおじさんにたのんで、山に登ってお湯が沸く温度をはかってもらうことにしました。また、自分でも京都の山々でお湯が沸く温度をはかりました。はかった日は、どの日も、よく晴れた日でした。富士山の話とおじさんにはかってもらった温度、自分ではかった温度をもとに、京太さんは次の表をつくりました。あとの問いに答えなさい。

山	お湯を沸かした場所の標高	お湯が沸いたときの温度
鞍馬《くらま》山	584m	98.0℃
貴船《きぶね》山	700m	97.6℃
比叡《ひえい》山	848m	97.2℃
愛宕《あたご》山（A）	924m	97.0℃
西穂高岳《にしほだかだけ》（B）	2367m	91.8℃
富士山	3776m	87.0℃

（１） 京太さんは、事前に、おじさんに渡す温度計と、自分が使う温度計の両方を使って自分の家で、お湯が沸く温度をはかる実験をしていました。京太さんは何を確認するためにこの実験をしたのでしょうか。

（２） 表にあるお湯を沸かした場所の標高に対して、愛宕山（A）、西穂高岳（B）でのお湯が沸いたときの温度を、解答用紙のグラフに（A）は●、（B）は×で入れなさい。すでに書かれている、縦軸はお湯が沸いたときの温度です。横軸が何を示すのかは、グラフ中のデータを見て判断しなさい。

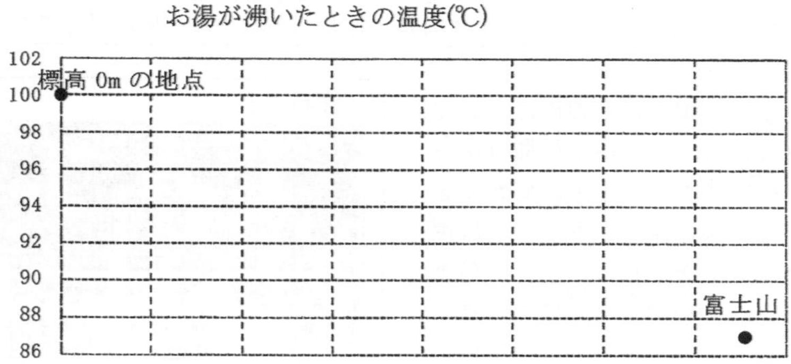

※標高 0m の地点で、100℃で沸いたとする。

（３） 箱根《はこね》の神山《かみやま》の山頂の標高は 1438m です。もしもここでお湯を沸かすと何℃でお湯が沸くと考えられるでしょうか。次のア～エから、もっとも適したものを１つ選び、記号で答えなさい。

ア．92.0℃　　イ．93.5℃　　ウ．95.0℃　　エ．96.5℃

【問題５】次の表は、平成23年以降に登録された、日本の世界遺産をまとめたものです。
これについて、あとの問いに答えなさい。

遺産名	所在地	区分
小笠原《おがさわら》諸島	東京都	自然
①平泉《ひらいずみ》　―仏国土《ぶっこくど》（浄土《じょうど》）を表す建築・ 庭園及《およ》び考古学的遺跡群―	②岩手県	文化
富士山　―信仰《しんこう》の対象と芸術の源泉《げんせん》―	③山梨県・静岡県	文化
④富岡製糸場と絹産業遺産群	群馬県	文化
⑤明治日本の産業革命遺産 製鉄・製鋼、造船、石炭産業	⑥福岡県・佐賀県・長崎県・熊本県・鹿児島《かごしま》県・山口県・岩手県・静岡県	文化
ル・コルビュジエの建築作品 ―近代建築運動への顕著《けんちょ》な貢献《こうけん》―	東京都 ※フランス・ドイツ・スイス・ベルギー・アルゼンチン・インドに所在する17資産で構成される	文化
「神宿る島」宗像《むなかた》・沖ノ島と関連遺産群	福岡県	文化
⑦長崎と天草地方の潜伏《せんぷく》キリシタン関連遺産	長崎県・熊本県	文化
⑧百舌鳥《もず》・古市《ふるいち》古墳群《こふんぐん》 ―古代日本の墳墓群《ふんぼぐん》―	⑨大阪府	文化
奄美《あまみ》大島《おおしま》、徳之島《とくのしま》、沖縄島北部及び西表島《いりおもてじま》	鹿児島県・⑩沖縄県	自然
北海道・北東北の縄文遺跡群	北海道・青森県・岩手県・秋田県	文化

［資料１］

（１）下線部①が世界遺産に選ばれた理由について、平安時代中期以降に広まった浄土信仰《じょうどしんこう》（阿弥《あみ》陀仏《だぶつ》にすがって極楽浄土《ごくらくじょうど》への生まれ変わりを願う）をもとに、平泉に浄土を表す寺や庭園が多く造《つく》られたことがあげられます。この地域にある［資料１］の中尊寺金色堂《ちゅうそんじこんじきどう》も、浄土信仰により建てられたものです。この信仰にもっとも関係が深い出来事を次のア～エから１つ選び、記号で答えなさい。

ア．厩戸皇子《うまやどのみこ》（聖徳太子《しょうとくたいし》）は仏教を保護し、法隆寺を建てた
イ．聖武《しょうむ》天皇は、行基《ぎょうき》の協力を得て、奈良の東大寺に大仏をつくった
ウ．空海《くうかい》は、遣唐使として中国にわたり、帰国して高野山金剛峯寺《こんごうぶじ》を建てた
エ．藤原頼通《ふじわらのよりみち》は、京都の宇治に平等院鳳凰堂《びょうどういんほうおうどう》を建てた

問い7

動物だから。

※

問い8

※

問い9

問い10

(1)

ア

イ

15

10

※

【問題4】

(1)	PA ・ PB ・ PC ・ PD ・ PE ・ PF ・ PG ・ PH
(2)	【図7】 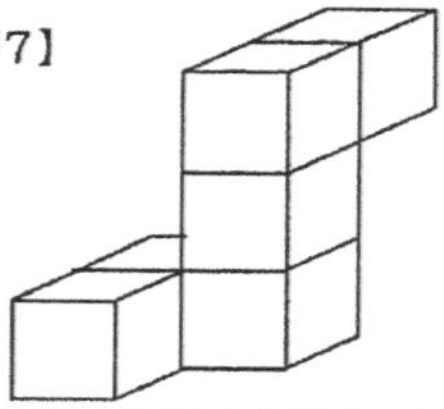
(3)	(ア)　(イ)　(ウ)　(エ)　(オ)　(カ)
(4)	(ア)　(イ)　(ウ)　(エ)　(オ)　(カ)

※

【問題5】

(1)	①	秒後	②	個
(2)	①	(　)→(　)→(　)→(　)→(　)→(　)		
	②	(　)→(　)→(　)→(　)→(　)→(　)		
(3)	理由			

※

※この解答用紙には【受付番号】を2カ所記入しますので、注意してください！

受付番号	

【問題5】

(1)	ア　イ　ウ　エ	(2)	ア　イ　ウ　エ
(3)	ア　イ　ウ　エ	(4)	
(5)	ア　イ　ウ　エ　オ	(6)	市
(7)	ア　イ　ウ　エ　オ		
(8)	ア　イ　ウ　エ　オ　カ　キ		
(9)	ア　イ　ウ　エ		
(10)	ア　イ　ウ　エ　オ　カ　キ		
(11)	ア　イ　ウ　エ		

※

【問題6】

(1)	ア　イ　ウ　エ	
(2)	①	
	②	1　2　3　4
	③	10 20
(3)	輸送距離が短いので、 35 45	
(4)	①	ア　イ　ウ　エ
	②	日本で栽培に適している時期 10 20
(5)		

※

京都市立西京高等学校附属中学校

令和5年度
適性をみる検査Ⅲ　解答用紙

受付番号	

※100点満点
（配点非公表）

【問題1】

(1)	ア　イ　ウ	(2)	実験2　・　実験3　・　実験4　・　実験5
(3)	ア　イ　ウ	(4)	ア　イ　ウ

※

【問題2】

(1)	①	a　b　c　d
	②	
(2)		
(3)	ア　イ　ウ　エ	

※

【問題3】

(1)	ア　イ　ウ　エ		(2)	ア　イ　ウ　エ	
(3)	ア	A　B　C　D	イ	A　B　C　D	

※

【問題4】

(1)		(2)	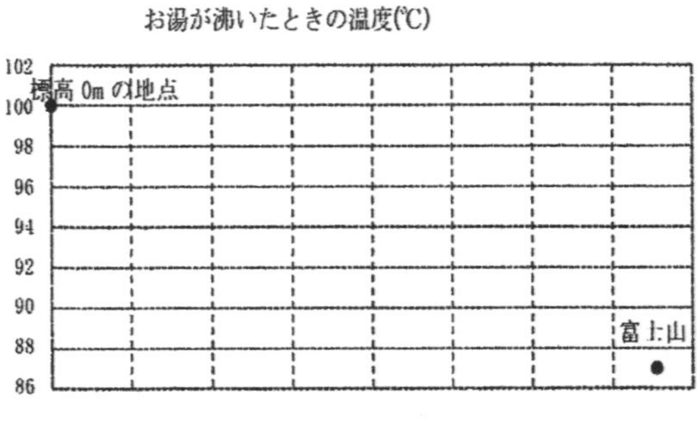
(3)	ア　イ　ウ　エ		

※

令和5年度
適性をみる検査Ⅱ　解答用紙

※100点満点
（配点非公表）

受付番号	

【問題1】

(1)	(ア)　(イ)　(ウ)　(エ)	(2)	(ア)　(イ)　(ウ)　(エ)
(3)	(ア)　(イ)　(ウ)　(エ)　(オ)	(4)	時　分
(5)	グラフ　1 ・ 2	理由　だから	
	方法　すればよい		

※

【問題2】

(1)	(　　)が(　　)分早く着く		(2)	分速　m
(3)	m			
(4)	(a)	(ア)　(イ)　(ウ)　(エ)	(b)	分　秒後

※

【問題3】

(1)	cm^2	(2)	cm^2	(3)	(ア)　(イ)
(4)	cm^2	(5)	cm^2		

※

令和五年度
適性をみる検査Ⅰ　解答用紙（二枚目）

問い10（2）

150

200

※

解答用紙は二枚あります。受付番号は二枚とも記入してください。

受付番号

令和五年度
適性をみる検査Ⅰ　解答用紙（一枚目）

※100点満点
（配点非公表）

問い1

	A	B	C	D	E
	ア	ア	ア	ア	ア
	イ	イ	イ	イ	イ
	ウ	ウ	ウ	ウ	ウ
	エ	エ	エ	エ	エ
	オ	オ	オ	オ	オ
	カ	カ	カ	カ	カ

問い2

ア　イ　ウ　エ　オ　カ

問い3

ア　イ　ウ　エ

問い4

ア　イ　ウ　エ

※

問い5

問い6

動物。

※

受付番号

解答用紙は二枚あります。受付番号は二枚とも記入してください。

（２）下線部②について、岩手県を含む三陸海岸沖は、暖流と寒流がぶつかる「潮目」があり、多くの魚が集まる豊かな漁場となっています。三陸海岸沖の「潮目」を説明した文としてもっとも適切なものを、次のア～エから１つ選び、記号で答えなさい。

ア．暖流の対馬《つしま》海流と寒流のリマン海流がぶつかるところに魚が集まる

イ．暖流の黒潮と寒流の親潮がぶつかるところに魚が集まる

ウ．暖流と寒流がぶつかる潮目にはプランクトンはほとんどいない

エ．寒流の流れにのってマグロなどの大型の魚が赤道付近から泳いでくる

（３）下線部③について、山梨県はぶどうの生産量が日本１位で、国内生産のおよそ５分の１をしめており、甲府市（甲府盆地《ぼんち》）でもさかんに栽培《さいばい》されています。その理由の１つに、甲府市の気候がぶどうの栽培に適していることがあげられます。［資料２］の①～③は甲府市と東京（東京都のぶどうの生産量は日本43位）の気候の特徴を比較したもの、［資料３］は甲府市と東京の雨温図、［資料４］は甲府盆地の上空写真です。ぶどうの栽培に適している気候の特徴について資料から読み取り、もっとも適切なものをあとのア～エから１つ選び、記号で答えなさい。

［資料２］

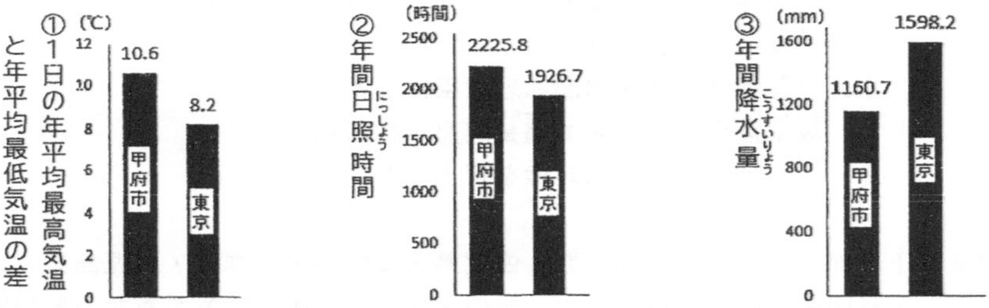

［資料３］　甲府市　　　東京

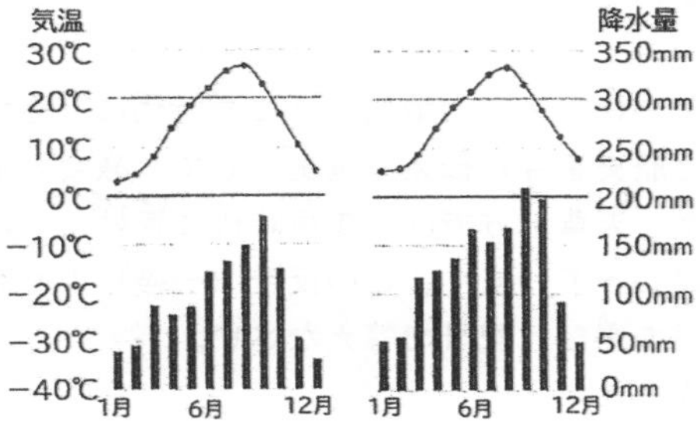

［資料４］甲府盆地の上空写真

ア．甲府市は、周りを山で囲まれているので、１日の気温差が少なく安定した気候となり、ぶどうの栽培に適している

イ．甲府市は、周りを山で囲まれているので、１年を通じて降水量が少なく晴天の日が多くなり、ぶどうの栽培に適している

ウ．甲府市は、内陸性の気候で、他の地域と比べて夏の降水量が多くなり、ぶどうの栽培に適している

エ．甲府市は、内陸性の気候で、年間の降水量が少なく夏に気温が上がらない地域であるため、ぶどうの栽培に適している

（４）下線部④が世界遺産に選ばれた理由について、富岡製糸場が当時世界最大規模の製糸工場で、世界の絹産業を支え産業の近代化に貢献《こうけん》した近代産業遺産であることがあげられます。［資料５］は、日本の近代化政策をまとめたものです。（　　）にあてはまる、当時の日本政府がかかげた目標を漢字４字で答えなさい。

［資料５］明治維新《いしん》以降の日本の近代化政策

・産業の発展による経済の向上（殖産《しょくさん》興業）
・西洋式の軍隊づくり（徴兵《ちょうへい》令）
・改革に必要な財源を安定させる税制改革（地租《ちそ》改正）
・改革を担《にな》う人材育成のための教育制度の採用（学制）

→（　　　）の政策

（５）下線部⑤について、江戸時代の終わりごろから明治時代前半にかけての次のア～オの出来事を時代の古い順に並び替えたとき、３番目になるものを選び、記号で答えなさい。

ア．大久保利通《おおくぼとしみち》らが使節としてヨーロッパに出発した
イ．板垣退助《いたがきたいすけ》が自由党をつくった
ウ．伊藤博文《いとうひろぶみ》が初代内閣総理大臣になった
エ．坂本龍馬《さかもとりょうま》の仲立ちで薩長《さっちょう》同盟が結ばれた
オ．徳川慶喜《とくがわよしのぶ》が朝廷に政権を返上した

（６）下線部⑥について、福岡県・佐賀県・長崎県・熊本県・鹿児島県・山口県・岩手県・静岡県の８つの県の中で、県の名前と県庁所在地名が異なる県の県庁所在地名を答えなさい。（解答らんにあてはまる形で答えなさい。）

（７）下線部⑦が世界遺産に選ばれた理由について、この地域では江戸時代にひそかにキリスト教を信仰し続けた人々の伝統と歴史を今に伝える証拠として、教会と集落が残っていることがあげられます。また、天草地方では、江戸時代に百姓《ひゃくしょう》たちによる半年に及ぶ大規模な反乱（一揆《いっき》）がおこっています。この反乱（一揆）よりも後に起こったことを、次のア～オからすべて選び、記号で答えなさい。

ア．本居宣長《もとおりのりなが》が「古事記伝《こじきでん》」を完成した
イ．足利義満《あしかがよしみつ》が北山に金閣を建てた
ウ．オランダの商館が出島に移された
エ．徳川家康《とくがわいえやす》が関ヶ原《せきがはら》の戦いで勝利した
オ．観阿弥《かんあみ》・世阿弥《ぜあみ》が能を大成した

（8） 下線部⑧が世界遺産に選ばれた理由について、百舌鳥・古市古墳群が4世紀後半から5世紀後半の古墳時代の最盛期にかけて築造された王や豪族《ごうぞく》たちの墳墓群であり、当時の繁栄《はんえい》ぶりを伝えていることがあげられます。次のＡ～Ｄの資料のうち、古墳時代に関係が深いものを選んだときの組み合わせとして、もっとも適切なものをあとのア～キから１つ選び、記号で答えなさい。

A

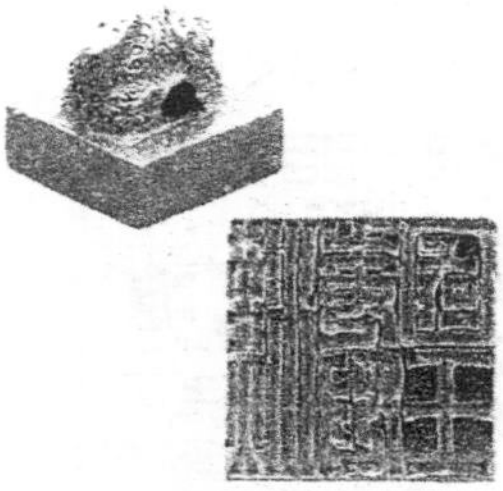

B

C

D

ア．ＡとＣ　　イ．ＡとＤ　　ウ．Ｂのみ　　エ．ＡとＣとＤ
オ．ＢとＣとＤ　　カ．ＢとＣ　　キ．Ｄのみ

（9）下線部⑨について、1590 年に天下統一を果たした人物が、この地に城を築きました。この人物にもっとも関係が深い資料を次のア～エから１つ選び、記号で答えなさい。

ア．	一に曰《いわ》く、和をもって貴《たっと》しとなし、さからう（争う）ことなきを、宗《むね》となせ（人の和を第一にしなければなりません）
イ．	一、広ク会議ヲ興《おこ》シ、万機公論《ばんきこうろん》ニ決スベシ（政治のことは、会議を開き、みんなの意見を聞いて決めよう）
ウ．	一、大名は、毎月４月に参勤交代すること。近ごろは、参勤交代の人数が多すぎるので、少なくすること。
エ．	一、諸国の百姓が、刀・脇差《わきざ》し・弓・やり・鉄砲・その他の武具などを持つことは、かたく禁止する

(10) 下線部⑩について、［資料６］は、京子さんが沖縄県の伝統的なつくりの家と、近年増加しているコンクリートづくりの家について、それぞれの家のつくりの特徴《とくちょう》を整理し、家づくりの工夫についてわかったことを表にまとめたものです。京子さんは、「家の周りに植えられたふくぎ」という特徴が「強い風を防ぐ工夫」だということに気付きました。表のア～キのうち、「暑さを防ぐ工夫」になっている特徴として適切なものを２つ選び、記号で答えなさい。

［資料６］沖縄県の伝統的なつくりの家

近年増加している
コンクリートづくりの家

伝統的なつくりの家の特徴	コンクリートづくりの家の特徴
例　家の周りに植えられたふくぎ	エ．コンクリートづくり
ア．低い屋根	オ．平らな屋根
イ．風通しの良い広い戸口《とぐち》	カ．水をためる給水タンク
ウ．家の周りの石垣	キ．白いかべ

≪わかった工夫≫
・水不足に備えて工夫をしている
・強い風を防ぐ工夫をしている
・暑さを防ぐ工夫をしている

(11) 世界遺産は、ユネスコの「世界の文化遺産及び自然遺産の保護に関する条約」に基づき登録されています。この条約では、文化遺産及び自然遺産をどのようなものとして保護・保全《ほぜん》するとしているか、次の文の（　　）にあてはまる語句として、もっとも適切なものを次のア～エから１つ選び、記号で答えなさい。

文化遺産及び自然遺産を(　　　)共通の宝物とし、次の世代に伝えていくもの

ア．地域住民　　イ．民族　　ウ．国民　　エ．人類

【問題６】小学６年生の京子さんは、京都市内のスーパーにあった［資料１］のポスターが気になり、「食と環境《かんきょう》の問題」に興味をもちました。これについて、あとの問いに答えなさい。

[資料1]

（１）［資料１］のポスターは、「すぐにたべる」商品については、商品だなの手前にある商品など、賞味期限や消費期限のせまった商品を積極的に選ぼうという、農林水産省や環境省、消費者庁などが呼びかけている運動についてのものです。この運動の目的としてもっとも適切なものを次のア～エから１つ選び、記号で答えなさい。

ア．スーパーの設備を新しくする目的
イ．目の不自由な人でも買い物をしやすくする目的
ウ．廃《はい》きする食品を減らす目的
エ．外国からの移住を増やす目的

（２）「食と環境の問題」に興味をもった京子さんがさらに調べていくと、［資料２］のフードマイレージの数値を表したグラフを見つけました。フードマイレージを求める計算式は以下の通りです。これについて、あとの問いに答えなさい。

[資料2]フードマイレージの国別比較《ひかく》(2001年)

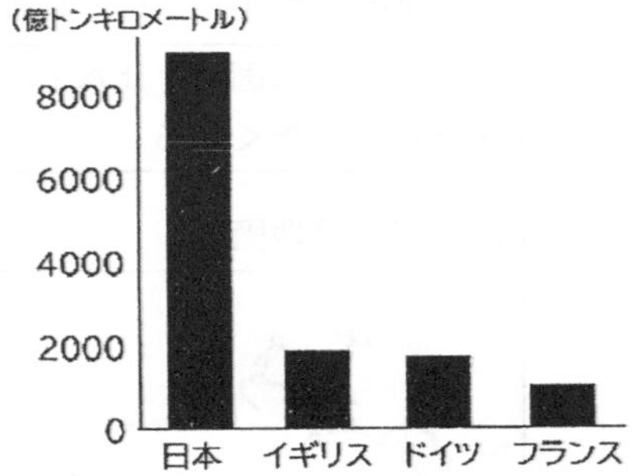

【フードマイレージを求める計算式】
「生産地から消費地まで輸送される食料の重さ（輸送量）×輸送される距離《きょり》」
（単位：トンキロメートル）
※「輸送される距離」は、食料の生産地から消費者に届くまでをいいます。

① フードマイレージの数値が大きいほど、環境への負担《ふたん》が大きいといえます。その要因を説明する次の文の（　）にあてはまる語句を答えなさい。

フードマイレージの数値が大きいということは、輸送のための(　　)が多く必要であり、また、その分二酸化炭素の排出《はいしゅつ》量も多くなるため。

② 京子さんは、日本のフードマイレージの数値が大きくなっている理由を説明するために、［資料３］の日本と諸外国の食料自給率（カロリーベース、%）を準備しました。グラフの１～４には、それぞれ日本、イギリス、ドイツ、フランスのいずれかの国があてはまります。日本の数値を表しているものを１～４から１つ選び、数字で答えなさい。

[資料3]日本と諸外国の食料自給率（カロリーベース、%、2018年(日本は2020年)）

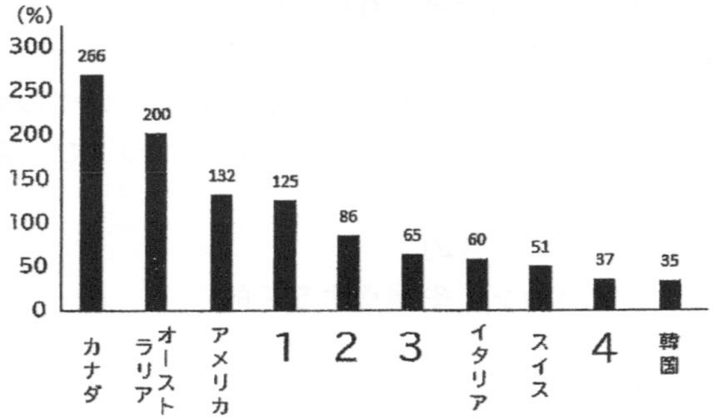

※カロリーベースの食料自給率とは、基《き》礎《そ》的な栄養価であるエネルギー（カロリー）に着目して、国民に供給される熱量（総供給熱量）に対する国内生産の割合を示す指標のことをいう。

③ さらに京子さんは、［資料４］～［資料６］を集めました。この［資料４］～［資料６］をもとに日本のフードマイレージの数値が大きくなっている理由を説明するとき、次の文の【　　】にあてはまる内容を 10 字以上 20 字以内で答えなさい。

ヨーロッパの国々と比べて、日本は【　　　　】ために、日本のフードマイレージの数値が大きくなる。

[資料4]世界地図

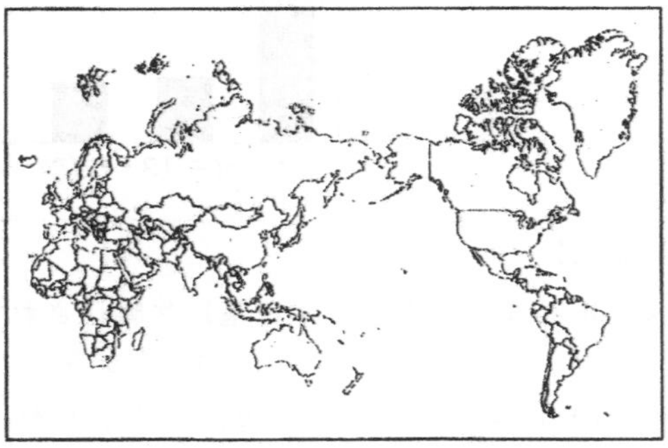

[資料5]日本の農産物全体の輸入相手国（2020 年）

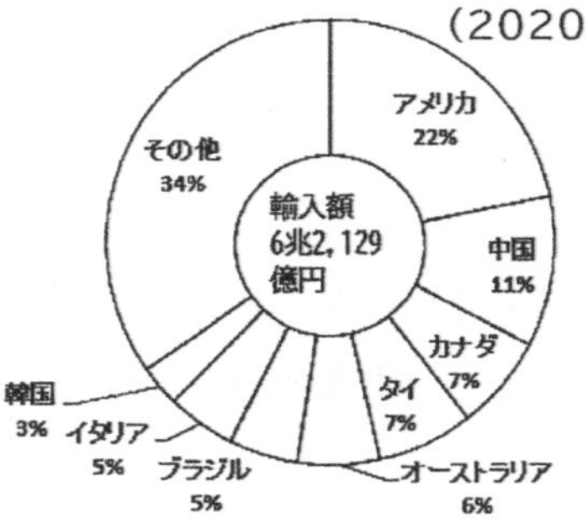

[資料6]イギリス・ドイツ・フランスの農林水産物・食品輸入相手国（2013 年）

	イギリス	ドイツ	フランス
1位	オランダ	オランダ	オランダ
2位	フランス	フランス	ベルギー
3位	アイルランド	イタリア	スペイン
4位	ドイツ	ベルギー	ドイツ
5位	スペイン	スペイン	イタリア

（３）京子さんは、ここまで「食と環境の問題」について調べる中で、地元でとれた農産物を地元で消費するという地産地消をすすめるべきだと考えました。地産地消が環境への負担が少ないと考えられる理由の１つに、輸送にかかる二酸化炭素の排出量をおさえることがあげられるが、この他にはどんな理由が考えられますか。（１）（２）を参考にしながら、根拠《きょ》とともに「輸送距離が短いので、」に続く形で、35字以上45字以内で説明しなさい。

（４）京子さんは、「食と環境の問題」についてわかったことを学校で先生に話しました。すると先生は、新たに［資料７］を示し、日本の食生活の現状も環境に負担をかけていることを説明しました。これについて、あとの問いに答えなさい。

［資料7］大阪市中央卸売《おろしうり》市場に入荷するかぼちゃの月別の国内産と海外産の割合(2020年)

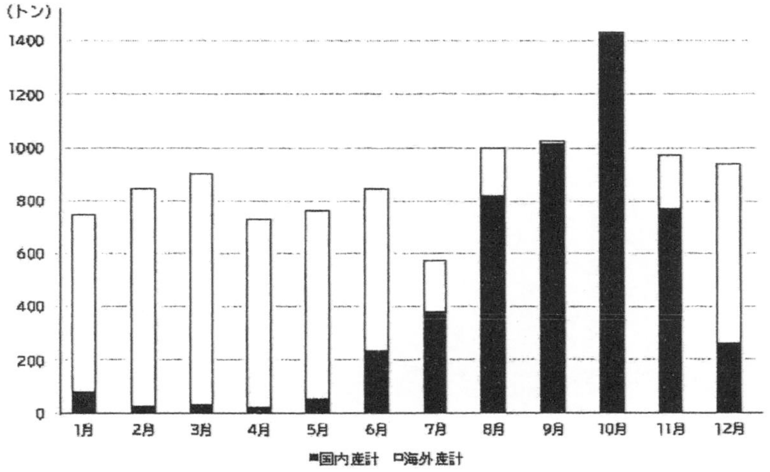

①［資料７］の読み取りとして、もっとも適切なものを次のア～エから１つ選び、記号で答えなさい。

ア．１月は日本ではかぼちゃの栽培《さいばい》に適さないので、国内では全く生産されず、すべて輸入に頼《たよ》っている

イ．１月は日本ではかぼちゃの栽培に適さないので、国内での生産は、おもにビニールハウスなどの施設を利用して生産している

ウ．８月は日本ではかぼちゃの栽培に適しているが、国内では全く生産されず、すべて輸入に頼っている

エ．８月は日本ではかぼちゃの栽培に適しており、国内での生産は、おもにビニールハウスなどの施設を利用して生産されている

②［資料７］を参考に、環境に負担がかかっている日本の食生活の現状について説明した次の文の【　】にあてはまる内容を、「日本で栽培に適している時期」に続く形で、10字以上20字以内で答えなさい。

日本では、かぼちゃだけでなく多くの野菜を、【　　　　　】ために、輸入やビニールハウスを使用した栽培に頼っており、環境に負担がかかっている。

（５）京子さんは、自分の身近にある「食」から環境を考えることで、さらに自分たちにもできることがあると気付きました。国際連合ではこのような環境問題について世界中の様々な立場の人が話し合い、課題を整理し、解決方法を考えています。2030年までに達成すべき具体的目標の名称《めいしょう》を何というか。下の（　　　）にあてはまる語句を答えなさい。

(　　　)な開発目標(ＳＤＧｓ《エスディージーズ》)

令和５年度

適性をみる検査Ⅱ

注　意

1　指示があるまで、この用紙を開いてはいけません。
2　問題は**【問題１】～【問題５】**で、**１０ページ**にわたって印刷してあります。
　検査が始まって、文字などの印刷がはっきりしないところや、ページが足りないところがあれば、静かに手をあげなさい。
3　検査時間は**５０分間**です。
4　声に出して読んではいけません。
5　名前を書くところはありません。
　受付番号を、受検票を見ながらまちがわないように、はっきりと書きなさい。
　受付番号を書くところは、**解答用紙の１か所**です。
6　答えはすべて解答用紙に書きなさい。
7　**記号や番号を選ぶ問題**は、解答用紙の**記号や番号を○で囲みなさい。**
8　答えを直すときには、用紙が破れないようにていねいに消してから、新しい答えを書きなさい。
9　問題用紙の余白は、メモなどに使ってもよろしい。

京都市立西京高等学校附属中学校

適性をみる検査Ⅱ

【問題１】キャシーさんの通う中学校の１年生 35 人に対して、次の２つの項《こう》目について、アンケートをとりました。

項目１＞	昨晩の就寝《しん》時刻は何時何分ですか。　午後（　　）時（　　）分
項目２＞	勉強をする時間帯について、次の①～③から当てはまるものを選んでください。 ①　決めた時間帯に勉強している ②　時間帯を決めているが守れていない ③　時間帯は決めていない

アンケート結果は次の【表１】【表２】のとおりです。

【表１】

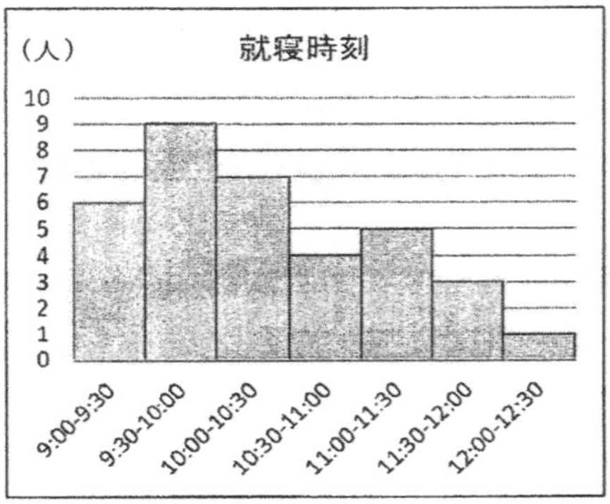

【表２】

就寝時刻	①	②	③
9 時以降 9 時 30 分未満	5	1	0
9 時 30 分以降 10 時未満	6	3	0
10 時以降 10 時 30 分未満	2	5	0
10 時 30 分以降 11 時未満	3	1	0
11 時以降 11 時 30 分未満	1	2	2
11 時 30 分以降 12 時未満	2	0	1
12 時以降 12 時 30 分未満	0	1	0

このとき、以下の問いに答えなさい。

（１）【表１】について、中央値を含む階級を次の（ア）～（エ）からひとつ選び、記号で答えなさい。

（ア）９時 30 分以降 10 時未満　　（イ）10 時以降 10 時 30 分未満

（ウ）10 時 30 分以降 11 時未満　　（エ）11 時以降 11 時 30 分未満

（２）【表１】について、階級の区切りを 15 分ごとに変えたヒストグラム（柱状グラフ）として、考えられるものを次の（ア）～（エ）からひとつ選び、記号で答えなさい。

（ア）

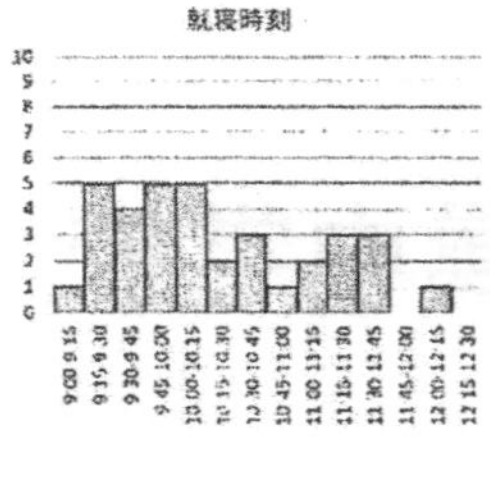

（イ）

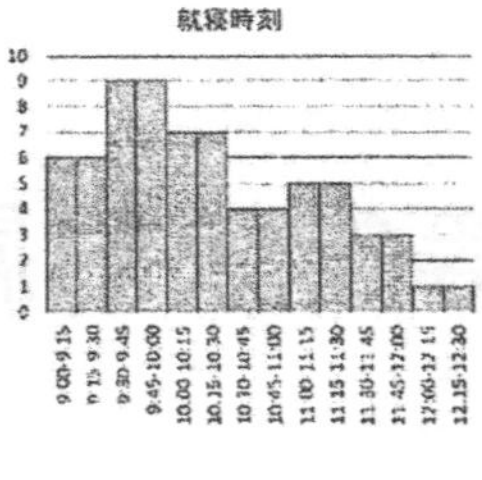

（ウ）

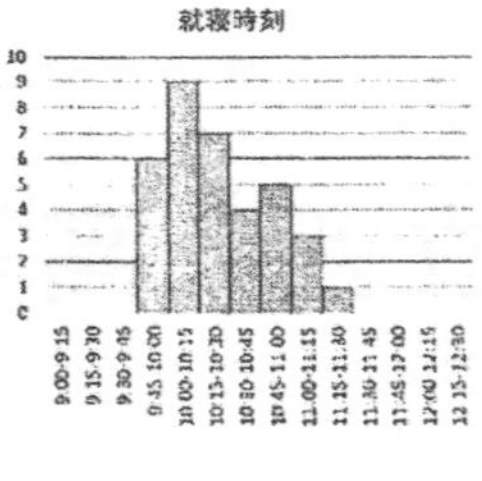

（エ）

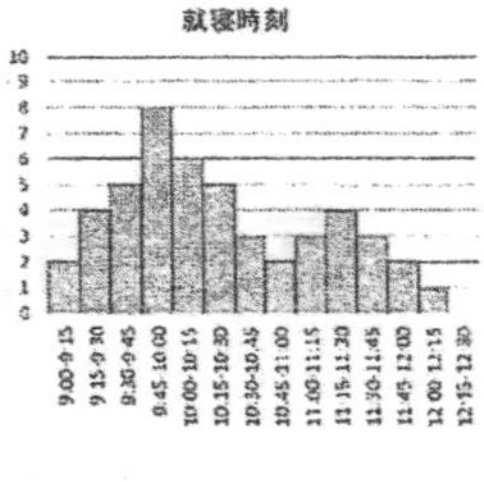

（３）キャシーさんは、アンケートに「項目１＞９時 46 分　項目２＞②」と答えました。

【表１】または【表２】からわかることとして、正しい文を次の（ア）～（オ）からすべて選び、記号で答えなさい。

（ア）キャシーさんと同じ階級の人で、項目２を②と答えた人はキャシーさんを含《ふく》めて３人である

（イ）キャシーさんより早く就寝した人は、１人だけである

（ウ）項目２で③と答えた人のうち、11 時より早い就寝時刻の人はいない

（エ）就寝時刻がもっとも早い人ともっとも遅い人の差は、４時間以上である

（オ）項目２で①と答えた人は、クラスの半数以上いる

（４）35 人の就寝時刻の平均値は 10 時 18 分でした。後から京子さんが１人追加でアンケートを取ったところ、36 人の就寝時刻の平均値が 10 時 21 分になりました。京子さんの就寝時刻は何時何分か求めなさい。

（５）項目２で「②時間帯を決めているが守れていない」を選んだ人は、13 人です。この人たちに改めて、守れていない理由をインタビューし、次のグラフにまとめました。

【グラフ１】

決めた時間内に勉強が終わらない

当てはまる　５人

当てはまらない　８人

【グラフ1】決めた時間内に勉強が終わらない

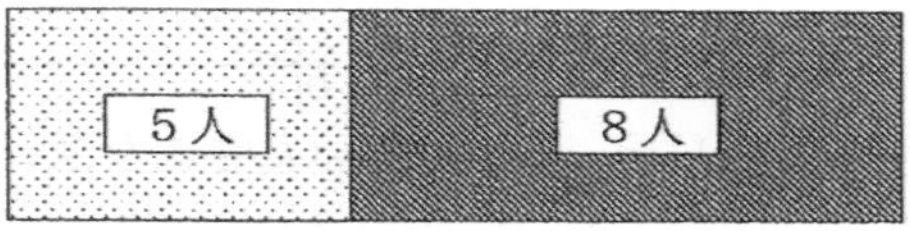

【グラフ２】

勉強していると眠くなって寝《ね》てしまう

当てはまる　10 人

当てはまらない　３人

【グラフ2】勉強していると眠くなって寝てしまう

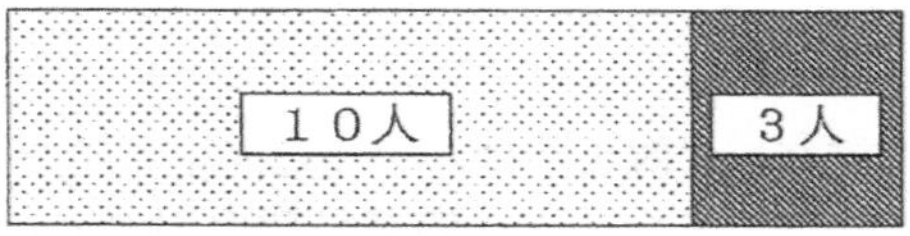

これらの結果を踏《ふ》まえて、キャシーさんはクラスで、「勉強する時間帯を決め、その時間帯に勉強ができるようになるにはどうすればよいか」話し合いました。あなたなら、より効果的な方法として、どのような方法を提案しますか。根拠《きょ》となるグラフをひとつ選び、提案の理由と方法を答えなさい。

あなたの提案 グラフ（　　）をみると、（　　　　理由　　　　）だから、 （　　　　方法　　　　）すればよい。

【問題２】下の【図】のように、東西の道と南北の道の組み合わせにより、駅と学校の間に道が２通りあります。それぞれルート①、ルート②と呼び、ルート②の途中に郵便局があります。太郎さんは、南北の道を分速 120ｍで、東西の道を分速 80ｍで進みます。花子さんは、南北、東西の道にかかわらず、一定の速さで進みます。

下の【グラフ】は太郎さんがルート②を駅から学校まで進むとき、かかった時間と進んだ距《きょ》離の関係をグラフに表したものです。

【図】

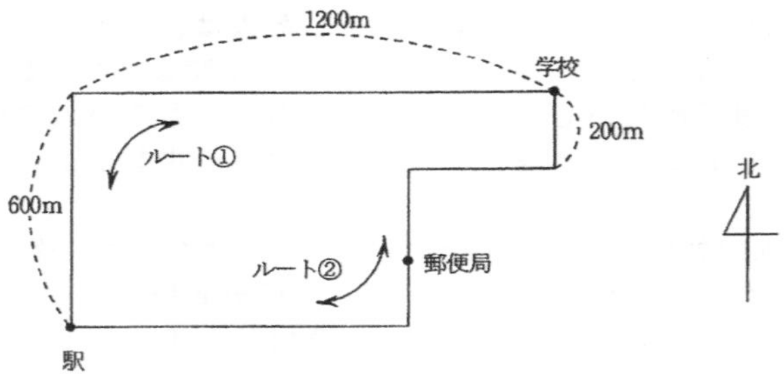

【グラフ】

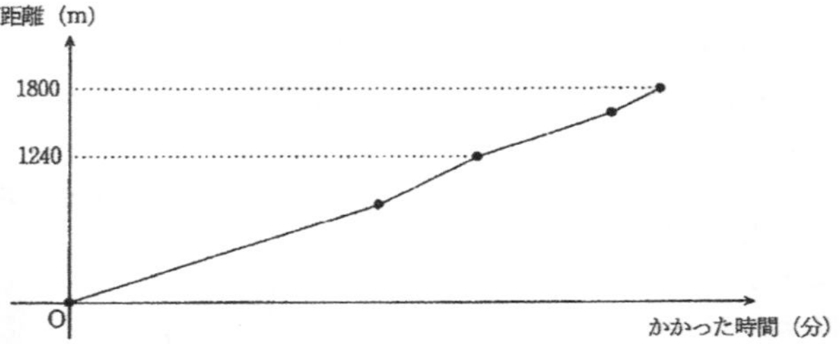

このとき、以下の問いに答えなさい。

（１）太郎さんは、ルート②で駅から学校まで進みます。花子さんは、分速 100ｍでルート①を駅から学校まで進みます。２人が同時に駅を出発するとき、どちらが、何分早く学校に着くか求めなさい。

（２）太郎さんはルート②で、花子さんはルート①でそれぞれ駅から学校まで進みます。２人は同時に駅を出発し、同時に学校に着きました。
このとき、花子さんの速さを求めなさい。

（３）太郎さんは、ルート②で駅から学校まで進みます。花子さんは、分速 100ｍで進みます。２人は同時にそれぞれの場所を出発します。花子さんは、はじめ学校から駅までルート①を進みましたが、途中工事があり通り抜《ぬ》けられませんでした。そのため、速さを変えることなく工事現場から学校へルート①を引き返し、ルート②で駅まで進みました。すると、太郎さんと花子さんは、太郎さんが駅を出発してから 19 分後に出会いました。
このとき、学校から工事現場までの距離を求めなさい。

（4）ある日、太郎さんは、駅から学校までの新しいルートを見つけました。それは駅から北に 100m進んでから東に 200m進み、また北に 100m進んでから東に 200m進むという進み方を繰《く》り返して進む道でした。このルートをルート③と呼びます。

このとき、次の問い（ａ）（ｂ）に答えなさい。

（ａ）太郎さんがルート①、②、③でそれぞれ駅から学校に行くのにかかる時間について、正しい文を次の（ア）～（エ）からひとつ選び、記号で答えなさい。

（ア）ルート①で進む方が１番早く学校に着くことができる

（イ）ルート②で進む方が１番早く学校に着くことができる

（ウ）ルート③で進む方が１番早く学校に着くことができる

（エ）ルート①～③のどのルートで進んだとしても、学校に着くまでの時間は同じである

（ｂ）太郎さんはルート③で駅から学校まで進みます。ジョンさんは、南北の道を分速 80m、東西の道を分速 120mで、学校から駅までルート③を進みます。太郎さんとジョンさんが同時に、それぞれ駅、学校を出発したとき、２人が出会うのは、太郎さんが駅を出発してから何分何秒後になるか求めなさい。

【問題３】太郎さんと花子さんは、絵をかいています。【図１】のような１辺の長さが２cmの正方形ＡＢＣＤの板を準備します。その板にインクを塗《ぬ》って、移動させることで、絵をかきます。

【図１】
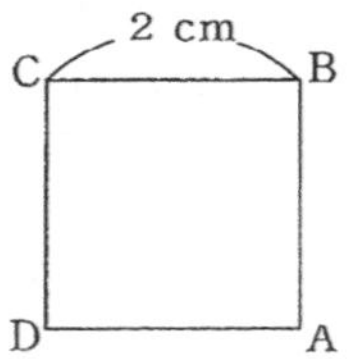

例えば、【図２】のように、正方形ＡＢＣＤの板を直線ℓにそって、矢印の方向に辺ＡＢが直線mと重なるところまですべらせたとき、インクがついた部分（【図２】の斜《しゃ》線部分）の面積は10cm^{2}になります。

【図２】
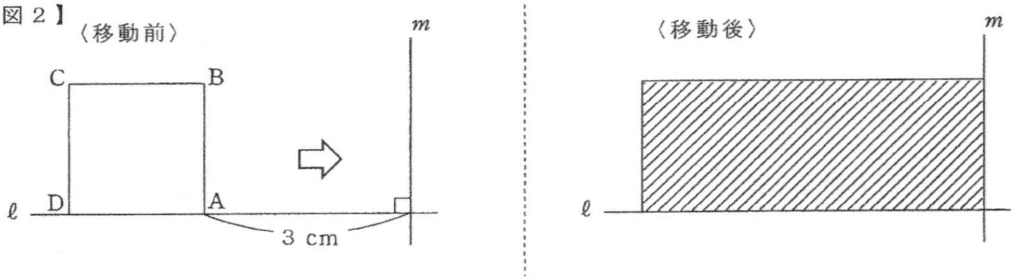

このとき、以下の問いに答えなさい。

（１）太郎さんは、【図３】で、正方形ＡＢＣＤの板を直線ℓにそって、矢印の方向に辺ＡＢが直線mと重なるところまですべらせます。このとき、インクがついた部分の面積を求めなさい。

【図３】
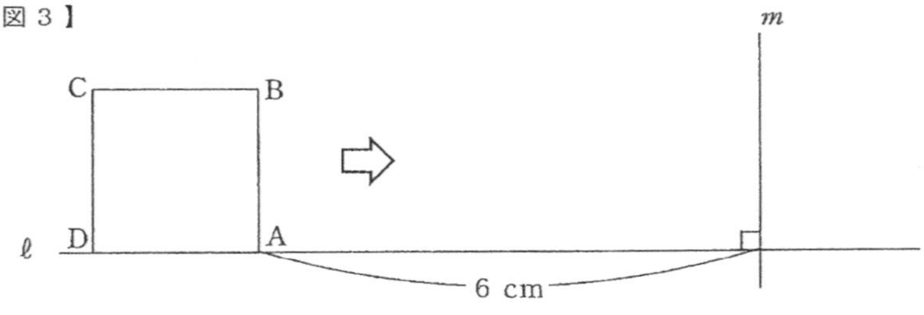

（２）花子さんは【図４】で、正方形ＡＢＣＤの板を直線nにそって、矢印の方向に辺ＡＤが直線ℓと常に平行となるように保ちながら、辺ＡＢが直線mと重なるところまですべらせます。このとき、インクがついた部分の面積を求めなさい。

【図４】
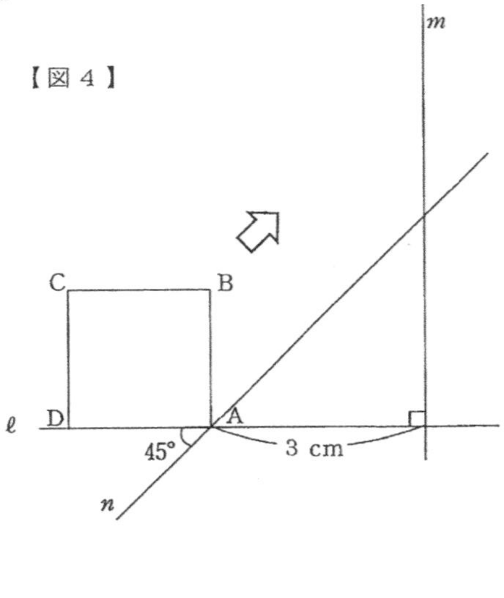

問い１　空らん［Ａ］、［Ｂ］、［Ｃ］、［Ｄ］、［Ｅ］に入る言葉として、もっとも適切なものを次のア〜カからそれぞれ一つ選び、**記号で**答えなさい。ただし、**同じ記号は一度しか使えません。**

ア　需要《じゅよう》
イ　報復
ウ　生息
エ　推定
オ　共存
カ　虐殺

問い２　空らん〈〈　Ⅰ　〉〉、〈〈　Ⅱ　〉〉、〈〈　Ⅲ　〉〉に入る言葉の組み合わせとして、もっとも適切なものを次のア〜カから一つ選び、**記号で**答えなさい。

ア　Ⅰ：さらに　Ⅱ：しかし　Ⅲ：たとえば
イ　Ⅰ：さらに　Ⅱ：だが　Ⅲ：つまり
ウ　Ⅰ：しかし　Ⅱ：そこで　Ⅲ：たとえば
エ　Ⅰ：そして　Ⅱ：しかし　Ⅲ：だから
オ　Ⅰ：そこで　Ⅱ：ところが　Ⅲ：しかし
カ　Ⅰ：たとえば　Ⅱ：そこで　Ⅲ：しかし

問い３　空らん［Ｘ］に入る言葉として、もっとも適切なものを次のア〜エから一つ選び、**記号で**答えなさい。

ア　あたかも
イ　もはや
ウ　むしろ
エ　やはり

問い４　問題文の四角で囲まれた【「絶滅のおそ〜もいわれる。】の部分は、内容から一つのまとまりといえます。この部分の見出しとして、もっとも適切なものを次のア〜エから一つ選び、**記号で**答えなさい。

ア　ゾウが七〇年間で激減した理由と根拠《こんきょ》
イ　具体的な＊狩猟《しゅりょう》方法と狩猟者の存在意義
ウ　価格＊高騰《こうとう》で止まらない密猟と密貿易
エ　保護地域に逃げ込み過密化したゾウの現状

【語注】
狩猟　鉄砲《ぽう》、網《あみ》などを使って、野生の鳥獣《ちょうじゅう》を捕《と》らえること
高騰　物の値段が上がること

問い５　――①最近ヤミ取引されているのは、平均五キロぐらいのものが多い　とありますが、この理由を問題文ではなぜだと説明していますか。**五十字以内で**答えなさい。

問い6　――②一九七〇年代以前には、ゾウにおそわれた例は皆無だという　とありますが、もともとゾウはどのような動物とされていましたか。「動物。」につながるように、問題文から**二十八字でぬき出し**、答えなさい。

問い7　――③仮説は、説得力がある　とありますが、筆者がこの仮説に説得力があるとしたのは、ゾウがどのような動物だと考えたからですか。「動物だから。」につながるように、**四十字以内で**答えなさい。

問い8　――④そう仕向けた人間は、もっとも凶暴な動物なのだろう　とありますが、なぜ人間は、もっとも凶暴な動物だと筆者は考えているのですか。**六十字以内で**答えなさい。

問い9　問題文には次の一文がぬけています。入る適切な場所を探し、**直後の五字を**答えなさい。

ゾウが怖《こわ》がる数少ない動物がアフリカミツバチだ。

問い10　（1）（2）の問いに答えなさい。

（1）問題文を読み終えて、都さんと京さんが話しています。会話文中の空らん［　ア　］、［　イ　］に適する言葉を、［　ア　］は問題文から**三字でぬき出し、**［　イ　］は**十字以上十五字以内で考え、**それぞれ答えなさい。

都さん　この文章を読んで、初めて知ったことがいろいろあったよ。

京さん　私も。ゾウの見方がまるで日本とは違ったね。アフリカの農村ではゾウは嫌われ者だと書かれていたね。

都さん　アフリカでは人口が急激に増えて、ゾウの生活圏が急激に縮んでいるようだね。

京さん　だから、ゾウと［　ア　］との衝突が絶えないみたいだね。

都さん　ゾウと人間が共存できる世界になればいいのにね。

京さん　そうだね。辞書に、「共存」とは、自分も他人もともに生存すること、と書いてあったよ。

都さん　日本においても、人間の生活圏でクマが出没《しゅつぼつ》した跡《あと》が見つかり、子どもたちが、屋外で遊ぶことが制限されたという記事があったよ。

京さん　動物との共存の問題は、遠い国の話ではないのかもしれないね。

都さん　「共存」に似た言葉で「共生」という言葉もあるよね。辞書に、「共生」とは、ともに所を同じくして生活すること、と書いてあったよ。

京さん　そうなんだね。この文章の中で「共生」という言葉が使われていないのは、「共生」の意味をふまえて考えると、ゾウと人間が［　　　イ　　　］と筆者は考えたから、と言えるかもしれないね。

都さん　自分も他人もともに生存すること、という本当の意味での共存を目指して私にもできることはないか、考えてみるよ。

（２）二重傍《ぼう》線部ゾウと人間の共存のために、さまざまな対策が研究されているについて、次の条件に従って、作文しなさい。

条件１　**二段落**で構成し、**百五十字以上、二百字以内**で書くこと。

条件２　第一段落には、研究されている内容について課題だと考えたことを書くこと。

条件３　第二段落には、第一段落で書いた課題の解決にむけて、どのようなことが必要かを考えて書くこと。

令和四年度

適性をみる検査Ⅰ

注意

1 指示があるまで、この用紙を開いてはいけません。
2 問題は、**九ページ**にわたって印刷してあります。検査が始まって、文字などの印刷がはっきりしないところや、ページが足りないところがあれば、静かに手をあげなさい。
3 検査時間は**五十分間**です。
4 声に出して読んではいけません。
5 *のついている語句には語注があります。
6 名前を書くところはありません。
受付番号を、受検票を見ながらまちがわないように、はっきりと書きなさい。
受付番号を書くところは、**解答用紙の一か所**です。
7 答えはすべて解答用紙に書きなさい。
字数に制限がある場合は、記号や句読点もふくみます。
（例）私は、「はい！」と答えた。（13字）
8 答えを直すときには、用紙が破れないようにていねいに消してから、新しい答えを書きなさい。
9 問題用紙の余白は、メモなどに使ってもよろしい。

京都市立西京高等学校附属中学校

次の文章を読んで、あとの問いに答えなさい。[1]～[15]は形式段落の番号を表すものとします。また、＊がある語句は、あとに【語注】があります。

[1] 何かをするには時間が①かかる。何をするにも時間がかかる。「時間がかかる《テイクタイム》」ということ、それは我々の社会では、すでにひとつの障害である。困ったことであり、やっかい事なのだ。なんとか解決し、＊克服《こくふく》すべき問題だ、と考えられている。テイク・タイムはこの場合、「時間が要《い》る」というニーズや＊稀少性《きしょうせい》としての時間を語っている。画家ジョージア・オキーフの美しく悲しいことばを思い出す。

「誰も花を見ようとしない。花は小さいし、見るっていうことには時間がかかるから。そう、友だちをつくるのに時間がかかるように。」

[2] それにしても「時間がかかる」ことはいつから問題となったのだろう。文明＊批評家で環境運動家のヴォルフガング・ザックスによれば、「時間と空間は克服されるべき障害」とするところにこそ近代という時代の特質がある。そこでは、「離《はな》れているものはすべて離れ過ぎているのである。ふたつの場所があって、その間に距離《きょり》があること自体がやっかい事。時の経過を伴《ともな》うものはそれだけですでに遅《おそ》すぎる。何かをするのに時間がかかること自体が無駄《だ》であり損である、とされる。」

[3] そういう時代の中で人々は常に時間的・空間的な制約に対して闘《たたか》い続けることを強《し》いられる。障害を乗り越《こ》えよ。距離を縮めよ。無駄を省け。ザックスが言うように、②「加速」こそが時代の命令だ。速さは何のため？　多分それは英語のタイム・セーヴィング、つまり時間を省くことで、その省いた分の時間をもっと有意義なことのためにとっておくため。しかし、だ。ハイテクが省いてくれたはずの時間は一体どこへ消えてしまったのか。

—中略—

[4] 自動車、新幹線、飛行機、携帯《けいたい》電話、コンピューター。リモコンひとつで操作できるエアコン、風呂、家に居ながらにして楽しめる一連のエンターテインメント機器、坐《すわ》ったまま世界中の情報を受け取ることができ、多くの中間業者やサービスを省いてくれるインターネット・システム。これらが出そろった今、にもかかわらず我々が相変わらず多忙《たぼう》で、過労だとしたらそれはどうしてか。いや、③以前にもまして＊ストレスやプレッシャーを感じて辛《つら》いと感じているならば、それは一体なぜなのか。

[5] これらのテクノロジーは我々をより楽にしてくれるはずのものだった。（少なくともぼくたちはそう教えられ、そう信じてきた。）つまり骨折りや労苦の時間を省いてくれる、つまり時間を「浮《う》かしてくれる」はずのものだった。だが「浮いている」時間はぼくたちの周りには見当たらない。どこがおかしいのだろう。

[6] 二〇世紀を代表する技術、自動車。ザックスはそれについて『自動車への愛』という文明批評の書を書いている。Aさんが車を買う。これまでの通勤、子どもの送り迎《むか》え、買い物の際の不便がこれで解消する。[X]、これらの用事がもっと速く、簡単に（より短い時間と少ない労力で）できる、とAさんは考えたはずだ。しかし、彼はそこでホッとして、車のおかげで浮いた時間は＊余暇《よか》としてのんびり楽しむかといえば、それはおそらく違う。せっかく車という便利なものがあるの

だからと、せっせといろいろな所に、もっと*頻繁《ひんぱん》に出かけるようになるだろう。車があるのだから、今まで行けなかったような不便な場所や遠い所へも出かけていこう、と。

7 「スピードは*魅惑《みわく》的だ。[Y] それは④人に力を授けるものだから」とザックスは言う。*疾走《しっそう》する車を操《そう》縦《じゅう》したり、世界中へと*瞬《しゅん》時《じ》に電子メールを送ったり。そこには時間と空間という制約を克服したという*陶酔《とうすい》があり、そうした力を得たという快楽があるだろう。それはデカルトの言う「大自然の主人にして所有者である人間」の*具現化でもある、とザックス。

8 だから、Aさんが手に入れたはずのスピードという力は、交通のための時間を削減《さくげん》するという方向にではなく、より多くの距離を走破する方向に使われるだろう。時とともに、生活における距離の感覚は一変し、かつて遠かった場所はもう遠くないのだ。[Z] 逆に物理的にはずっと近い場所が、かつてそこまで簡単に歩いていたことが今や信じられない(といって車で行くのも妙だという)ような「遠い」場所だと感じられたりもする。

9 五〇年前には自動車で一年間に二千キロ走っていたドイツ人は現在一年間に平均一万五千キロを走っているという。自動車だけではない。あらゆる新技術で「浮いた時間」はさらなる距離へ、より大きい出力へ、より多くの会合や商談へ、と*転換《てんかん》される。いくら道路をつくっても混雑が解消しないわけだ。

10 ザックスは言う。加速が成長を駆《か》り立て、逆に成長が加速をさらに*促進《そくしん》する。こうしてスピード病が社会に*蔓延《まんえん》する、と。この病は我々現代人の個人的な生活をも容赦《ようしゃ》なく感染させずにはおかないだろう。実際、日本の子どもたちはいつだって大人に「急いで」「早く」「グズグズしないで」とせかされている。最近は大人から子どもまでみんな忙《いそが》しそうだ。忙しくない人のイメージはよくない。忙しくない人はこの社会に必要とされていない人、人気のない人、いてもいなくても同じ人。そんなイメージ。だからだろう。人は忙しくないような自分を恐《おそ》れでもするかのようだ。子どもの頃のぼくには「忙しい」ということばすら、日常生活の*ボキャブラリーの中にはなかったように思うのだが。

11 アメリカ合衆国の例をあげておこう。ある調査によると九〇年代のアメリカ人の就労者は七〇年代に比べて年平均一四二時間余計に働いているという。一方アメリカ人の親が子どもと遊ぶ時間は週平均四〇分にすぎない。十八歳から六四歳の大人で、昔より自由な時間が少なくなったと感じている者は四五パーセントにのぼるという。これが現代科学技術、それも航空産業や自動車産業やコンピューター情報産業で最先端《さいせんたん》をゆく国の人々が成し遂《と》げた「時間的、空間的な制約の克服」の実態だ。

12 「こうしちゃいられない」が我らが時代の合い言葉。これを呟《つぶや》きながら、ぼくたちはいつも自分の日常にまとわりついている無駄を呪《のろ》い、また自分のうちの非効率を責める。「時間がかかる」ことの中でも、直接生産や金に結びついていないように見えるものは「雑事」とか「雑用」とか「野暮《やぼ》用」とかと呼ばれる。家事全般《ぜんぱん》がそうだ。それは「できることなら無しですませたい」やっかい事であり、それに*携《たずさ》わることは一種の無駄だと見なされ、それに携わる者は損でもしたかのように感じながら、「こうしちゃいられない」と呟くだろう。掃除《そうじ》、洗濯《せんたく》どころか今では、家族と過ごすことさえ「雑用」と見られかねない。

13 しかし、⑤人生とはそもそもこうした雑事の集積のことではなかったのか。ザックスが言うように、ぼくたちはこれまであまりにも「動くこと《ムーヴィング》」に関心を寄せすぎていたようだ。「動く者」としての我々はより速く動くことばかり考えていた。モビリティ、すなわち*機動的であることこそが、その人の成功の証であった。より速く到着《とうちゃく》し、より速く去ることに努力を集中しているうちに、我々は「留まること《ステイング》」の価値を忘れがちだったようなのだ。前にあげた「雑事」の数々はどれも「留まること」に関わる、「留まる者」たちならではの技術《アート》だといえるだろう。

14 「共に生きること」もまた「留まる者」たちのアートであり、知恵《ちえ》だ。動けば動くほど「共に生きること」はますます難しくなるもの。「共に生きること」を人生の本質的な価値と考える者は、もう一度、「留まること」を学び直す必要があるだろう。あるいは少なくとももっとゆっくりと「動くこと」を。

15 「留まること」は時間がかかる。「共に生きること」はもっと時間がかかる。⑥ジョージア・オキーフが言うように、小さな花を見るのには時間がかかるのだ。そう、友だちをつくるのに時間がかかるように。

辻《つじ》 信一《しんいち》『スロー・イズ・ビューティフル』ただし、問題作成のため、一部改変した。

【語注】

克服《こくふく》　努力して困難にうちかつこと。
稀少《きしょう》　まれで少ないこと。
批評《ひひょう》　物事の善悪などについて評価し、論じること。
ストレスやプレッシャー　外部から与えられた刺激《しげき》による精神的負担
余暇《よか》　自分の自由に使えるあまった時間。
頻繁《ひんぱん》　ひっきりなしに行われること。
魅惑《みわく》　魅力《みりょく》で人をひきつけまどわすこと。
疾走《しっそう》　非常に速く走ること。
瞬時《しゅんじ》　またたくま。瞬間《しゅんかん》。
陶酔《とうすい》　うっとりするほどにその気持ちにひたること。
具現　具体的に、また実際に表すこと。
転換《てんかん》　方針、方向などが別の方向へ変わること。
促進《そくしん》　物事がはかどるように急がすこと。
蔓延《まんえん》　よくないものの勢いが盛んになって広まること。
ボキャブラリー　ある人が知っている言葉の数。
携《たずさ》わる　あることがらに関係をもつこと。
機動　状況に応じてすばやく行動すること。

問1 次の各文の「かかる」のうち、――①かかると同じ意味で用いられているものを次のア～オから一つ選び、記号で答えなさい。

ア 相手のわなにかかる。
イ 手のかかる仕事を任される。
ウ 芸に磨《みが》きがかかる。
エ 子どもの様子が気にかかる。
オ 要望が児童会の会議にかかる。

問2 次の文は、――②「加速」こそが時代の命令だ を分かりやすく説明したものです。次の文の空らん［A］、［B］に適する言葉を、文章中の語句を用いて、それぞれ七字以上、十五字以内で答えなさい。

> ［A］と考えられている時代だから、［B］が強く求められるということ。

問3 ――③以前にもましてストレスやプレッシャーを感じて辛《つら》いと感じているならば、それは一体なぜなのか とありますが、その理由を明確に述べている段落を二つ選び、形式段落の番号で答えなさい。

問4 ――④人に力を授ける にある「力」とは、どのような「力」を指していますか。具体的に示す表現を文中から探し、「する力」に続くように、十三字でぬき出しなさい。

問5 文中の空らん X ～ Z に入る言葉の組み合わせとして、もっとも適切なものを次のア～オから一つ選び、記号で答えなさい。

ア X しかし Y つまり Z だから
イ X すると Y すなわち Z しかも
ウ X すなわち Y けれども Z そして
エ X つまり Y なぜなら Z しかし
オ X そして Y しかも Z すると

問6 問題文には次の文章がぬけています。正しい位置は問題文中のどの段落と段落の間に入りますか、形式段落の番号で答えなさい。

これは、経済学でいう「生産」の時間と「再生産」の時間が対立し、*劣勢《れっせい》な後者がますます片隅《かたすみ》に追いやられている姿だ。「再生産」のバスケットの中にはいろいろな活動が一緒《いっしょ》くたに投げ込《こ》まれている。遊び、趣味《しゅみ》、子守《こも》り、勉強、看護、雑談、お祈り、成長、老い、友だちづき合い、恋愛《れんあい》、散歩、*瞑想《めいそう》、休息《きゅうそく》。これらは経済的で生産的な時間の中に収まりきらない「雑事」にすぎない。

*劣勢《れっせい》 勢力がおとっていること。　*瞑想《めいそう》 目を閉じてしずかに考えること。

（2）右のマップ【図１】は，手順「左－右－左－右」で，ロボットをＳから進めたとき，Ｇで止まるマップである。同じ手順「左－右－左－右」で，ロボットをＳから進めたとき，Ｇで止まらないマップを次の（ア）～（エ）から選び，記号で答えなさい。ここで，マップ上の分かれ道は「●」で，途切れている場所は「○」で表しています。

【図１】

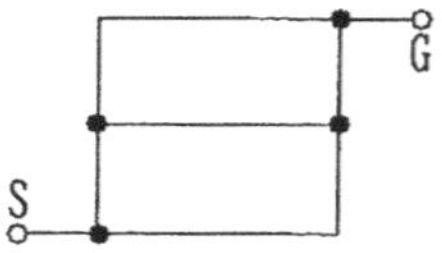

（ア）

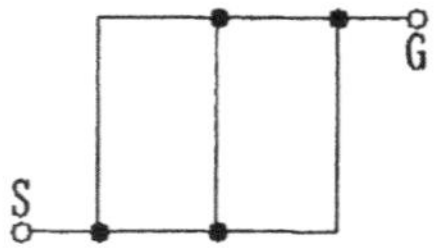

（イ）

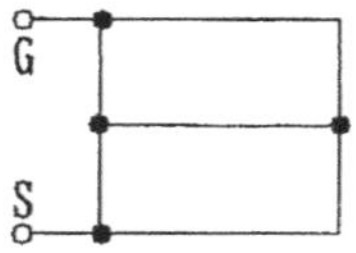

（ウ）

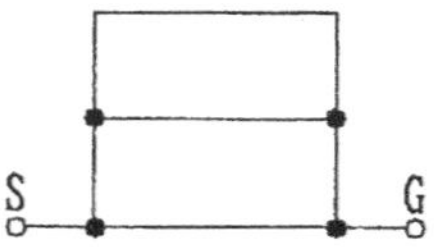

（エ）

下の図のようなマップで，ロボットを進めるとき，（3）～（5）に答えなさい。ここで，マップ上の分かれ道は「●」で，途切れている場所は「○」で表しています。

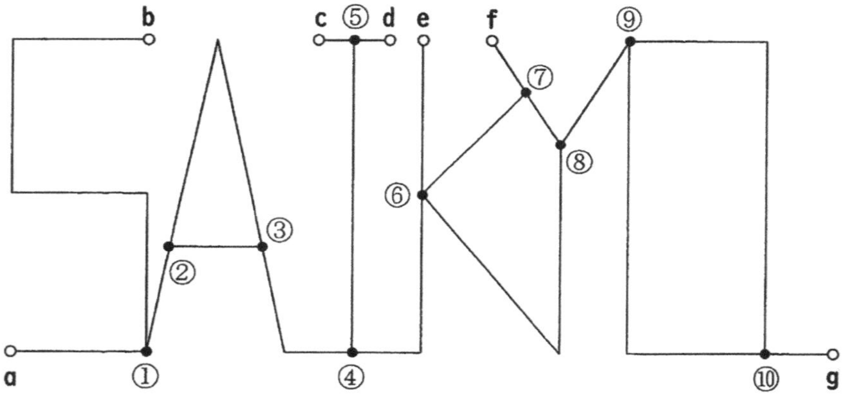

（3）手順「右－左－左－左」で，ロボットを**a**から進めたとき，このロボットが止まる場所を，①～⑩または**a**～**g**から選び，数字または記号で答えなさい。

（4）**g**から進めて，**f**で止まる手順として正しいものを，次の（ア）～（カ）からすべて選び，記号で答えなさい。

（ア）右－右－右－右　　（イ）左－左－左－右
（ウ）右－左－左－右－右　　（エ）左－左－右－右－左
（オ）左－左－左－右－左　　（カ）左－右－右－左－右－右

（5）**a**から進めて**g**で止まる手順は，作ることができません。その理由を答えなさい。

【問題５】 京太さんは，夏休みに作った「線にそって進むロボット」について，友達の都さんと話をしています。

＜京太さんと都さんの会話＞

京太　このロボットは紙の上に書いた線（「マップ」と呼ぶ）にそって進むんだ。

都　すごいね。でも，進む先の線が２本に分かれていたらどうなるの。

京太　最初に，分かれ道にさしかかった場合どちらの道を選ぶかの「手順」を決めておけるんだ。例えば，「右－右－左」と決めておけば，ロボットは最初の分かれ道では右を，２つ目は右を，３つ目は左を選んで進むんだ。

都　ふーん。じゃあ，道が３本に分かれていたらどうなるの？

京太　ロボットが，３本以上に道が分かれている分かれ道に来ると，その分かれ道で止まるんだ。ほかにも，線が途切《とぎ》れている場所に来ると，そこで止まるよ。

都　賢《かしこ》いロボットね。でも，例えば，最初に「手順」を「右－右－左」と決めてロボットを進めたとして，４つ目の分かれ道に来たらどうなるの。

京太　よく気が付くね。そのときも，その分かれ道で止まるよ。

都　分かったわ。じゃあ，実際にマップを書いてやってみましょうよ。

会話文を読んで，以下の問いに答えなさい。

（１）線にそって進むロボットについて，次の（ア）～（オ）から，正しい文をすべて選び，記号で答えなさい。

（ア）道が２本に分かれている分かれ道では，必ず右または左に進む

（イ）手順「右－左」のときは，１つ目の分かれ道が２本に分かれている場合，ロボットは右の道を進む

（ウ）手順「右－左」のときは，１つ目の分かれ道が３本に分かれている場合，ロボットは右の道を進む

（エ）手順「右－左」のときは，ロボットは３つ目の分かれ道まで進むことはない

（オ）ロボットが進んでいる線が途切れた場合，ロボットはその途切れた場所で止まる

（4）次の［A］に当てはまる内容を，次の（ア）～（ウ）から選び，記号で答えなさい。
また，［B］に当てはまる理由を答えなさい。

さいころの６つの面の目の合計は ［A］。 なぜなら，［B］。

（ア）そのさいころの透明の立方体と黒い立方体の個数に関係なく，必ず偶数《ぐうすう》になる
（イ）そのさいころの透明の立方体と黒い立方体の個数に関係なく，必ず奇数《きすう》になる
（ウ）そのさいころの透明の立方体と黒い立方体の個数によって，偶数になるときもあれば奇数になるときもある

（5）あるさいころについて，前から見た図と右から見た図が，それぞれ次の【図A】と【図B】です。このとき，さいころを上から見た図として適切なものを次の（ア）～（エ）から選び，記号で答えなさい。

前から見た図【図A】

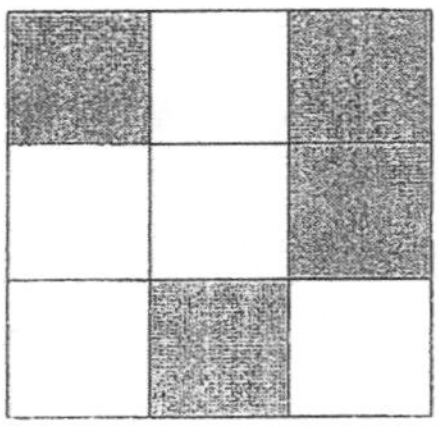

右から見た図【図B】

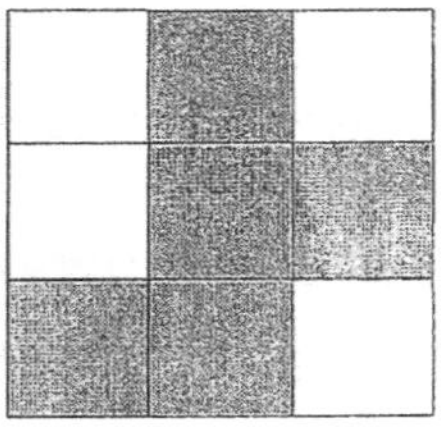

（ア）

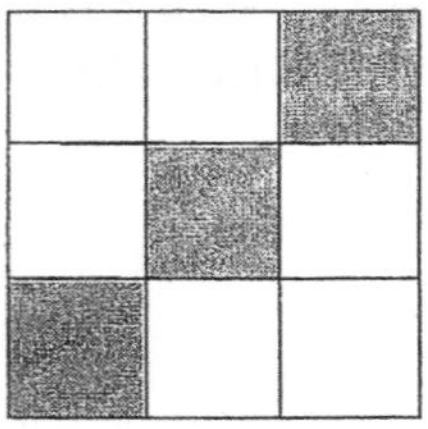

（イ）

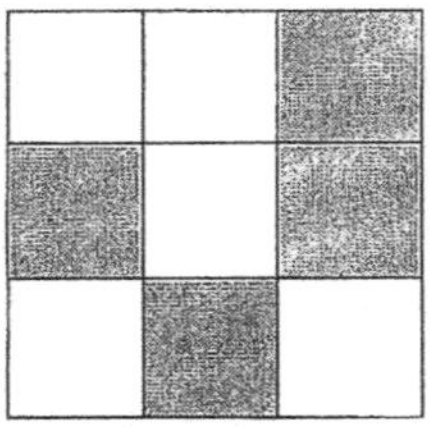

（ウ）

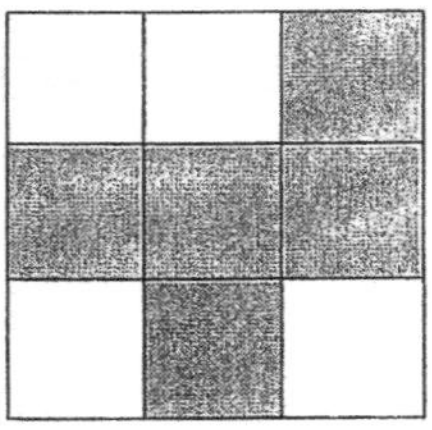

（エ）

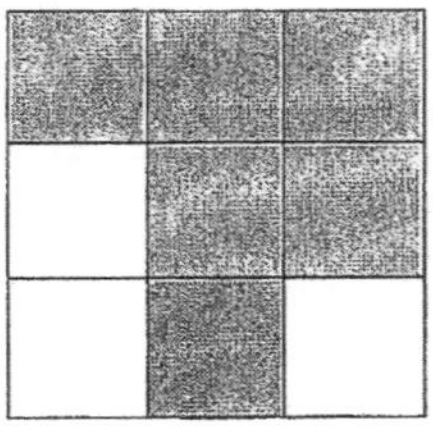

【問題４】一辺の長さが１㎝である透明《とうめい》の立方体と黒い立方体をそれぞれたくさん用意します。これらを合計27個組み合わせて，一辺の長さが３㎝の立方体のさいころを作ります。このさいころの各面（上，下，右，左，前，後ろ）の目は，それぞれ上，下，右，左，前，後ろから見たときの黒の面積とします。
例えば，【図１】のように，透明の立方体を23個，黒い立方体を４個組み合わせたさいころを作ります。このさいころの前の面の目は，４であり，上の面の目は，２です。

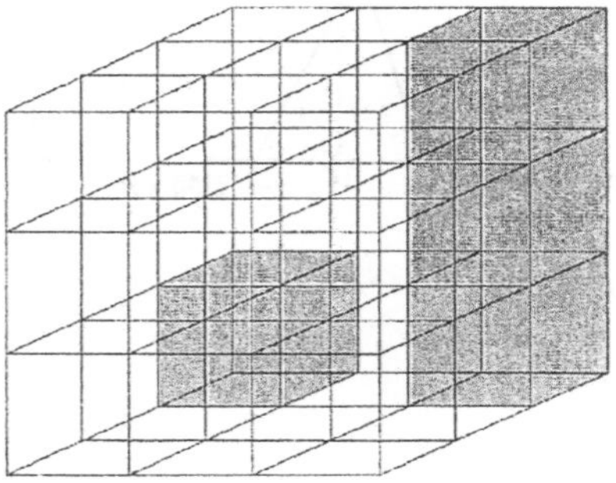

【図１】

このとき，以下の問いに答えなさい。

（１）透明の立方体を21個，黒い立方体を６個組み合わせて作ったさいころを転がしたところ，次の【図２】のようになりました。このとき，さいころの上の面の目を答えなさい。

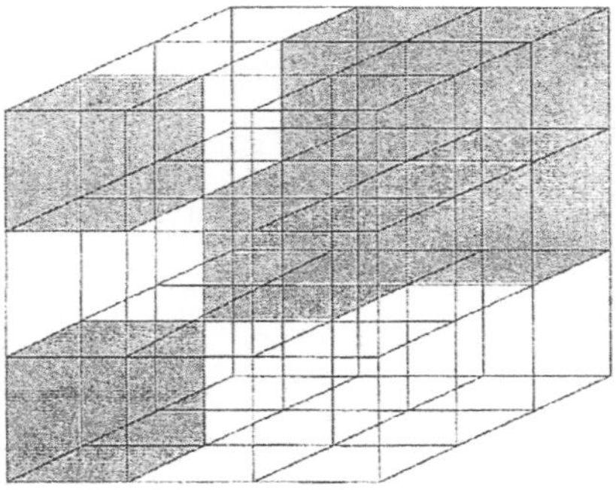

【図２】

（２）あるさいころを２回転がすと，上の面の目は３と８でした。同じさいころをもう一度転がしたとき，上の面の目として考えられる目をすべて答えなさい。

（３）６つの面のどの目も５であるさいころを作るには，黒い立方体は何個必要ですか。最小の個数と最大の個数を答えなさい。

（4）京子さんがお姉さんと一緒に家を出てから学校に着くまでについて，京子さんとお姉さんの間の距離を表すグラフとして適切なものを，次の（ア）～（ウ）から選び記号で答えなさい。

（ア）

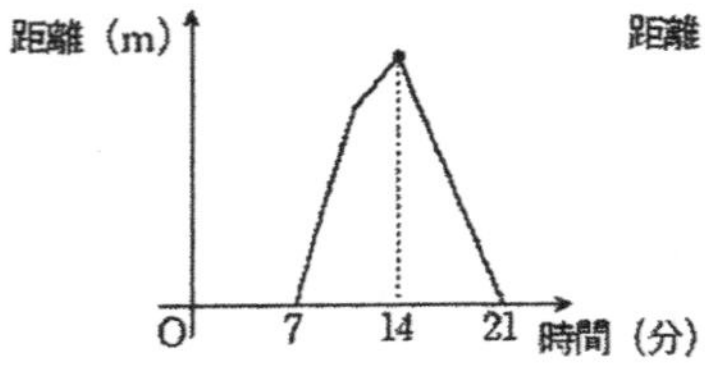

（イ）

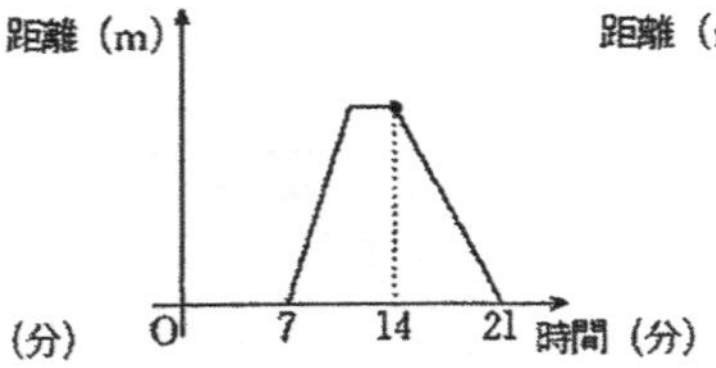

（ウ）

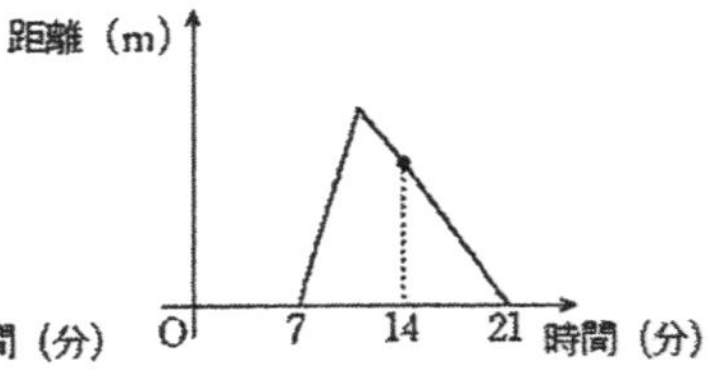

（5）京子さんのお兄さんは，京子さんとお姉さんが家を出ると同時に学校を出て，一本道を一定の速さで歩いて家に向かいました。お兄さんは学校と家のちょうど真ん中の地点でお姉さんとすれちがいました。お兄さんが京子さんとすれちがうのは，お兄さんが学校を出てから何分何秒後か，求めなさい。

令和４年度

適性をみる検査Ⅲ

注　意

1　指示があるまで，この用紙を開いてはいけません。
2　問題は**【問題１】～【問題５】**で，**１３ページ**にわたって印刷してあります。
　検査が始まって，文字などの印刷がはっきりしないところや，ページが足りないところがあれば，静かに手をあげなさい。
3　検査時間は**５０分間**です。
4　声に出して読んではいけません。
5　名前を書くところはありません。
　受付番号を，受検票を見ながらまちがわないように，はっきりと書きなさい。
　受付番号を書くところは，**解答用紙の２か所**です。
6　答えはすべて解答用紙に書きなさい。
7　答えを直すときには，用紙が破れないようにていねいに消してから，新しい答えを書きなさい。
8　問題用紙の余白は，メモなどに使ってもよろしい。

京都市立西京高等学校附属中学校

問題は，次のページから始まります。

【問題１】次の図表は電気器具を記号で表したものです。下の確認事項《じこう》を参考にあとの問いに答えなさい。

図表　電気器具を記号で表したもの

乾《かん》電池	豆電球	モーター	発光ダイオード	スイッチ	つないだ導線
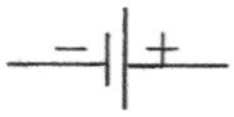		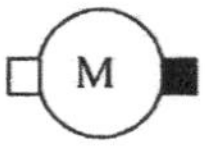	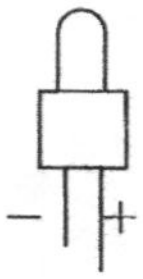		

（問題の特性上，モーターと発光ダイオードは通常使われている記号とは異なります）

確認事項

① 次の図１，図２のようにつなぐと，豆電球は光りませんでした。

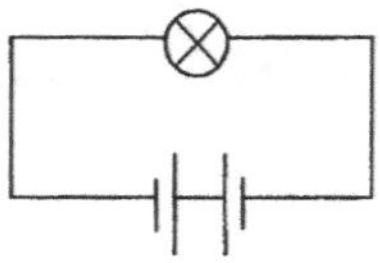

図１

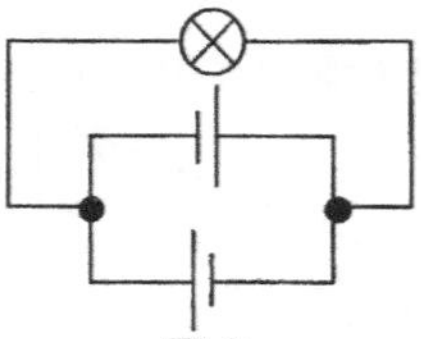

図２

② 乾電池が１個のときも直列で３個ならべて使ったときも豆電球は光り，モーターは回りました。

③ モーターは右(記号の■側)を乾電池のプラス，左（記号の□側）を乾電池のマイナスにつなぐと時計回りに回りました。

（１）次の図ア～エについて，以下の問いに答えなさい。

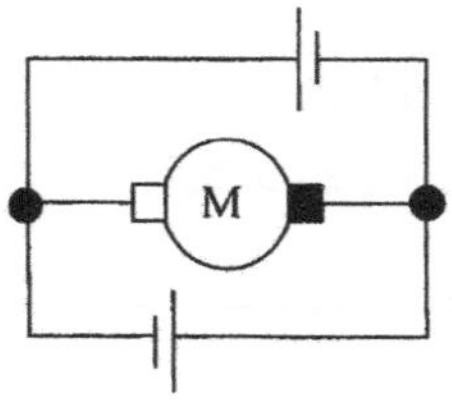

図ア

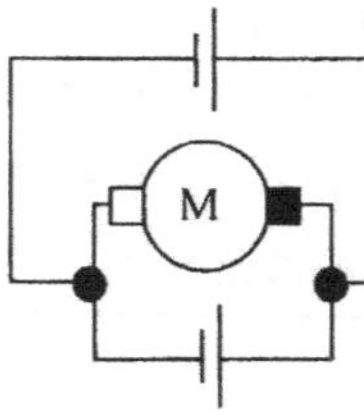

図イ

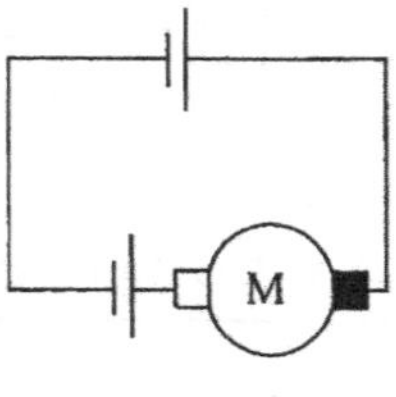

図ウ

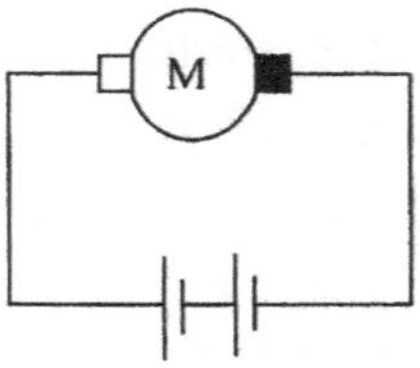

図エ

（ｉ）モーターが時計回りにもっとも速く回るつなぎ方を１つ選び，記号で答えなさい。

（ⅱ）モーターを豆電球に変えたときに光るものをすべて選び，記号で答えなさい。

（２）次の図３では，あ～う が全体の一部を隠《かく》しています。隠されている部分のどこかに豆電球A，スイッチB，スイッチCがあります。下の隠れ方の例と確認事項をもとに，豆電球A，スイッチB，Cが，どこにあるか，正しい組み合わせを次のア～エから１つ選び，記号で答えなさい。

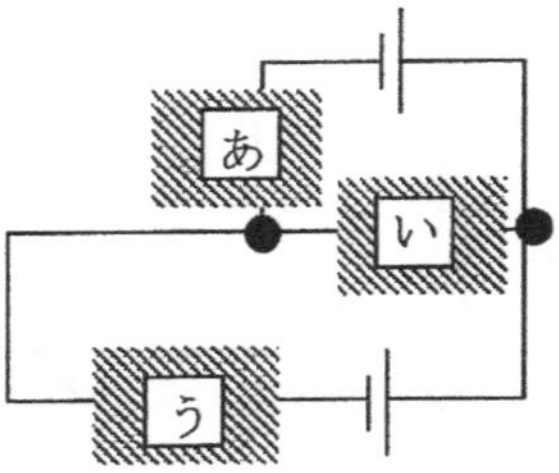
あ
い
う

図３

隠れ方の例（隠れているのは１つとは限りません）

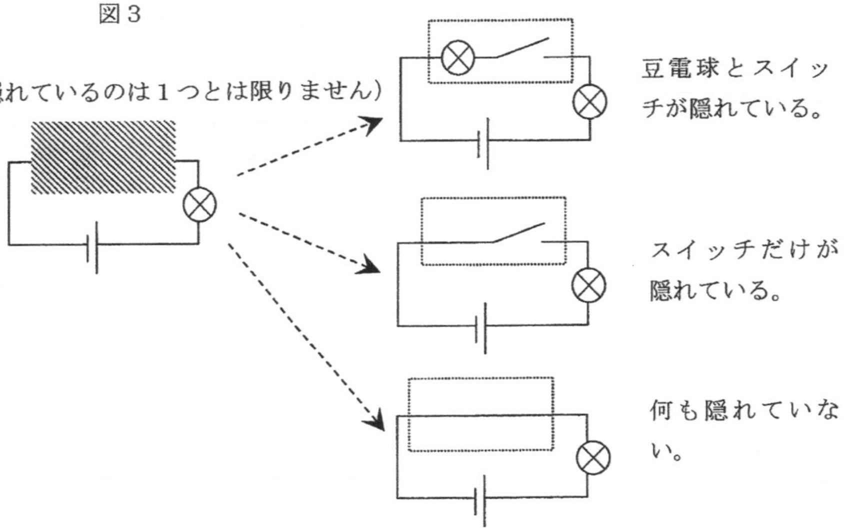
豆電球とスイッチが隠れている。
スイッチだけが隠れている。
何も隠れていない。

確認事項
①　スイッチB，Cがどちらも切れていると，豆電球Aは光らなかった。
②　スイッチBが入っていて，スイッチCが切れていると，豆電球Aは光った。
③　スイッチBが切れていて，スイッチCが入っていると，豆電球Aは光らなかった。
④　スイッチB，Cがどちらも入っていると豆電球Aは光った。

ア．　豆電球Aはあ　スイッチBはい　スイッチCはい
イ．　豆電球Aはう　スイッチBはい　スイッチCはう
ウ．　豆電球Aはい　スイッチBはあ　スイッチCはい
エ．　豆電球Aはい　スイッチBはい　スイッチCはう

（３）次の[1]～[5]の手順で手回し発電機とコンデンサー，モーター，発光ダイオードを使った実験を行いました。これらを見て，図④のモーターが回る向き（時計回り，反時計回り）と，図⑤で発光ダイオードが光ったか光らなかったかを，それぞれ答えなさい。

手順
[1]　図①のように手回し発電機を反時計回りに回すと，モーターが時計回りに回った。
[2]　図②のように手回し発電機を時計回りに回しコンデンサーに電気をためた。
[3]　[2]の後，図③のように豆電球をつなぐと豆電球は光った。
[4]　図④のように[2]と同じ方法で電気をためたコンデンサーにモーターをつないだ。
[5]　図⑤のように[2]と同じ方法で電気をためたコンデンサーに発光ダイオードをつないだ。

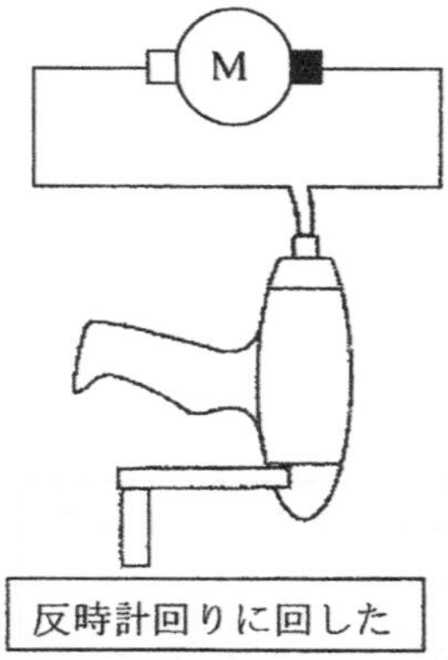

図①

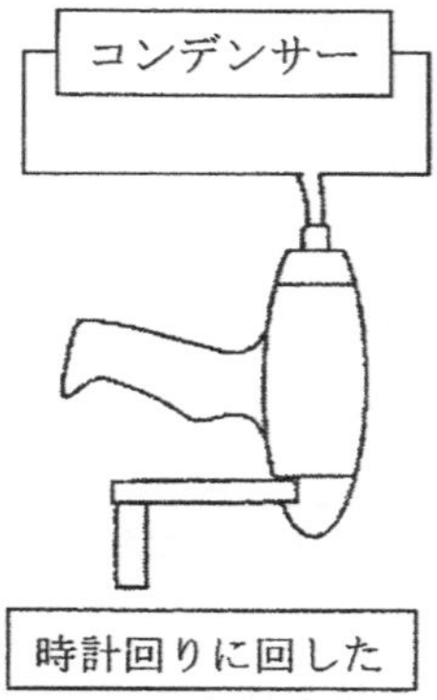

図②

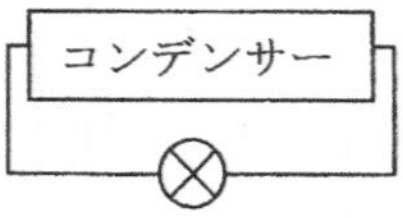

図③

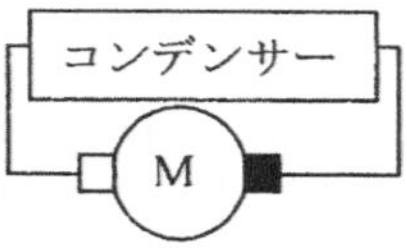

図④

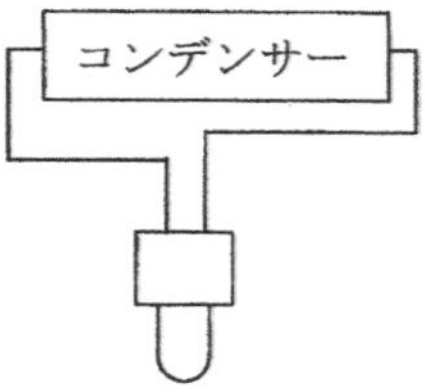

図⑤

（４）京太さんは，夏休みの自由研究で，モーターと乾電池で動く車を作りました。車の上に電池ボックス３つをのせています。乾電池が１つのときでも，２つのときでも，３つのときでも，スイッチを入れればモーターが回るように並列つなぎにしました。乾電池１つを電池ボックスに入れたときはゆるい坂をスムーズに上がりましたが，乾電池２つだと動きが遅《おそ》くなり，乾電池３つだと坂を上がらなくなりました。乾電池やモーター，車に故障はなく，どの電池もプラスとマイナスが逆向きには入っていない場合，乾電池が増えたことで坂を上がれなくなった理由を答えなさい。

【問題２】理科クラブの京太さんは，同じクラブの花子さんと水よう液の名前を調べる観察，実験をしました。花子さんが，次の水よう液を試験管に準備します。食塩水，さとう水，塩酸，炭酸水，ホウ酸水よう液，水酸化ナトリウム水よう液，石灰水の７つです。試験管には，水よう液の名前ではなく，A～G までのシールが貼《は》ってあります。これを，観察や実験を通して，水よう液の名前を特定します。なお，ホウ酸の水よう液は，見た目は水と変わりませんが，その性質は酸性であることが分かっています。

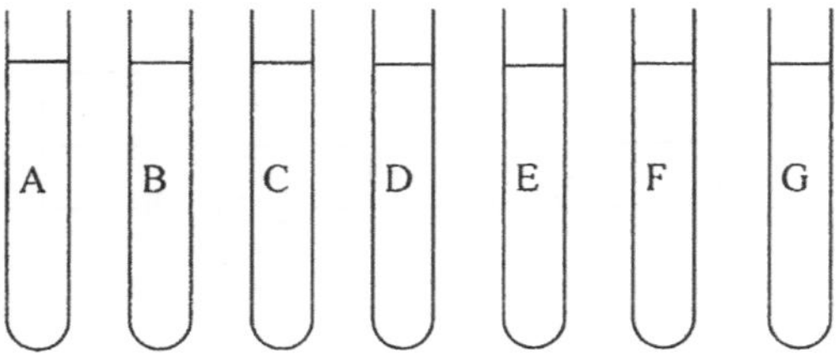

ここで，京太さんは，次のように観察・実験を進めていきました。

①（観察１）A～G の試験管の水よう液を見比べた。D の試験管には他の水よう液よりも多くの小さい泡《あわ》がついていた。

②（実験１）A～G の試験管の水よう液からガラス棒を使って「X」色のリトマス紙に水よう液をつけた。B と E の水よう液を付けたリトマス紙は，他の水よう液を付けたリトマス紙とは違う結果になった。

③（実験２）D の水よう液を少量とり，E の水よう液と混ぜると，水よう液は白くにごった。

④（実験３）A～G の試験管の水よう液からガラス棒を使って「Y」色のリトマス紙に水よう液をつけた。A と C と D の水よう液を付けたリトマス紙は，他の水よう液を付けたリトマス紙とは違う結果になった。

⑤（実験４）試験管 A，C，D からそれぞれ少量の水よう液をとり，小さいアルミニウムの粒を入れると，A と D の水よう液だけに小さいアルミの粒《つぶ》に泡がついた。その後も観察し続けたら【Q】。

⑥（観察２）①～⑤の結果から，試験管 F と G の水よう液のどちらかがさとう水でどちらかが食塩水だと分かったため，さとう水から甘《あま》い匂《にお》いがしないかと，試験管に鼻を近づけてみたが，どちらの水よう液の匂いも分からなかった。

次の問いに答えなさい。

（１）「X」「Y」に入る色の組み合わせで正しいものを次のア～エから１つ選び，記号で答えなさい。

ア．X=青　Y=黄　　イ．X=黄　Y=青　　ウ．X=赤　Y=青　　エ．X=青　Y=赤

（2）（実験４）の【Q】に入るもっとも適切な文を次のア～エから１つ選び，記号で答えなさい。

ア．試験管ＡとＤの中の泡がやがて消えていき，どちらもアルミニウムの粒の大きさは変わらなかった

イ．試験管Ａの中のアルミニウムの粒が小さくなってやがてなくなり，Ｄの中のアルミニウムの粒の大きさは変わらず，やがて泡が消えていった

ウ．試験管Ｄの中のアルミニウムの粒が小さくなってやがてなくなり，Ａの中のアルミニウムの粒の大きさは変わらず，やがて泡が消えていった

エ．試験管ＡとＤの中のアルミニウムの粒はどちらも小さくなってやがてなくなった

（3）①～⑥の観察・実験の中で，京太さんは，理科の観察・実験の操作として間《ま》違《ちが》っていることをしています。間違っていることをしている観察・実験を①～⑥から１つ選び，番号で答えなさい。

（4）ＦとＧはさとう水か食塩水かのどちらかである可能性が高いと考えられます。どちらがさとう水でどちらが食塩水か確かめる方法を書きなさい。

（5）実験で少量の水よう液をとるときに，こまごめピペットを使っています。こまごめピペットの使い方や手入れで，適切であるものを次のア～エから１つ選び，記号で答えなさい。

ア．親指，人差し指，中指でゴム球の部分だけを静かに持ち，押した反動の吸い込む力を利用して使う

イ．水よう液を吸い取ったら，こぼれないように先《せん》端《たん》部分を上に向けて運ぶ

ウ．こまごめピペットは中指，薬指，小指でガラス管の部分を持って水よう液を吸いとる

エ．何回もゴム球を押したりゆるめたりすると，少しずつ吸い取る水よう液が増えていく現象を利用して量を調整する

【問題３】京太さんと花子さんは先生と授業の野外観察で野原に来ています。観察中の３人の話を読んで，あとの問いに答えなさい。

京太：シロツメクサが咲《さ》いているね。
花子：クローバーともいうね。四つ葉のクローバーが幸せを運んでくれると聞いたことがあるよ。
京太：四つ葉のクローバーは，シロツメクサをふんだらできるらしいよ。
花子：そんなかわいそうなことをしたらシロツメクサが枯《か》れてしまうのではないかな。
京太：そういわれると，そんな気もしてきたよ。先生，シロツメクサをふむと枯れますか。
先生：シロツメクサやオオバコは，人や動物にふまれやすい場所に生えているため，どちらも同じ特徴《とくちょう》をもっています。［　Q　］。
京太：なるほど，それなら大丈夫《だいじょうぶ》ですね。
花子：先生，あちらの河原の近くに背の高い黄色い花が咲いていますよ。
先生：あれはオオキンケイギクですね。特定外来《とくていがいらい》生物に指定されています。
京太：特定外来生物とはなんですか。
先生：外国からやってきた生物で，日本に昔《むかし》からいた生物のすむ場所や食べるものをうばうことで絶滅《ぜつめつ》させる恐《おそ》れのある生物です。今，動物でおよそ140種類，植物でおよそ20種類が特定外来生物に指定されています。
花子：そんなに危険な生物が，外国にはいるのですか。
先生：元の国では危険というわけではなく，他の生物とうまくバランスをとって生きているのですが，よその国に来ると，その国の生物が，外国から来た生物への対抗手段を持っていないことが多いので，場所のとりあいや食べ物のとりあいに勝てなくなってしまうことがあるのです。オオキンケイギクも，最初は観賞用に持ってきたものがふえすぎてしまったのですよ。
京太：じゃあ，動物はどういう理由でやってきたのですか。
先生：荷物にまぎれて来た場合もありますが，ペットとして連れて来た動物が捨てられたり，逃《に》げたりして野生化した場合もあります。
京太：そうなんですね。
花子：オオキンケイギクの高さは60cmくらいかな。この辺りの他の草より背が高いね。
京太：学校の花だんにヒマワリが植えてあったね。ヒマワリも，今はそれくらいの高さかな。丈夫でしっかりとした茎《くき》をしているね。
花子：花だんの横に下級生の植えたアサガオの鉢《はち》がたくさん置いてあるね。夏になったら花が咲くのだろうね。

（1）［Q］に入るもっとも適切な文をア～エから１つ選び，記号で答えなさい。

ア．背が低く，茎が細くてやわらかいので，ふまれても元に戻《もど》りやすくなっています
イ．茎が太くてがんじょうなので，ふまれても曲がったり折れたりしないようになっています
ウ．背が高く，茎がまっすぐのびているのでふまれにくいようになっています
エ．茎にとげがついており，人や動物が近づきにくくなっています

問9

(1)

a

b

c

d

※

(2)

200

150

※

京都市立西京高等学校附属中学校

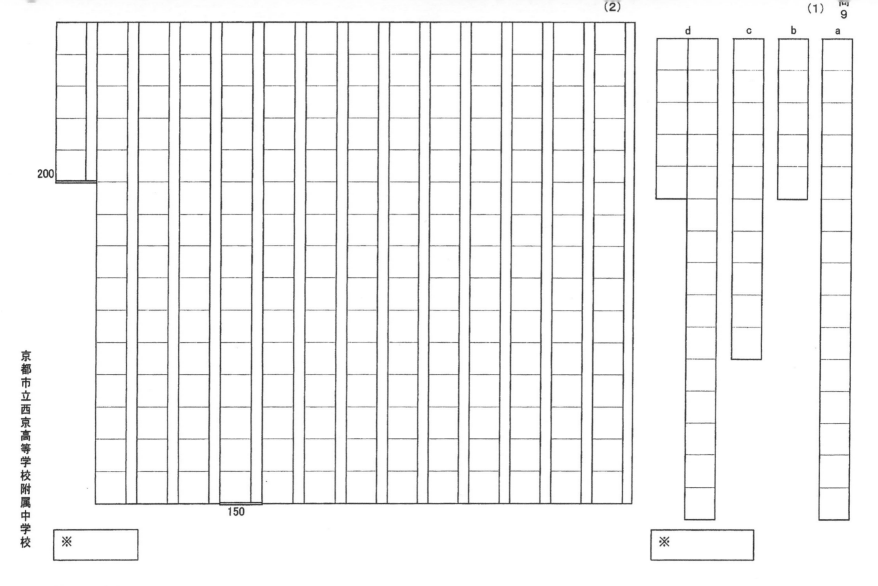

【問題4】

(1)					
(2)			(3)	最小	最大
(4)	A				
	B				
(5)					

※

【問題5】

(1)		(2)	
(3)		(4)	
(5)			

※

※この解答用紙には【受付番号】を2カ所記入しますので、注意してください！

受付番号	

【問題4】

(1)									
(2)									
(3)	①		②				③		
	④		⑤	Ⅰ：		Ⅱ：			
(4)									
(5)									

※

【問題5】

(1)											
(2)	(D)			(E)							
(3)											
(4)											
(5)											
(6)	a			b				c			
	d										

※

京都市立西京高等学校附属中学校

令和4年度
適性をみる検査Ⅲ　解答用紙

受付番号	

（配点非公表）

【問題1】

（1）	（ⅰ）	（ⅱ）
（2）		
（3）	図④のモーターが回る向きは	発光ダイオードは
（4）		

※

【問題2】

（1）		（2）		（3）	
（4）					
（5）					

※

【問題3】

（1）		（2）	
（3）			
（4）			
（5）			

※

京都市立西京高等学校附属中学校

令和4年度
適性をみる検査Ⅱ　解答用紙

受付番号	

（配点非公表）

【問題1】

(1)		(2)	
(3) ①	記号	求め方	
(3) ②			

※

【問題2】

(1)	g	(2)	g
(3)		(4)	g
(5)	倍		

※

【問題3】

(1)	分	(2)	m
(3)	分速　m	(4)	
(5)	分　秒後		

※

令和四年度 適性をみる検査Ⅰ 解答用紙

（配点非公表）

問1

問2 A

B

※

問3

問4 （　　　）する力

問5

問6 （　　　）と（　　　）の間

※

問7 a

b

c

問8

※

受付番号

（２）会話の内容から考えて，日本の生物と外国の生物との関わりについてもっとも適切な文をア～エから１つ選び，記号で答えなさい。

ア．外国で数多くいる生物が日本で野生化すると特定外来生物になる。

イ．日本で野生化することができる外国の生物はすべて特定外来生物になる。

ウ．日本の生物は外国の生物に比べて弱いため，外国では繁殖《はんしょく》できない。

エ．日本の生物が外国でふえると，外国の生物を絶滅させてしまう可能性がある。

（３）背の低い植物より背の高い植物の方が有利であると考えられる点を「人や動物からふまれにくい」という点以外にもう１つ答えなさい。

（４）特定外来生物は持ち運ぶことを禁止されています。例えばオオキンケイギクを刈《か》り取り，手で持って野原から少し離《はな》れた学校まで持ち運ぶだけで在来種に対する影響が発生することがあります。どんなことが考えられるか，２０字以内で答えなさい。

（５）アサガオとツルレイシがもつ，高いところに葉をつけることができる特徴を２０字以内で答えなさい。

【問題４】鎌倉，室町，江戸の３つの幕府のしくみを表した資料があります。資料を見た京太さんと先生の会話を読み，あとの問いに答えなさい。

資料：３つの幕府のしくみ

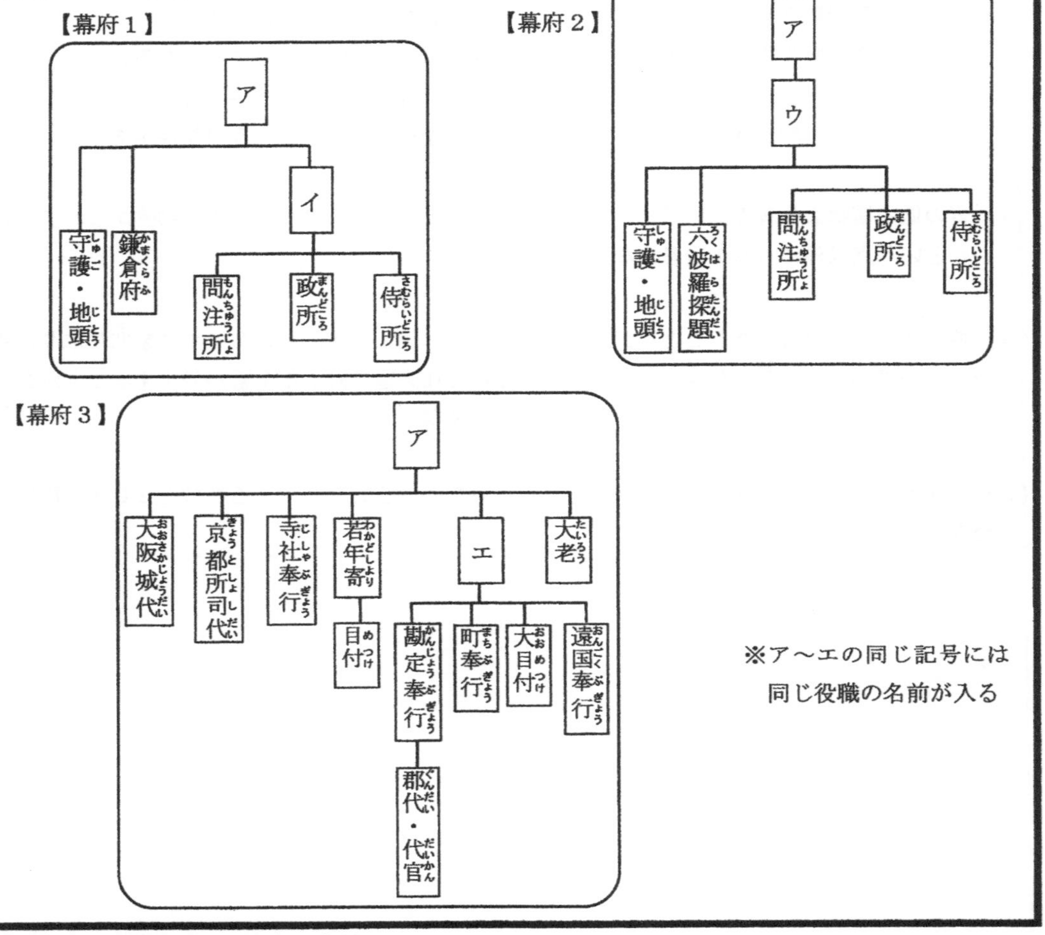

資料を見た京太さんと先生の会話

先生：この資料は日本の中世から近世にかけての３つの幕府のしくみを表した図です。それぞれ何幕府かわかりますか。

京太：３つとも資料中の［ア］を中心に武士の政治が行われていたことは共通しているけど，しくみや役職はばらばらですね。難しいな。

先生：では，それぞれの幕府がどの土地を重要視していたかを考えてみて下さい。

京太：(A) なるほど。それぞれの幕府のしくみの特徴《とくちょう》がわかりました。

先生：どのようなことに気付きましたか。

京太：武士の政治にとって，(B) 朝廷《ちょうてい》の動きを見張る必要があったことがわかりました。

先生：良いところに気付きましたね。実際に (C) 上皇との戦いも起こりましたね。

京太：朝廷以外にも武士の政治にとって重要なことはたくさんありそうですね。

先生：では，それぞれの時代の出来事をもう少し掘《ほ》り下げていきましょう。

（1）下線部(A)について，資料の【幕府１～３】の名前の組み合わせとして正しいものを次のア～オから１つ選び，記号で答えなさい。

ア．幕府１－鎌倉幕府　　幕府２－室町幕府　　幕府３－江戸幕府
イ．幕府１－江戸幕府　　幕府２－室町幕府　　幕府３－鎌倉幕府
ウ．幕府１－室町幕府　　幕府２－鎌倉幕府　　幕府３－江戸幕府
エ．幕府１－鎌倉幕府　　幕府２－江戸幕府　　幕府３－室町幕府
オ．幕府１－室町幕府　　幕府２－江戸幕府　　幕府３－鎌倉幕府

（2）下線部(B)について，朝廷の監視《かんし》を担《にな》っていたものを次のア～シからすべて選び，記号で答えなさい。

ア．守護　イ．地頭　ウ．鎌倉府　エ．六波羅探題　オ．寺社奉行　カ．遠国奉行
キ．大阪城代　ク．京都所司代　ケ．問注所　コ．政所　サ．大老　シ．勘定奉行

（3）次の文章は下線部（C）の戦いの時に北条政子《ほうじょうまさこ》が言ったとされる言葉です。文章を読み，あとの①～⑤の問いに答えなさい。

【北条政子のうったえ】
みな心を一つにして聞きなさい。これが最後の言葉です。頼朝《よりとも》殿が平氏を征伐《せいばつ》し，幕府を開いて以降，その（ X ）は山よりも高く，大海よりも深いものです。お前たちも（ X ）に報《むく》いる気持ちはあるでしょう。ところが今，(a) 北条義時《ほうじょうよしとき》を討《う》てという命令が，朝廷から出されました。名誉《めいよ》を重んじる者は，(b) 源氏三代の将軍が築き上げたものを守りなさい。上皇方につきたいと思う者は，今すぐ申し出なさい。

（『吾妻鏡《あづまかがみ》』より　一部要約）

①下線部(C)の戦いを何というか次のア～エから１つ選び，記号で答えなさい。
ア．承久《じょうきゅう》の乱　イ．応仁《おうにん》の乱　ウ．平治《へいじ》の乱　エ．島原《しまばら》の乱

②空欄《くうらん》（ X ）に入る言葉をひらがな３字で答えなさい。

③下線部（a）の人物の役職を幕府のしくみの資料のア～エから１つ選び，記号で答えなさい。

④下線部（b）にあてはまらない人物を次のア～エから１つ選び，記号で答えなさい。
ア．源頼家《みなもとのよりいえ》　イ．源 義経《よしつね》　ウ．源 頼朝《よりとも》　エ．源 実朝《さねとも》

⑤次のⅠ，Ⅱの文について表している地図としてもっとも適切なものをそれぞれア～エから１つ選び，記号で答えなさい。

Ⅰ　下線部（C）の戦いの前に幕府が家来に動員をかけた地域
Ⅱ　下線部（C）の戦いの後に幕府が新たに家来をおいた地域

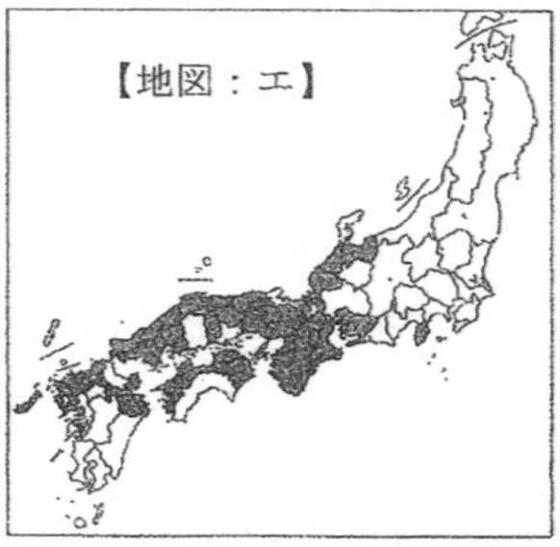

（4）資料の鎌倉幕府と江戸幕府にそれぞれもっとも関係の深い絵の組み合わせを次のア～エから1つ選び，記号で答えなさい。

【絵：い】

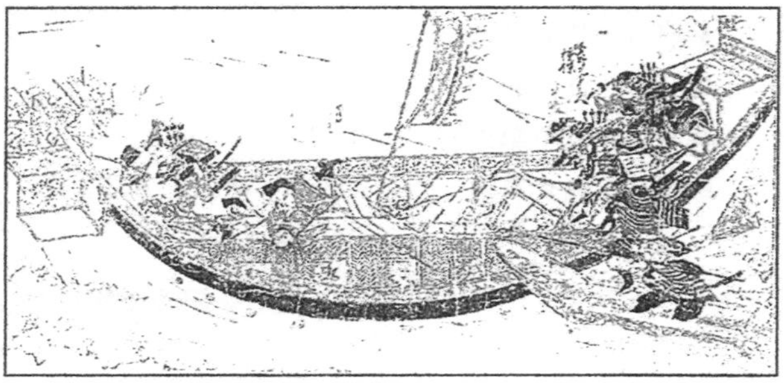

【絵：ろ】

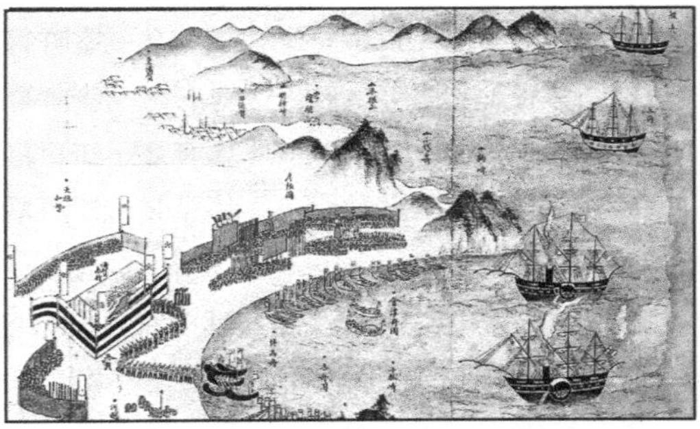

【絵：は】

【絵：に】

ア．　鎌倉幕府－ろ　　江戸幕府－に
イ．　鎌倉幕府－い　　江戸幕府－は
ウ．　鎌倉幕府－は　　江戸幕府－ろ
エ．　鎌倉幕府－い　　江戸幕府－ろ

（5）次の会話は京太さんと先生の会話の続きです。空欄《くうらん》（　Y　）に入る文をア～エから1つ選び，記号で答えなさい。

先生：江戸時代には大阪にも重要な役人が置かれているのはなぜか説明できますか。
京太：江戸時代の大阪は，「天下の台所」と呼ばれるくらいの経済の中心地になっていたからです。
先生：その通りです。それ以外にも幕府が開かれた当初，最大の心配事が大阪にはありました。
京太：わかりました。（　Y　）からです。

ア．朱印船《しゅいんせん》貿易が始まった
イ．豊臣《とよとみ》氏がいた
ウ．キリスト教徒による一揆《いっき》がおきた
エ．シャクシャインの乱が起きた

【問題５】花子さんが九州についてまとめたノートと，花子さんと先生の会話を読み，あとの問いに答えなさい。

ノート

	地域Ｘ	地域Ｙ	地域Ｚ
自然環境	九州山地や熊本平野，宮崎平野がある。	海流の影響《えいきょう》で冬でも温暖。 日本最大の干潟《ひがた》をもつ有明海《ありあけかい》がある。	海流の影響で冬でも温暖。 梅雨の時期から台風が通過する時期にかけて雨が多い。
産業	平野部で野菜の促成栽培《そくせいさいばい》が行われている。	大都市の周辺で近郊《きんこう》農業がさかん。 北九州工業地帯を中心に工業が発展してきた。	温暖な気候を利用した農業がさかん。
生活	観光業や農業にたずさわる人が多い。	政令指定都市の（　あ　）に人口が集中し，この都市を中心に周辺の地域と都市圏《としけん》を形成している。 古くから大陸との交流がさかん。	桜島《さくらじま》はひんぱんに噴火《ふんか》を起こす火山で，人々の生活への影響が大きい。

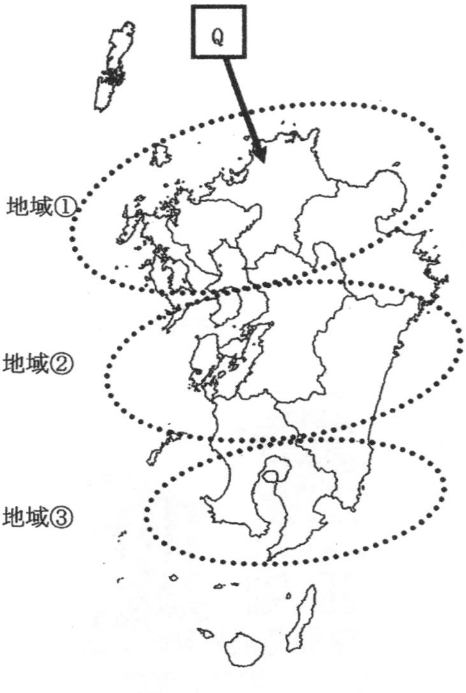

絵「江戸時代の水くみの様子」

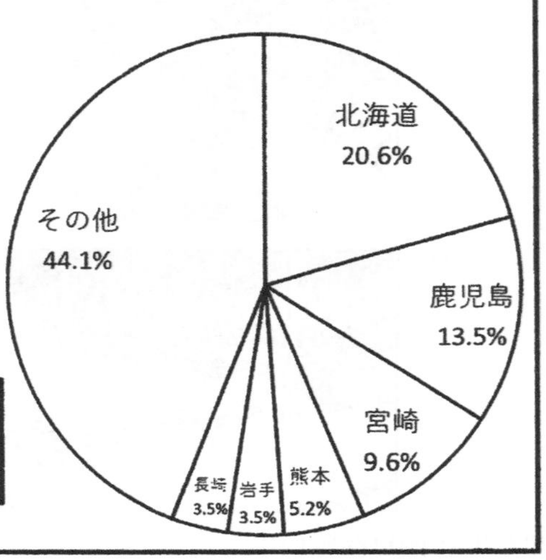

グラフ　全国の（Ｃ）の生産・飼育数上位６位の割合
（農林水産省資料より作成　令和３年２月現在）

先生：笠野原《かさのはら》という地域の絵がありますね。水道が整備されてあまり使わなくなったけれど，昔は他の地域でも様々なことに井戸の水を使っていたんだよ。

花子：人だけじゃなくて牛も水を飲みに来ているのがおもしろいと思いました。

先生：よく見ると牛が井戸の水をくみ上げているんだよ。なぜ牛に引かせているのかわかるかな。ヒントはこの土地が火山の活動によってできたということなんだ。

花子：この地域は火山の噴火によってできた（　Ａ　）です。

先生：その通り。この地域の人々は水を得るのに苦労していたんだ。このような地理的な特徴《とくちょう》はその地域の産業にも大きく影響《えいきょう》します。例えば鹿児島の農業にはどのような特徴がありましたか。

花子：まず，耕地面積のうち（　Ｂ　）が６割をこえていました。また，グラフでもわかるように，（　Ｃ　）の出荷が多いのにも納得《なっとく》です。

先生：同じ九州の県でも様々な条件で産業には違《ちが》いがありますね。例えば同じ九州の工業は北部の地図中の(D) Ｑの地域では明治時代につくられた工場を中心に発展し，北九州工業地帯とよばれ，九州の工業の中心的な役割を果たしてきましたね。

花子：(E) 近年は他の地域と同じように輸出に便利な九州北部の沿岸部を中心に工場の進出が目立っているのでしたよね。

（１）空欄《くうらん》（Ａ）～（Ｃ）に入る言葉の組み合わせとしてもっとも適切なものを次のア～カから１つ選び，記号で答えなさい。

ア．（Ａ）平野　（Ｂ）田　（Ｃ）ブロイラー
イ．（Ａ）台地　（Ｂ）畑　（Ｃ）肉牛
ウ．（Ａ）平野　（Ｂ）田　（Ｃ）米
エ．（Ａ）台地　（Ｂ）畑　（Ｃ）サツマイモ
オ．（Ａ）平野　（Ｂ）畑　（Ｃ）茶
カ．（Ａ）台地　（Ｂ）田　（Ｃ）乳牛

（２）下線部（D），（E）にもっとも関係する写真を次のア～エからそれぞれ１つ選び，記号で答えなさい。

ア．

イ．

ウ．

エ．

（３）ノートの地域 X～Z はそれぞれ地図の地域①～③を説明したものです。地域 X はどの地域のことを説明したものですか。地域①～③から１つ選び，番号で答えなさい。

（４）ノートの空欄《くうらん》（あ）に入る都市名を答えなさい。

（５）次の文章は九州地方の SDGs（持続可能な開発目標）の取組としてどの地域のことを述べたものですか。地域①～③から１つ選び，番号で答えなさい。

「真の豊かさ」にあふれ，世界に貢献《こうけん》し，信頼される「グリーン成長都市」
アジアとのつながりが強く，工業都市として，日本の経済成長に貢献する一方で，大気汚染や水質汚濁《すいしつおだく》等，深刻な公害が発生しました。公害克服《こくふく》から次のステージを目指し，市民の理解と協力のもと，「循環型《じゅんかんがた》社会づくり」を推進しました。

内閣府地方創生推進室『SDGs 未来都市・自治体 SDGs モデル事業　事例集』より
※問題作成のため一部変更

（６）花子さんは地域によって産業や人々の生活に違いがあることについて自分が気付いたことを書きました。空欄（a）～（d）に入る語句や文を，それぞれ指定された字数で答えなさい。

九州について調べてみて，九州の中でも地域によって産業に違いがあることがわかりました。
九州以外の地域でも産業の違いには理由があると思います。
農業ではそれぞれの地域の（　a:２字　）と土壌《どじょう》の違いによってさかんに作られる作物に違いがあることがわかりました。
工業が発展するためには（　b:３字以内　）の調達と（　c:３字以内　）の輸送をしやすいことが大切です。だから，日本の工業地帯や工業地域の多くは沿岸部にありました。最近では交通網《こうつうもう》の整備や（　d:８字以内　）よって内陸でも工業がさかんな地域があります。

【適

令和４年度

適性をみる検査Ⅱ

注　意

1　指示があるまで，この用紙を開いてはいけません。
2　問題は**【問題１】**～**【問題５】**で，**１０ページ**にわたって印刷してあります。
検査が始まって，文字などの印刷がはっきりしないところや，ページが足りないところがあれば，静かに手をあげなさい。
3　検査時間は**５０分間**です。
4　声に出して読んではいけません。
5　名前を書くところはありません。
受付番号を，受検票を見ながらまちがわないように，はっきりと書きなさい。
受付番号を書くところは，**解答用紙の一か所**です。
6　答えはすべて解答用紙に書きなさい。
7　答えを直すときには，用紙が破れないようにていねいに消してから，新しい答えを書きなさい。
8　問題用紙の余白は，メモなどに使ってもよろしい。

京都市立西京高等学校附属中学校

【問題１】 京子さんは誕生日にもらったスマートウォッチで健康管理をすることにしました。このスマートウォッチをつけて生活すると，京子さんが１日に歩いた歩数を数えることができ，またその歩数はパソコンに自動的に保存されるしくみになっています。

このとき，以下の問いに答えなさい。

（１）京子さんは，スマートウォッチをつけ始めた日から歩いた距離《きょり》の合計が 300 kmになることを目標としています。１日約 6000 歩ずつ歩くとして，京子さんが目標の距離に到達《とうたつ》するのにおよそ何日かかるでしょう。最も適するものを次の（ア）～（オ）から選び，記号で答えなさい。ただし，京子さんは１歩で 40 cm進むことができるとします。

（ア）13 日 （イ）72 日 （ウ）125 日 （エ）720 日 （オ）1250 日

（２）パソコンに保存されたデータをもとに，右のようなグラフを作りました。このグラフは，スマートウォッチをつけ始めた日から歩いた歩数の合計を表しています。例えば，スマートウォッチをつけ始めた日から６月３日まで歩いた歩数の合計は 86845 歩です。

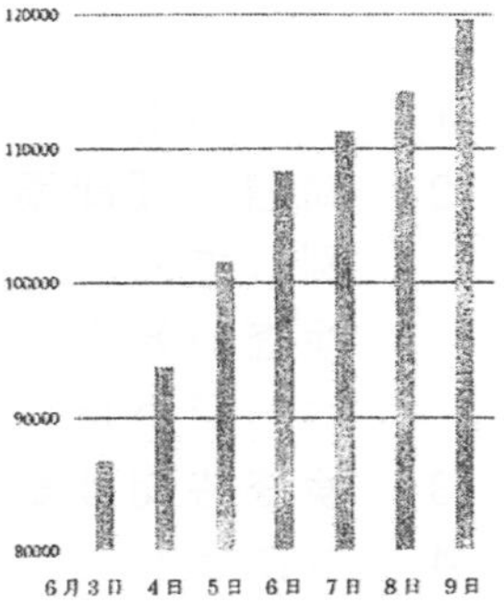

このグラフをもとに，京子さんが１日に歩いた歩数をグラフにまとめました。そのグラフとして，最も適するものを次の（ア）～（エ）から選び，記号で答えなさい。

（ア）

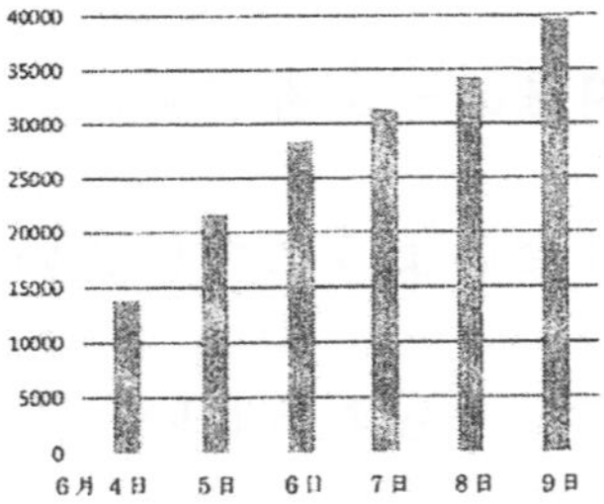

（イ）

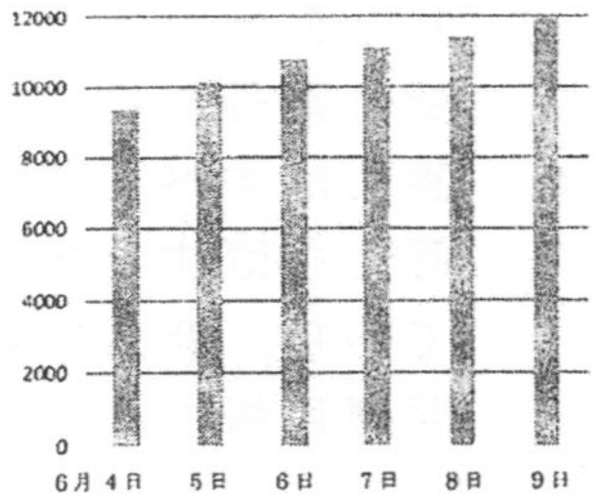

（ウ）

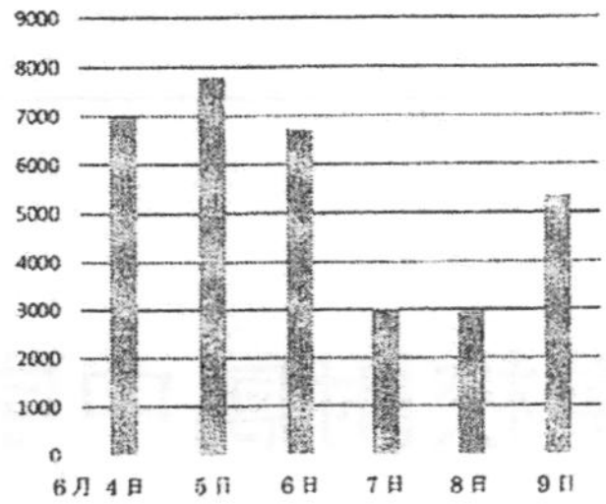

（エ）

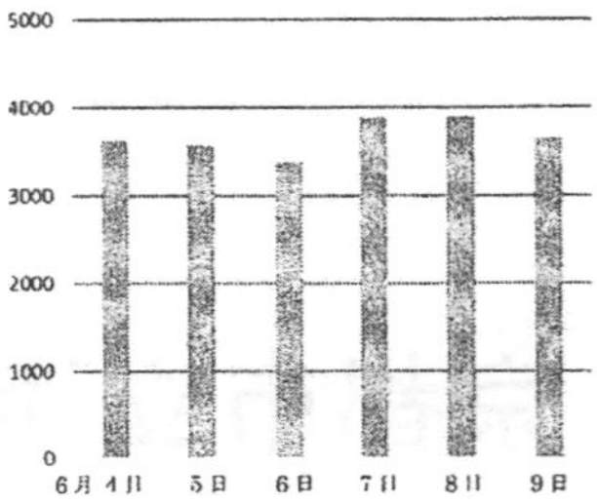

（3）京子さんとお父さんは，2人の歩数を比較《ひかく》するため，8月1日から9日までの9日間の歩数について，次の【表1】に表し，話し合っています。

【表1】京子さんの1日の歩数

8月1日	8月2日	8月3日	8月4日	8月5日	8月6日	8月7日	8月8日	8月9日
6521歩	6525歩	6533歩	6530歩	6520歩	6525歩	6533歩	6528歩	6537歩

父　9日間の歩数の平均を求めるには，9日間の歩数の合計を9で割ればいいね。

$(6521+6525+6533+6530+6520+6525+6533+6528+6537)\div 9=6528$

だから，9日間の歩数の平均は，6528歩だね。

京子　私はこんなふうに考えたわ。

【京子さんの平均の求め方】

最小値の6520歩を基準にすると，

8月1日は1歩，2日は5歩，…と表せるから，

$(1+5+13+10+0+5+13+8+17)\div 9=8$

この8歩に，基準にした6520歩を足す。

だから，9日間の歩数の平均は，6528歩になる。

父　基準にする歩数を6500歩に下げると，9日間の歩数の平均はどうなるかな。

① 京子さんの9日間の歩数について，6520歩を基準にして求めた平均と，6500歩を基準にして求めた平均について正しい文を，次の（ア）～（ウ）から選び，記号で答えなさい。また，6500歩を基準にした平均の求め方を，言葉や式を使って書きなさい。

（ア）6520歩を基準にして求めた平均に比べて，6500歩を基準にして求めた平均のほうが大きい

（イ）6520歩を基準にして求めた平均に比べて，6500歩を基準にして求めた平均のほうが小さい

（ウ）6520歩を基準にして求めた平均と，6500歩を基準にして求めた平均は同じである

② お父さんの8月1日から9日までの9日間の歩数の平均は，5801歩でした。2人の歩数について正しい文を，次の（ア）～（オ）からすべて選び，記号で答えなさい。

（ア）9日間のうち，お父さんより京子さんのほうが歩数が少ない日は，1日もない

（イ）9日間で歩いた歩数の合計について，お父さんより京子さんの方が多い

（ウ）お父さんの歩数について，9日間のうち，1日の歩数がちょうど5801歩の日は，1日以上ある

（エ）お父さんの歩数について，9日間のうち，1日の歩数が5801歩より多い日は4日ある

（オ）お父さんが9日間で歩いた歩数の合計は，$5801\times 9=52209$歩である

【問題２】 京太さんは，おばあちゃんに教わった「めんつゆの作り方」をもとに，夏休みに何度も「めんつゆ」を作り，そのたびに準備物（「だし汁《じる》」「しょうゆ」「みりん」）の量と，完成品（「めんつゆ」）の量を，次のような料理メモに記録しました。

料理メモ①
準備物
だし汁　400g
しょうゆ　140g
みりん　100g

完成品
めんつゆ　600g

料理メモ②
準備物
だし汁　600g
しょうゆ　150g
みりん　150g

完成品
めんつゆ　750g

料理メモ③
準備物
だし汁　720g
しょうゆ　240g
みりん　120g

完成品
めんつゆ　900g

「めんつゆ」は，準備物である３つの材料「だし汁」「しょうゆ」「みりん」を「めんつゆの作り方」に書かれている一定の割合で混ぜ合わせることで作ることができます。ここで，準備物のうち少なくとも１つの材料を使い切ることで，作ることができる「めんつゆ」の量が，料理メモにある完成品（「めんつゆ」）の量です。
このとき，以下の問いに答えなさい。

（１）料理メモ①～③をもとに，京太さんがおばあちゃんに教わった「めんつゆの作り方」で作った「めんつゆ」120ｇに含まれる「しょうゆ」の量を答えなさい。

不十分な料理メモ④と内容がまちがっている料理メモ⑤について，（２）（３）に答えなさい。

料理メモ④
準備物
だし汁　500g
しょうゆ　200g
みりん　200g

完成品
めんつゆ　□　g

料理メモ⑤　？？？
準備物
だし汁　320g
しょうゆ　40g
みりん　24g

完成品
めんつゆ　200g

（２）料理メモ④には完成品（「めんつゆ」）の量が書かれていませんでした。空欄《くうらん》に当てはまる数を答えなさい。

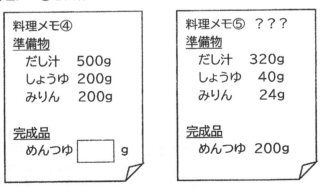

（３）料理メモ⑤の内容は正しくありません。この料理メモ⑤が正しくないと判断できる理由として適切なものを次の（ア）～（オ）からすべて選び，記号で答えなさい。

（ア）準備物である３つの材料の量が正しいならば，「めんつゆ」は 200 g も作ることはできないから

（イ）準備物である３つの材料の量が正しいならば，「めんつゆ」は 200 g より多く作ることができるから

（ウ）「めんつゆ」200 g 作るには，「しょうゆ」40 g では足りないから

（エ）「めんつゆ」200 g 作るには，「みりん」24 g では足りないから

（オ）おばあちゃんの「めんつゆの作り方」では，「めんつゆ」を 200 g ちょうどを作ることはできないから

京太さんは，できあがった「めんつゆ」から水を蒸発させて，濃縮《のうしゅく》しためんつゆ（「○倍のめんつゆ」とよぶ）を作ることにしました。例えば，「５倍のめんつゆ」とは，「めんつゆ」の重さの 80%にあたる水を取り除いたものです。（４）（５）に答えなさい。

（４）100 g の「５倍のめんつゆ」に，水を加えてもとの「めんつゆ」に戻《もど》すには，何 g の水を加えればよいか答えなさい。

（５）「２倍のめんつゆ」40 g と「３倍のめんつゆ」60 g を合わせると，何倍のめんつゆができるか答えなさい。

【問題３】 京子さんとお姉さんは，同時に家を出て，一本道を一定の速さで歩いて一緒《いっしょ》に学校に向かいました。京子さんは途中《とちゅう》で忘れ物に気づき，本屋で家に引き返し，家で数分間探した後，家を出て学校に向かいました。お姉さんは，京子さんと別れてからも速さを変えることなく，歩いて学校に向かいました。すると，京子さんはお姉さんに，ちょうど学校で追いつくことができました。

下のグラフは，京子さんがお姉さんと一緒に家を出てから学校に着くまでについて，かかった時間と，京子さんが進んだ距離《きょり》を表したものです。

このとき，以下の問いに答えなさい。

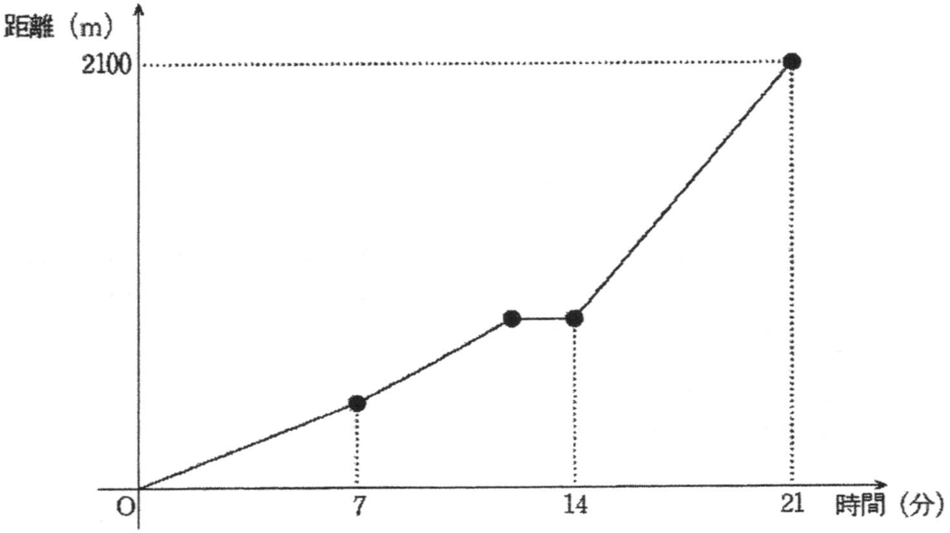

（１）京子さんが，お姉さんと別れてから再び会うまでの時間を求めなさい。

（２）家から学校までの距離を求めなさい。

（３）京子さんが家で忘れ物を探していた時間は，ちょうど３分間でした。京子さんが本屋から家に引き返しているときの歩く速さを求めなさい。

問7　次の文章は――⑤人生とはそもそもこうした雑事の集積のことではなかったのか　と筆者が述べていることについて説明したものです。説明にある空らん［a］～［c］に適する言葉を問題文中からぬき出し、［　］の中の字数に従って答えなさい。なお、同じ記号の［　］には、同じ言葉が入ります。

> 「雑事」とは、ここでは［a（三字）］とも表現され、時間がかかることは、［b（二字）］であるとみなされてきた。しかし、「雑事」に含まれる家事全般や直接生産や金に結びついていないように見えるもの、例えば遊び、勉強といったものは人が生きるうえで大切なものではないかと問いかけている。したがって、筆者は［a（三字）］の中に「生きる」ことの［c（二字）］があるのではないか、と考えていることが読み取れる。

問8　――⑥ジョージア・オキーフが言うように　とあるが、始まりの部分にもジョージア・オキーフの言葉が引用されています。この言葉の引用をとおして筆者が伝えようとしていることはどんなことですか。もっとも適切なものを次のア～オから一つ選び、記号で答えなさい。

ア　時間がかかるという障害を乗り越えていくことが大切であるが、人はそのことを見過ごしているということ。

イ　時間がかかることは人間社会において大きな問題であるが、人はその問題を後回しにしているということ。

ウ　時間がかかることには人生において大切なこともあるが、人はそのことを見過ごしているということ。

エ　時間がかかればかかるほど多くのものが失われていくが、人はその問題を後回しにしているということ。

オ　時間がかかりすぎる友だちづくりは苦労もあるが、人はそのことを見過ごしているということ。

問９　この文章の内容について、都さんと京太さんが話しています。次の二人の会話文と資料を読んで、（１）（２）の問いに答えなさい。

（１）　会話文中の[a]～[d]に適する言葉を答えなさい。[a]は八字以上十五字以内で考えて、[b]～[d]は指示された字数で資料の文中からぬき出して、それぞれ答えなさい。なお、同じ記号の[　]には、同じ言葉が入ります。

都　辻信一さんの文章を読んで、「時間」について色々と考えさせられたわ。

京太　アメリカ合衆国の例が出ていたけれど、親が子どもと遊ぶ時間は週平均で四〇分しかないなんて驚いたよ。

都　家族と過ごすことさえも、「雑用」とか「雑事」になっているのって何だか悲しいわ。

京太　この文章でいう「雑事」って、遊びや雑談、友達づき合いなども指しているんだよね。

都　「雑事」と一言で言っても、人によってとらえ方は違ってくるよね。

京太　筆者が「雑事」といっているものって[a]を与えてくれると思うんだ。

都　だから「人生とはそもそも雑事の集積」といっているんだね。時間というもののとらえ方について、改めて考えさせられるわ。

京太　それから、文章の最初と最後でジョージア・オキーフの言葉が引用されているけれど、印象的でもあるし、気になる言葉でもあったよね。

都　筆者が伝えたいことに深く通じているのかもしれないね。

京太　この文章を読み解く上でのキーワードになりそうだね。そういえば、資料を持ってきたよ。夏休みに読んだ『モモ』という物語の一部なんだ。何か共通しているものがあると感じたんだけど、都さんは読んだことがあるかな。

都　私は読んだことがないわ。どんな内容か教えて。

京太　とある町はずれに住んでいたモモという少女が主人公なんだ。その町に、「灰色の男たち」がやって来て、誰にも気づかれないように人間たちの大切な時間をうばう計画を立てた。人生に不満を抱えている人の心のすき間に入り込み、節約した時間を「時間貯蓄《ちょちく》銀行」に預ければ、利子をつけて返すと提案するんだ。町の人たちは次々と灰色の男たちのいうように、時間を預けて一秒たりとも無駄にできないとイライラしながら働くんだ。そして、もっと倹約《けんやく》しなければとだんだん怒《おこ》りっぽくなって、町の人たちは暗い雰囲気《ふんいき》になってしまう。しかも、結局持ち主に時間は返ってこないんだ。

都　時間を節約したのに返ってこないなんて、時間どろぼうよね。

京太　そうなんだ。筆者が述べていることとつながっていると思う部分を二ヵ所選んできたんだ。どうかな。

資料　ミヒャエル・エンデ『モモ』を読んで気になった場面のメモ

〈「時間」について語られる場面〉

時間をはかるにはカレンダーや時計がありますが、はかってみたところであまり意味はありません。というのは、だれでも知っているとおり、その時間にどんなことがあったかによって、わずか一時間でも永遠の長さに感じられることもあれば、ほんの一瞬《いっしゅん》と思えることもあるからです。なぜなら時間とは、生きるということそのものだからです。そして人のいのちは心を住みかとしているからです。

〈時間の国に連れていかれたモモ。時間の国の不思議な人であるマイスター・ホラがモモに語る場面〉

「時間はほんとうの持ち主から切り離《はな》されると、文字通り死んでしまうのだ。人間というのは、ひとりひとりがそれぞれじぶんの時間を持っている。そしてこの時間は、ほんとうにじぶんのものであるあいだだけ、生きた時間でいられるのだよ。……わたしはただ時間をつかさどっているだけだ。わたしのつとめは、人間のひとりひとりに、その人のぶんとして時間をくばることなのだよ。……人間はじぶんの時間をどうするかは、じぶんじしんできめなくてはならないからだよ。だから時間をぬすまれないように守ることだって、じぶんでやらなくてはいけない。……」

都　ジョージア・オキーフの言う「小さな花を見る」、「友だちをつくる」ことは、資料の中にある[b（五字以内）]につながると思う。

京太　そうなんだ。さらに[b（五字以内）]は、[c（十字以内）]必要があって、そのためには使い方を自分自身で決めることが大切であるとも言っているね。

都　なるほど。共通点は分かったわ。それにしても[14]・[15]段落の内容が難しいなぁ。「留まる者」というのは、その前にあるアメリカ合衆国の調査の例であがった人たちとはちがう暮らし方をする人だと思う。でも、「『共に生きること』はますます難しくなる」というのはどういうことかしら。

京太　「共に生きる」というのは相手がいるからできることだね。例えば、小学生の集団登校。一人なら家を出る時間も歩く速さも自由だね。でも、地域で集団登校すると、低学年の児童の安全だけでなく、それぞれの立場で人として学べるものがあると思う。だれかにとって、あるいは見方によっては雑事でも、[a]をもたらすものだというのがぼくの考えなんだ。

都　だから京太さんは『モモ』に共通するものを感じたんだね。筆者の「人生とはそもそもこうした雑事の集積のことではなかったのか」と言っているのは、資料の中にある[d（二十字以内）]だという部分につながっているということだよね。

京太　そうだね。時間の使い方について自分なりに考えていこうと思うよ。

（２） 次の条件に従って作文しなさい。

条件１　二段落で構成し、百五十字以上、二百字以内で書くこと。

条件２　第一段落には、「時間」との向き合い方について、問題文から筆者のどのようなメッセージを読み取ったかを書くこと。ただし、会話文中の資料の内容にふれること。

条件３　第二段落には、第一段落の内容に対するあなたの意見を、根拠《こんきょ》を挙げて書くこと。

令和三年度

適性をみる検査Ⅰ

注　意

1　指示があるまで、この用紙を開いてはいけません。
2　問題は、**十二ページ**にわたって印刷してあります。検査が始まって、文字などの印刷がはっきりしないところや、ページが足りないところがあれば、静かに手をあげなさい。
3　検査時間は**五十分間**です。
4　声に出して読んではいけません。
5　*のついている語句には語注があります。
6　名前を書くところはありません。**受付番号**を、受検票を見ながらまちがわないように、はっきりと書きなさい。受付番号を書くところは、**解答用紙の一か所**です。
7　答えはすべて解答用紙に書きなさい。字数に制限がある場合は、記号や句読点もふくみます。
（例）|私|は|、|「|は|い|！|」|と|答|え|た|。|　（13字）
8　答えを直すときには、用紙が破れないようにていねいに消してから、新しい答えを書きなさい。
9　問題用紙の余白は、メモなどに使ってもよろしい。

京都市立西京高等学校附属中学校

【問題一】　次の文章を読んで、あとの問いに答えなさい。

筆者は、少年時代に昆虫《こんちゅう》のもつ不思議な魅力《みりょく》に夢中になる。そして、「新種の虫を見つけて名前をつけ、図かんにのせること」と「いつか『生命とは何か？』という謎《なぞ》を解くこと」という二つの夢をいだくようになるのだが、新種の虫を見つけることはかなわず、*挫折《ざせつ》を味わう。

ひとつ目の夢に挫折した私は、ひとまず虫のことだけを考えていられるような研究者になりたいと考え、大学で生物学を*専攻《せんこう》しました。

私が大学生活を過ごしている間に、生物学の世界には大きな*転換《てんかん》期が訪れます。

そのころの生物学の研究では、生命というのは精密機械のようなもので、「生命とは何か？」という謎を解くためには、生命が何からできているのか、生命という機械の「*パーツ」をすべて明らかにしなければいけないと考えられていました。しかし、生命のパーツは無限にあります。すべてを調べて明らかにするなんてことは、とうてい無理――これが当時の常識でした。

ところが、どうやら体のすべての*細胞《さいぼう》に存在しているＤＮＡ《ディーエヌエー》というものに、生命の設計図が書かれているとわかってきました。約30億の文字からなるその設計図を解読すれば、私たちをふくむ生命の体や細胞をつくっている*ミクロなパーツ――遺伝子がいくつあって、どんな種類があるのか、すべて明らかにできるかもしれない。遺伝子が明らかになれば、それを組み立ててできている生命の謎はきっと解けるはずだ。そんな考えが主流になり始めていたのです。

私は①心が（　　）ようでした。新種の虫を見つけられなかった代わりに、新しい遺伝子を見つけよう――大学卒業後も研究を続けて、私は新しい遺伝子をいくつか見つけることができました。世界中の生物学者が取り組んだ結果、２００３年にはヒトを構成する遺伝子は、ほぼすべて発見されました。絶対に無理だといわれていた難題が*クリアされたのです。

ようやく見つけた生命をつくるパーツのすべて。約２万２０００個の遺伝子が一覧になり、できあがった遺伝子の図かん……。しかし、完成して初めてわかったのは、生命を構成するパーツのことがすべてわかっても、「生命とは何か？」の答えはまったくわからないということでした。

遺伝子そのものは試験管の中で再現することができるのに、その遺伝子をいくら混ぜても生命は誕生しない――じゃあ、結局生命って何なのだろう？

私は、②何だか映画の*エンドロールをながめているような気分になりました。映画をつくり上げた*スタッフ、*キャストの名前が順々に並び、流れていく。主役のＡさん、わき役のＢさん、音声のＣさん、監督《かんとく》のＤさん……。この映画に関わるすべての人の名前はわかる。でも、エンドロールだけを見ていても、肝心《かんじん》の映画の中身はまったくわからない……。

これが私の2度目の挫折です。遺伝子のことがわかっても、「生命とは何か?」の答えはわかりませんでした。

そこで私は、まったく別の角度から「生命とは何か?」を考えてみることにしました。

映画のエンドロールで名前の一覧を見るだけでは、映画のストーリーはわかりません。でも、映画の本編で「Ａさんは何をしていて、Ｂさんはそこにどう関わっているのか」を調べていけば、映画のストーリーがおのずとわかるはず……。

つまり、パーツを調べるのではなく、「流れる時間の中でパーツ同士がどのように関わり合い生命が成り立っているのか?」という視点で生命をながめてみることにしたのです。

時間の経過に注目すると、人間の体には、あるおもしろい現象が起きていることに気づきました。人間は毎日、時間の経過と共に、自分を形づくっている細胞をどんどん入れ替《か》えているのです。

気づかないうちに、あなたは体の外から入ってきた新しいものと、今のあなたを構成している細胞の中身とを交換《こうかん》しています。例えば、胃や小腸、大腸などの細胞は、たった2、3日で入れ替わります。筋肉の細胞は、2週間くらいで約半数が入れ替わっています。あなた自身の細胞はウンチなどでどんどん捨てられていく一方で、食事や外の環境《かんきょう》からやってくる新しいものが取り入れられているのです。だから1年もすれば、あなたを形づくっていた細胞は、あなたの中からほとんどなくなってしまいます。いわば、今のあなたは、1年前のあなたとは物質的に「別人」なのです。

それでも見かけ上は、あなたはあなたであるように見えます。ジグソーパズルでたとえるなら、全部のピースが一度に入れ替わるのではなく、他のピースとの関係性を保ちながらピースが一つひとつ入れ替わっているのです。ピースをひとつ抜《ぬ》いても、全体の絵柄《えがら》はそう変わりません。

おもしろいのは、新しいものを入れる前に、体は自分で自分のことを分解し、古いピースを捨てていることです。自分の一部を壊《こわ》し、捨てては入れて、また捨てては入れてと、体は絶えず動きながら③「あなたであること」のバランスを取っています。

私はそのことに「動的平衡《どうてきへいこう》」という名前をつけました。「動的」は動いていること、「平衡」はバランスのこと。絶えず変化し、動きながらバランスを取る姿そのものを表現する言葉をつくったのです。

生命とは、遺伝子のことでもなければ細胞のことでもない。自分で細胞をどんどん壊す。壊し続けることで安定する。そう、生命は動的平衡である――これが私の見つけた、「生命とは何か?」への私なりの答えでした。

ところで、[X]。その背景には、すべての生き物がかかえている運命がありました。

宇宙には、あらゆるものは「整った状態」から「散らかった状態」の方向へと動く、という大原則があります。ちょっと難しいので、身近な例で説明しましょう。

例えば、あなたが部屋の片づけを終えたばかりだとします。きれいに整理整頓《せいとん》した部屋は、もう二度と散らかることがないように見えるでしょう。

ところが、何もしなければ、1か月もすると散らかってしまいます。また、あなたが恋《こい》をしたとします。どんなに「あなたを愛し続けます」と誓《ちか》っても、「恋をしたばかりの気持ちのままずっと変わらない」なんてことはないのです。

どちらも、あなたのせいではありません。形あるものは崩《くず》れ、光っているものは錆《さ》びる。

植物や生き物も同じです。リンゴを切って置いておくと茶色に変色するように、人間の体も時間が経つと酸化して、肌《はだ》にシミができたり、血液がドロドロになったりします。

生き物は常に、*劣化《れっか》する*脅威《きょうい》にさらされています。だから、できるだけ長く生き続けるために、自分自身をどんどん壊し、入れ替えて、変化していくことが必要なのです。古くなったものや悪いもの、ごみのようなものを捨て続けながら、変わることで生きていく。だから、生命は「動的平衡」なのです。

この「動的平衡」の考え方は、生き物だけではなく、世界のあらゆるものの見方までをも変えていきます。

自分自身を壊し、パーツを入れ替えて、絶えず動きながらバランスを取っている。そんな「動的平衡」という考え方で世の中を見てみると、気づいたことがありました。それは、生命以外にも「動的平衡」なものがある、ということです。

あなたの学校にも、長く続く伝統のあるa部活がありませんか？

一見変わらないように見えても、毎年先輩《せんぱい》が卒業し、新入生が入部し、長い期間で見ると常にメンバーが変化しています。人や時代が変わるたびに、部活の決まりごとや成果も変わっているかもしれません。それでも「〇〇部の伝統」と言われるようなものが、なぜか変わらず続いていく。

これは、細かい部分を少しずつ入れ替えながら、同じものであり続けるためにバランスを取っているからです。むしろ、ずっと同じ人たちだけで何年も続けていたら、そのうち*マンネリ化したり、弱体化したりすることもあるでしょう。

常に動いて変化し、変化することでバランスを取る。この「生命っぽい」ふるまいは、何もせずにいたら劣化する運命の中で、何かを長続きさせていく*ヒケツです。

ある建築家と話していたとき、ふとこんな問いが浮《う》かびました。

b＊法隆寺《ほうりゅうじ》と＊伊勢神宮《いせじんぐう》、一体どちらが生命の動的平衡なふるまいに似ているだろう？

法隆寺も伊勢神宮も長い歴史を持つ、日本を代表する著名な建築物です。さて、あなたなら、どちらの建物のほうが動的平衡、生命っぽいと思いますか？

この問いを投げかけると、多くの人が「伊勢神宮」と答えます。なぜなら、伊勢神宮は20年ごとに神体《しんたい》がまつってある正殿《しょうでん》などの建て替えを行い、神様に新しい建物へ移ってもらう「遷宮《せんぐう》」を行っているからです。建物を定期的に新しくしているのだから、生命の動的平衡のようではないか、と思う人も多いのでしょう。

しかし、私の考えは違《ちが》います。法隆寺のほうが生命っぽいと思うのです。

世界最古の木造建築といわれながら、現代まで法隆寺がその姿を残しているのは、建物のさまざまな部材が常に少しずつ入れ替えられ、更新《こうしん》されているからです。

いろいろなところが柔軟《じゅうなん》に動き、一部分を抜いても崩れないような構造になっているため、部分ごとに新しい部材と入れ替えられる。だから、設計図がなくても、何度も全体を解体して修理しなくても、現代までその姿を残し続けてきたのです。

遷宮のたびに一新して建て替える伊勢神宮よりも、ちょっとずつ入れ替えていく法隆寺のほうが生命っぽい。私はそう考えています。

何百年も前から、この世の中には、生命っぽいものや生命っぽい現象を描いたものがたくさんありました。私がそのことに気づいたのは、「長続きするためにバランスを取り続ける現象」に「動的平衡」という名前をつけたからです。名づけることで新たな発見をすることがあるのです。

私たちの体が自分を壊し、部品を交換し続けられるのは、生命がそもそも壊しやすいしくみになっているからです。いろいろなところが柔軟に動き、一部分を抜いても崩れないような構造になっていたから、法隆寺が部材を交換し続けられたように、生命や、生命っぽいものは、自分自身をあえてゆるく、やわらかくつくることによって、部分的に壊して入れ替え続けることを可能にしています。

私たちは、この生命の姿から何を学べるでしょうか。

今、世界では「持続可能な社会をつくろう」という言葉が共通の標語として唱えられています。持続可能とは、簡単にいえば長続きすることです。

もし生命から学ぶべきことがあるとするなら、長続きするために大事なのは、頑丈《がんじょう》にすることでも、完璧《かんぺき》な設計図を引くことでもありません。大事なのは、部分的に壊して入れ替えながら、変化し続けられるようにしておくことです。あらかじめ壊すことを念頭に置いて、始めからゆるく、やわらかくつくっておく。④生命の姿からは、私たちがかかえる社会課題へのヒントももらえるはずです。

「動的平衡」にたどり着くまで、私は2度の挫折を経験しました。新種の昆虫を発見したと思ったら「普通《ふつう》のカメムシ」と言われたとき。すべての遺伝子を見つけたのに、「生命とは何か？」はまったくわからないと気づいたとき――。

何かを目指して探究していくことは、山登りをするようなものです。山登りをしていると、ときどき予想外のことが起こります。頂上を目指して、一歩一歩、地道に山を登り、ようやくたどり着いたら、想像もしない景色が広がっていることがあります。目指していたところにたどり着いてから、「ここは山の頂上ではない」とわかることもあります。

それでも、一度登って頂上までたどり着いてみなければ、そこがゴールではないことすらもわかりません。研究をする、学問に取り組むとは、「次の景色が見える」ということです。だから、最初にねらったとおりにならないことを、こわがる必要はありません。

たとえ挫折したとしても、挫折した先に見える景色が必ずあるはずです。

私たちは、日々変わっています。私たちの気づかないところで、私たちは休みなく動いていて、自分を壊しながら新しいパーツと入れ替わっています。

それは「記憶《きおく》」も例外ではありません。あなたが鮮明《せんめい》に覚えている、あなたにとって重要な記憶とは、どのようなものでしょう。成功したことや、幸せな気持ちになった体験でしょうか。いやなことや、失敗して恥《は》ずかしかったことかもしれません。そうした記憶を、「自分という存在を形づくってきた、絶対に変わらない過去」と思っていませんか?

あなたには、こうした記憶がずっと変わらず残っているように感じられるかもしれませんが、脳細胞だって日々入れ替わっています。同じように思い出せるのは、神経回路の形がだいたい保たれているからです。入れ替わり続けている途中《とちゅう》で、ひょっとしたら微妙《びみょう》に形が変わっていて、思い出す内容も変化しているかもしれません。

そう考えると、「私」という存在は非常に不安定なものです。例えば、「指紋《しもん》」も非常に長い期間で見ると、徐々《じょじょ》に変容しています。ＤＮＡも細胞と同じように分解と合成をくり返しているので、*突然《とつぜん》変異や複製ミスが起こっています。生物学的に「私」を考えるのは難しくて、絶え間なく動き、変わっている――変わらない「私」という物質は、どこにもありません。

ひょっとしたら、あなたは、あなたがあなたであり続けることが重要だと思っているかもしれません。しかし、生物学的にいえば、去年のあなたと、今のあなたは「別人」です。別人なのだから、「自分が自分であり続けること」にこだわりすぎなくてもいいし、一貫《いっかん》して変わらない「自分らしさ」って何だろうと、なやまなくていいのではないでしょうか。なやんだときは、「生命とは何か?」を考えてみてください。

福岡伸一「生命とは何か?」(『スタディサプリ　三賢人《けんじん》の学問探究ノート(3)生命を究める』所収)ただし、問題作成のため一部改変した。

【語注】

- 挫折　仕事や計画などが、とちゅうで失敗してだめになること。
- 専攻　ある一つのことを専門に研究すること。
- 転換　別の方向へ変わること。
- パーツ　部品。
- 細胞　生物体を構成する基本単位。
- ミクロ　非常に小さいこと。
- クリアする　難関や難問を乗りこえる。
- エンドロール　映画やテレビなどで、作品の最後に出演者などの名前を示す字幕《じまく》。
- スタッフ　ここでは、映画の制作関係者。
- キャスト　映画の出演者。
- 劣化する　性能・品質などが低下して以前よりおとってくる。
- 脅威　おびやかすこと。
- マンネリ化　思考や行動などが型にはまって、目新しさがなくなること。
- ヒケツ　とっておきの手段。
- 法隆寺　奈良県生駒郡斑鳩町《いこまくんいかるかちょう》にある仏教寺院。

伊勢神宮　三重県伊勢市にある神社。

突然変異　生物やウイルスがもつ遺伝物質の変化。

問１　①心が（　　　）ようでした　について、次の（１）（２）に答えなさい。

（１）①には、「わくわくする、楽しみである」という意味の慣用句が用いられています。（　　）に適する語をひらがな三字で答えなさい。

（２）次のア～オの各文には①と同じように慣用句が用いられています。使い方がまちがっているものを次のア～オから一つ選び、記号で答えなさい。

ア　つまずいて転んだのを人に見られて、顔から火が出そうだった。

イ　友だちとゲームをしたが、相手が強すぎて歯が立たなかった。

ウ　わたしの手にあまる仕事だったので、喜んで引き受けた。

エ　花子さんとは幼いころから競い合って腕《うで》をみがいてきた仲だ。

オ　両親が言うことは耳が痛いけれど、素直に聞いてみよう。

問２　②何だか映画のエンドロールを～気分になりました　とありますが、筆者がそのように感じたのはなぜですか。その理由を説明した次の文の［Ａ］～［Ｃ］に最も適する表現を、Ａは七字、ＢとＣは九字でそれぞれ問題文中から探し、ぬき出しなさい。

> ［Ａ］を見ると［Ｂ］のことをすべて知ることができるが、［Ｃ］についてはまったくわからなかったから。

問３　③「あなたであること」のバランスを取っています　とありますが、これはどういうことを表していますか。「あなた」という語を使わずに、「体が」に続けて二十五字以内の一文で説明しなさい。

問4 X には問いかけの一文が入ります。最も適するものを次のア～エから一つ選び、記号で答えなさい。

ア 私たち生命は、一体これまでどのような環境の中で生き続けてきたのでしょうか
イ 私たち生命は、どうやって自分自身を壊して、入れ替え続けてきたのでしょうか
ウ 私たち生命は、なぜ壊してまで、自分の一部を入れ替え続けているのでしょうか
エ 私たち生命は、一体何のために宇宙の大原則にしたがう必要があるのでしょうか

問5 a部活、b法隆寺は、それぞれ「動的平衡」であるものとして挙げられた例です。

（1） a部活が「動的」だといえるのは、どのような点が変化するからですか。問題文中から三つ、それぞれ五字以内で探し、ぬき出しなさい。

（2） b法隆寺を伊勢神宮と比べることには、どのような効果があると考えられますか。それを説明した次の文の（A）・（B）に適する言葉を、Aは七字以内、Bは二字でそれぞれ考えて答えなさい。

> 法隆寺と伊勢神宮は（ A ）という点では共通しているが、（ A ）という状況《じょうきょう》にいたる（ B ）のちがいに着目することで、法隆寺のほうが伊勢神宮に比べて、より生命の「動的平衡」に近いという主張を明確にする効果がある。

問6 問題文の　　　で囲まれた部分は、問題文中でどのような役割を果たしていますか。役割を説明した文として最も適切なものを次のア～エから一つ選び、記号で答えなさい。

ア　これより前に述べた内容について身近な例を挙げ、分かりやすく伝える役割。
イ　これより前に述べた内容にくわしい説明を加え、筆者の主張を補強する役割。
ウ　これより前に述べた内容に関する問題を提起し、読者に深く考えさせる役割。
エ　これより前に述べた内容を別の視点でとらえ、話の展開に変化をつける役割。

問7 この文章の内容について、京太さんと都さんが話しています。次の会話の（　A　）～（　C　）に適する言葉を、AとCは三字以内、Bは十字以内でそれぞれ考えて答えなさい。

京太　筆者は、「動的平衡《どうてきへいこう》」という考え方にたどり着くまでに、二度の挫折《ざせつ》を経験しているね。
都　一度目は、新種の虫を見つけるという夢がかなわなかったときね。
京太　そう。でも、虫に対する（　A　）は保ち続けたようで、大学で虫の研究を続けることを選んだ。
都　虫の研究を続ける過程で、もう一つの夢を実現するチャンスがめぐってきたのよね。
京太　新種の虫を見つけることはできなかったけれど、新しい遺伝子を発見するという次なる目標が生まれた。そして、それを達成すれば「生命とは何か？」を解き明かすことができると思ったんだね。
都　でも、これもまたうまくいかず、二度目の挫折を味わうことになったわ。
京太　そう。それでも、「生命とは何か？」を解き明かす（　A　）は失わず、（　B　）ことで、筆者なりの答え、つまり「動的平衡」という考えにたどり着くことができた。
都　挫折を経験したとき、夢をすぐにあきらめるのではなく、（　B　）ことが、夢に続く道を切りひらくことにつながったんじゃないかしら。
京太　そういう筆者の（　C　）そのものが「動的平衡」だと言えるのかもしれないな。
都　そうね。わたしたちが生きている毎日の中にも生かせる大切なことだと思うわ。

【問題二】　次のポスターについて、あとの条件に合わせて作文しなさい。

※ポスター省略

著作権上の都合により省略いたします
教英出版編集部

（作品タイトル「子供たちの資源も大切に」2013 年制作
公益財団法人　ＡＣジャパン支援《しえん》キャンペーンより）

《注意》
大人が取ろうとしているのは、右から「森林」「エネルギー」「海洋」です。

条件１　第一段落には、ポスターがどのようなメッセージを伝えているかを書くこと。

条件２　第二段落には、**【問題一】**の④生命の姿からは、私たちがかかえる社会課題へのヒントももらえるはずですをふまえて、私たちにどのようなことが求められていると考えられるかを書くこと。

条件３　百五十字以上、二百字以内で書くこと。

令和３年度

適性をみる検査Ⅱ

注　意

1　指示があるまで，この用紙を開いてはいけません。
2　問題は**【問題１】**～**【問題５】**で，**９ページ**にわたって印刷してあります。
　検査が始まって，文字などの印刷がはっきりしないところや，ページが足りないところがあれば，静かに手をあげなさい。
3　検査時間は**５０分間**です。
4　声に出して読んではいけません。
5　名前を書くところはありません。
　受付番号を，受検票を見ながらまちがわないように，はっきりと書きなさい。
　受付番号を書くところは，**解答用紙の一か所**です。
6　答えはすべて解答用紙に書きなさい。
7　答えを直すときには，用紙が破れないようにていねいに消してから，新しい答えを書きなさい。
8　問題用紙の余白は，メモなどに使ってもよろしい。

京都市立西京高等学校附属中学校

【問題１】太郎《たろう》さんと花子さんは京都のごみの内訳《うちわけ》について調べたことをもとに，以下の【グラフ１】～【グラフ４】を作成しました。

【グラフ１】

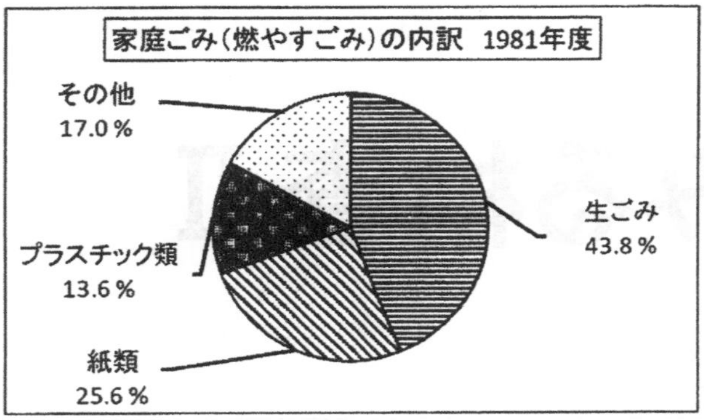

【グラフ２】

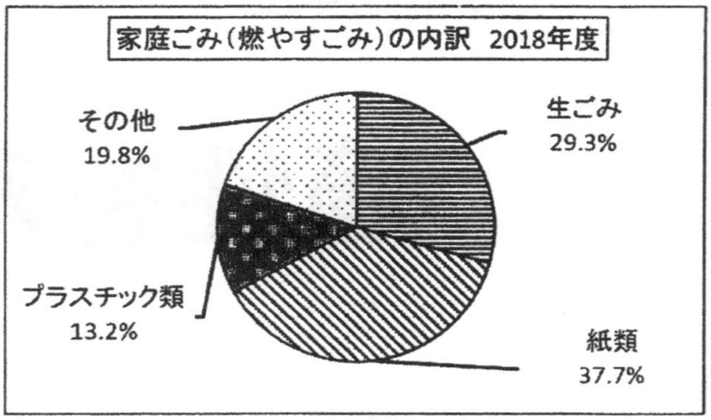

【グラフ３】

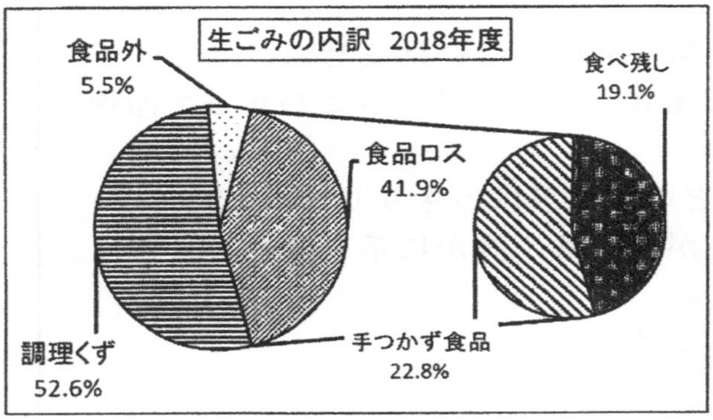

【グラフ４】

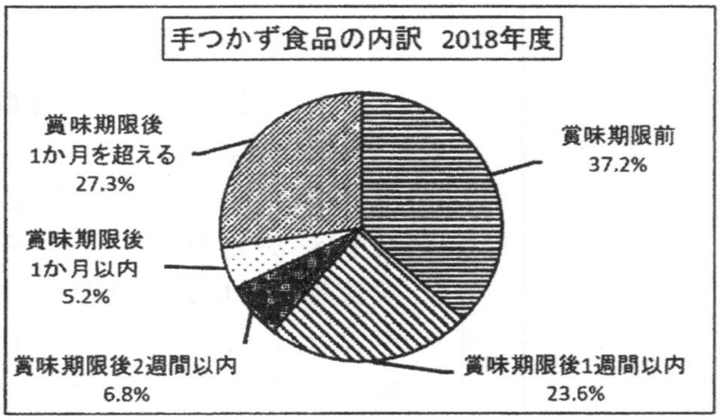

参考資料：令和２年度版パンフレット「私たちと地球環境《かんきょう》」京都市

以下の問いに答えなさい。

（１）太郎さんは【グラフ２】～【グラフ４】をもとにして，京都のごみについて以下のようにまとめました。空欄《くうらん》①～③に当てはまる値《あたい》の組み合わせとして正しいものを，次のア～クから選び，記号で答えなさい。

> 京都市で家庭から出るごみの内訳調査（2018年度）を行ったところ，生ごみの約 ① ％を食品ロスが占《し》めています。そのうち，食べ残しが約46％を占め，さらに約 ② ％は，調理すらされずに捨てられたもので，「手つかず食品」と言われます。この「手つかず食品」の多くは，賞味《しょうみ》期限が切れて捨てられたものですが，約 ③ ％は賞味期限がくる前のものでした。

（ア）①－29　②－23　③－37　（イ）①－29　②－23　③－63

（ウ）①－29　②－54　③－37　（エ）①－29　②－54　③－63

（オ）①－42　②－23　③－37　（カ）①－42　②－23　③－63

（キ）①－42　②－54　③－37　（ク）①－42　②－54　③－63

（2）【グラフ1】【グラフ2】を見て，生ごみについて，次のア～カから正しい文をすべて選び，記号で答えなさい。

（ア）1981 年度と 2018 年度の家庭ごみの総量が分からないので，生ごみの量について，どちらが多いか分からない。

（イ）1981 年度と 2018 年度の家庭ごみの総量は分からないが，生ごみの量について，1981 年度より 2018 年度の方が多いことが分かる。

（ウ）1981 年度と 2018 年度の家庭ごみの総量は分からないが，生ごみの量について，1981 年度より 2018 年度の方が少ないことが分かる。

（エ）家庭ごみの中にある生ごみの割合について，1981 年度と 2018 年度のどちらが大きいか分からない。

（オ）家庭ごみの中にある生ごみの割合について，1981 年度より 2018 年度の方が大きいことが分かる。

（カ）家庭ごみの中にある生ごみの割合について，1981 年度より 2018 年度の方が小さいことが分かる。

（3）【グラフ2】【グラフ3】について，「家庭ごみの中にある食品ロスの割合(%)」を求める式として正しいものを，次のア～エから選び，記号で答えなさい。

（ア）$1 \div 0.293 \div 0.419 \times 100$

（イ）$1 \div 0.419 \times 100$

（ウ）$1 \times 0.293 \times 0.419 \times 100$

（エ）$1 \times 0.419 \times 100$

（4）次の太郎さんと花子さんの会話を読んで，以下の問いに答えなさい。

太郎　お母さんと話し合って，家から出る「家庭ごみの中にある生ごみの量」を減らそうとがんばってみたんだ。
花子　結果はどうなったの。
太郎　うん。10 月に比べて，11 月の「家庭ごみの中にある生ごみの量」は，2 割も減ったんだ。
花子　よかったわね。がんばった甲斐《かい》があったんだね。
太郎　でも，「家庭ごみの中にある生ごみの割合」は，10 月より 11 月のほうが増えたんだ。
花子　え？そんなことありえるの？

「家庭ごみの中にある生ごみの量」が減ったにもかかわらず，「家庭ごみの中にある生ごみの割合」が増えた理由について，あなたの考えを答えなさい。

【問題２】７人兄弟の一郎《いちろう》，二郎，三郎，四郎，五郎，六郎，七郎が，【図１】のような７つの席がある円卓《えんたく》に座ります。

７人は席の座り方を，１から６までの異なる６つの整数があるさいころを使って，次のルールに従って決めます。

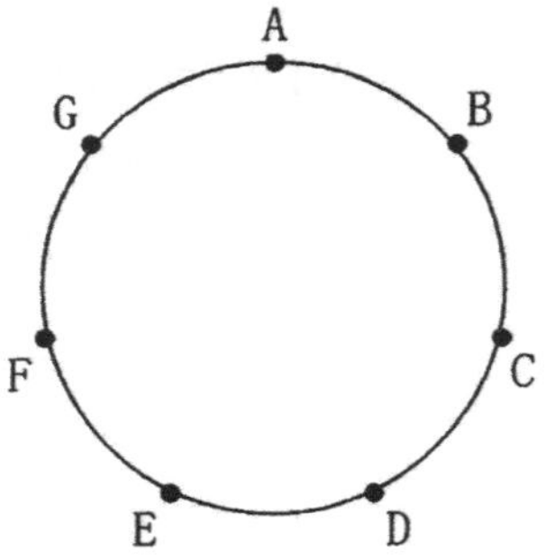

【図１】

＜ルール＞

① まず初めに，一郎が席Ａに座る。

② 二郎，三郎，四郎，五郎，六郎の順番で進める。

③ さいころを１回ふり，前の順番の人の席から，出た目の数だけ時計回りに席を進みその席に座る。ただし，その席にすでにほかの人が座っている場合は，その席に座れないので，さいころをもう１回ふり直し，前の順番の人の席から数えなおす。空いた席に座れるまでこれを続け，その人が座ったら，次の順番の人に進む。

④ これをくりかえし六郎が座った後，空いている最後の席に七郎が座る。

例えば，【図２】のように，二郎のふったさいころの目が３のとき，二郎は席Ｄに座ります。

次の順番である三郎のふったさいころの目が４のとき，三郎は席Ａに座れないのでさいころをふりなおします。

三郎のふりなおしたさいころの目が５のとき，三郎は席Ｂに座ります。

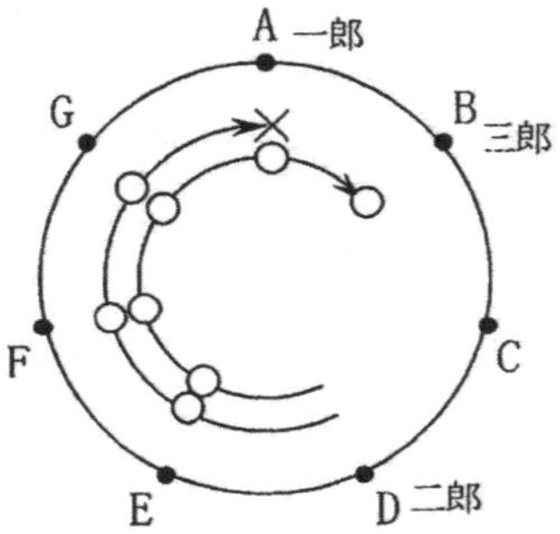

【図２】

（１）このとき，以下の問い（ア）（イ）に答えなさい。

（ア）二郎，三郎，四郎のふったさいころの目が３人とも５でした。五郎がさいころをふりなおさなくてすむには，さいころの目が何であればいいですか。１～６からすべて選び，数字で答えなさい。

（イ）二郎，三郎，四郎，五郎，六郎のふったさいころの目は５人ともすべて同じで，七郎は一郎のとなりの席に座ることになりました。さいころの目は何だったでしょうか。１～６からすべて選び，数字で答えなさい。

（2）ある日，五郎が「この＜ルール＞ではさいころをふりなおすのが大変だから，ルールを変えてほしい」といいました。みんなで話し合った結果，次の＜新ルール＞のように，ルールを変更《へんこう》しました。

＜新ルール＞
① まず初めに，一郎が席Ａに座る。
② 二郎，三郎，四郎，五郎，六郎の順番で進める。
③ さいころを１回ふり，前の順番の人の席から，出た目の数だけ右回りに空いている席を進みその席に座る。その人が座ったら，次の順番の人に進む。
④ これをくりかえし六郎が座った後，空いている最後の席に七郎が座る。

例えば，【図３】のように，二郎のふったさいころの目が３のとき，二郎は席Ｄに座ります。

次の順番である三郎のふったさいころの目が４のとき，三郎は席Ｂに座ります。

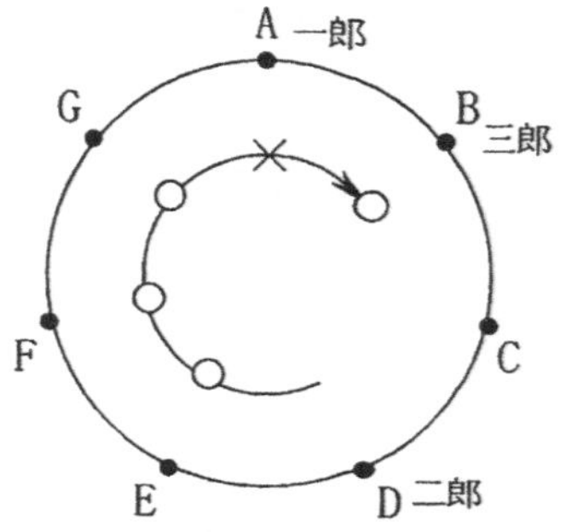

【図３】

このとき，以下の問い（ア）（イ）に答えなさい。

（ア）二郎，三郎，四郎のふったさいころの目が，それぞれ５，４，３のとき，四郎の席をＡ～Ｇから１つ選び，記号で答えなさい。

（イ）二郎，三郎，四郎，五郎，六郎のふったさいころの目が５人ともちがう目でした。７人の席が【図４】のとき，五郎と六郎のふったさいころの目を，１～６からそれぞれ選び，数字で答えなさい。

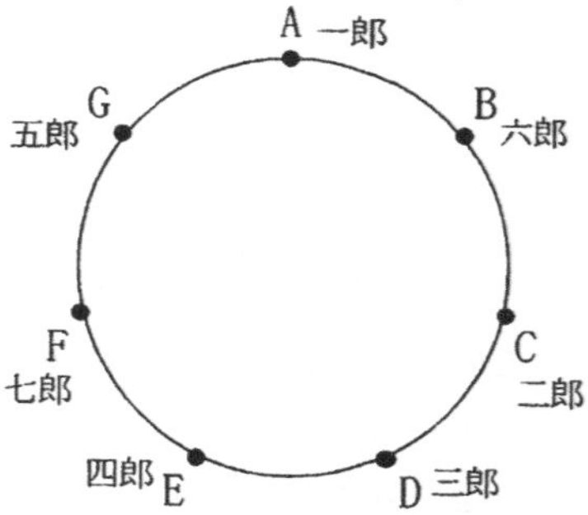

【図４】

（3）ある日，七郎が「＜新ルール＞では僕《ぼく》が座る席は，６人の席が決まった後，空いている席になる。僕もさいころをふって席を決めたい」といいました。すると一郎が「七郎がさいころをふって，七郎が座る席は，僕が座っている席（席Ａ）か七郎が＜新ルール＞で座るべき席のどちらかの席になるように，＜新ルール＞の④を変更すればいいんじゃない」といいました。どのように変更すればよいか，次の空欄《くうらん》をうめなさい。

＜新ルール＞の④を次のように変更すればよい。
④ これをくりかえし六郎が座った後，七郎がさいころを１回ふり，
（　　　　　　　　　　　　　　　　　　　　　　　）に七郎が座る。
その後，一郎は空いている最後の席に座る。

【問題３】Ａさん，Ｂさん，Ｃさんの３人は，それぞれの家から図書館へ行きます。３人は途中《とちゅう》，郵便局の前で待ち合わせをすることにしていました。ＡさんとＢさんは同じ時刻にそれぞれの家を出発しましたが，Ｃさんはその時刻の１５分後に家を出ました。待ち合わせ場所にはＡさんが先に着き，８分後にＢさんが来ました。その後３分待ちましたが，Ｃさんが来なかったので，ＡさんとＢさんは２人で先に図書館へ行くことにしました。Ｃさんは待ち合わせ場所に行っても２人がいないことに気づき，立ち止まることなくそのまま図書館に向かいました。すると，途中で２人と会うことができたので，Ｃさんは２人の速さに合わせて，３人で一緒《いっしょ》に図書館に向かいました。Ａさんが家から郵便局まで歩く速さ，Ｂさんが家から郵便局まで歩く速さ，ＡさんとＢさんが郵便局から図書館まで歩く速さ，Ｃさんが家からＡさんとＢさんの２人に出会うまでの速さは，それぞれ一定とします。次のグラフは，ＡさんとＢさんが家を出発してから図書館に着くまでの，家を出発してからの時間と２人が歩いた距離《きょり》の合計を表したものです。

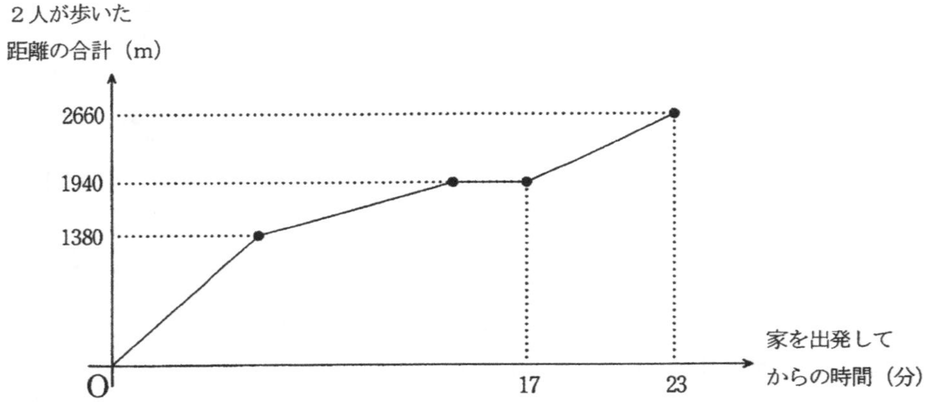

このとき，以下の問いに答えなさい。

（１）Ａさんが郵便局にいた時間を答えなさい。

（２）ＡさんとＢさんが郵便局から図書館まで歩く速さを求めなさい。

（３）Ｂさんの家から郵便局までの距離を求めなさい。

（４）Ａさんが家から郵便局まで歩く速さを求めなさい。

（５）Ｃさんの家から郵便局までの距離は200ｍです。Ｃさんが家からＡさんとＢさんの２人に出会うまでの速さは，分速何ｍより速く，分速何ｍより遅《おそ》いか求めなさい。

【問題４】下の【図１】のような同じ大きさの黒い立方体と白い立方体のようかんがたくさんあります。黒いようかんを切ったときの切り口は黒く，白いようかんを切ったときの切り口は白いです。

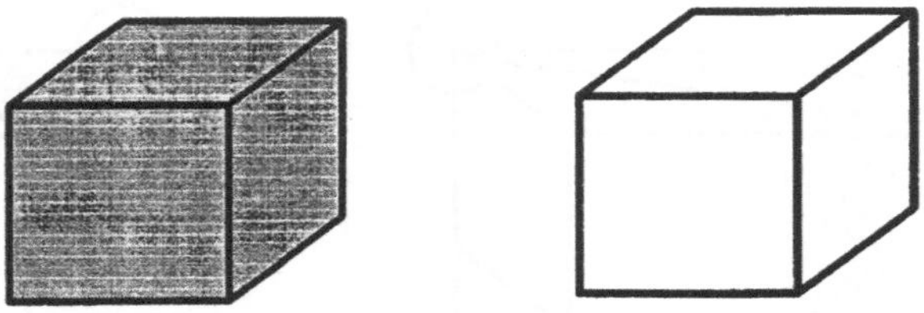

【図１】

下の【図２】のように，黒いようかんを３個と白いようかんを１個組み合わせた直方体のようかんを作ります。この直方体のようかんについて，黒い部分と白い部分の体積の比は，３：１です。
以下の問いに答えなさい。

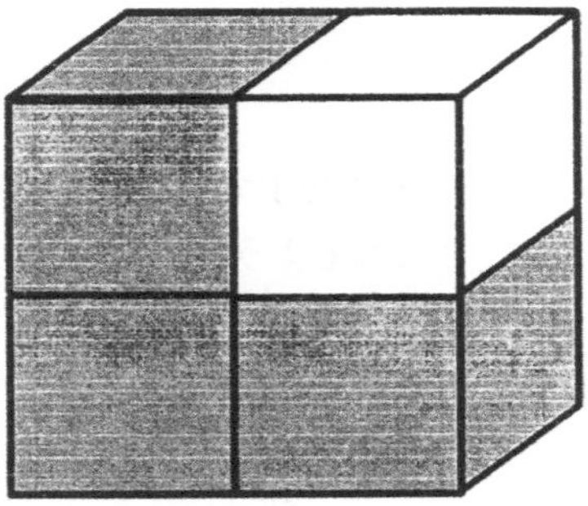

【図２】

（１）下の【図３】について，直方体のようかんの頂点のうち，丸で囲まれた３点を通るように包丁で切り分けたとき，切断面の三角形について正しい文を，次のア～エから選び，記号で答えなさい。

（ア）正三角形である
（イ）正三角形ではない，二等辺三角形である
（ウ）二等辺三角形ではない，すべての辺の長さが異なる三角形である
（エ）立方体の１辺の長さがわからないので，どのような三角形になるか決まらない

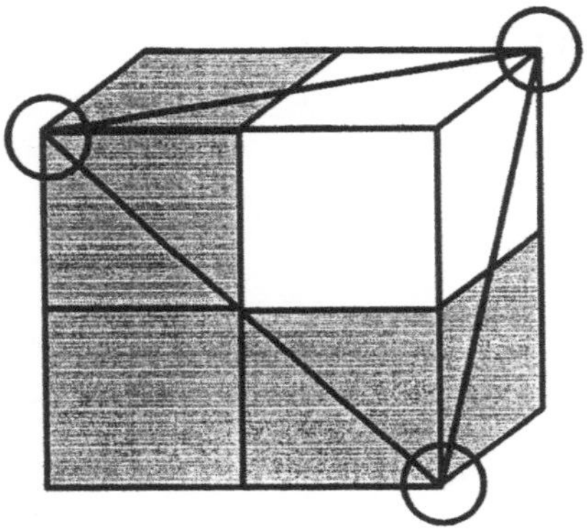

【図３】

（２）下の【図４】【図５】のように，直方体のようかんの頂点のうち，丸で囲まれた４点を通るように包丁で切り分けたとき，点Ａを含《ふく》む立体について，それぞれ黒い部分と白い部分の体積の比を答えなさい。

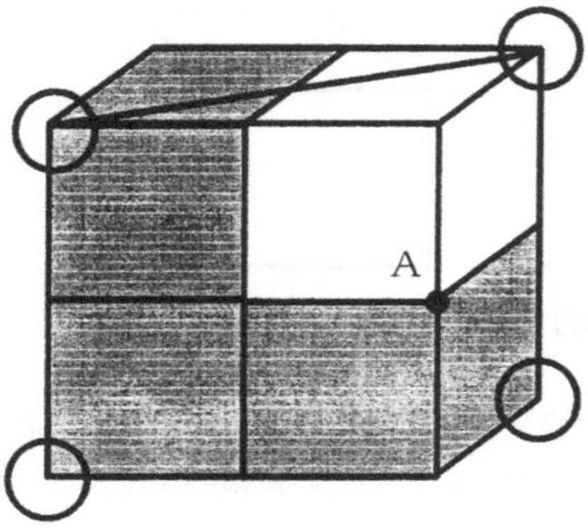

【図４】

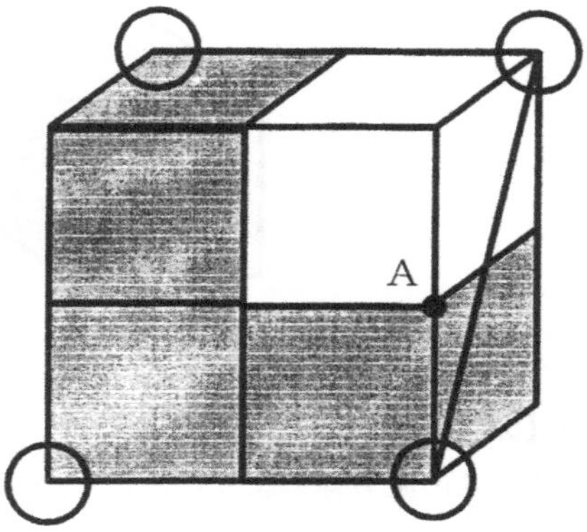

【図５】

（３）下の【図６】について，直方体のようかんを包丁で切り分けたとき，点Ａを含む立体について，黒い部分と白い部分の体積の比が１：１になるようにしたいと思います。直方体のようかんの頂点①～⑧のうち，どの４点を通るように包丁で切り分ければいいですか。頂点①～⑧から４つ選び，記号で答えなさい。

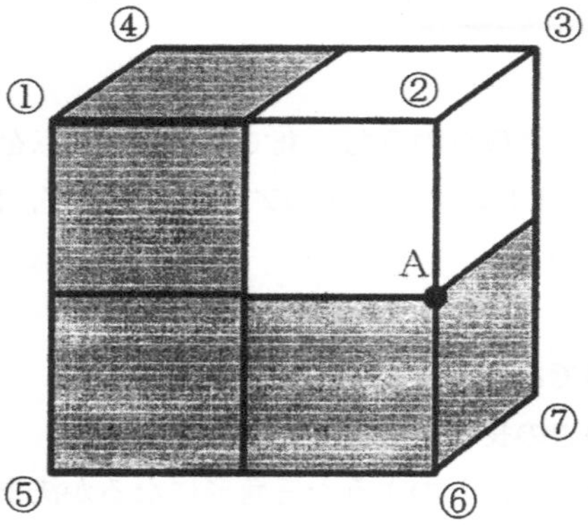

【図６】

左の直方体の８つの頂点のうち，
７点①～⑦以外の頂点を⑧とする。

【問題５】太郎さんと花子さんは３マス×３マスの盤《ばん》（【図１】）上をプログラム通り動くロボットを作りました。ロボットは，盤の外（S）から入って，盤の内を１マスずつ進み，盤の外（G）へ出ます。

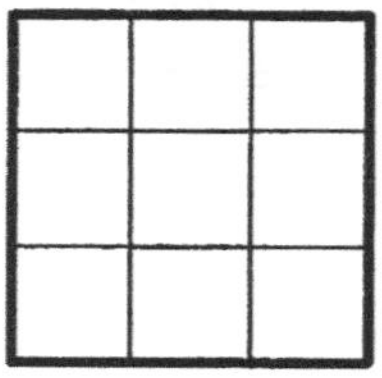

【図１】

プログラムとは，指示を複数回組み合わせたものを指し，次の３つのルールに従います。

＜ルール①＞　指示はＦとＲの２種類だけである。
Ｆのとき，ロボットは１マス前に進む
Ｒのとき，ロボットは１マス右に進む

＜ルール②＞　最初の指示は，必ずＦである。その指示により，
ロボットは盤の外から，盤の内に入る。

＜ルール③＞　同じ指示を３回続けると，それ以降の指示はキャンセルされ，
ロボットは停止する。

例えば，「プログラムＦＦＲＦ」でロボットは，【図２】のような道筋でＳから入ってＧへ出ます。また，「プログラムＦＦＦＲＦ」でロボットは，【図３】のような道筋でＳから入って，＜ルール③＞に従って盤上○の位置で停止します。

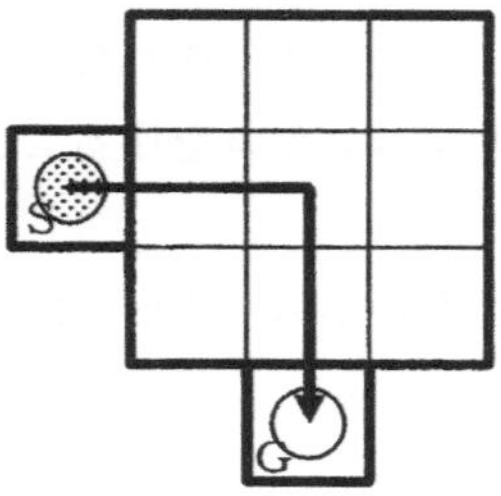

【図２】

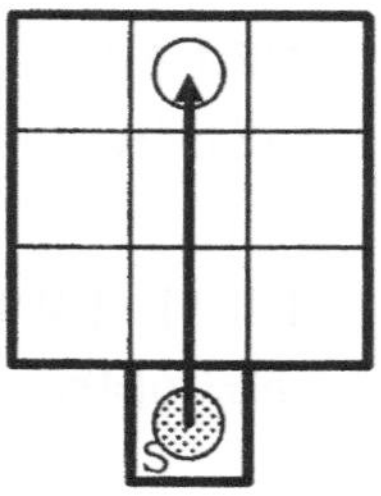

【図３】

太郎さんと花子さんは，【図４】でＳから入ってＧへ出るプログラムを考えています。以下の問いに答えなさい。

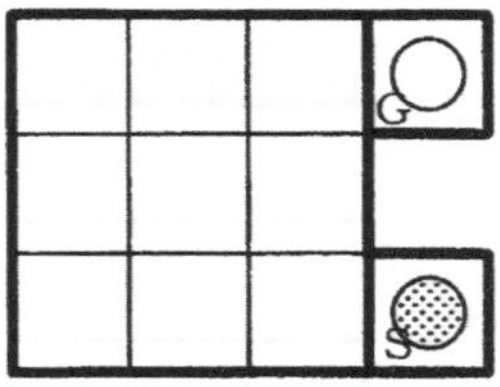

【図４】

（１）太郎さんは【図５】のような道筋でＳから入ってＧへ出るプログラムを考えました。太郎さんが考えたプログラムを答えなさい。

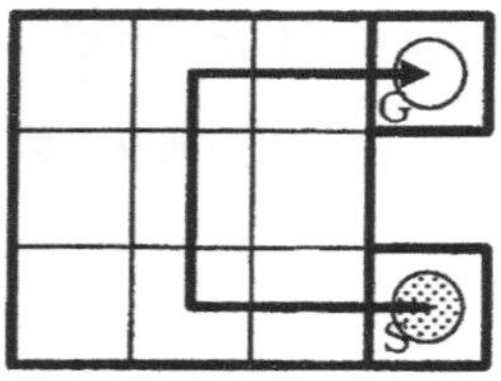

【図５】

（２）花子さんは【図６】【図７】【図８】のような道筋で，Ｓから入ってＧへ出るプログラムが作れないか考えました。それぞれの道筋について，適切な文を次のア～エから選び，記号で答えなさい。

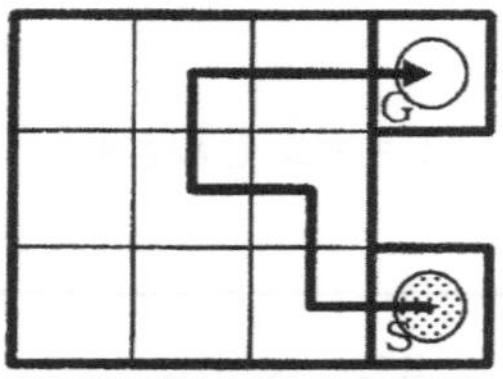

【図６】

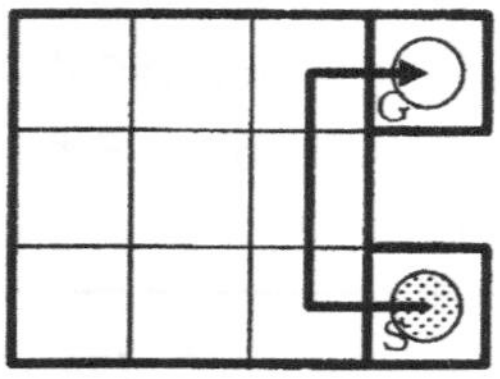

【図７】

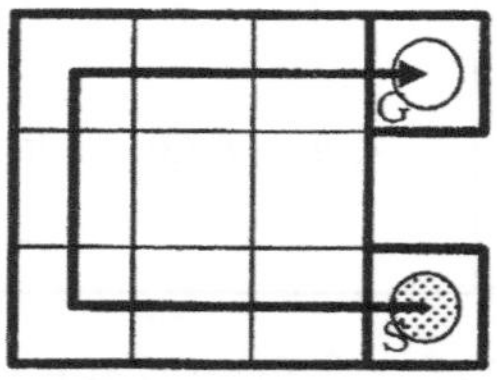

【図８】

（ア）＜ルール①＞に反するので，この道筋を進むプログラムは作れない。
（イ）＜ルール②＞に反するので，この道筋を進むプログラムは作れない。
（ウ）＜ルール③＞に反するので，この道筋を進むプログラムは作れない。
（エ）どのルールにも反しないので，この道筋を進むプログラムを作ることができる。

（３）【図５】【図６】【図７】【図８】以外の道筋で，Ｓから入ってＧへ出るプログラムをひとつ答えなさい。ただし，指示の回数は１５回以内とする。

（４）【図９】で盤の外（Ｓ）から入って，ルールに反することなくさまざまなプログラムを考えます。このとき，たどりつくことができない盤の外（Ｇ）があります。そのようなＧを【図９】の（ア）～（サ）からすべて選び，記号で答えなさい。

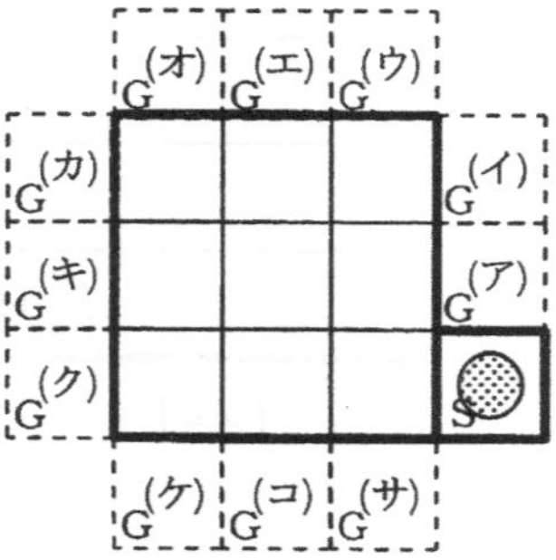

【図９】

令和３年度

適性をみる検査Ⅲ

注　意

1　指示があるまで，この用紙を開いてはいけません。
2　問題は**【問題１】～【問題７】**で，**１３ページ**にわたって印刷してあります。
検査が始まって，文字などの印刷がはっきりしないところや，ページが足りないところがあれば，静かに手をあげなさい。
3　検査時間は**５０分間**です。
4　声に出して読んではいけません。
5　名前を書くところはありません。
受付番号を，受検票を見ながらまちがわないように，はっきりと書きなさい。
受付番号を書くところは，**解答用紙の２か所**です。
6　答えはすべて解答用紙に書きなさい。
7　答えを直すときには，用紙が破れないようにていねいに消してから，新しい答えを書きなさい。
8　問題用紙の余白は，メモなどに使ってもよろしい。

京都市立西京高等学校附属中学校

【問題１】太郎さんが磁石の実験をしています。次の文を読み，以下の問いに答えなさい。

新品の鉄くぎに新品のクリップ（鉄製）を近づけましたが，くっつきませんでした。このことから新品の鉄くぎもクリップも磁石の性質はもたないことがわかります。この新品の鉄くぎを３本用意しました。（鉄くぎ①，②，③とします）

鉄くぎに棒磁石を何度もこすりつけると磁石になるそうです。《図１》のように鉄くぎ①の左端《はし》から右端（頭の方から先の方）に向かって棒磁石のＮ極を何度もこすりつけました。そうすると鉄くぎ①は弱い磁石になり，クリップをくっつけられるようになりました。方位磁石で調べると《図２》のようになりました。

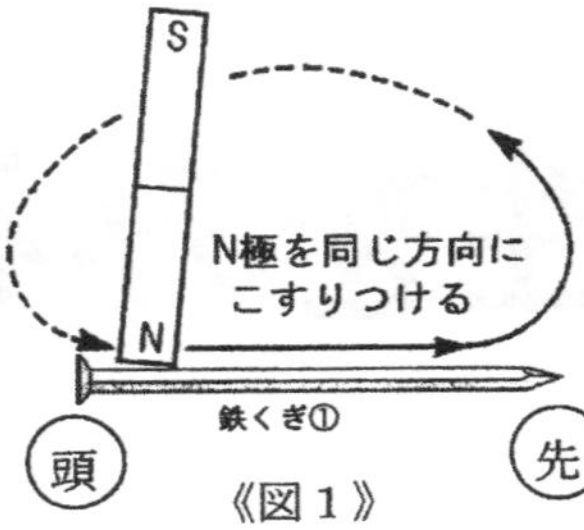

《図１》

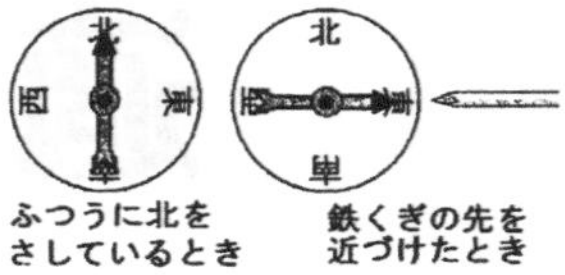

《図２》

（１）このとき，鉄くぎ①はどのような磁石になっていますか。最も適当なものを次のア～カから１つ選び，記号で答えなさい。

ア
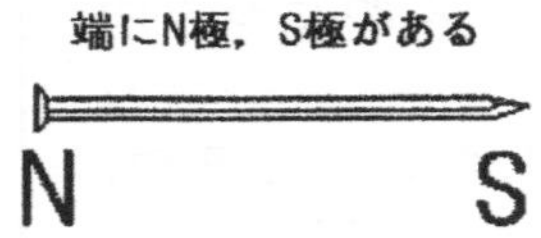

イ
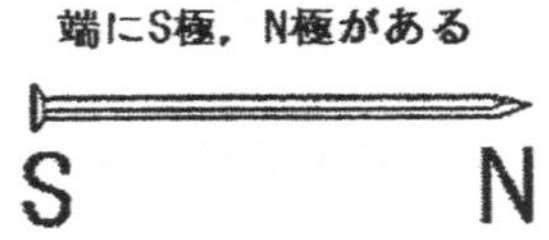

ウ

エ
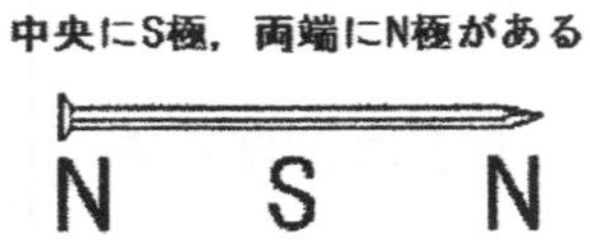

オ

カ
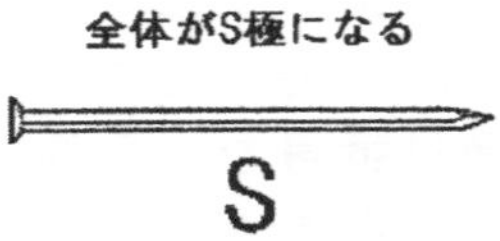

（２）次に，《図３》のように鉄くぎ②の中央付近に棒磁石のＮ極を何度も同じ方向にこすりつけると，鉄くぎ①よりは弱いですが，鉄くぎ②も磁石になっていました。このとき，鉄くぎ②はどのような磁石になっていますか。最も適当なものを（１）のア～カから１つ選び，記号で答えなさい。

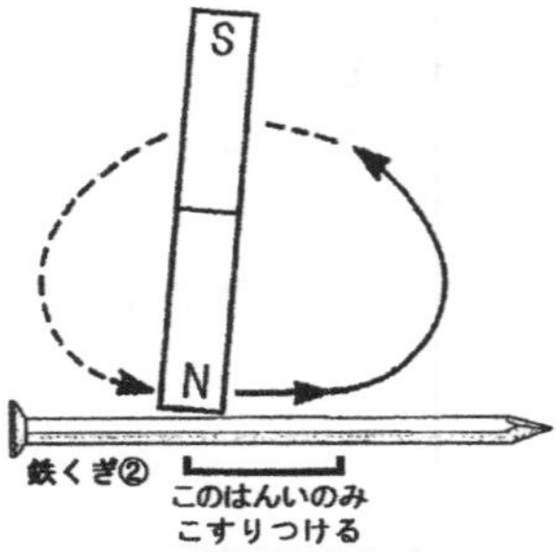

《図３》

（３）（２）の磁石の極のでき方が正しいか調べようと思い，鉄くぎ②の先に棒磁石のＮ極を近づけると，くっつきました。次に鉄くぎ②の同じ部分（Ｎ極がくっついた先の部分）に棒磁石のＳ極を近づけた場合も反発せずにくっつきました。なぜ磁石になったはずの鉄くぎ②の同じ部分にＮ極，Ｓ極ともくっつくのか説明しなさい。ただし，鉄くぎ②は（２）で考えたとおり，正しく磁石になっているものとします。

2021(R3) 西京高附属中
K 教英出版

次に，太郎さんは《図４》のような電磁石を使った衝突《しょうとつ》マシンを作りました。鉄球 A をしゃ面の同じ位置から転がすと，いつも同じ転がり方をし，スタートから同じ時間がたった時に電磁石の真下を通ります。その途中《とちゅう》に光センサーを取りつけました。この光センサーは常に光を出していて，その光がさえぎられると回路が切れるようになっています。太郎君はこのセンサーを電磁石の回路に組み込み，鉄球 A がセンサーを通過するしゅん間に回路が切れ，電磁石に電流が流れなくなるようにしました。電磁石には別の鉄球 B をくっつけていて，回路が切れて電流が流れなくなると鉄球 B は落下します。これでうまくタイミングが合えば鉄球 A と鉄球 B は電磁石の真下で衝突します。電磁石は《図４》に示した場所に動かないように固定してあり，電磁石には鉄くぎ③を用いました。

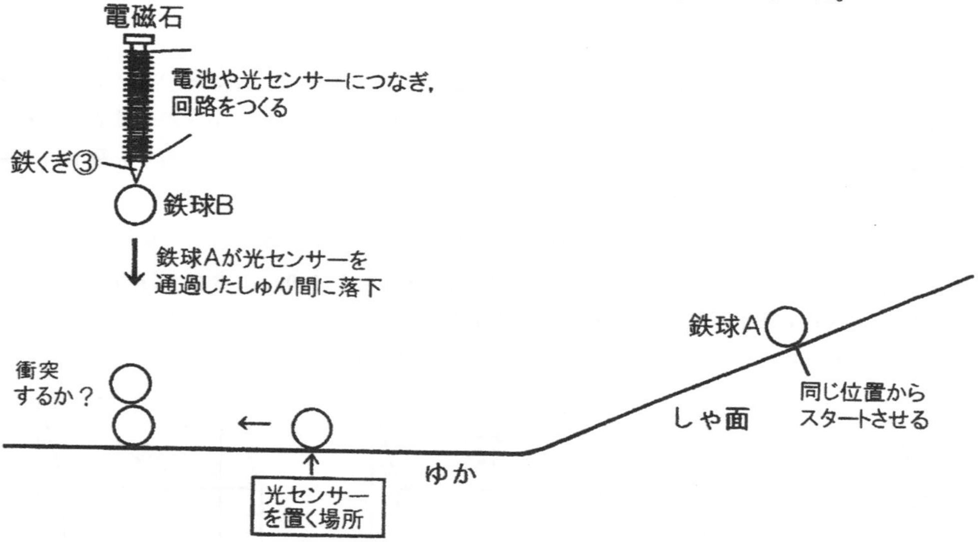

《図４》

（４）太郎さんが装置を作って初めて試したところ，鉄球 A が電磁石の真下を通り過ぎてから遅《おく》れて鉄球 B がゆかに到達《とうたつ》し，うまく衝突しませんでした。次に試すときはどうすればうまく衝突すると思いますか。適当なものを次のア～カからすべて選び，記号で答えなさい。

ア　電磁石のコイルの巻数を増やす。

イ　電池をもっと強力なものにかえる。

ウ　光センサーの場所を図の右にずらす。

エ　光センサーの場所を図の左にずらす。

オ　しゃ面の低い所から鉄球 A をスタートさせる。

カ　しゃ面の高い所から鉄球 A をスタートさせる。

（５）太郎さんが装置を調整すると，毎回，必ず衝突するようになりました。喜んだ太郎さんは何度も何度もくり返し実験したところ，鉄球 B が落下するタイミングがわずかに遅くなってきたように感じ，そのうちに鉄球 A が過ぎ去ってから鉄球 B がゆかに落ちることもありました。この理由としてどのようなことが考えられますか。30 字以内で説明しなさい。ただし，しゃ面やゆか，電池，光センサー，太郎さんの実験操作には原因がないものとします。

【問題２】太郎さんは昨夜見た夢について花子さんと会話をしています。会話文を読み，あとの問いに答えなさい。

太郎：昨日，無人島に流れ着いた夢を見たよ。そこは砂浜《すなはま》だけの島で太陽が照りつけ，とにかく水が飲みたいんだけど，水がありそうなところがどこにもないんだ。

花子：海水は飲めないし，そんな場所では真水を得ることも難しそうだね。

太郎：以前キャンプについて事前学習したとき，緊急《きんきゅう》時に水を得る方法が本にのっていたよ。砂に大きな穴を掘《ほ》ってビニルシートでふさぐんだ。すると砂浜から蒸発した水がシートの内側につくので，それを集めるんだ。

花子：おもしろそうだね。実験してみようよ。

太郎さんたちは《図１》のように，たて，よこ，高さがすべて１ｍで，上が開いたプラスチック製の箱を用意しました。その上にとうめいのビニルシートをかぶせます。シートをかぶせると，箱の内側と外側で気体や液体が出入りすることはできません。そしてシートの中央におもりを乗せ，中央部分にくぼみをつくります。くぼみの真下の所に水を受ける容器を置きます《図２》。

次に，太郎さんたちは海水に似た食塩水を作ろうと考えました。本で調べると，海水は約3.5%の濃《のう》度《ど》の食塩水に近いことがわかったので，水4825gに食塩175gを加え，5000gの食塩水（食塩の濃度3.5%）を作りました。シートをめくって，この5000gの食塩水をプラスチックの箱に入れました《図３》。その際，食塩水が水を受ける容器の中に入らないように注意しました。

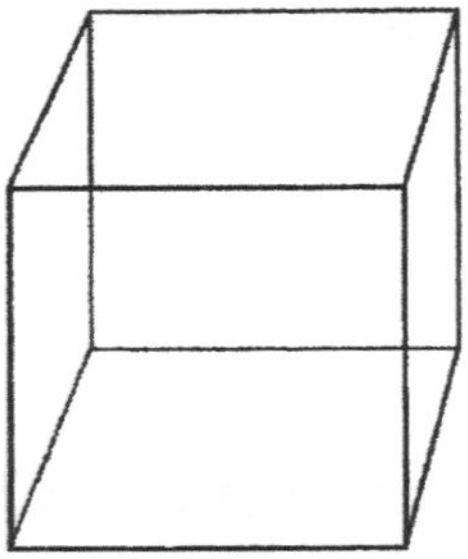

《図１》

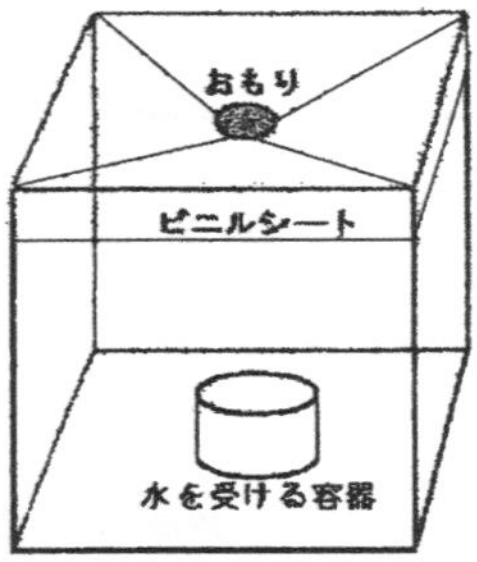

《図２》

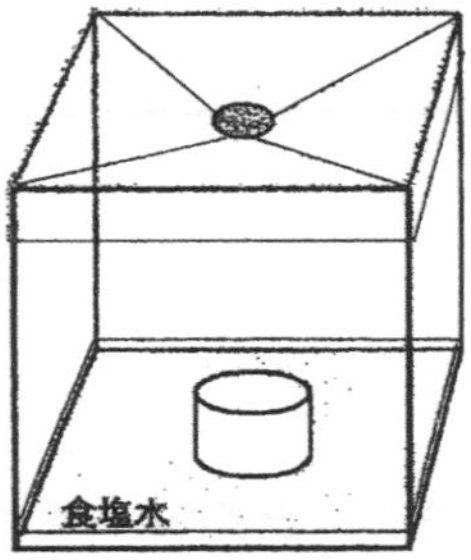

《図３》

なお，問題を考えていく上で，次のように約束します。

①水滴《すいてき》はビニルシートだけにつき，プラスチックの箱の側面や水を受ける容器にはつかない。

②「ビニルシートについた水滴を集めた」というのは，ビニルシートについた水滴をすべて水を受ける容器内に落とし，水がビニルシートに一切残っていない状態をいう。

③実験場所として選んだ屋外は日光がよく当たり，昼夜の気温の差も大きいが，実験の期間を通して食塩水が凍《こお》ったり，水に溶《と》けている食塩が固体となって出てくることはない。

（１）この方法で水（真水）を集めることができる理由として最も適当なものを次のア～エから１つ選び，記号で答えなさい。

ア　水も食塩も蒸発するが，ビニルシートに水滴としてつく性質を持つのは水だけだから。

イ　水も食塩も蒸発するが，食塩は重いのでシートまでたどり着けずに下に落ちるから。

ウ　食塩は重いので食塩水の底の方に移動し，食塩水の上部は真水に近くなるから。

エ　食塩水中の水だけが蒸発し，食塩は蒸発しないから。

（2）太郎さんたちがこの装置を屋外に放置しておくと，翌朝にはビニルシートの内側に水滴がたくさんついていました。その水滴はビニルシートの一番低いところ（おもりの下）から下に落ちていきます。水を受ける容器内にはすでに少し水がたまっていました。太郎さんたちが引き続きこの装置をそのまま数日間放置しておくと，水を受ける容器にはさらに多くの水がたまっていました。そこでビニルシートについたままの水滴も，すべて水を受ける容器内に落として集めました。プラスチックの箱には4375gの食塩水が残っていました。この残った食塩水の濃度を求め，その式も書きなさい。

（3）（2）のとき，水を受ける容器内の水は618gでした。プラスチックの箱に残された4375gと足すと，もとの5000gには7gほど足りません。なぜ，このようなことが起きたのでしょうか。20字以内で説明しなさい。ただし，実験装置や水や食塩水の測り方には原因がないものとします。

【問題３】太陽と月の光や影《かげ》の性質について，あとの問いに答えなさい。

（１）花子さんの京都の自宅には，庭の中央に支柱が立っています。地面には，支柱を中心とした円がかかれています。この支柱をななめ上から見ると《図１》のように見えます。真上から見ると《図２》のように見えます。《図３》も支柱を真上から見たものです。３月の，ある晴れた日に花子さんが庭を見ると，支柱の影の先が《図３》のＡの位置にありました。花子さんがうで時計を見ると，時刻は９時 21 分でした。ずっと影を観察していると，影はどんどん短くなっていき，花子さんの時計で 12 時９分のときに最も影が短くなり，そのあとは，また長くなっていきました。

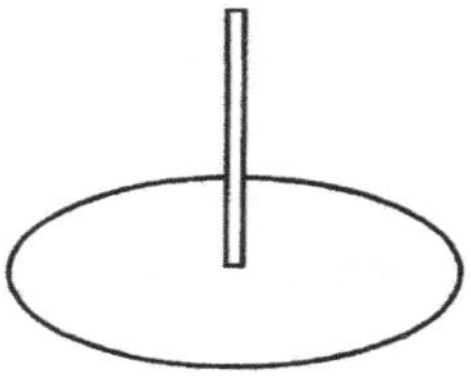
《図１》

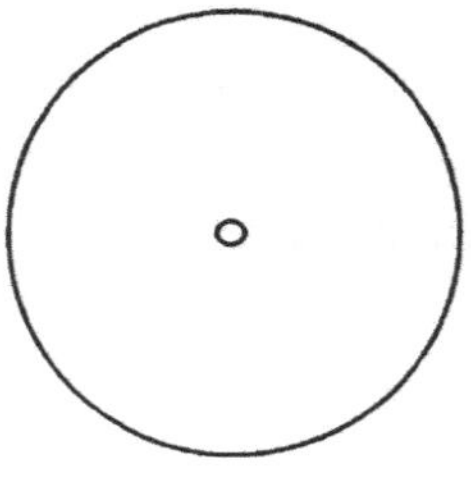
《図２》

① 支柱の影の先がＢの位置に来たとき，花子さんのうで時計は午後何時何分をさしていましたか。

② 《図３》の矢印(あ)はＡとＢを結ぶ直線と平行です。矢印の先の方角を８方位（東西南北の４方位と北東，北西，南東，南西の４方位）から最も適当なものを１つ選び，答えなさい。

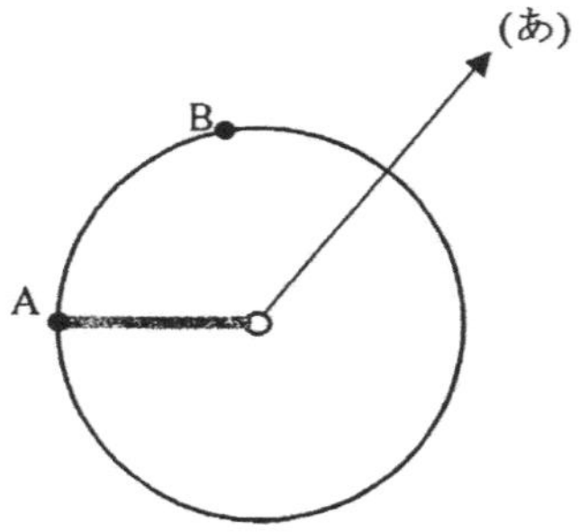

《図３》

（２）花子さんは鏡を持っています。手のひらにおさまる大きさで，円形の鏡の裏側に半球型のかざりとリボンのついたものです。鏡を平らな面に置いて，横から見ると《図４》のようになり，鏡の面が水平になることはありません。夜になって花子さんは，自宅のしばふの上にこの手鏡を落としてしまったことに気がつきました。探しているうちに，家のかべの高さ 90cm くらいのところに，周りより明るい部分があることに気がつきました。どうやら落とした鏡が満月の光を反射しているようです。鏡を簡単に見つけるにはどうすればいいか答えなさい。

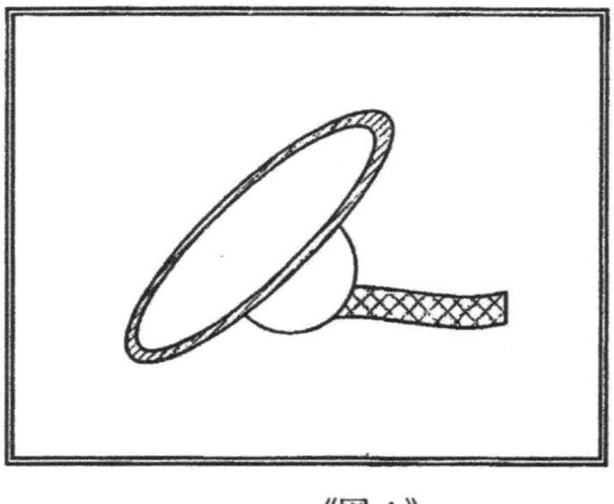
《図４》

（3） 4月に公園に遊びに行った花子さんは，お弁当を食べた後，1時ごろに木の影で2時間ほどひとねむりすることにしました。その日は暑かったので，太陽の光をさけて，すずしく眠《ねむ》れる場所にビニルシートをしきました。ビニルシートの大きさは2m四方です。《図5》は，影を作っている木を横から見たもので，《図6》は，木と木の影を上から見たものです。方眼《がん》1マスの1辺は1mです。ビニルシートをしくのに良い場所として解答用紙にある方眼の4マス分の四角をぬりつぶし，その場所を選んだ理由を簡潔に答えなさい。

《図5》

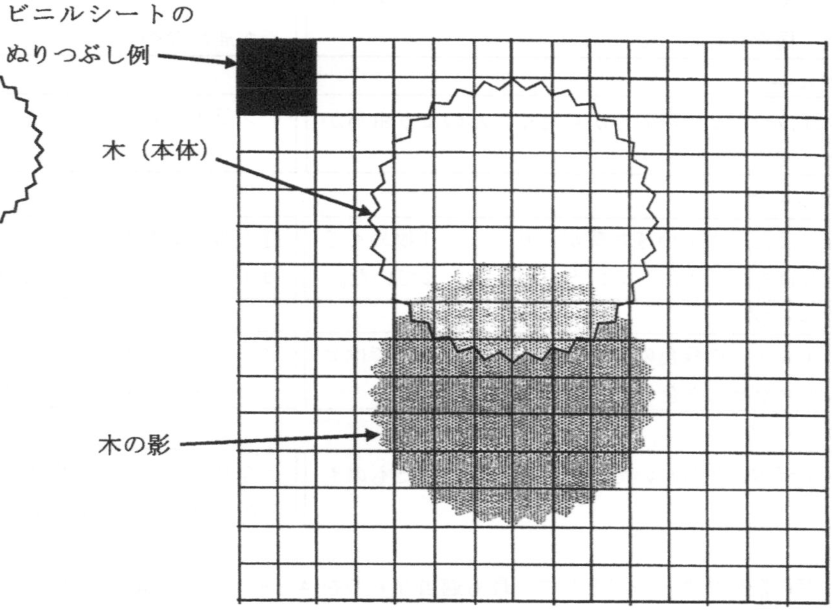

《図6》

【問題４】理科クラブに入っている京太さんは，ふだん身の周りの自然について観察記録に書きとめています。この記録について，次の問いに答えなさい。

（１）観察記録の中に日付が入っていないものがいくつかありました。京太さんは記録を読み返し，これらをＡ～Ｅのグループに分けました。これらのグループは「春の記録」「夏の記録」「秋の記録」「冬の記録」「季節を判断することができない記録」の５つに分類できます。次のグループを見て，あとの問いに答えなさい。

Ａのグループ

ヘチマの実が大きく育っていた。かわいた実もあり，種を収かくした。	セイタカアワダチソウが高すぎて黄色い花に手が届かなかった。

Ｂのグループ

オオカマキリの卵《らん》のうからたくさんのよう虫がかえっていた。	アブラナの黄色い花がさき始めていた。

Ｃのグループ

森にはたくさんの落ち葉があり，３，４枚めくると５ひきのナナホシテントウがじっとしていた。	庭の落ち葉の下の土をそっとほり返すと，ヒキガエルがじっとしているのを見つけた。

Ｄのグループ

ツルレイシの緑色の実を収かくした。川原ではヒルガオがピンク色の花をつけていた。	アオカナブンが木のしるをなめていた。ナナホシテントウがアブラムシを食べていた。

Ｅのグループ

タンポポの花が咲いていた。綿毛《わたげ》をつけたものもあった。	となりの家にツバメの巣があるのを見た。カラスがごみ捨て場に２羽いた。

① 夏の記録のグループとして，最も適当なものをA～Eから１つ選び，記号で答えなさい。

② 季節を判断することができない記録のグループとして，最も適当なものをA～Eから１つ選び，記号で答えなさい。

（２）京太さんの記録を見た姉の京美さんが京太さんに話しかけてきました。二人の会話文を読んで，あとの問いに答えなさい。

京美：京太はほんとうに生き物が好きね。では，今からゲームをしましょう。

京太：どんなゲームかな。

京美：今から４枚のカードにそれぞれ別のこん虫の名前を書くわ。そうね，こん虫は近所でもよく見かけるナナホシテントウ，モンシロチョウ，シオカラトンボ，ショウリョウバッタにしましょう。私はそのカードから１枚を選んで自分だけが見えるようにするから，京太は私に質問をして，そのこん虫が４つのこん虫のうちのどれかを当ててみて。ただし，できる質問は２つだけよ。質問には私は「はい」か「いいえ」でしか答えないからね。

京太：うーん，むずかしいな。お姉ちゃん，ゲームの前に１つ聞いてもいいかな。ナナホシテントウって，完全へんたいか不完全へんたいのどっちだったかな。

京美：あら，京太，あなたはナナホシテントウの［ a ］を見たことがあったでしょう。あれを見ていればわかるはずよ。

京太：あ，そうか。わかったよ。よーし，質問を考えてみるから，ちょっと待ってね。

8

A

B

C

三】

※

200

150

※

京都市立西京高等学校附属中学校

【問題3】

(1)	分間	(2)	分速　　　　　m
(3)	m	(4)	分速　　　　　m
(5)	分速　　　　　m より速く，分速　　　　　m より遅い		

※

【問題4】

(1)		
(2)	【図 4】 黒 ： 白 ＝ 　　：	【図 5】 黒 ： 白 ＝ 　　：
(3)		

※

【問題5】

(1)	プログラム		
(2)	【図 6】	【図 7】	【図 8】
(3)	プログラム		
(4)			

※

※この解答用紙には【受付番号】を2カ所記入しますので、注意してください！

受付番号	

【問題5】

(1)															
(2)	①					②									
(3)															
											という負担				

※

【問題6】

(1)		(2)		(3)					
(4)									
(5)	①	え				お			
	②	か		き					

※

【問題7】

(1)									
(2)	あ		い						
	う								

※

京都市立西京高等学校附属中学校

令和3年度
適性をみる検査Ⅲ　解答用紙

受付番号	

※100点満点
（配点非公表）

【問題1】

（1）		（2）		（3）	
（4）					

（5）															

※

【問題2】

（1）		（2）	%	【式】

（3）										

※

【問題3】

（1）	①	午後　　時　　分	②	

（2）	

（3）	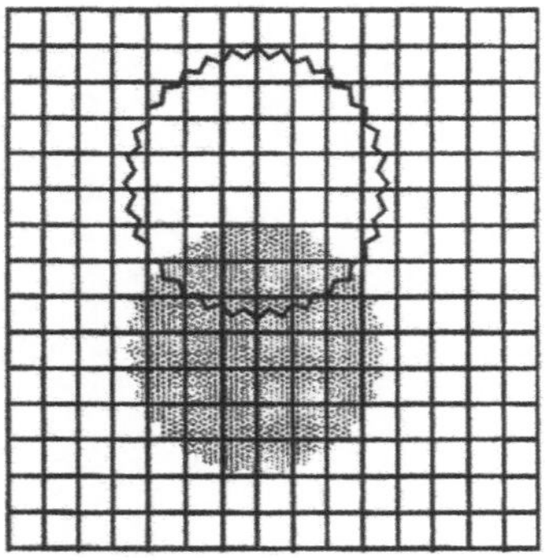	【理由】

※

【問題4】

（1）	①		②	

（2）	①				②	

※

京都市立西京高等学校附属中学校

令和3年度
適性をみる検査Ⅱ　解答用紙

受付番号	

※100点満点
（配点非公表）

【問題1】

(1)		(2)	
(3)			
(4)			

※

【問題2】

(1)	(ア)		(イ)		
(2)	(ア)		(イ)	五郎	六郎
(3)					

※

令和三年度
適性をみる検査Ⅰ　解答用紙

※100点満点
(配点非公表)

受付番号

【問題一】

問1
(1)
(2)

問2
A
B
C

問3
体が

問4

問5
(1)
①
②
③

(2)
A
B

※

※

※

① 二人の会話文の［ a ］に入る言葉をひらがな３文字で答えなさい。

② 京太さんは，次のア～オの５つの質問を考えつきました。京美さんがどのカードを選んでいても，２つの質問でそのこん虫の名前を当てられるようにするには，どの質問をすればいいですか。次のア～オから２つ選び，記号で答えなさい。

ア　完全へんたいですか。
イ　よう虫のときは水中でくらしていますか。
ウ　せい虫はしょっ角をもっていますか。
エ　ほかの生きものをつかまえて食べますか。
オ　４まいのはねを持っていますか。

【問題５】次の太郎さんと京子さんと先生の会話文を読み，あとの問いに答えなさい。

太郎：昨日，学校で（　あ　）時代の歴史を勉強しましたが，そのとき教科書にのっていた元の兵士と戦う竹崎季長《たけざきすえなが》の絵がとても気になりました。元の兵士が矢をうっているのを,ものともせず戦う季長の姿が印象的でした。

京子：そうですね。元の兵士たちの使っている「てつはう」も，印象に残っています。

太郎：この絵にえがかれた戦いの後，ご恩と奉公《ほうこう》で結びついていた幕府と武士の関係がくずれ，幕府が衰《おとろ》えていったのですね。

先生：（　あ　）時代が終わるのは，この戦いの約５０年後です。一方，元が滅《ほろ》ぶのは，約９０年後です。元は３度目の日本侵攻《にほんしんこう》（日本を攻《せ》めること）を計画しましたが，反乱が起こるなど国力が低下しはじめ実行できなかったといわれています。日本にとって大きな戦いでしたが，元にとっても決して小さなものではなかったと考えられます。

（１）会話文中の（　あ　）にあてはまる時代を【　　】のア～オより１つ選び記号で答えなさい。

【　ア：奈良《なら》　　イ：平安《へいあん》　　ウ：鎌倉《かまくら》　　エ：室町《むろまち》　　オ：江戸《えど》　】

（２）太郎さんはこの会話の後，日本と元との戦いを調べ，次のように≪ノート≫にまとめました。また，京子さんは太郎さんと話した竹崎季長の絵を調べました。するとこれは竹崎季長自身が元との戦いをえがかせた「蒙古襲来絵詞《もうこしゅうらいえことば》」という絵巻物であることが分かりました。そして，「蒙古襲来絵詞」でえがかれている場面を次のようにＡとＢのカードにしました。以下の①②の問いに答えなさい。

≪ノート≫

・日本と元との戦いは（　い　）と呼ばれている。
・元は２度日本に侵攻した。
・１度目の戦いを文永《ぶんえい》の役《えき》と呼び，元は約３万の軍勢で九州北部に上陸して，日本の武士たちを苦しめたが，夜になると海上に引き上げ，退却《たいきゃく》したとされている。
・２度目の戦いを弘安《こうあん》の役と呼び，元は約１４万の軍勢で九州北部に攻め寄せたが，備えを十分にしていた武士たちにはばまれて上陸できず，海上で暴風雨にあい大きな被害《ひがい》を受け，退却したとされている。

A

B

①≪ノート≫の（　い　）にあてはまる言葉をひらがな４字で答えなさい。

②≪ノート≫とA・Bのカードから読み取れる内容として適切なものを，次のア～エより２つ選び記号で答えなさい。

ア　Aは，防塁《ぼうるい》がえがかれており，武士たちの戦う準備が十分にできているため，弘安の役をえがいたものと考えられる。

イ　Aは，元軍が上陸していることから，文永の役をえがいたものであると考えられる。

ウ　Bは，竹崎季長の乗る馬が負傷していることから，弘安の役をえがいたものであると考えられる。

エ　Bは，日本の武士と元軍が地上で戦っていることから，文永の役をえがいたものであると考えられる。

（３）会話文中の波線部について，京子さんは幕府の力が低下した理由を調べ，その内容を先生に確認しました。そのときの京子さんと先生の会話が次の内容です。これを読み，あとの問いに答えなさい。

京子：弘安の役の後に，幕府が衰えたのは，活躍《かつやく》した武士に与《あた》える土地が少なく，生活に困る武士たちが出てきたことが大きな原因ですね。

先生：はい，その通りです。幕府は，生活に苦しむ武士たちが多くの借金をして土地を手放すようになったことに対し，手放した土地を武士に返す徳政令という命令で救済しようとします。しかし，その後も西日本とくに九州あたりの武士には負担が重くのしかかることになったため，生活苦は解消されず，幕府の力の低下につながったといわれています。

会話文中の下線部「負担が重くのしかかることになった」について，その負担とはどのようなものか，最初の太郎さん・京子さん・先生の会話文と≪ノート≫を参考にして，「～という負担」という形に続くように２５字以内で説明しなさい。

【問題６】次の日本地図と【資料１】太郎さんと京子さんの会話文を読み，あとの問いに答えなさい。

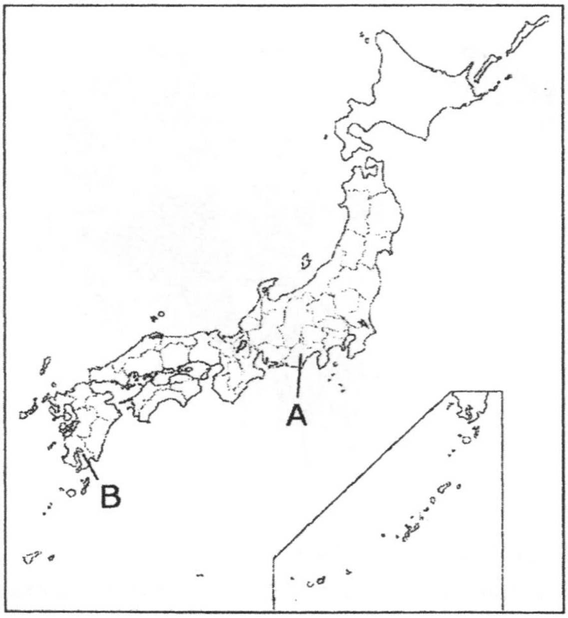

【資料１】

≪（　あ　）の栽培に適した気候　≫

・１年間の平均気温が１４～１６度程度。
・夏の最高気温が４０度より低く，冬の最低気温がマイナス５度より高い地域。
・昼夜の気温差があると品質が良くなる。
・霜《しも》が降りると品質が悪くなる。
　→霜が降りないように冬場には防霜《ぼうそう》ファン（扇《せん》風機のような機械で，霜が降りるのを防ぐもの）を使う地域も多い。
・年間降水量が１３００mm以上で，特に４～９月は多くの降水量が必要。
　※世界の平均降水量は約８８０mm

京子：日本地図のＡとＢは，（　あ　）の栽培が盛んな県で，国内の生産量はＡ県が１位で，Ｂ県が２位です。

太郎：Ａ県の牧之原《まきのはら》台地は日本有数の（　あ　）の産地ですね。

京子：【資料１】をみると，温暖で降水量が多い地域が（　あ　）の栽培に適しているようですね。

太郎：なるほど。確かにＡ県もＢ県も（　い　）の影響《えいきょう》を受け，温暖で，特に夏の降水量が多い地域です。

京子：温暖で降水量が多い気候といえば，米の栽培にも適していそうですね。どうでしょうか。

太郎：今，インターネットで検索《けんさく》しますね。インターネットの情報によると，Ａ県は３１位，Ｂ県は２９位で，Ａ県，Ｂ県ともに米の生産が盛んであるとは言えないようです。

（1）会話文中の（　あ　）にあてはまる農作物として適切なものを【　　】のア～カより１つ選び記号で答えなさい。

【　ア：みかん　　イ：さつまいも　　ウ：サトウキビ　　エ：茶　　オ：菊《きく》　　カ：スイカ　】

（2）日本地図と【資料１】をみて，（　あ　）の栽培に適した気候条件と最も合う雨温図を次のア～エより１つ選び記号で答えなさい。

ア　　　　　　イ　　　　　　ウ　　　　　　エ

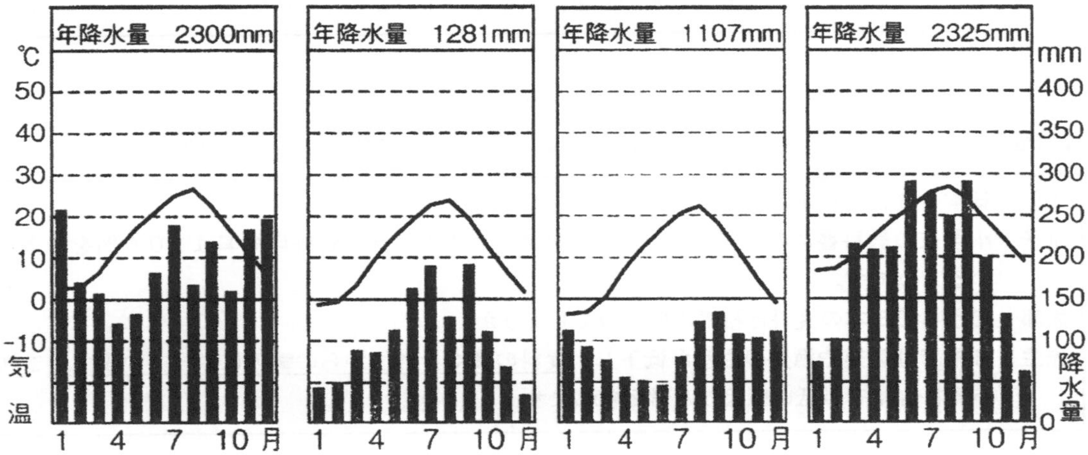

（3）会話文中の（　い　）にあてはまる言葉をひらがな４字で答えなさい。

（4）京子さんは，会話文中の下線部のように温暖で降水量が多いＡ県とＢ県で，米の栽培が盛んでない理由をこれらの地域の地形や土地の性質に関係があると考え，調べました。すると，Ａ県とＢ県の地域の地形や土地の性質は米の栽培には適さないが，（　あ　）の栽培には適していることが分かり，その内容を次のように≪メモ≫にまとめました。≪メモ≫の（　う　）にあてはまる言葉を答えなさい。

≪メモ≫

・Ａ県で（　あ　）の栽培が盛んな地域は，台地や山間部が多い。
・Ｂ県は火山灰が積もった土地が多い。
→ 結論：土地の性質＝（　う　）が良い。

（5）太郎さんは，会話文中の下線部の京子さんの発言を聞いて，現在の日本で米の生産が多い都道府県が気になり調べてみました。すると北海道や東北地方，北陸地方などが米の生産が多い地域であることが分かりました。そしてこれらの地域における米の生産の様子を≪ノート≫にまとめてみました。以下の①・②の問いに答えなさい。

≪ノート≫

・北海道の米の栽培は北海道西部に広がる石狩平野で盛んである。
・東北地方では，岩手県，宮城県より，秋田県，山形県の方が米の生産量が多い。
・２０１５年の生産量では新潟県が日本一になっている。
→ 結論：日本列島北部では（　え　）側より（　お　）側の方が，米の生産量が少ない。

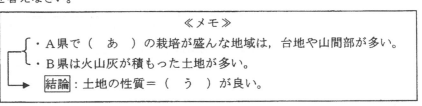

①≪ノート≫の（　え　）（　お　）にあてはまる言葉をそれぞれ漢字３字で答えなさい。

②≪ノート≫の結論のように，日本列島北部で（　お　）側の方が米の生産量が少ない理由を説明した次の文章の（　か　）（　き　）にあてはまる言葉を答えなさい。ただし，（　か　）には季節を答え，（　き　）はひらがな４字で答えなさい。

日本列島北部の（　お　）側の地域は，（　か　）に吹く北東の風が（　き　）をもたらすので，気候の面では米の栽培に適していないと考えられる。

【問題７】次の太郎さんと京子さんと先生の会話文を読み，あとの問いに答えなさい。

太郎：日本の食料自給率《じきゅうりつ》は約４０％と，かなり低いようですね。
京子：小学校の教科書にのっていましたが，アメリカやカナダの食料自給率は１００％をこえているようです。
太郎：どうして日本の食料自給率は低いのでしょうか。
先生：日本では農業や漁業の生産が低下し，食料の多くを外国からの輸入に頼《たよ》っています。これが食料自給率が低い原因だと考えられます。

（1）会話文中の下線部にあるように，日本は食料の多くを外国から輸入しています。その中でもとくに自給率が低いものを次の【　　】のア～オより１つ選び記号で答えなさい。

【　ア：とり肉　　イ：米　　ウ：魚介《ぎょかい》類　　エ：大豆　　オ：牛乳　】

（2）次の文章は日本が（1）で選んだ食料を輸入に頼っている理由を示したものである。（　あ　）（　い　）にあてはまる言葉を答えなさい。また，（　う　）にはあてはまる文を８字以内で答えなさい。

（　あ　）に生産している外国の方が，日本で生産するより，圧倒《あっとう》的に（　い　）が低いから。また，（　う　）ので，遠く離《はな》れた外国からでも輸送しやすいから。

令和二年度

適性をみる検査Ⅰ

注意

1 指示があるまで、この用紙を開いてはいけません。
2 問題は、**十ページ**にわたって印刷してあります。検査が始まって、文字などの印刷がはっきりしないところや、ページが足りないところがあれば、静かに手をあげなさい。
3 検査時間は**五十分間**です。
4 声に出して読んではいけません。
5 *のついている語句には語注があります。
6 名前を書くところはありません。**受付番号**を、受検票を見ながらまちがわないように、はっきりと書きなさい。受付番号を書くところは、**解答用紙の一か所**です。
7 答えはすべて解答用紙に書きなさい。字数に制限がある場合は、句読点もふくみます。
8 答えを直すときには、用紙が破れないようにていねいに消してから、新しい答えを書きなさい。
9 問題用紙の余白は、メモなどに使ってもよろしい。

京都市立西京高等学校附属中学校

【問題一】　次の文章を読んで、あとの問いに答えなさい。

《1》～《3》は文章のまとまりを表すものとします。＊がある語句は、下に〔語注〕があります。

〔語注〕

オープン・エンド…終わりが決められていないこと。

ドラマチック…劇的。

奮闘する…力の限り努力すること。

メタファー…たとえ。

潜在能力…表面にはっきり表れない形で存在する能力。

代償…脳などの特定の部位が損傷を受けた場合に、残されたほかの領域が、その機能を引きつぐこと。

様相を呈する…ある状態や様子を示す。

漠然…ぼんやりしていて、つかみどころがないさま。

倫理…人の行うべき道。

パートナー…相手。

ダイナミック…活力にあふれているさま。
変貌…様子がすっかり変わること。
晴眼者…目が見える者。
喪失…なくすこと。
インスピレーション…ひらめき。
全身全霊…心身の全て。
態度の純度…態度が純すいであること。
依存…他のものに寄りかかって存在し成り立つこと。

卓越…他よりはるかに優れていること。

心的表象…心に浮かべられたイメージ。

認識…物事をはっきり見分け、その意義を正しく理解すること。

革命…制度や価値などを根本的に改革すること。

日本鱗翅学会…蝶や蛾のなかまについて研究している研究者の集まり。

ティーンエイジャー…十代の若者。

相対性理論…アインシュタインがはじめて唱えた物理学の理論。

ギムナジウム…ドイツの学校。

ドロップ・アウト…ここでは、退学すること。

冷や飯を食わされる…冷たく不親切にあつかわれること。

プロセス…過程。

先哲…過去に活やくしたすぐれた人。

ベクトル…方向。

触発…何かのきっかけが、ある感情や行動を起こさせること。

【問題４】《図１》のような立方体を切って展開図を考える。例えば，《図２》の波線部分で切ったときの展開図が《図３》である。このとき，以下の問いに答えなさい。

《図１》

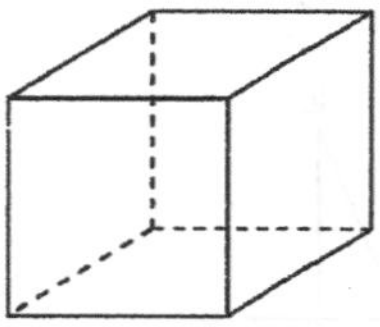

《図２》

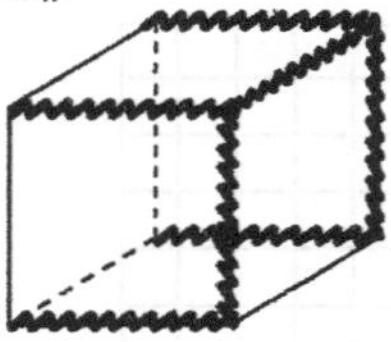

《図３》

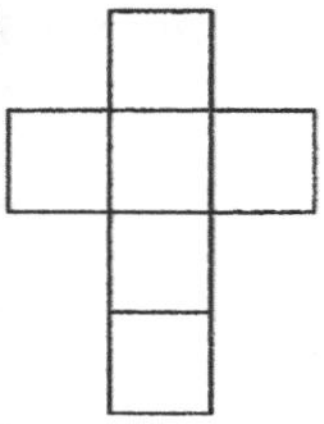

（１）《図４》のように切ったときにできる展開図として適当なものを，次の（ア）～（エ）から１つ選び，記号で答えなさい。

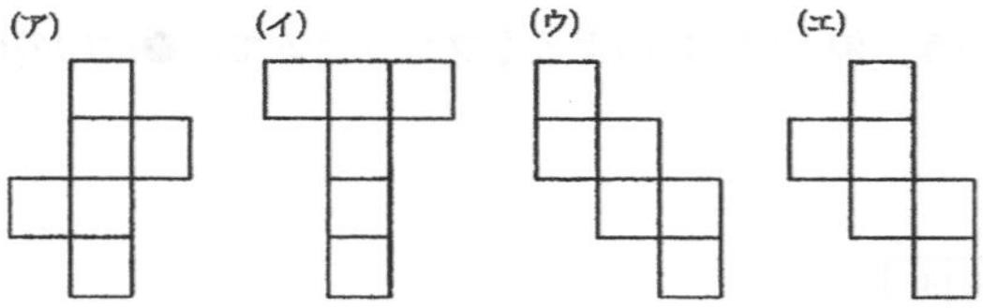

《図４》

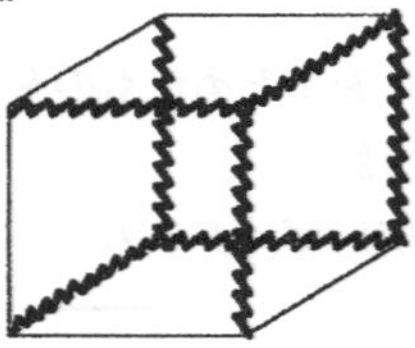

（２）展開図が《図６》のようになるにはどのように切ればいいですか。《図５》に加える切り口を次のア～カから選び，記号で答えなさい。

《図５》

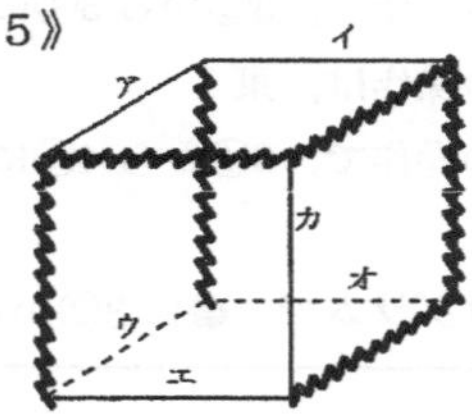

《図６》

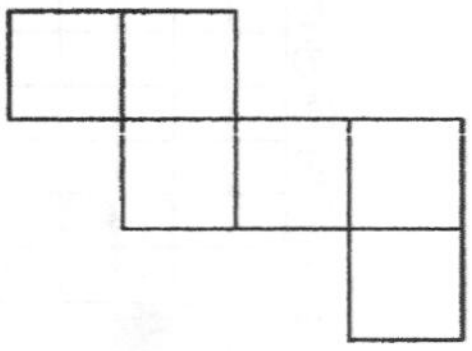

（３）《図７》のように切ったときにできる展開図を，《図８》に足りない部分を補って完成させなさい。

《図７》

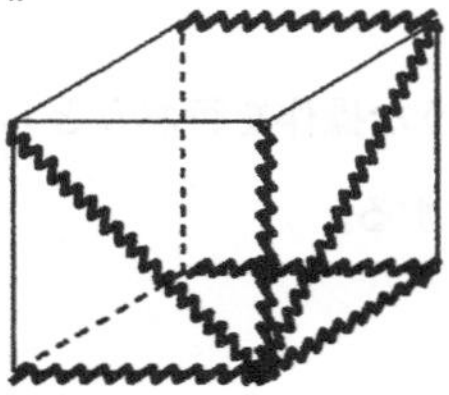

《図８》

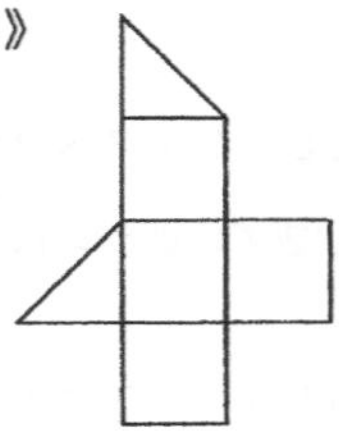

（４）《図９》のように切ったときにできる展開図を書きなさい。

《図９》

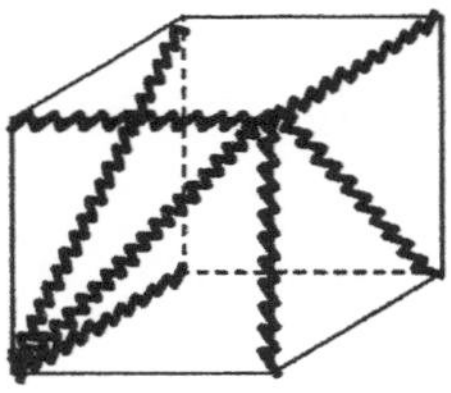

【問題５】９マス×９マスの盤《ばん》《図１》の上で，最初にいた位置から４つの方向（東西南北）に１マス以上進む操作をくり返す。進むマスの数は整数のみとする。

ここで，《図１》の●の位置を「3②」と表し，北に２マス進む操作を「北２」と表す。

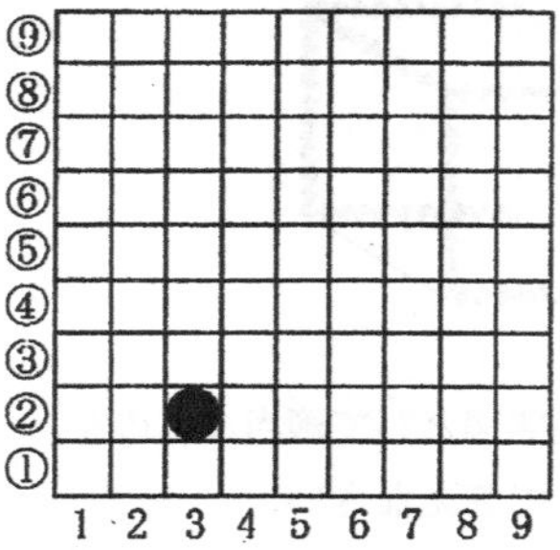

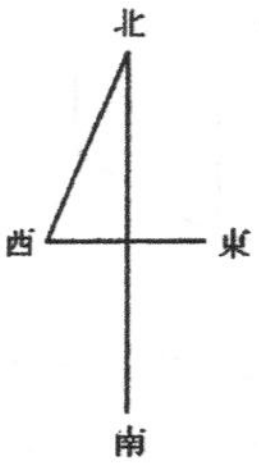

《図１》

この操作をまとめたものをプログラムという。例えば，次のようなプログラムで，●は○の位置まで進む《図２》。

（例）プログラム

	1回目	2回目
操作	北2	東1

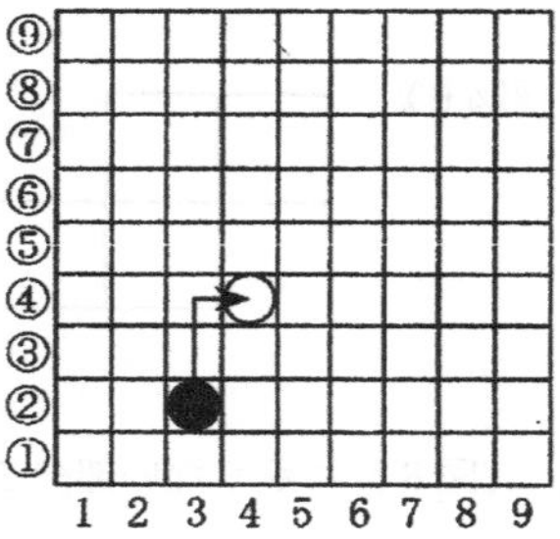

《図２》

●が最初にいた位置は，3②
１回目の操作は，北２
１回目の操作で，3②から3④に移動する
２回目の操作は，東１
２回目の操作で，3④から4④に移動する
なお，
このプログラムで，●は3②から4④に移動する

ただし，９マス×９マスの盤から外に出てしまうような操作を行おうとしても移動することはできず，そこでプログラムは強制終了《きょうせいしゅうりょう》されてしまうものとする。

このとき，以下の問いに答えなさい。

（１）次のようなプログラムがある。●は，１回目の操作で，6⑥に移動し，２回目の操作で，6④に移動した。このとき，２回目の操作（ア）と●が最初にいた位置を答えなさい。

	1回目	2回目
操作	東3	(ア)

（2）次のプログラムで，●は 4③に移動した。●が最初にいた位置を答えなさい。

	1回目	2回目	3回目	4回目	5回目	6回目	7回目	8回目	9回目	10回目
操作	東4	南3	西6	北2	東7	北4	西2	南7	西2	北2

（3）次のプログラムに関する太郎さんと花子さんの会話を読んで，以下の問いに答えなさい。

【太郎さんと花子さんの会話】

太郎：このプログラムで，●は最初にいた位置から（　a　）に（　b　）マス　（　c　）に（　d　）マス離れた位置に移動するね。

花子：じゃあ，最初にいた位置が 3①のとき，このプログラムを２度くり返せば 5③に移動するね。

太郎：そうだね。ということは，3①からこのプログラムを６度くり返せば 9⑦に移動するね。

花子：う～ん。そうはならないんじゃないかな。

（ア）（　a　）～（　d　）に当てはまる語句を答えなさい。ただし，（　a　）（　c　）には方向を，（　b　）（　d　）には数を入れること。

（イ）最初にいた位置が 3①のとき，「２度くり返せば 5③に移動するが，６度くり返しても 9⑦に移動しないプログラム」はいくつかあります。そのようなプログラムを１つあげて，そのあげたプログラムでは 9⑦に移動しない理由をわかりやすく説明しなさい。

（4）途中で強制終了することなく，３回の操作で 9⑥から 3②まで移動するプログラムは，全部で何通りあるか答えなさい。

※以下の図を問題を解くために使用しても構いません。

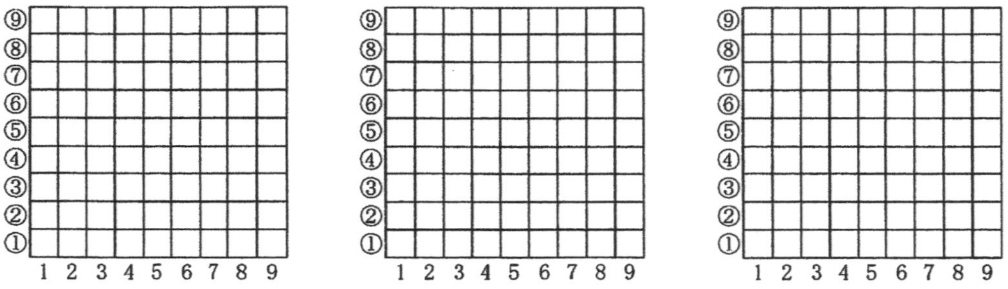

令和２年度

適性をみる検査Ⅱ

注　意

1　指示があるまで，この用紙を開いてはいけません。
2　問題は**【問題１】～【問題５】**で，**８ページ**にわたって印刷してあります。
検査が始まって，文字などの印刷がはっきりしないところや，ページが足りないところがあれば，静かに手をあげなさい。
3　検査時間は**５０分間**です。
4　声に出して読んではいけません。
5　名前を書くところはありません。
受付番号を，受検票を見ながらまちがわないように，はっきりと書きなさい。
受付番号を書くところは，**解答用紙の一か所**です。
6　答えはすべて解答用紙に書きなさい。
7　答えを直すときには，用紙が破れないようにていねいに消してから，新しい答えを書きなさい。
8　問題用紙の余白は，メモなどに使ってもよろしい。

京都市立西京高等学校附属中学校

【問題１】Ａ小学校とＢ小学校の２つの小学校で，次のアンケートを取りました。アンケートには全員がすべての質問に適切に答えました。アンケートの集計を下の《グラフ１》《グラフ２》《表１》にまとめました。以下の問いに答えなさい。

「アンケート」

次の２つの項目《こうもく》について，答えなさい。

項目１　英語は好きですか

好き　・　どちらともいえない　・　好きではない

項目２　算数は好きですか

好き　・　どちらともいえない　・　好きではない

《グラフ１》

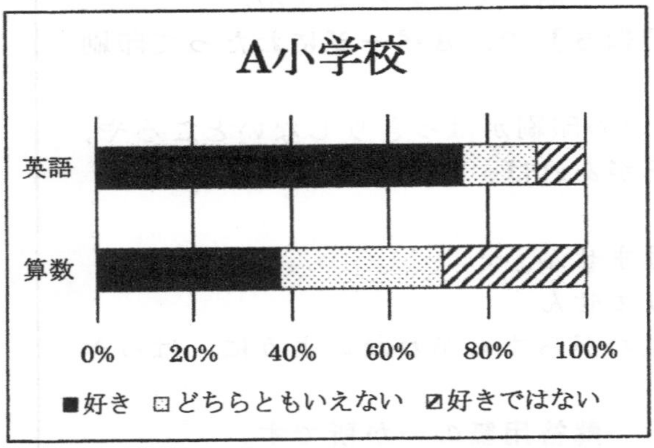

《グラフ２》

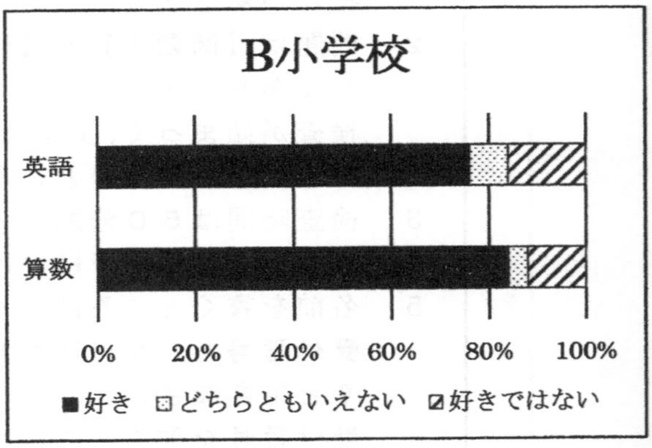

《表１》

	A小学校	B小学校
児童数	120人	75人

（１）《グラフ１》で，Ａ小学校の項目２「算数は好きですか」について，「好き」と答えたのは45人，「どちらともいえない」と答えたのは40人，「好きではない」と答えたのは35人でした。この結果を円グラフに表したとき，「好き」を表す部分のおうぎ形の中心角は何度にすればよいか答えなさい。

（2）《グラフ１》《グラフ２》《表１》について，次の（ア）～（カ）から正しいものをすべて選び，記号で答えなさい。

（ア）A 小学校では，英語が好きと答えた人数のほうが，算数が好きと答えた人数より多い。

（イ）A 小学校では，算数が好きですかという質問について，好きと答えた人数とどちらともいえないと答えた人数の合計の割合は 80%以上である。

（ウ）B 小学校では，英語が好きと答えた人数は，60 人以上である。

（エ）B 小学校では，算数が好きと答えた人数の割合は，80%以上である。

（オ）A 小学校で英語が好きと答えた人数と，B 小学校で英語が好きと答えた人数を足した人数は，100 人以下である。

（カ）A 小学校の算数が好きと答えた人数は，B 小学校の算数が好きと答えた人数の半分以下である。

（3）項目１，２で，それぞれ好きと答えた人数について，次のようにまとめます。

・項目１「英語は好きですか」で，好きと答えた人数は，　【 ① 】 です。
・項目２「算数は好きですか」で，好きと答えた人数は，　【 ② 】 です。

上の①，②にあてはまるものを，次の（ア）～（ウ）からそれぞれ１つ選び，記号で答えなさい。

（ア）　A 小学校のほうが B 小学校より多い

（イ）　A 小学校のほうが B 小学校より少ない

（ウ）　A 小学校と B 小学校は同じ

（4）さらに，A 小学校と B 小学校の２つの小学校で，次のような追加のアンケートを取りました。アンケートには全員がすべての質問に適切に答えました。

「アンケート」

次の項目について，答えなさい。

項目３　国語は好きですか

好き　・　どちらともいえない　・　好きではない

集計した結果，A 小学校で国語が好きと答えた人数の割合と，B 小学校で国語が好きと答えた人数の割合は同じでした。また，A 小学校で国語が好きと答えた人数と，B 小学校で国語が好きと答えた人数を足した人数は 117 人でした。このとき，A 小学校で国語が好きと答えた人数を求めなさい。

【問題２】 右の図のようにすき間なく，また重ねることなく図形Ａを並べることを，「図形Ａを敷《し》き詰《つ》める」といいます。並べるときに，図形Ａを回したり，裏返したりしても構いません。

図形A

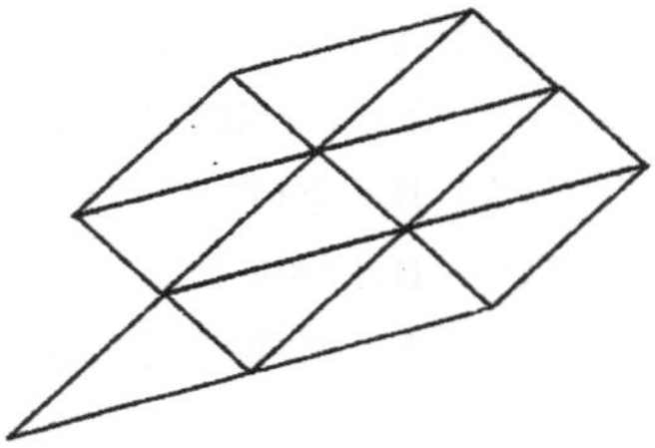

このとき，以下の問いに答えなさい。

（１）次の（ア）～（オ）の図形のうち，敷き詰めることができる図形をすべて選び，記号で答えなさい。

(ア)

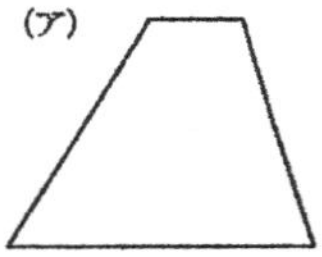

台形

(イ)

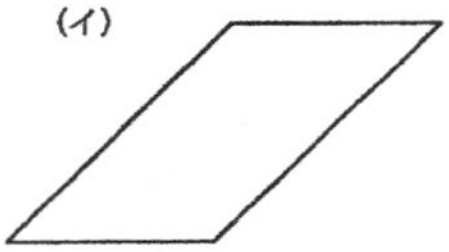

平行四辺形

(ウ)

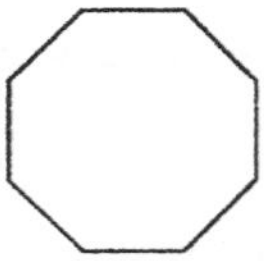

正八角形

(エ)

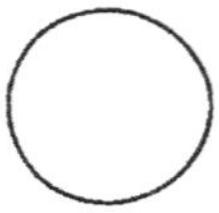

円

(オ)

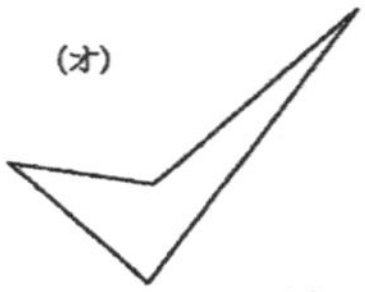

凹《おう》四角形（へこんだ四角形）

（２）一郎さんは算数の時間に，次のような三角形の敷き詰めの問題について話し合いました。

【三角形の敷き詰めの問題】

下の図形Bを敷き詰めた図形の一部をみて，気づいたことを話し合いなさい。

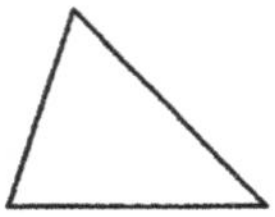

図形B

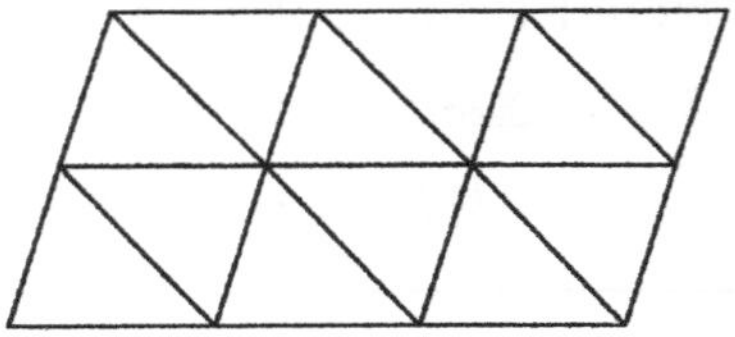

三角形の敷き詰めについて，一郎さんの班で出た意見（ア）～（オ）のうち，正しいものをすべて選び記号で答えなさい。

（ア）　２つの図形Ｂでできている三角形がある。

（イ）　３つの図形Ｂでできている台形がある。

（ウ）　３つの図形Ｂでできている三角形がある。

（エ）　４つの図形Ｂでできている平行四辺形がある。

（オ）　４つの図形Ｂでできている三角形がある。

（3）下の《図Ｉ》は，８個の図形Ｃを敷き詰めた図形であり，各頂点を中心に半径１㎝の円を描き，これを白と黒の２色でぬり分けたものである。図形Ｃの面積が 30 ㎝ ２のとき，《図Ｉ》の黒色の部分の面積を求めなさい。 ただし，円周率は 3.14 とする。

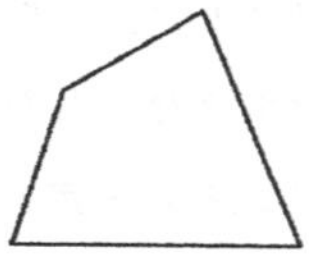

図形Ｃ

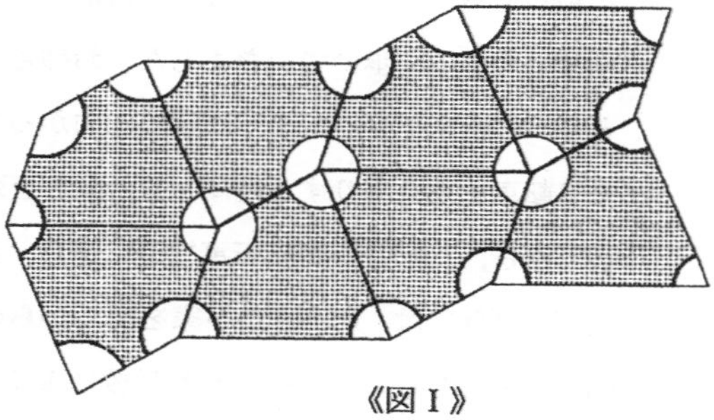

《図Ｉ》

（4）下の《図Ⅱ》は，弧で囲まれた図形Ｄを敷き詰めた図形の一部である。
この１辺の長さが 10 ㎝の正方形を，下の《図Ⅱ》のように白と黒の２色でぬり分けるとき，黒色の部分の面積を求めなさい。 ただし，円周率は 3.14 とする。

図形Ｄ

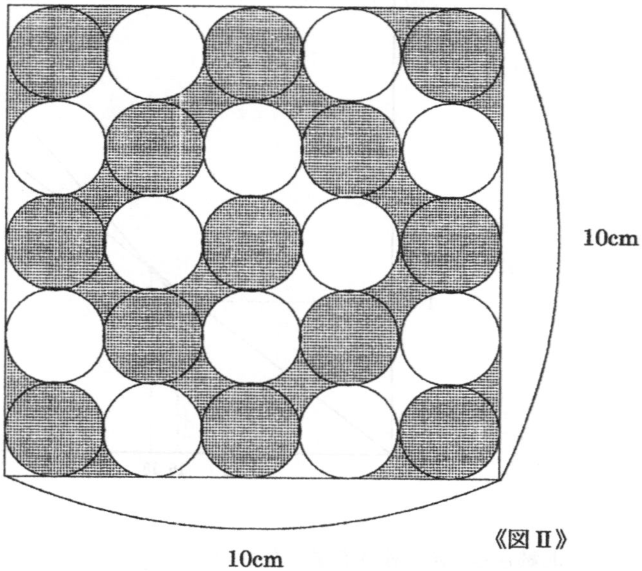

《図Ⅱ》

（5）敷き詰めることのできる五角形を書きなさい。また，その五角形がどのような五角形か，次の例を参考に，分かりやすく説明しなさい。

(例)

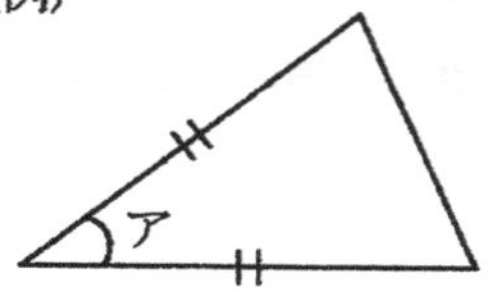

【図の説明】
・２つの辺の長さが等しい
・角アは，90° より小さい

【問題３】 京子さんは家から歩いて学校に向かいました。途《と》中《ちゅう》で忘れ物に気づいたので家に向かって引き返しました。お姉さんは京子さんが出かけた後，京子さんの忘れ物を持って家を出て，自転車に乗って追いかけました。京子さんは家に着く前にお姉さんに出会い，忘れ物を受け取り，再び学校に向かって歩いていきました。お姉さんは，京子さんに忘れ物を渡した後，自転車で家にもどり，自転車を置いてすぐに学校に向かって走っていきました。忘れ物を受け取る（渡す）時間や自転車を乗り降りする時間，進む向きを変える時間は考えないものとします。また京子さんが歩く速さ，お姉さんが自転車で進む速さ，走る速さはそれぞれ一定とします。

下のグラフは，京子さんが家を出てからの時間と京子さん，お姉さんがそれぞれ進んだ距離《きょり》の関係を表したもので，それぞれ学校に着くまでのグラフです。

以下の問いに答えなさい。

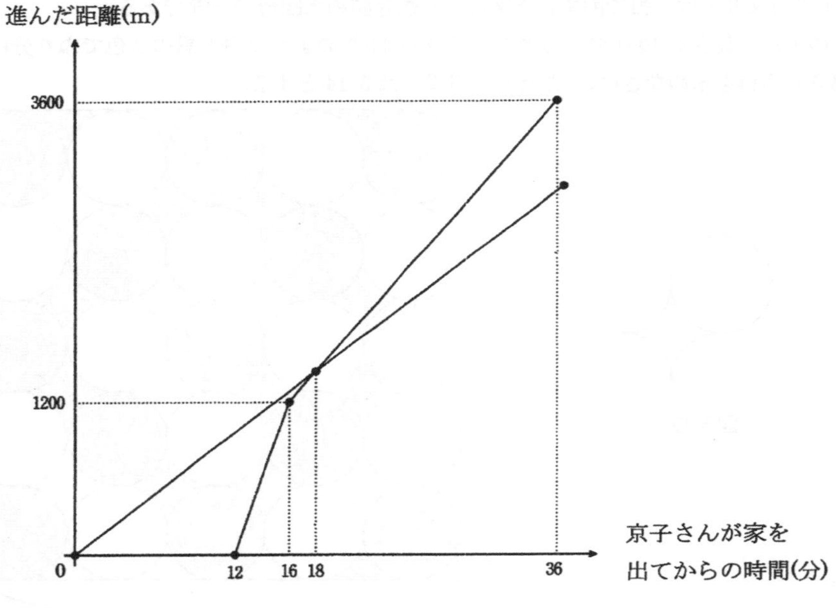

（１）お姉さんが走る速さを求めなさい。

（２）京子さんが歩く速さを求めなさい。

（３）京子さんが忘れ物に気づいたのは，家から何m離《はな》れた所か求めなさい。

（４）京子さんが学校に着くのは，京子さんが家を出てから何分何秒後か求めなさい。

（５）お姉さんは，走って学校に向かっているとき京子さんを追い越《こ》します。お姉さんが京子さんを追い越すのは，京子さんが家を出てから何分後か求めなさい。

『挑戦する脳』　茂木《もぎ》　健一郎《けんいちろう》

（ただし、出題の都合上、一部改めたところがあります。）

腑に落ちる…納得がいく。

問1　①「学ぶ」という言い方は～穏やか過ぎるかもしれない　とあるが、筆者がそのように考えたのはなぜですか。その理由を説明した次の文の（　　）に適する表現を問題文から探し、十二字でぬき出しなさい。

◇「学ぶ」という言い方では、自分が変わらないまま、少しずつ改善していくだけという意味合いになり、実は人間は学びの過程をとおして自分の世界を広げ、（　　　　　　）ということが十分に表現できないから。

問2　《2》の部分を内容によって前半・後半の二つに分けた場合、後半はどの段落から始まりますか。はじめの四字を答えなさい。

問3　②身構える気持ち　とあるが、これと対照的な意味を表す言葉を問題文から探し、七字でぬき出しなさい。

問4　③自分がある部分を～メッセージともなる　とあるが、これとほぼ同様のことを表したことわざとして最も適当なものを次のア～オから一つ選び、記号で答えなさい。

ア　目の上のこぶ
イ　目には目を歯には歯を
ウ　鬼《おに》の目にも涙《なみだ》
エ　目から鱗《うろこ》が落ちる
オ　目は口ほどにものを言う

問5　④人間の脳は　で始まる段落について、一郎さんと花子さんが話しています。（　A　）に適する言葉を問題文の《2》から十字程度でぬき出しなさい。また、（　B　）（　C　）に適する言葉を考えてそれぞれ五字以上、十五字以内で答えなさい。

一郎　「人間の脳は、一つの情報を与えられることでかえってそこに『居付いて』しまうことがある。」とは、どういうことだろう。
花子　この段落は、高校生だった筆者が視覚特別支援学校の生徒と交流したことを思い出して、脳科学者になった筆者が考えたことを述べていると思うわ。ここでは、コミュニケーションをとるとき、脳が（　A　）から入る情報にとらわれてしまうことを「居付いて」しまうと言っているんじゃない。
一郎　たしかに、相手が自分のどこを見ているか、気になることがあるよ。
花子　ぎゃくに、相手のことを見て、あれこれ気になってしまうこともあるわ。
一郎　そうか、それが情報に対して「居付いて」いるということか。そうすると、筆者とその生徒との交流の場合「ある情報が入ってこなくなる」ということは、（　A　）がないということだね。
花子　そう、だから、相手の情報が得られないように感じられてしまう。きっとそのことを「喪失《そうしつ》」と述べているんだわ。
一郎　「喪失」というとあまり良くない印象を受けるけど。

花子　たしかにそうね。でも、情報が入ってこなくなることで、筆者は他のことに意識を向けることができたんじゃないかしら。
一郎　どういうこと。
花子　この段落の少し前に、相手の男の子の様子に感化されて筆者の脳も「やわらかな状態へと変わっていった」とあるでしょう。これは、きっと筆者が（　B　）をとおして男の子を知ろうとし始めたってことなのよ。
一郎　そうか、相手の男の子は筆者と出会ったときからずっとそうしていたんだよね。
花子　（　A　）にこだわらないからこそ、（　B　）に集中することができ、そこからたがいに（　C　）ことにつながったのではないかな。筆者はいつの間にか「身構える気持ち」から解放されていった。
一郎　それが「大きな『自由』の獲得《かくとく》」ということか。そうして、この交流が忘れがたい出来事になったんだね。

問6　⑤伝記　とあるが、伝記を読むことは、描かれた人物について知ること以外に、どのような意味があると思いますか、問題文を参考にして、一文で答えなさい。

問7　⑥画キ的　とあるが、キと同じ漢字を使う文を次のア～オから一つ選び、記号で答えなさい。

ア　市場には活キがあふれている。
イ　しめきりのキ限を確かめる。
ウ　絶好のキ会にめぐまれる。
エ　実験のキ録をノートに書く。
オ　「キ立、礼。」と号令をかける。

問8　⑦「暗闇の中を手探りで歩く」ようなものだ　とあるが、アインシュタインは自身の研究過程をなぜそのように表現したと考えられますか。その理由を「アインシュタインにとっての研究とは」に続く一文で答えなさい。

問9　⑧目の見えない同世代の男の子と対話して思い浮かんだこと　の内容を示す段落を、問題文の《2》から探し、はじめの四字を答えなさい。

【問題二】　次の文章は、問題一の文章の筆者が著した同じ書籍《しょせき》から引用した文章です。これを読んで、あとの指示にしたがって作文しなさい。*がある語句は、あとに〔語注〕があります。

『挑戦する脳』　茂木　健一郎

〔語注〕　概念…内容やイメージ。
カテゴリー…まとまり。
把握…理解。

【問題一】の文章の最終段落と、【問題二】の文章の——部から、筆者は「挑戦」をどのようなものだと考えていることがわかりますか。また、筆者の「挑戦」のとらえ方に対して、あなたは、どのような考えをもちましたか。次の条件にそって作文しなさい。

条件１　二段落構成で、百五十字以上、二百字以内で書くこと。
条件２　一段落目では、筆者が挑戦をどのようなものと考えているかを書くこと。
条件３　二段落目では、一段落目でまとめた筆者のとらえ方に対して、あなたが感じたことや考えたことを書くこと。

令和２年度

適性をみる検査Ⅲ

注　意

1　指示があるまで，この用紙を開いてはいけません。
2　問題は**【問題１】**～**【問題７】**で，**１１ページ**にわたって印刷してあります。
　検査が始まって，文字などの印刷がはっきりしないところや，ページが足りないところがあれば，静かに手をあげなさい。
3　検査時間は**５０分間**です。
4　声に出して読んではいけません。
5　名前を書くところはありません。
　受付番号を，受検票を見ながらまちがわないように，はっきりと書きなさい。
　受付番号を書くところは，**解答用紙の２か所**です。
6　答えはすべて解答用紙に書きなさい。
7　答えを直すときには，用紙が破れないようにていねいに消してから，新しい答えを書きなさい。
8　問題用紙の余白は，メモなどに使ってもよろしい。

京都市立西京高等学校附属中学校

【問題１】 太郎さんと花子さんが空気鉄ぽうと水鉄ぽうを比べたことをもとに実験をしました。会話文と「装置の説明」「実験方法と結果」を読み，あとの問いに答えなさい。

花子：水鉄ぽうは押《お》し込《こ》んだらすぐに水が飛び出すよね。

太郎：空気鉄ぽうは押し込んでも，たまはすぐには飛ばないよ。

花子：そうそう，押し込んでも，手に押しもどす力を感じるよ。

太郎：さらに強く押し続けるとたまが飛び出すよね。

花子：その押しもどす力で物を飛ばす実験をやってみようよ！

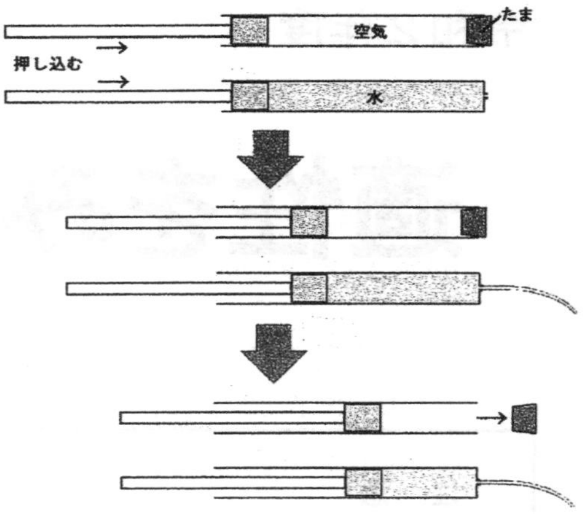

《図１》　空気鉄ぽうと水鉄ぽう

【太郎さんと花子さんがつくった装置《図２》の説明】

・ＡＢＣは，ともになめらかに動くピストンがついた注射器です。

・注射器のめもりはもとは体積を表すものでしたが，線がちょうど１cm間隔《かんかく》だったので，数字を１～５に書き直しました。この実験では「１cm 押し下げる」というような使い方をします。

・Ａは空気を５cm，Ｂは水を３cm と空気を２cm，Ｃは空気を３cm 入れています。

・その状態で，ピストンがそれより上にはいかないように，細いひもでとめています。

・ゴムせんで注射器の口をふさぎ，ピストンの上の高さが同じになるように台に固定しました。

・ＡＢＣともピストンの上に１円玉を置きました。

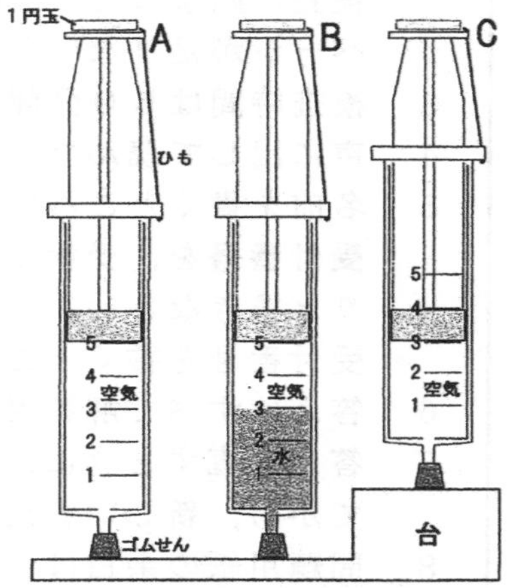

《図２》　実験装置

【実験の方法と結果】

・それぞれのピストンを１円玉にふれないように注意して，１cm 押し下げます《図３》。

・押し下げた指を離《はな》すとピストンは上に勢いよくもどります。

・そのとき，１円玉が上に飛ばされます。１円玉は回転することなく水平を保ったまま，真っ直ぐ上に飛び上がります。

・ＡＢＣのそれぞれで１円玉が飛び上がった高さを測ります。

・３回ずつ測って平均をとり，結果をまとめたのが《表１》です。

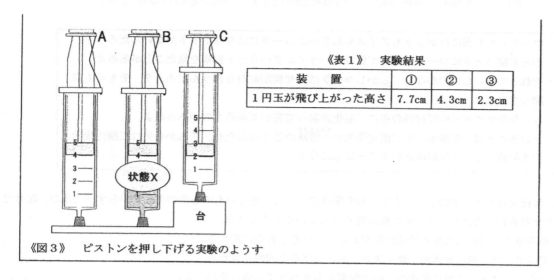

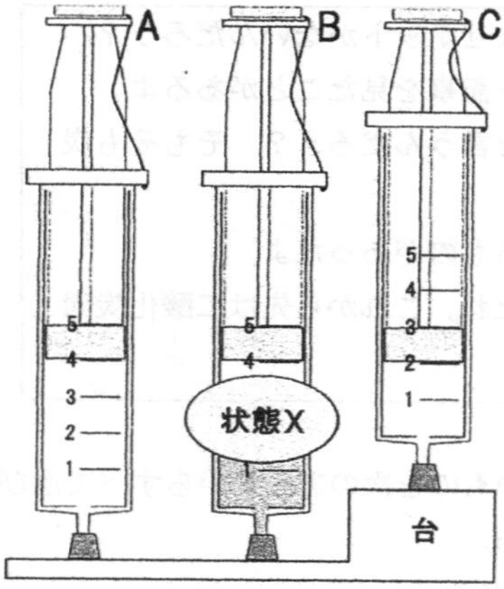

《表１》　実験結果

装　置	①	②	③
１円玉が飛び上がった高さ	7.7cm	4.3cm	2.3cm

《図３》　ピストンを押し下げる実験のようす

（１）《図３》の状態Xで最も正しいのはどれですか。次のア～エから１つ選び，記号で答えなさい。

ア　イ　ウ　エ

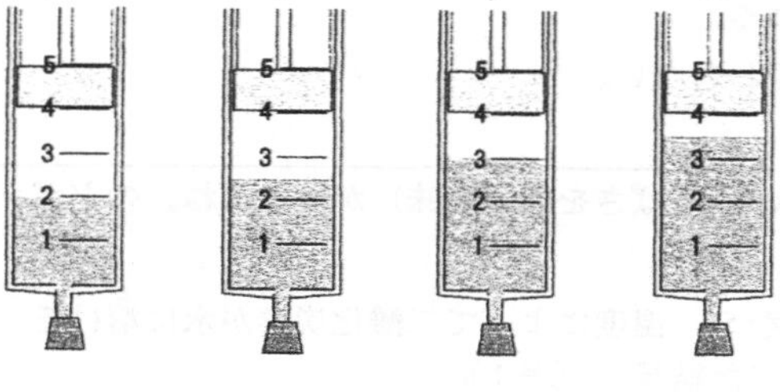

（２）《表１》の実験結果①～③は，《図２》の実験装置Ａ～Ｃのどれによるものですか。Ａ～Ｃからそれぞれ選び，記号で答えなさい。

（３）太郎さんと花子さんは車のブレーキについて，《図４》のようなしくみを考えました。足でペダルをふむとピストンが押し下げられます。それによってタイヤ側のピストンも動き，ブレーキゴムがタイヤに強く押しあてられるとタイヤの回転が止まります。

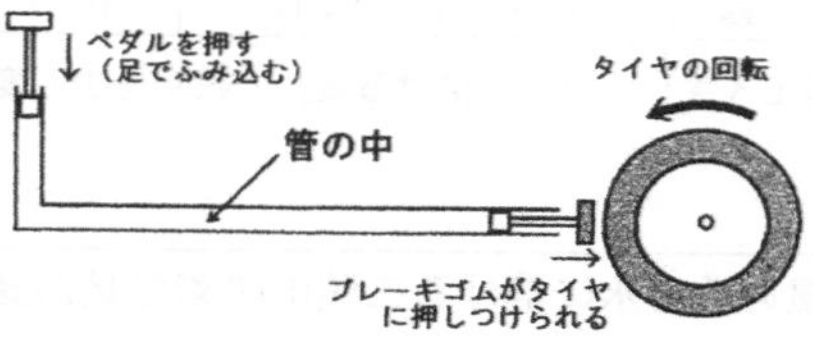

《図４》　ブレーキのしくみ

二人は《図４》の管の中をどうするか話し合い，次の３つの案を考えました。足でふんだ力を確実にブレーキゴムに伝え，タイヤの回転を止めることを考えたとき，あなたはどれに賛成しますか。賛成する案を次のア～ウから１つ選び，選んだ理由も書きなさい。なお，管の中に閉じ込めた空気や水は一切外にもれ出ることはありません。

ア　管の中には水を入れず，空気だけがある状態にしておく。

イ　管の中に半分ほど水を入れ，空気と水が両方ある状態にしておく。

ウ　管の中には空気を入れず，水だけがある状態にしておく。

【問題２】太郎さんと花子さんがコーラについて会話をしています。会話文を読み，あとの問いに答えなさい。
（ただし，この問題はのどが痛い時にコーラを温めて飲むことをすすめているものではありません。）

太郎：コーヒーや紅茶にはホットもアイスもあるのにコーラにはなぜホットがないんだろう？
花子：のどが痛いときにコーラを温めて飲むというインターネット記事を見たことがあるよ。
太郎：それっておいしいのかな？　しかしコーラはなぜ炭酸飲料と言うんだろう？　そもそも炭酸ってなに？
花子：コーラやサイダーの原材料の中に二酸化炭素って書いてあるものがあったよ。
太郎：ということは，炭酸水って二酸化炭素の水溶液《すいようえき》のことなんだね。これから先は二酸化炭素の水溶液のことを炭酸水と呼ぶことにしよう！

（１）二酸化炭素および炭酸水とリトマス紙の関係について，正しいものを次のア～カからすべて選び，記号で答えなさい。ただし，リトマス紙は乾そうしているものとする。

ア　赤色リトマス紙に気体の二酸化炭素をふきつけると青色に変わる。
イ　青色リトマス紙に気体の二酸化炭素をふきつけると赤色に変わる。
ウ　どちらのリトマス紙に気体の二酸化炭素をふきつけても色は変わらない。
エ　赤色リトマス紙に炭酸水をつけると青色に変わる。
オ　青色リトマス紙に炭酸水をつけると赤色に変わる。
カ　どちらのリトマス紙に炭酸水をつけても色は変わらない。

花子：でも，コーラってスカッとして酸味（ほどよい酸っぱさを感じる味）があるよね。のどが痛いときに飲むと逆効果じゃないのかな？
太郎：コーラを温めると何かが変わるんじゃないかな？　温度によって二酸化炭素が水に溶《と》ける量にちがいがあるか調べてみようよ。　（調べた結果　《表１》）

《表１》　二酸化炭素が水 100cm³ 中に溶ける量〔g〕

水温	0℃	20℃	40℃	60℃
溶ける量	0.34	0.18	0.10	0.07

※計算しやすいように「溶ける量」の数字を少し変えています。

【注意】０℃でも水や炭酸水は凍《こお》らないものとする。

花子：温めると水に溶ける二酸化炭素の量が減るのね。でも，冷蔵庫から出してすぐでもペットボトルのふたを開けたときに中から気体がプシュッと出るし，炭酸水からもさかんにあわが出てくるよね。そのどちらの気体も二酸化炭素と書いてあるよ。
太郎：溶けていたものがすぐに出てくるの？　ちょっと調べてみようよ。
花子：二酸化炭素は押《お》し縮《ちぢ》めて水に溶かし，そのままふたをすると書いてあるよ。《図１》の炭酸水の作り方では二酸化炭素を半分の体積に押し縮めて水に溶かすらしいよ。《図２》のように半分に押し縮めたら《表１》の２倍の量の二酸化炭素が水に溶け込むと書いてあるよ。
太郎：つまり０℃の水 100 cm³ には半分の体積に押し縮めた二酸化炭素は 0.68g 溶けるんだね。

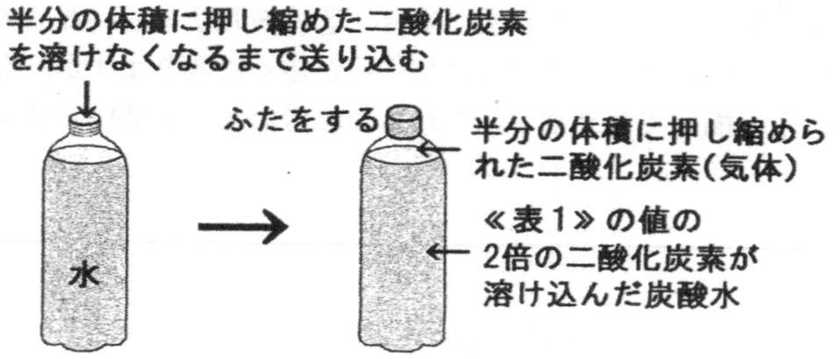

《図１》　炭酸水の作り方（ペットボトル入り）

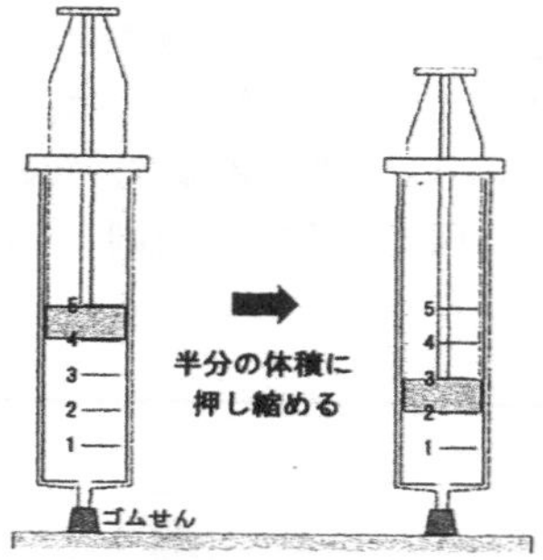

《図２》　気体を押し縮めるようす

花子：なるほど！　だからふたを開けるとプシュッとなって炭酸水からあわが出てくるのか。
太郎：あわはすぐに全部が出て行くわけではなく，少しずつ出て行くらしいよ。ただし，ペットボトルをふってしまうと一気にたくさんのあわが出るよね。

（２）０℃の水 500mL に二酸化炭素を半分の体積に押し縮めたものを溶けるだけ溶かして作った炭酸水（ペットボトル入り）がある。太郎さんは室温 20℃の部屋でこの炭酸水のふたを開けた。ふたを開けたまま十分に時間がたち炭酸水の温度が室温（20℃）に等しくなったとき，炭酸水から出て気体にもどった二酸化炭素の量は計算上何 g になるか求めなさい。
ただし，計算は《表１》の数値や《図１》の作り方のみを参考にし，温度変化による気体の体積変化（ぼう張）などは考えなくてよい。また，１mL と１cm^3 は同じ体積である。

（３）コーラを 40℃に温めて飲むと，のどへの刺激《しげき》がやわらぐ理由（適度なのどへの刺激となる理由）として最も適するものを次のア～オから１つ選び，記号で答えなさい。

ア　酸性の性質や酸味の強さは変わらないが，あわによる刺激が少なくなるから。
イ　酸性の性質や酸味の強さが弱まり，あわによる刺激も少なくなるから。
ウ　酸性の性質や酸味がなくなり，あわによる刺激も少なくなるから。
エ　酸性の性質や酸味がなくなり，あわによる刺激もまったくなくなるから。
オ　適度なアルカリ性の刺激が加わり，あわによる刺激も少なくなるから。

太郎：でも，あわが出て，ちょっと酸味があればいいんだったら何も二酸化炭素を使わなくてもいいんじゃない？　二酸化炭素は買うと高いけど空気ならタダ（無料）だよ。それを冷やした水に溶かし込んで，酸味としてうすめた塩酸を少し入れれば炭酸飲料に似た飲み物を安く作れるんじゃないかな。もちろん砂糖や香料などのシロップは必要だけどね。
花子：塩酸は飲み物には入れないよね。それに空気は［　　　　　　］から無理だよ。

（４）文章中の［　　　］に適する内容を 10 字以内で書きなさい。

（５）太郎さんは冷蔵庫から出した未開封《みかいふう》（新品）のコーラのペットボトルをまちがって激しく上下にふってしまった。「やってしまった！」と思ってぼう然としていたが，１分後に意を決してふたを開けたところ，プシュッという音も特に大きくなく，コーラがペットボトルからふき出すこともなかった。この理由として考えられることを 20 字以内で書きなさい。

【問題３】《図１》は，地球の北極側を宇宙から見たときの，地球に対する月のいろいろな位置と，太陽からの光を表したもので，《図２》は，月の満ち欠けを①の三日月から④の満月，⑧の新月まで並べたものです。地球と月の間の距離《きょり》は，《図１》の地球の大きさに対して実際にはずっと遠くにありますが，今回はモデル図であるため，《図１》に収まるように描《か》いてあります。これらを参考にあとの問いに答えなさい。

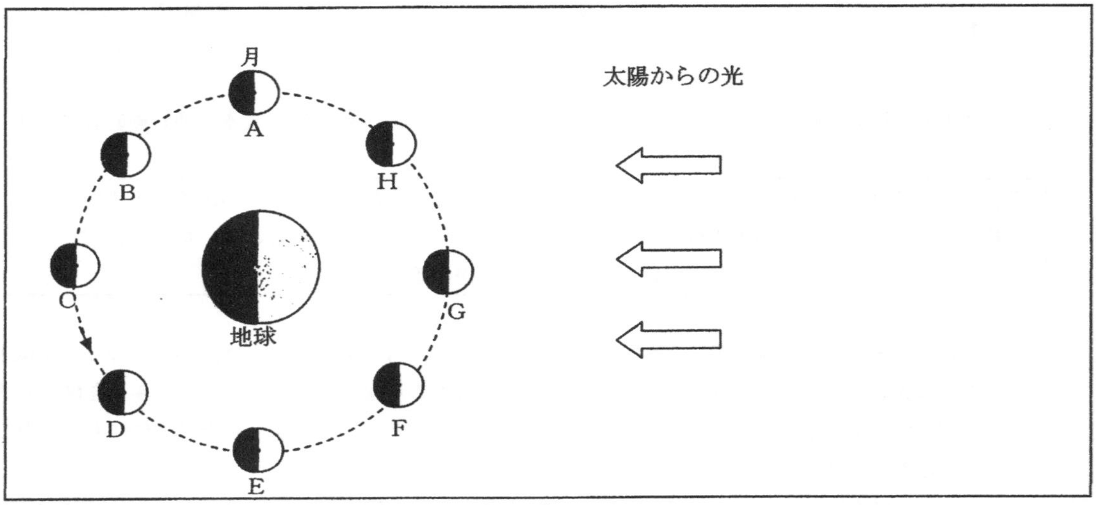

《図１》

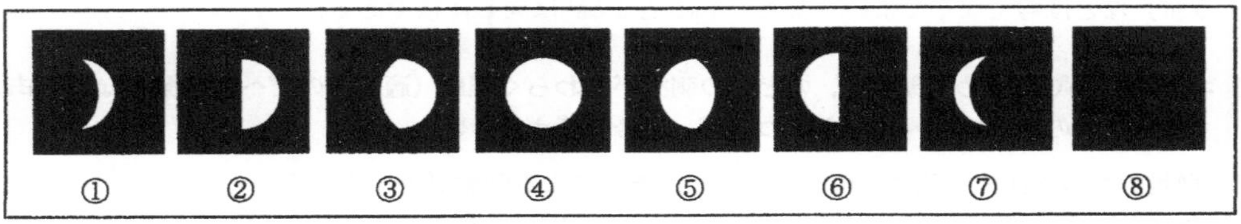

《図２》

（1）春の夕方，京太さんが散歩していると，《図３》のように月と太陽が空に見えていました。そのすぐあとに月の見えていた方向に気球が飛んできて，月をすっぽりとおおい隠《かく》しました。

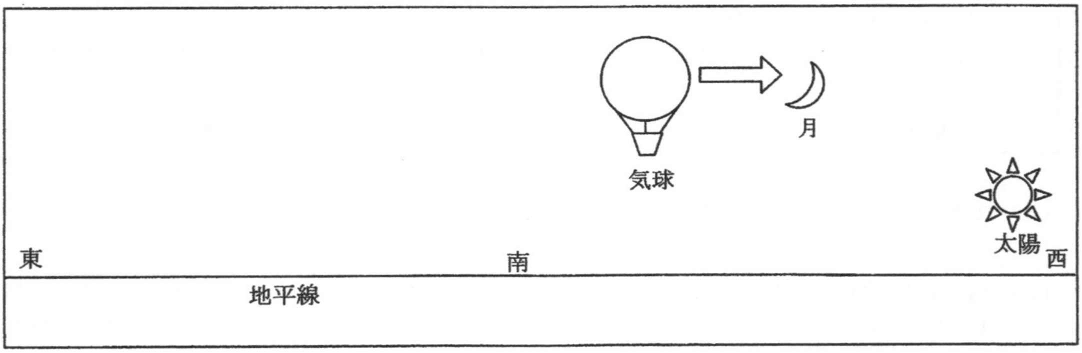

《図３》

問8 アインシュタインにとっての研究とは、

※

問9

4

※

【問題二】

150

200

※

京都市立西京高等学校附属中学校

【問題4】

(1)		(2)	
(3)	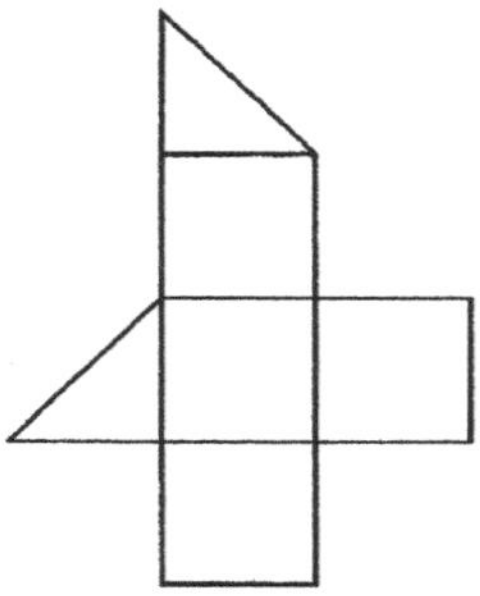	(4)	

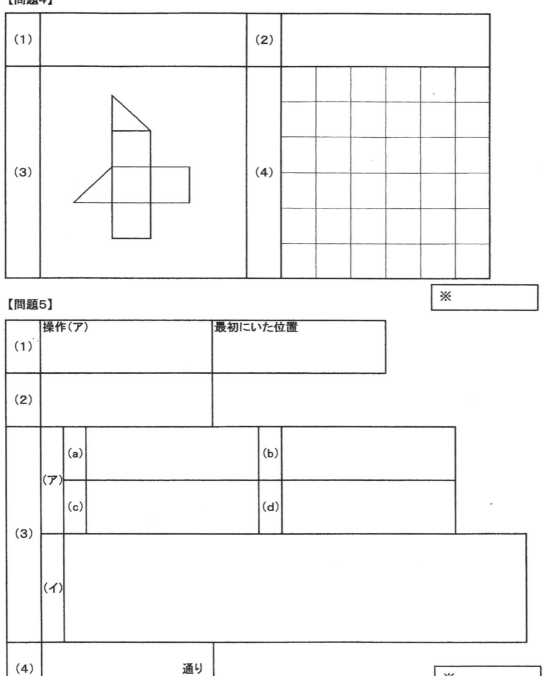

※

【問題5】

(1)	操作(ア)			最初にいた位置	
(2)					
(3)	(ア)	(a)		(b)	
		(c)		(d)	
	(イ)				
(4)	通り				

※

※この解答用紙には【受付番号】を2カ所記入しますので、注意してください！

受付番号	

【問題5】

※

(1)								
(2)	あ		い		う		え	
(3)								
(4)								

※

【問題6】

(1)	①		②		(2)	→ → → →

(3)	F		G		H		I	
(4)								

(5)															

【問題7】

※

(1)	①		②	い		う		
(2)	え		お		か		き	

京都市立西京高等学校附属中学校

令和2年度
適性をみる検査Ⅲ　解答用紙

受付番号	

※100点満点
(配点非公表)

※

【問題1】

(1)		(2)	①		②		③	
(3)		〈理由〉						

※

【問題2】

(1)		(2)	g	(3)	
(4)					
(5)					

※

【問題3】

(1)			
(2)		(3)	

※

【問題4】

(1)	①		②			
(2)	①	バッタ　モズ　イネ　カマキリ				
	②	(i)			(ii)	

京都市立西京高等学校附属中学校

令和2年度
適性をみる検査Ⅱ　解答用紙

受付番号	

※100点満点
(配点非公表)

【問題1】

(1)	度		(2)			
(3)	①		②		(4)	人

※

【問題2】

(1)		(2)	
(3)	cm^2	(4)	cm^2
(5)			

※

【問題3】

(1)	分速　　m	(2)	分速　　m
(3)	m	(4)	分　　秒
(5)	分後		

※

令和二年度　適性をみる検査Ⅰ　解答用紙

【問題一】

問1

12

問2

4

問3

7

問4

問5

A

10

B

15

C

15

問6

問7

※

※

※

※100点満点
(配点非公表)

受付番号

【解答用

月が気球に隠れて見えなくなったとき，気球の球の部分に，太陽の光が直接当たる部分と，そうでない部分ができました。この境目の線は，京太さんからどのように見えましたか。月と気球と京太さんが一直線上に並んでいたものとして，最も適するものを《図４》のア～エから１つ選び，記号で答えなさい。

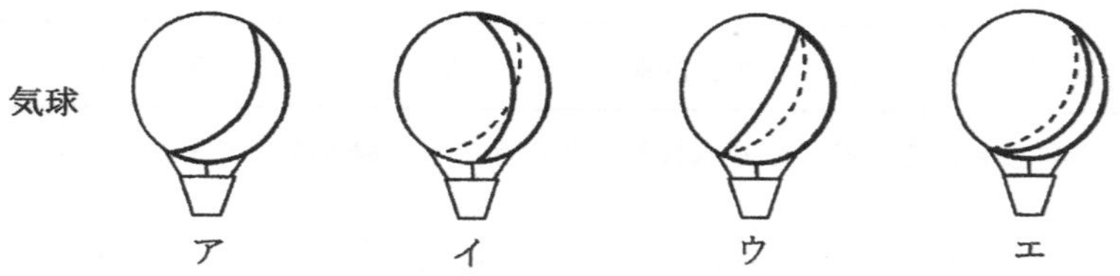

＊図の点線部分は，《図３》のように見えている月の形をそのままの向きで球の大きさに合わせて描いたものです。

《図４》

（２）日本で，真南に《図２》の⑤のような月が見えるとき，月の位置は《図１》のA～Hのどの部分にありますか。記号で答えなさい。

（３）日本から月が《図２》の①のように見えています。同時に，月から見て，地球が《図５》のような位置にあるとき，地球が太陽に照らされてかがやいている部分はどのように見えますか。最も適する形を《図２》の①～⑧から選び，数字で答えなさい。なお，地球の雲による反射や人工物の光は考えないものとし，太陽に照らされた部分だけがかがやいているとして答えなさい。

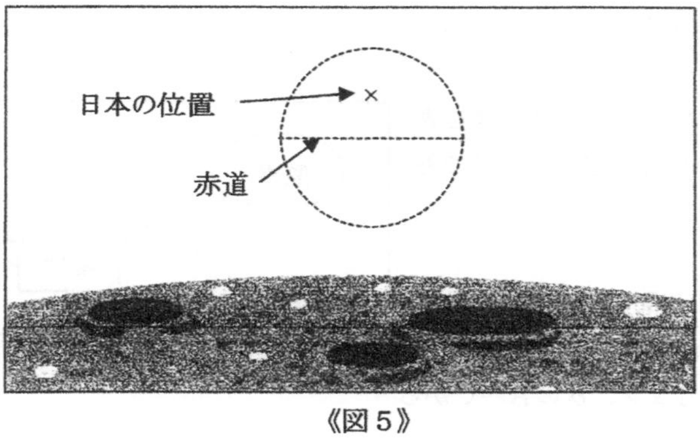

《図５》

【問題４】 生物はからだの外から養分を取り入れたり，からだの外と気体のやりとりをしたりしながら生きています。このことについてあとの問いに答えなさい。

（１）ヒトは，生きるために必要な養分や酸素をからだの中に取り入れ，不要なものはからだの外に出しています。次に示すヒトの臓器ア～カには，からだに必要なものを血液に取り入れるはたらきをもつものと，不要になったものを血液から出すはたらきをもつものがあります。あとの問いに答えなさい。

ア：食道　イ：肺　ウ：心臓　エ：小腸　オ：じん臓　カ：大腸

①からだに必要なものを血液に取り入れるはたらきをもつ臓器を，ア～カからすべて選び，記号で答えなさい。

②不要になったものを血液から出すはたらきをもつ臓器を，ア～カからすべて選び，記号で答えなさい。

（２）地球にすむ生物どうしは，いろいろな形で関わり合っています。

①《図１》は，水の中にすむ生物どうしの「食べる」「食べられる」という関係をまとめたものです。《図１》のメダカがミジンコを食べるように，矢印の先にいる生物は，矢印のもとにいる生物を食べて生きています。

《図２》は，草原にすむ生物どうしの「食べる」「食べられる」という関係をまとめようとしたものですが，まだ完成していません。解答用紙にある図に矢印を何本か記入し，図を完成させなさい。

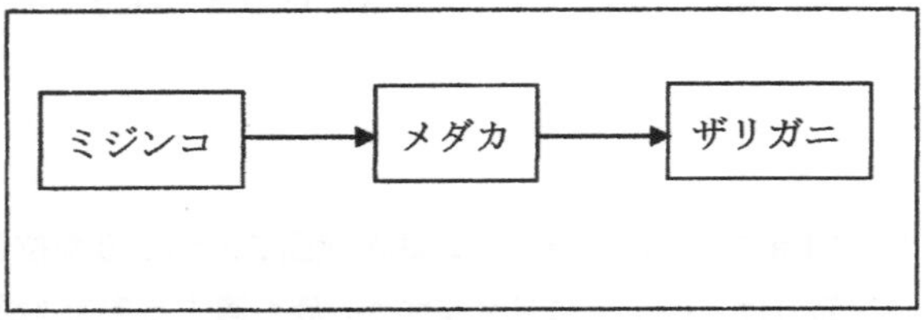

《図１》

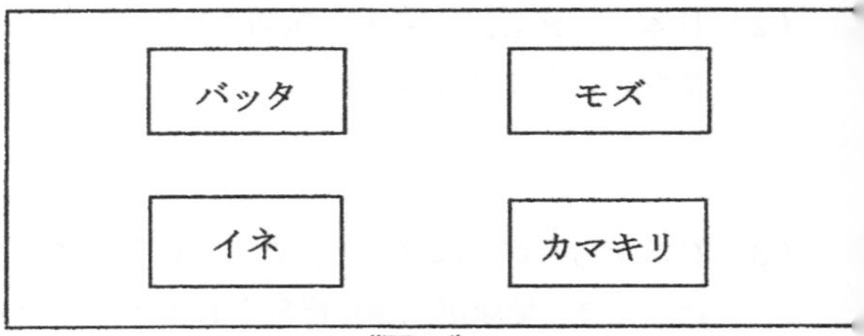

《図２》

②《図３》は，地球上の植物が酸素や二酸化炭素をからだの中に取り入れたり，からだから出したりするはたらきを矢印で示したものです。

(i) 真っ暗な夜では行われないはたらきを表す矢印を，ア～エから２つ選び，記号で答えなさい。

(ii) 地球上の植物が，１年間で出している酸素の量と取り入れている酸素の量の関係について述べた最も適当な文を，次のＡ～Ｃから１つ選び，記号で答えなさい。

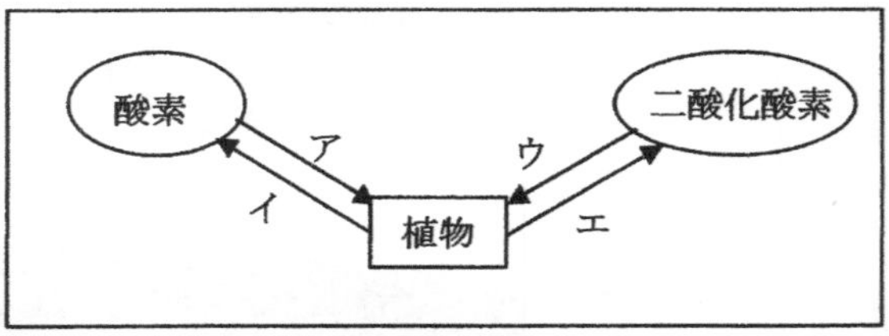

《図３》

Ａ　取り入れている酸素の量と出している酸素の量は等しくつり合っている。
Ｂ　取り入れている酸素の量よりも出している酸素の量の方が多い。
Ｃ　取り入れている酸素の量よりも出している酸素の量の方が少ない。

【問題５】 次の太郎さんと京子さん，先生の会話文を読み，あとの問いに答えなさい。

太郎：昨日，ブドウを食べたいと思い近所のスーパーに買い物に行きました。いろいろな種類がある中で，岡山《おかやま》県産のものを選びました。とてもおいしかったです。

京子：関西では岡山県のブドウが有名ですが，生産量が日本一なのは山梨《やまなし》県でしたね。

先生：はい。年代によって少し変わることもありますが，生産量が多いのは山梨県と長野《ながの》県です。

太郎：山梨県と長野県は同じ中部地方ですが，岡山県は中国地方なので気候などの自然環境にちがいがあると思いますが，どうでしょうか。

先生：山梨県，長野県と岡山県の気候は，よく似ているところがあります。日本の他の地域と比べて降水量が少なく，とくに（　①　）の降水量が少ないことが共通しています。岡山県など瀬戸内地方では，ため池が多く，（　①　）の季節には水不足になるとよく言われますね。

京子：山梨県や長野県でもため池が多いのですか。

先生：それが，山梨県や長野県は岡山県など瀬戸内地方に比べ，ため池は少ないと言われています。理由は分かりますか。

太郎：はい。山梨県や長野県は（　※　）からですね。

（１）会話文中の（　①　）に当てはまる季節を答えなさい。

（２）京子さんは瀬戸内地方の降水量が少ない理由を《資料》を参考にして次のような文章にまとめました。（　あ　）（　う　）には季節を，（　い　）（　え　）には当てはまる内容を答えなさい。

（　あ　）の季節風による雨雲は（　い　）地方に多くの降水量をもたらすが，中国山地にさえぎられ，瀬戸内地方には多くの降水量をもたらさない。
また，（　う　）の季節風による雨雲は（　え　）地方には多くの降水量をもたらすが，四国山地がさえぎるので，瀬戸内地方には多くの降水量をもたらさないから。

《資料》

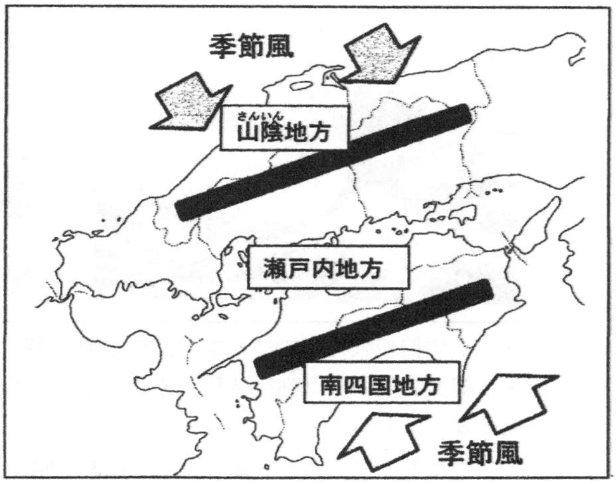

（３）会話文中の（　※　）に当てはまる内容を「冬」という言葉を使って答えなさい。

（４）太郎さんはブドウに興味を持ち，世界でブドウの生産が多い地域を調べました。するとイタリア，フランス南部など地中海沿岸部で，盛《さか》んにブドウが栽培《さいばい》されていることを知りました。そして，これらの地域の気候に関係が深い特徴《とくちょう》を，≪　メモ　≫にまとめました。太郎さんの≪　メモ　≫を参考にしてローマの雨温図をア～ウより選び答えなさい。

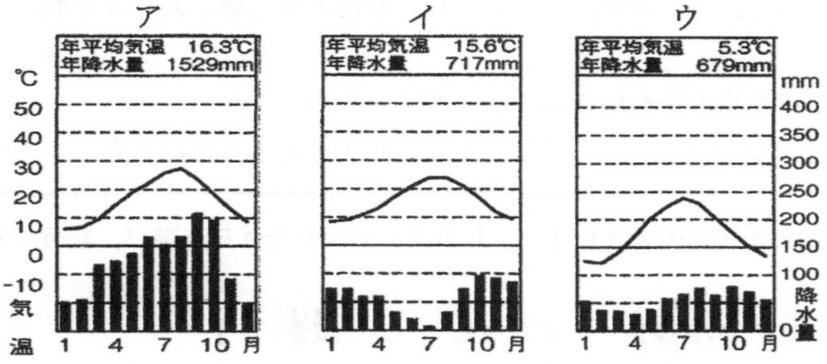

≪　メモ　≫

◎ローマ（イタリアの首都）の特徴

・伝統的な建物は白色のものが多い。
・ブドウ以外にもオレンジやオリーブの栽培が盛んである。
・観光客は夏が圧とう的に多い。
・夏は日差しが強く，乾そうしている。

【問題６】太郎さんと京子さんは日本の時代区分に興味を持ち，時代ごとの特徴《とくちょう》を書いたＡ～Ｅのカードを作りました。また，それぞれの時代と関係の深いＦ～Ｉの資料を集め，話し合いをしました。あとの問いに答えなさい。

A	B	C	D	E
１００年以上の戦乱がおわり，安定した政治が約２６０年間，行われた。	戦乱をさけた都の人々によって，都の文化が地方の都市へ広がっていった。	朝廷《ちょうてい》とは別の政府が成立し，都とは別の都市に政治の中心が移った。	朝廷によって国ごとに寺院が建てられ，中国からすぐれた僧《そう》を都に招いた。	日本独自の文字が生まれ，和歌や物語などのすぐれた文学作品が成立した。

F

G

H

I

太郎：小学校の教科書では日本の歴史は縄文《じょうもん》時代から始まりますね。
京子：縄文時代の次は弥生《やよい》時代，その次は（　①　）時代です。
太郎：ぼくたちがまとめたＡ～Ｅのカードは，（　②　）時代から江戸時代までの時代ごとの特徴をまとめたものです。Ａ～Ｅのカードを古い順に並べると（　あ　）になります。あと，安土桃山《ももやま》時代を説明したカードがぬけていますね。
京子：Ａ～Ｅの時代で，政治の中心となった都市で，明らかにＡの時代だけにちがいがあります。
太郎：それは，どんなちがいですか。まったく分かりません。ヒントを下さい。
京子：Ｂ～Ｅの時代の政治の中心地を，地形を視点に考えると，Ａの時代の政治の中心地は全くちがうところにあるのです。
太郎：分かりました。地形の視点で考えると，Ａの時代は（　い　）に政治の中心地がありますね。
京子：そうです，そのとおりです。
太郎：でも，なぜＡの時代は（　い　）に政治の中心地をおくことができたのですか。
京子：それは，この時代の少し前から，日本の人々が（　　※　　）ことができるようになったからです。

（１）会話文の（　①　）（　②　）に当てはまる時代区分を【　　】のア～カよりそれぞれ選び，記号で答えなさい。

【　ア：室町《むろまち》　　イ：古墳《こふん》　　ウ：平安《へいあん》　　エ：奈良《なら》　　オ：飛鳥《あすか》　　カ：鎌倉《かまくら》　】

（２）会話文の（　あ　）に当てはまるように，カードを古い順に並べ，Ａ～Ｅの記号で答えなさい。

（３）資料のＦ～Ｉは，カードのＡ～Ｅのどの時代と関係が深いですか。それぞれ適するものを選び，記号で答えなさい。

（４）会話文の（　い　）に入る言葉を漢字２字で答えなさい。

（５）会話文の（　　※　　）に入る内容を15字以内で答えなさい。

【問題７】　次の≪地図≫と≪グラフ≫を見て，あとの問いに答えなさい。

≪地図≫日本のおもな工業地域と四大工業地帯

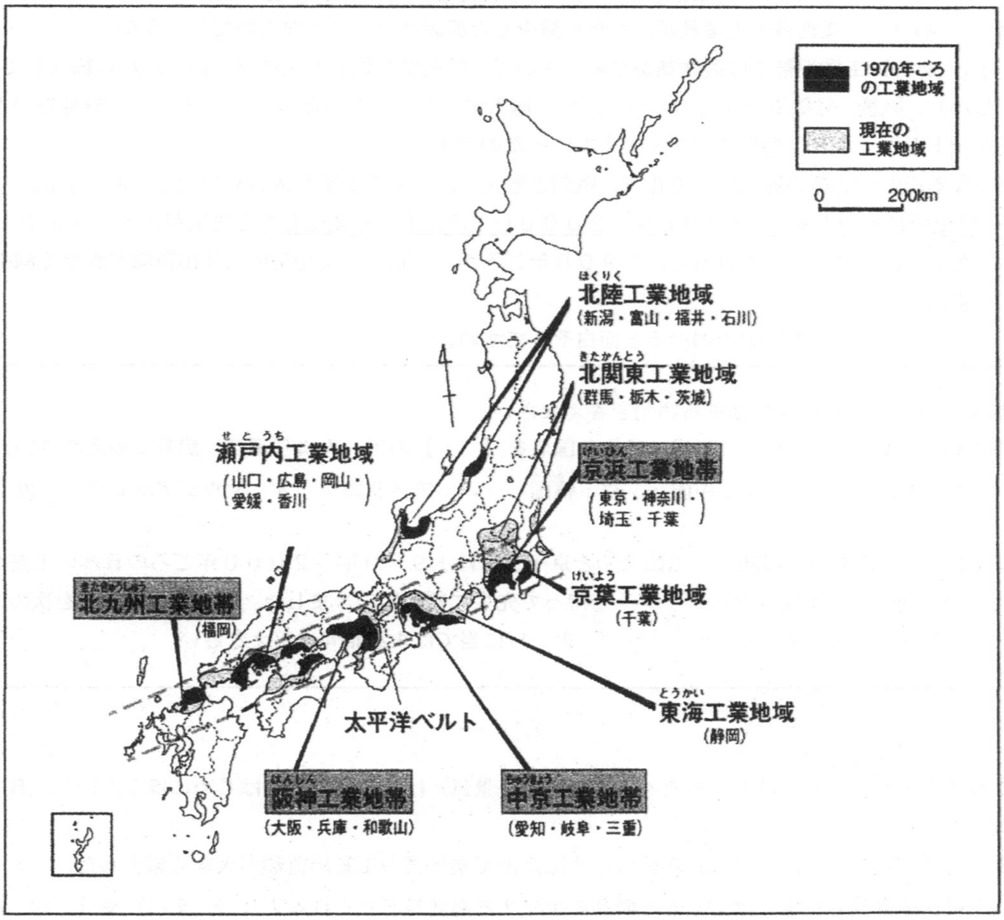

≪グラフ≫京浜工業地帯・北関東工業地域・京葉工業地域の工業出《しゅっ》荷《か》額の変化

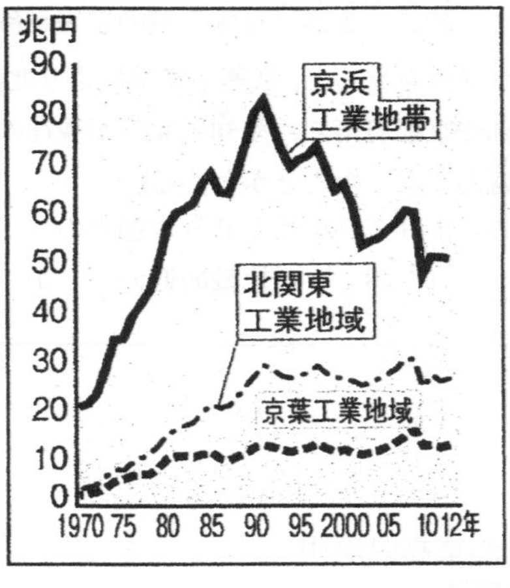

（１）次の会話文は太郎さんと京子さんが≪地図≫と≪グラフ≫を見て考えたことを話し合ったものです。会話文を読み①②の問いに答えなさい。ただし，会話文中の戦前・戦後とは第二次世界大戦の前と後を意味します。

太郎：≪地図≫では四大工業地帯と書かれていますが，小学校の教科書では三大工業地帯と書かれていますね。

京子：（　あ　）工業地帯の生産量が戦後，大きく減少したので，小学校の教科書では（　あ　）工業地帯は（　あ　）工業地域と，近頃《ちかごろ》は表記しているそうです。

太郎：（　あ　）工業地帯の生産量が，大きく減少した原因はどのようなものでしょうか。

京子：（　あ　）工業地帯では製鉄業が生産の中心で，戦前は鉄鉱石を主に（　い　）から輸入していました。しかし，戦後，鉄鉱石は主に（　う　）から輸入するようになったので，（　あ　）工業地帯で生産するメリットがなくなり，製鉄業がおとろえていったのです。

太郎：なるほど。資源の輸入国の変化で，戦前と戦後で，日本の工業も大きく変化したのですね。

京子：戦後の日本の工業も，１９９０年～２０００年ごろに大きく変化したと先生がおっしゃっていましたよ。

太郎：たしかに≪グラフ≫を見ると，１９９０年ごろから，京浜工業地帯の工業出荷額が大きく減少していますね。

京子：そうですね。この原因を調べると面白そうですね。

①会話文の（　あ　）に当てはまる語句を答えなさい。

②会話文の（　い　）（　う　）に当てはまる国名を【　　】のア～カより選び，記号で答えなさい。

【ア：オーストラリア　　イ：中国　　ウ：韓国《かんこく》　　エ：アメリカ　　オ：サウジアラビア　　カ：ロシア】

（２）（１）の会話文の下線部で，太郎さんと京子さんは１９９０年～２０００年ごろの日本の工業の変化を考えようと思い，≪地図≫と≪グラフ≫を持って先生に質問にいきました。そしてその内容を次のように≪ノート≫にまとめました。（　え　）～（　き　）に当てはまる語句を答えなさい。

≪ノート≫

○１９８０年代後半からはじまったバブル経済（好景気）は１９９０年代はじめにほうかいし，日本は不景気になった。

○≪グラフ≫を見ると，１９９０年代はじめに京浜工業地帯の工業出荷額が大きく減少した。

（理由）不景気の日本ではより安く製品を生産する必要があり，日本より（　え　）や（　お　）が比較《ひかく》的低い海外に日本企業の工場が移転したのが原因のひとつと考えられる。

○≪グラフ≫を見ると，京葉工業地域より北関東工業地域の方が，工業出荷額が多く，≪地図≫をみると滋賀《しが》県南部や京都府南部，愛知《あいち》県北部が現在の工業地域となっていることから日本国内では（　か　）部の工業が盛《さか》んになったことがわかる。

（理由）１９７０年代より日本国内の（　き　）の整備が進んだことにより，日本国内でも（　え　）や（　お　）が比較的低い（　か　）部の工場が増加したと考えることができる。

平成三十一年度

適性をみる検査Ⅰ

注意

1 指示があるまで、この用紙を開いてはいけません。
2 問題は**【問題一】のみ**で、**八ページ**にわたって印刷してあります。
検査が始まって、文字などの印刷がはっきりしないところや、ページが足りないところがあれば、静かに手をあげなさい。
3 検査時間は**五十分間**です。
4 声に出して読んではいけません。
5 名前を書くところはありません。
受付番号を、受検票を見ながらまちがわないように、はっきりと書きなさい。
6 受付番号を書くところは、**解答用紙の一か所**です。
答えはすべて解答用紙に書きなさい。
7 字数に制限がある場合は、句読点もふくみます。
答えを直すときには、用紙が破れないようにていねいに消してから、新しい答えを書きなさい。
8 問題用紙の余白は、メモなどに使ってもよろしい。

京都市立西京高等学校附属中学校

【問題一】 次の〈文章Ⅰ〉〈文章Ⅱ〉を読んで、あとの問いに答えなさい。 ＊がある語句は、あとに《語注》があります。

〈文章Ⅰ〉

この文章は和食が世界無形文化遺産に登録される前年の二〇一二年に出版された本の一部である。

和食の素《す》晴らしさを一言でいうと、食材が持っているフードパワー（食物の力）をていねいに味わうことである。フードパワーは食材に＊蓄《ちく》積されている自然の力であり、味・栄養・そして生命力だ。そのパワーが＊クライマックスになるのが＊旬《しゅん》で、①和食ほど旬にこだわる食文化はないだろう。

日本人は刺《さし》身を好む。素材を食べやすい大きさに切り揃《そろ》えただけの料理である。それだけに、食材の持ち味が重要になってくる。脂《あぶら》がのっていて、生食としてもっとも美味なのは、旬の時だ。したがって、刺身にするにはまず旬の見極《きわ》めが大切になる。

日本には春、夏、秋、冬があって、それぞれに季節の旬がある。春は山菜、鯛《たい》であり、夏はカツオ、ウナギ、トマト、秋はサンマにキノコ、新米、冬はサケ、ブリ、大根などとなる。もちろん、一例でさらに多くの旬の素材があるのはいうまでもない。

盛られた料理の色彩《さい》を見ただけで、今現在の季節の位置が分かるのが和食の＊真髄《ずい》である。野菜や果物《くだもの》だったら味に加えてビタミンCも充《じゅう》満しているし、魚だったら脂ものっていて味が最高となり、肉づきもよい。健康効果も高い。

旬のものは、「医食同源」的な力を持って、日本人の健康と長寿《じゅ》に役立ってきた。まさにフードパワーの勝利である。

味つけにも＊卓越《たくえつ》しているのが和食文化だ。欧《おう》米など外国の場合、料理はほとんどが、＊油脂《し》の味を中心に構成されているが、和食は世界でも＊唯《ゆい》一の「ダシ」を使って料理を仕上げる。カツオ節、昆《こん》布、シイタケなどが中心で、いずれもうま味が強く、料理の食材に含《ふく》まれている持ち味をおだやかに引き立てる。うま味の主体は＊グルタミン酸やイノシン酸などであるが、最近では欧米のシェフも料理にダシを用いる場合が増えている。美味で健康にもよいからだ。

②この魅《み》力あふれる和食が、世界無形文化遺産としてユネスコに登録＊申請《しんせい》されている。日本人の知恵が育てた和食文化が、これからの食生活を考える上で、大きく役に立つのではないだろうか。

永山《ながやま》 久夫《ひさお》『なぜ和食は世界一なのか』朝日新聞出版

《語注》

蓄《ちく》積…時間をかけてものをたくわえること。
クライマックス…最高に達すること。
旬《しゅん》…野菜や魚などの味が最もよい時期。
真髄《ずい》…ものごとの中心にある大切な部分。
卓越《たくえつ》…ほかよりはるかにすぐれていること。
油脂《し》…動物や植物の中にふくまれている油やしぼう。
唯《ゆい》一…ただひとつ。
グルタミン酸やイノシン酸…調味料などの成分の一つ。
申請《しんせい》…役所などに許可を願い出ること。

〈文章Ⅱ〉

　人間以外の動物にとって、生きることは食べることである。しかし、それを実現するには、いつ、どこで、何を、だれと、どうやって食べるか、という五つの課題を乗り越《こ》えねばならない。現代の科学技術と流通革命は、その多くを個人の自由になるように解決してきた。二十四時間営業のコンビニエンスストアや自動販《はん》売機。車や飛行機などの輸送手段や、インターネットを利用した通信手段。電子レンジやファストフードなどの調理や保存の技術。これらは私たちが、いつでも、どこでも、どんなものでも、好きなように食べることを可能にした。

　しかし、技術によっては変えられない課題もある。それは、だれと食べるかということだ。

　ふだん単独生活をしているクマやカモシカのような動物には、この課題は必要ない。なわばりをつくって他者の侵《しん》入を防いだり、他者と出会わないようにして餌《えさ》資源を確保したりすればいいからだ。しかし、群れをつくる動物は常にこの問題に直面する。とりわけ③フク雑な社会生活を営む人間にとって、いっしょに食べる相手は重要である。もちろん、移動手段の革新によって、遠くに住む知人や親族に会うことができるようになった。だが、だれと食卓《たく》を囲むかは、昔も今も個人の自由*裁量によっては決められない。

　古来、人間の食事には、栄養の補給以外にも他者との関係の*維《い》持や調整という機能が*付与《よ》されてきた。いやむしろ、他者といい関係をつくるために食事の場や*調度、食器、メニュー、調理法、服装からマナーにいたるまで、多様な技術が考案されてきたといっても過言ではない。どの文化でも社交の場として食事を機能させるために、*莫《ばく》大な時間と金を消費してきたのである。それは④効率化とはむしろ逆行する特徴《ちょう》をもっている。

　サルの食事は人間とは正反対である。群れで暮らすサルたちは、食べるときは分散して、なるべく仲間と顔を合わせないようにする。数や場所が限られている自然の食物を食べようとすると、どうしても仲間とはち合わせしてけんかになる。だから、仲間がすでに占《せん》有している場所は避《さ》けて、別の場所で食物を探そうとするのだ。でも、あまり広く分散すると、肉食動物や*猛禽《もうきん》類にねらわれて命を落とすおそれが生じる。仲間といれば外敵の発見効率が上がるし、自分がねらわれる確率が下がる。そこで、仲間と適当な距離《きょり》を置いて食事をすることになる。

　しかし、食物が限られていれば、仲間と出くわしてしまうことはある。そのときは、弱いほうのサルが食物から手を引っこめ、強いサルに場所を譲《ゆず》る。サルたちは互《たが》いにどちらが強いか弱いかをよくわきまえていて、その序列にしたがって行動する。それに反するような行動をとると、周りのサルが寄ってたかってそれをとがめる。優劣《れつ》の序列を守るように、勝者に味方するのである。

　強いサルは食物を独占し、他のサルにそれを分けることはない。サルの社会では、食物を囲んで仲よく食事をする光景は決して見られない。でも、サルの基本的な食物は植物なので、強いサルに独占されたからといって食物に困るわけではない。ちょっと移動すれば、食べられるフルーツや葉っぱが見つかる。要するに、サル社会のルールは、食べるときはけんかしないように分散して個食をしましょう、そのためには弱いサルが広く分散しましょう、ということなのである。

　けんかの種となるような食物を分け合い、仲よく向かい合って食べるなんて、サルから見たらとんでもない行為《い》である。なぜこんなことに人間はわざわざ時間をかけるのだろうか。

それは、相手とじっくり向かい合い、気持ちを通じ合わせながら信頼《らい》関係を築くためであると私は思う。相手と競合しそうな食物をあえて間に置き、けんかをせずに平和な関係であることを前提にして、食べる行為を同調させることが大切なのだ。同じ物をいっしょに食べることによって、ともに生きようとする実感がわいてくる。それが信頼する気持ち、ともに歩もうとする気持ちを生みだすのだと思う。

ところが、⑤前述した近年の技術はこの人間的な食事の時間を短縮させ、個食を増加させて社会関係の構築を妨《さまた》げているように見える。自分の好きなものを好きな時間と場所で好きなように食べるには、むしろ相手がいないほうがいい。そう考える人が増えているのではないだろうか。

でも、それは私たちがこれまで食事によって育ててきた共感能力や連帯能力を低下させる。個人の利益だけを追求する気持ちが強まり、仲間と同調し、仲間のために何かしてあげたいという心が弱くなる。勝ち負けが気になり、⑥勝ち馬に乗ろうとする傾《けい》向が強まって、自分に都合のいい仲間を求めるようになる。つまり、現代の私たちはサルの社会に似た閉鎖《さ》的な個人主義社会をつくろうとしているように見えるのだ。

二〇一三年に、和食がユネスコの無形文化遺産に登録された。登録にいたったのは、自然を尊重する日本人の基本精神にのっとり、◎地域の自然特性に見合った食の慣習や行事を通じて家族や地域コミュニティーの結びつきを強める重要な文化だからというのが主な理由だ。大変いいことだと思う。これを機に、和食と日本人の暮らしについて過去の歴史をふり返り、食の文化を育んできた日本列島の自然と人間との関わりについて多くの人々が思いをめぐらすようになってほしい。

私の専門分野である霊《れい》長類学は、人間に近い動物の生き方から人間の進化や文化を考える学問である。人間以外のサルや類人猿《えん》(ゴリラやチンパンジー)を野生の生息地で追っていると、「生きることは食べることだ」と思い知らされる。彼らの主な食べ物は自然のあちこちに散らばり、季節によってその姿を変える植物だ。いつ、どこで、何を、どのように食べるかが、一日の大きな関心事である。群れをつくって暮らすサルたちにとっては、それに加えて⑦「だれと食べるか」が重要となる。いっしょに食べる相手によって、自分がどのように、どのくらい食物に手を出せるかが変わるし、相手を選ばないと、食べたいものも食べられなくなってしまうからだ。

日本列島には四十三万～六十三万年前からニホンザルがすみついてきた。人間が大陸から渡《わた》ってきたのはたかだか二万数千年前だから、彼らのほうがずっと先輩《ぱい》である。日本の山へ出かけてサルを観察すると、彼らがいかにうまく四季の食材を食べ分けているかがわかる。新緑の春には若葉、*灼《しゃく》熱の夏は果実と昆虫、実りの秋は熟した色とりどりの果実、そして冷たい冬は落ちたドングリや樹皮をかじって過ごす。

サルに近い身体をもった人間も、これらの四季の変化に同じように反応する。もえいずる春には山菜が欲《ほ》しくなるし、秋には真っ赤に熟《う》れた柿《かき》やリンゴに目がほころぶ。サルと同じように人間も長い時間をかけて植物と共進化をとげてきた証《あか》しである。人間の五感は食を通じて自然の変化を的確に感知するようにつくられてきたのだ。

人間にはサルと違《ちが》うところが二つある。まず、人間は食材を調理して食べるという点だ。植物は虫や動物に食べられないように、硬《かた》い繊維《せんい》などで防御《ぎょ》している。それを水にさらしたり、火を加えたりして食べやすくする方法を人間は発達させた。[A]、人間は川や海にすむ貝や魚を食材に加え、野生の動植物を飼養したり栽培《さいばい》したりすることによって得やすく、食べやすく、美味にする技術を手にした。人間は文化的雑食者であるともいわれる。日本人もその独特な文化によって、ニホンザルに比べると圧倒《とう》的に多様な食材を手に入れることができたのである。

もう一つの違いは、人間が食事を人と人とをつなぐコミュニケーションとして利用してきたことだ。サルにとって食べることは、仲間との＊あつれきを引き起こす原因になる。自然の食物の量は限られているから、仲間で同じ食物に手を出せばけんかになる。それを防ぐために、ニホンザルでは弱いサルが強いサルに遠慮《りょ》して手を出さないルールが徹《てっ》底している。強いサルは食物を独占し、決して仲間に分けたりはしない。そのため、弱いサルは場所を移動して別の食物を探すことになる。

[B]、人間はできるだけ食物を仲間といっしょに食べようとする。ひとりでも食べられるのに、わざわざ食物を仲間の元へもち寄って共食するのだ。

共食の＊萌《ほう》芽はすでにゴリラやチンパンジーに見られる。チンパンジーは時折＊狩猟《しゅりょう》をする。力の強いオスがサルやムササビなどを捕《つか》まえてその肉を食べるのだ。そんなとき、獲《え》物を捕《と》らえたオスの周りには他のオスやメスたちが群《むら》がってくる。めったに得られない肉の分配にあずかろうとしてやってくるのだ。肉をもったオスは力が強いので、その肉を独占して食べようとすればできないことはない。しかし、他のチンパンジーの要求は＊執拗《しつよう》で、なかなか拒《こば》むことができず、ついには引きちぎってとるのを許してしまう。チンパンジーの世界では、どんなに体の大きなオスでも力だけでは社会的地位を保てず、仲間の支持が必要である。肉の分配はその支持を得るために使われているようなのだ。[C]、サルとは違って、チンパンジーはもっぱら弱い個体が強い個体に食物の分配を要求し、いっしょに食べるのである。

最近私たちは、チンパンジーと同じようにゴリラも、オスが大きなフルーツをメスや子どもたちに分配しているのを観察した。オランウータンにも食物の分配行動があることが知られているから、ヒト科の類人猿はすべて、おとなの間で食物が分配されるという、霊長類にはまれな特徴をもっていることがわかる。人間はその特徴を受け継《つ》ぎ、さらに食物を用いて互いの関係を調整する社会技術を発達させたのだ。

★ 食事は、人間どうしが無理なく対面できる貴重な機会である。人間の顔、とりわけ目は、対面コミュニケーションに都合よくつくられている。人間の目には、サルや類人猿の目と違って白目がある。この白目のおかげで、一〜二メートル離《はな》れて対面すると、相手の目の動きから心の状態を読みとることができるのだ。

顔の表情や目の動きを＊モニターしながら相手の心の動きを知る能力は、人間が生まれつきもっているもので習得する必要がない。しかも、目の色は違っていても、すべての人間に白目がある。ということは、白目は人間にとって古い特徴でありながら、チンパンジーとの共通祖先と分かれてから獲《かく》得した特徴だということだ。対面して相手の目の動きを追いながら同調し、共感する間柄《がら》をつくることができるのが、人間に特有な能力なのだ。それが人間に独特な強い信頼関係を育み、高度でフク雑な社会の資本となってきたと考えることができる。★

　実は、日本人の暮らしも、食物を仲間といっしょにどう食べるかという工夫《くふう》のもとにつくられている。日本家屋は開放的で、食事をする部屋は庭に向かって開いている。四季折々の自然の変化を仲間と感じ合いながら食べられるように設計されているのだ。鳥や虫の声が響《ひび》き、多彩な食卓の料理が人々を*饒舌《じょうぜつ》にする。その様子をだれもが見たり聞いたりでき、外から気軽に参加できる仕組みが、日本家屋の造りや和食の作法に組みこまれている。

　だが、昨今の日本の暮らしはプライバシーと効率を重んじるあまり、食事のもつコミュニケーションの役割を忘れているように思う。和食の遺産登録を機に、自然と人、人と人とを豊かにつなぐ日本の和の伝統を思い返してほしい。

山極寿一《やまぎわじゅいち》『ゴリラからの警告「人間社会、ここがおかしい」』

（出題のために表記を変えたところがあります。）

《語注》

裁量…自分の考えで物事を行ったり決めたりすること。
維《い》持…同じ状態を保ちつづけること。
付与《よ》…資格などをあたえること。
調度…身のまわりの道具や設備。
莫《ばく》大…数量や程度がたいへん大きいようす。
猛禽《もうきん》…肉食で性質のあらあらしい鳥。ワシやタカなど。
灼《しゃく》熱…焼けつくような暑さ。
あつれき…争いごと。
萌《ほう》芽…めばえ。ものごとの始まり。
狩猟《しゅりょう》…野生の鳥やけものをつかまえること。
執拗《しつよう》…しつこいようす。
モニターする…注意して見張ること。
饒舌《じょうぜつ》…よくしゃべること。

（２） ３個の立方体でできた立体のうち，上から見た図が右の《図 B》のようになる立体を，前から見た図を解答用紙に書きなさい。

《図 B》

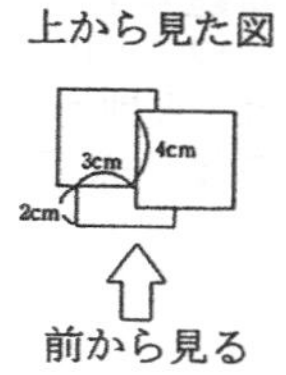

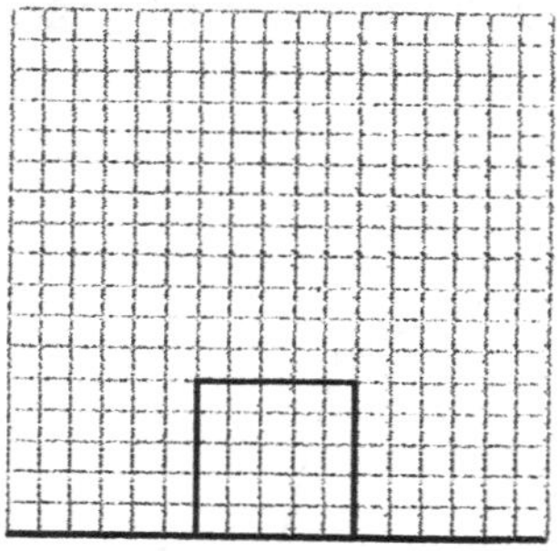

１ますは１ｃｍとする

（３） 下の《表３》，《表４》の操作について，次の①②に答えなさい。

《表３》

東	西	1	2	**3**	4
南	**北**	1	**2**	3	4

《表４》

東	**西**	**1**	2	3	4
南	北	1	2	**3**	4

① 《表３》，《表４》の順で操作したとき，３個の立方体が重なります。この立体の上から見た図を解答用紙に書きなさい。

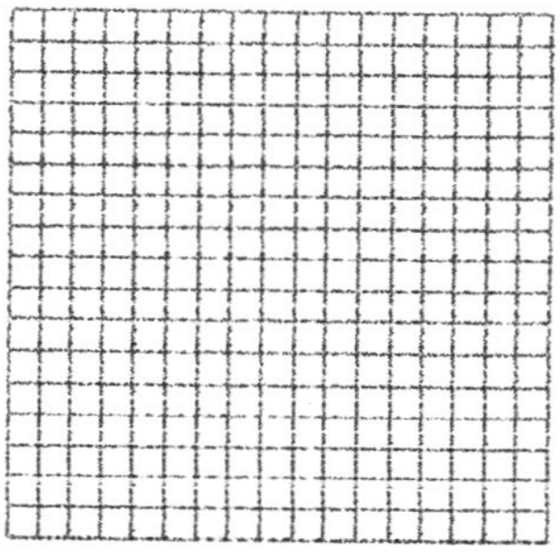

１ますは１ｃｍとする

② 《表３》，《表４》，《表３》，《表４》，《表３》，《表４》の順で操作したとき，７個の立方体が重なります。この立体の表面積を求めなさい。表面積には一番下の立方体の底面も含めて考えることとします。

【問題４】太郎さんと花子さんは，学校から図書館まで同じ道を移動していきます。２人は学校を同時に出発し，それぞれ一度だけ途中で移動する速さを変えました。先に変えたのは，太郎さんでした。すると，花子さんより太郎さんのほうが先に図書館に着きました。その後，太郎さんは，花子さんが図書館に着くまでその場で待っていました。下のグラフは，スタートしてからの時間と２人の移動したきょりの差を表したものです。このとき，あとの問いに答えなさい。

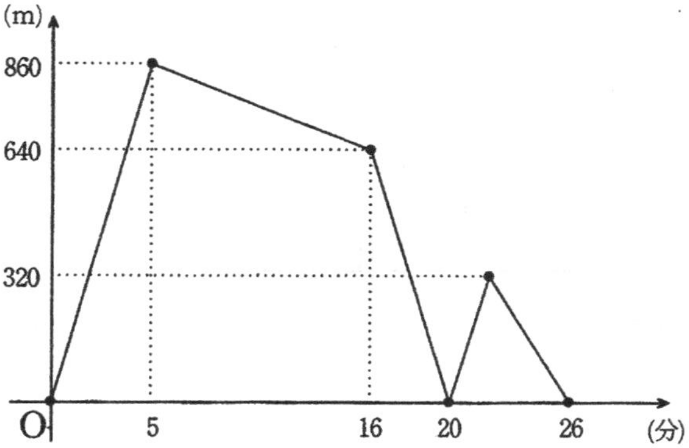

（１）学校を出発してから１０分後に前を移動しているのは太郎さん，花子さんのどちらですか。解答用紙にある名前を〇で囲みなさい。また，２人の移動したきょりの差は何ｍですか。

（２）太郎さんは花子さんより何分早く図書館に着きましたか。

（３）花子さんが学校を出発するときの速さは分速何ｍですか。

（４）学校と図書館のきょりは何ｍですか。

【問題５】 下の《図１》のように，六角形状に道があり，その道にそってロボットが動きます。道と道の交わった所を交差点と呼びます。ロボットは事前に定められた方向（以下プログラムと呼ぶ）に従って道にそって動き，交差点からとなりの交差点まで１分間かかります。ここで，方向（右左）とは下の《図２》のように，交差点に入ってきた方向から見て決めるものとします。

《図１》

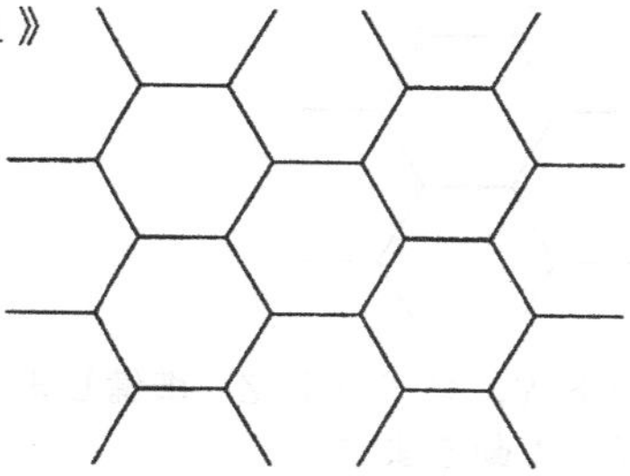

《図２》

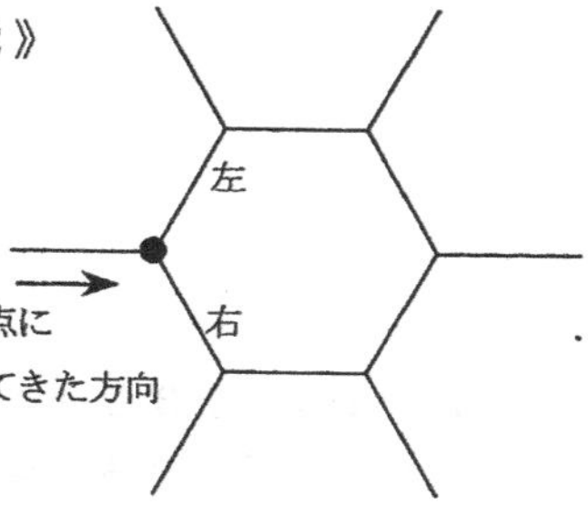

例えば，矢印の向きに交差点Ａに入ってきたロボットＰは，プログラムに従って《図３》の太線にそって動き，交差点Ａを出発してから３分後に交差点Ｂに着きます。

ロボットＰのプログラム
左 → 右 → 右

《図３》

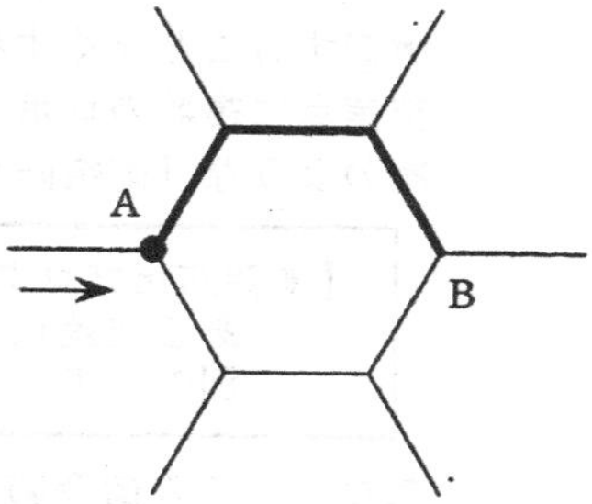

このとき，あとの問いに答えなさい。

（１）下の《図４》で，矢印の向きに交差点 Ａ に入ってきたロボットが，交差点 Ａ を出発して８分後に交差点 Ｂ に着くプログラムは，全部で何種類あるか答えなさい。

《図４》

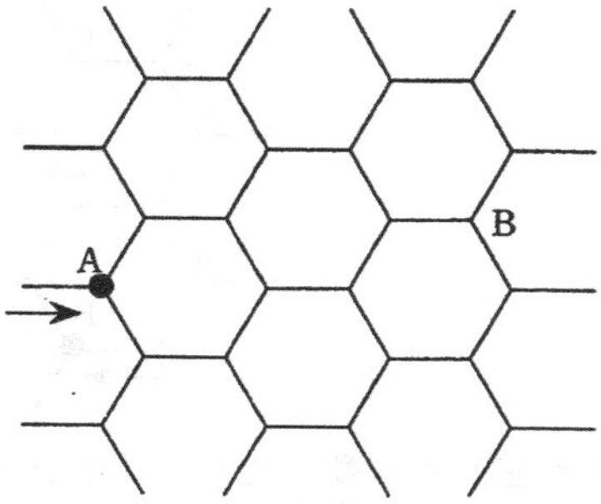

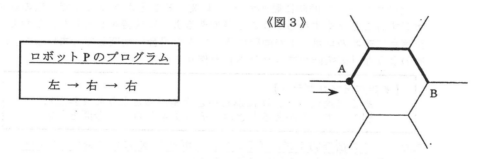

（２）下の《図５》で，矢印の向きに交差点Ａに入ってきたロボットが，交差点Ａを出発して６分後に交差点Ｃに着くプログラムを一つ完成させなさい。

《図５》

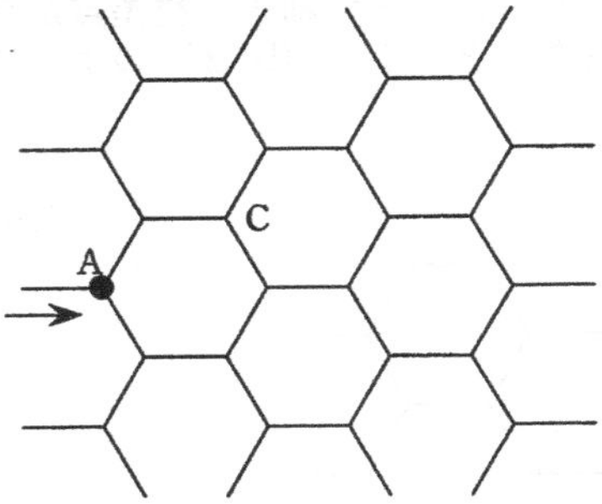

（３）ロボットを３台（ロボットＸ，ロボットＹ，ロボットＺ）準備しました。それぞれのロボットは下記のプログラムに従って動きます。

ロボットＸのプログラム	ロボットＹのプログラム	ロボットＺのプログラム
左→右→右→右→左→左	左→左→右→右→左→左	左→右→右→左→右→右

複数のロボットを同時に動かすと，衝突《しょうとつ》することがあったので，道の途中では衝突することなくすれちがうことができるように改善をしました。しかし，同じ交差点に複数のロボットが同時に入ってきた場合は衝突してしまいます。そこで，次のような「衝突防止プログラム」を作りました。

> 【衝突防止プログラム】
> ある交差点Ｄで，次に進むべき交差点のとなりの交差点に，
> 別のロボットがあるときは，その交差点Ｄに１分間とどまる。

ただし，この衝突防止プログラムは，ロボットＸにだけ備わっているものとします。このとき，あとの問いに答えなさい。

①下の《図６》で，ロボットＸ，ロボットＹ，ロボットＺがそれぞれ，矢印の向きに交差点Ａ，交差点Ｂ，交差点Ｃに同時に入ってきたとき，ロボットＸは交差点Ａを出発して６分後にどの交差点にいますか。次のア～ノの中から選び，記号で答えなさい。

《図６》

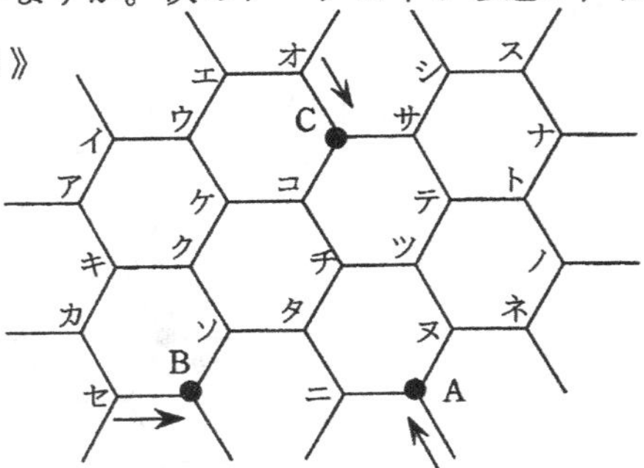

②衝突防止プログラムが正しく作動しても，ロボットＸは，交差点で衝突することがあります。それはどのような場合か答えなさい。

（５）下線部（ロ）について考えた太郎さんは，あることに気づきました。Ｂのカードの時代で，武士が儒学を学ぶように求められた理由は，武士の役割が変化したことにあるのではないかということです。そこで，太郎さんは，自分の考えを次のようにノートにまとめました。（　Ⅰ　）（　Ⅱ　）にあてはまる内容を答えなさい。

> 平和な時代の到来
> ↓　武士は（　Ⅰ　）での活躍《やく》よりも（　Ⅱ　）としての役割が求められる。
> 武士は中国の学問である儒学を学ぶことを求められる。
>
> ※儒学＝中国発祥《しょう》の学問。理想とする社会と，その実現の手立てを考える。

【問題６】　次の≪グラフ≫と≪地図≫を見て，あとの問いに答えなさい。

≪グラフ≫日本の発電量の内訳の変化

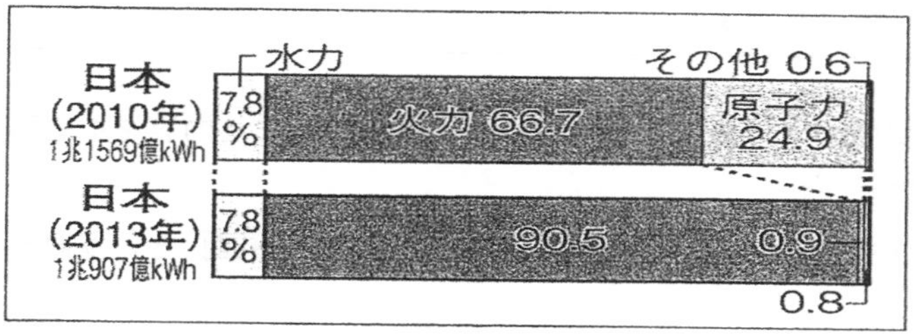

≪地図≫日本の主な発電所の分布（２０１４年）

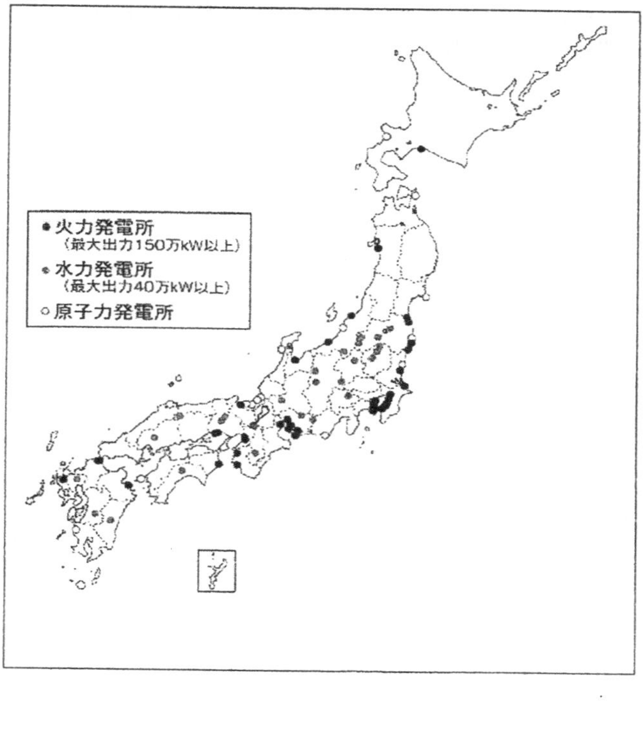

（1）次の会話文は太郎さんと京子さんが≪グラフ≫を見て考えたことを話し合ったものです。会話文を読んで，あとの①②の問いに答えなさい。

太郎：　≪グラフ≫を見ると２０１０年に比べ２０１３年に原子力発電の割合が大きく低下しているのは，東日本大震《しん》災の影響《えいきょう》もあるのでしょうか。

京子：　そうですね。原子力発電の割合が低下したのに対し，火力発電の割合はかなり大きくなっていますね。

太郎：　水力発電の割合が上昇《しょう》していないのはなぜでしょうか。

京子：　その理由としては，第一にダムの建設に時間がかかることが考えられます。その他に，ダム建設による環《かん》境破壊《かい》，そして（　あ　）と（　い　）がはなれているため，非効率的であるなどの問題が原因だと考えられます。

太郎：　火力発電の割合が大きくなりすぎるのも問題がありますね。

京子：　火力発電は発電時に二酸化炭素を多く排《はい》出するだけでなく，（　う　）という大きな問題があります。

①　会話文中の（　あ　）と（　い　）に当てはまる内容を≪地図≫を参考にして答えなさい。

②　会話文中の（　う　）に当てはまる内容を「外国」という語句を使って答えなさい。

（2）東日本大震災以降，新エネルギーの代表として太陽光発電が期待されていますが，太陽光発電の問題点を安定供給という視点で答えなさい。

平成３１年度

適性をみる検査Ⅱ

注　意

1　指示があるまで，この用紙を開いてはいけません。
2　問題は**【問題１】**～**【問題５】**で，**９ページ**にわたって印刷してあります。
検査が始まって，文字などの印刷がはっきりしないところや，ページが足りないところがあれば，静かに手をあげなさい。
3　検査時間は**５０分間**です。
4　声に出して読んではいけません。
5　名前を書くところはありません。
受付番号を，受検票を見ながらまちがわないように，はっきりと書きなさい。
受付番号を書くところは，**解答用紙の一か所**です。
6　答えはすべて解答用紙に書きなさい。
7　答えを直すときには，用紙が破れないようにていねいに消してから，新しい答えを書きなさい。
8　問題用紙の余白は，メモなどに使ってもよろしい。

京都市立西京高等学校附属中学校

【問題１】松小学校，竹小学校，梅小学校の３校は合同で運動会を行います。以下は３校の６年生全員から取った《アンケートの内容》と，集計結果をまとめたものです。なお，《表１》はアンケート結果をまとめたものです。《表２》は応援《えん》団に立候補する人数について，《グラフ》は実行委員に立候補する人数について，それぞれくわしくまとめたものです。このとき，あとの問いに答えなさい。

《アンケートの内容》

【質問１】あなたの学校を教えてください。
（　松小学校　・　竹小学校　・　梅小学校　）
【質問２】あなたは応援団に立候補しますか。
（　立候補する　・　立候補しない　）
【質問３】あなたは実行委員に立候補しますか。
（　立候補する　・　立候補しない　）

※なお，応援団と実行委員の両方に立候補しても構いません。

《表１》アンケート結果

	松小学校	竹小学校	梅小学校
【質問１】	62 人	38 人	83 人

	立候補する	立候補しない
【質問２】	78 人	105 人
	立候補する	立候補しない
【質問３】	117 人	66 人

《表２》応援団に立候補する人数の学校別内訳

	松小学校	竹小学校	梅小学校
応援団に立候補する	14 人	24 人	40 人

《グラフ》実行委員に立候補する人数の学校別内訳

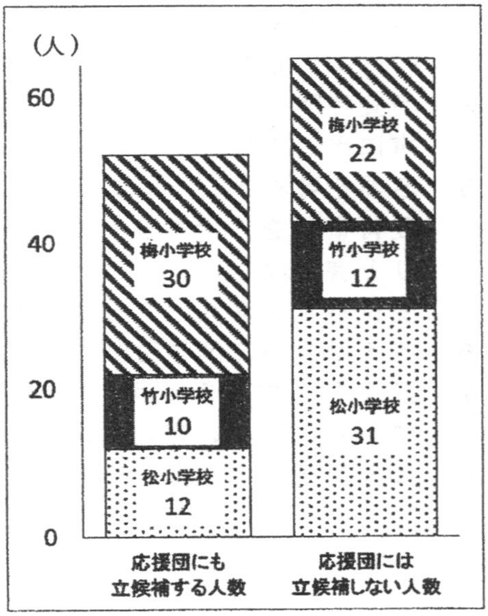

（１）３校の中で，実行委員に立候補する人数の割合（＝各校の実行委員に立候補する人数÷各校の６年生の人数×１００）が最も大きい学校について，その値《あたい》を求めなさい。ただし，小数第２位を四捨五入して答えること。

（２）竹小学校で応援団と実行委員のどちらにも立候補しない人数を求めなさい。

（３）それぞれの学校の，「６年生の人数」をもとにしたときの「応援団と実行委員のどちらにも立候補する人数」の割合を表すのに，最も適するグラフを下のア～エの中から一つ選び，記号で答えなさい。

ア

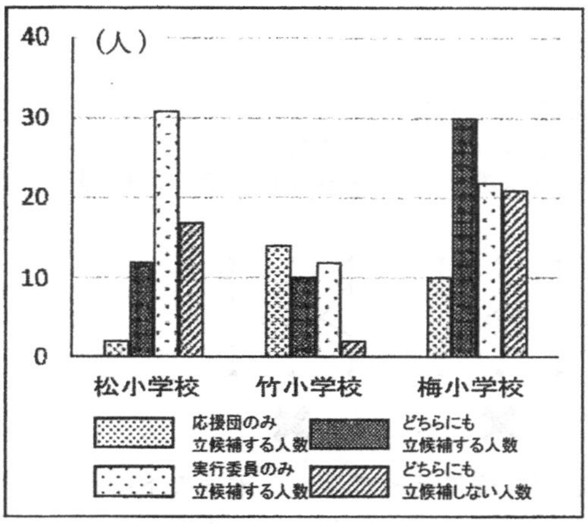

イ

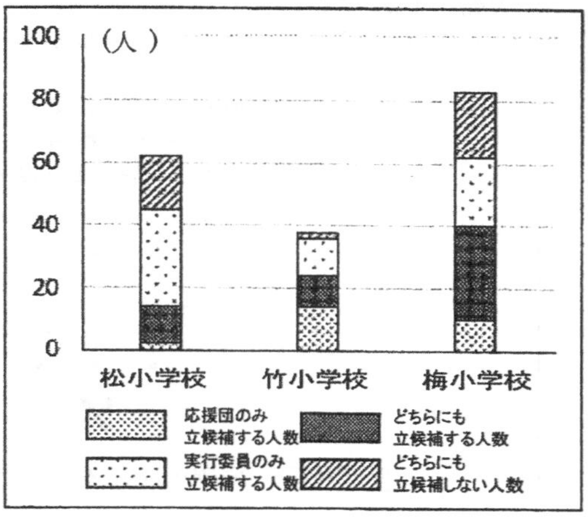

ウ

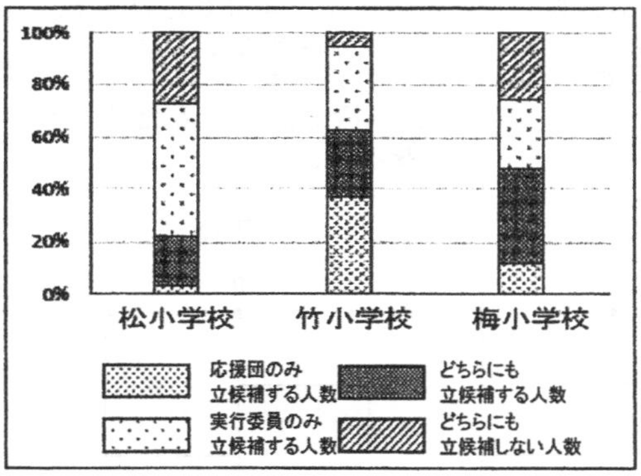

エ

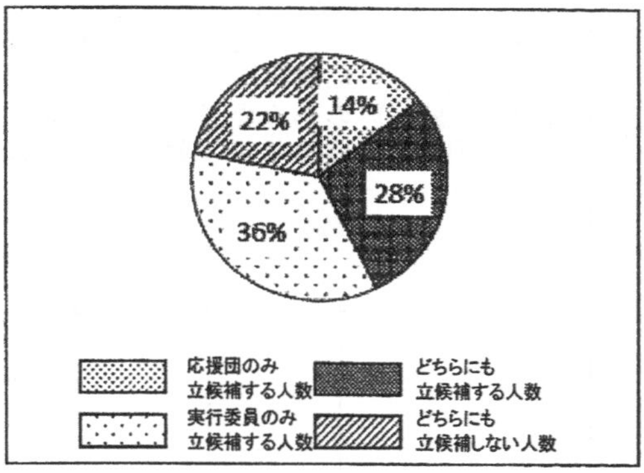

（４）松小学校のＡ，Ｂ，Ｃ，Ｄ，Ｅ，Ｆの６人でリレーチームをつくることになりました。以下の問いに答えなさい。

ア　Ｃはバトンの受け取りが苦手なのですが，Ｅから受け取るときは，うまく受け取ることができます。ＣがＥからバトンを受け取る並び方は，全部で何通りあるか答えなさい。

イ　下の条件①～④のすべてに当てはまる並び方をひとつ答えなさい。

①Ａは，２番手か５番手で走る。
②Ｄは，１番手ではない。
③ＢとＥは，それぞれＦとバトンの受け渡《わた》しを行う。
④Ｃは，Ｅからバトンを受け取る。

【問題２】あみだくじに関する太郎さんと花子さんの会話を読んで，あとの問いに答えなさい。

太郎：あみだくじって知ってる？
花子：知ってるよ。こんなルールがあるんだよね。

ルール①　縦線の間にいくつかの横線を入れる。
このとき，横線どうしをつないではいけない。
また，横線はとなり合う縦線２本を結ぶものに限り，横線どうしは交差しない。

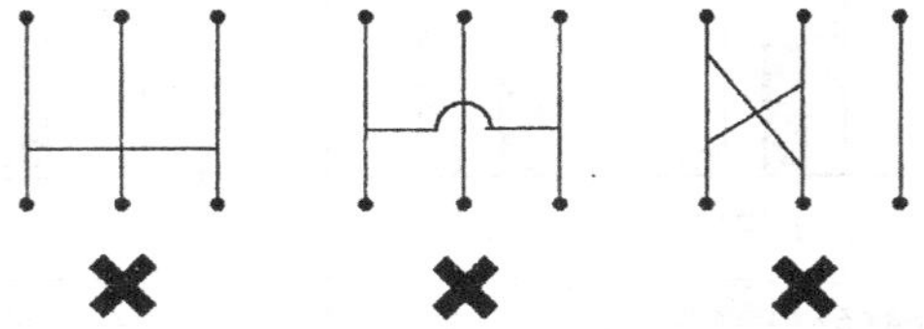

ルール②　縦線の上端《たん》をひとつ選び，線にそって下へ，縦線の下端まで進む。このとき，進む途《と》中で，横線があれば必ず曲がる。

太郎：そうそう。だから例えば，下の《図１》にあるあみだくじは，上端にあるA，B，Cから進むと，下端にあるA，B，Cにそれぞれ行き着くんだよね。
花子：《図１》のあみだくじに横線を１本加えた《図２》のあみだくじでは，《図１》に比べて，下端にあるAとCが入れかわっているね。
太郎：《図１》のあみだくじを上下に２個つないで作った《図３》のあみだくじも《図２》と同じく下端が左から順に，A，B，Cと並ぶね。

《図１》

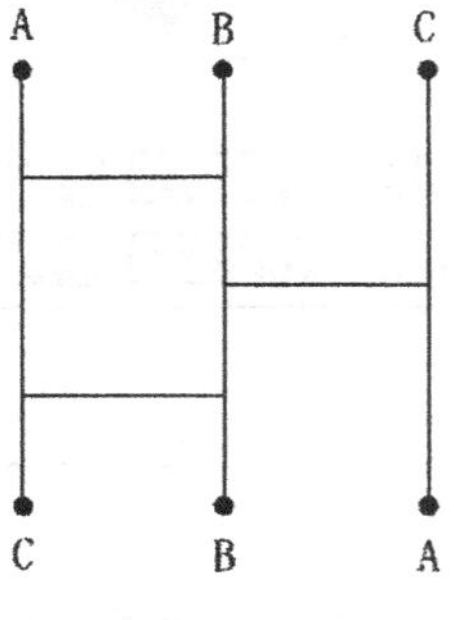

《図２》

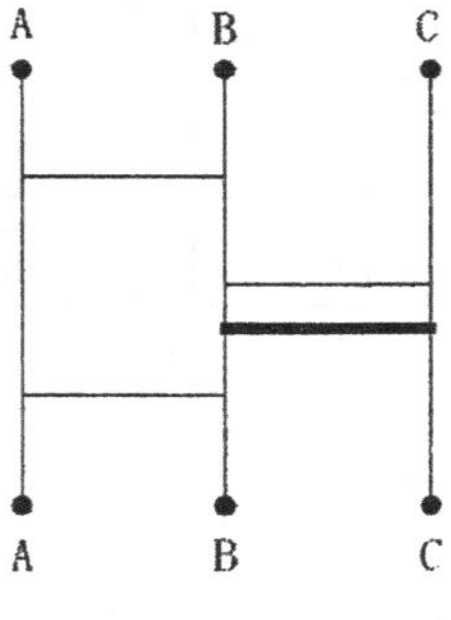

《図３》

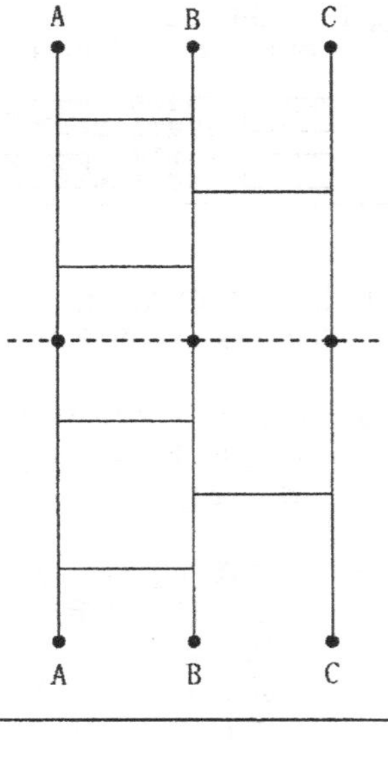

（１）《図４》のあみだくじに横線を１本加えて，下端にあるＡとＤが入れかわるあみだくじを解答らんに完成させなさい。

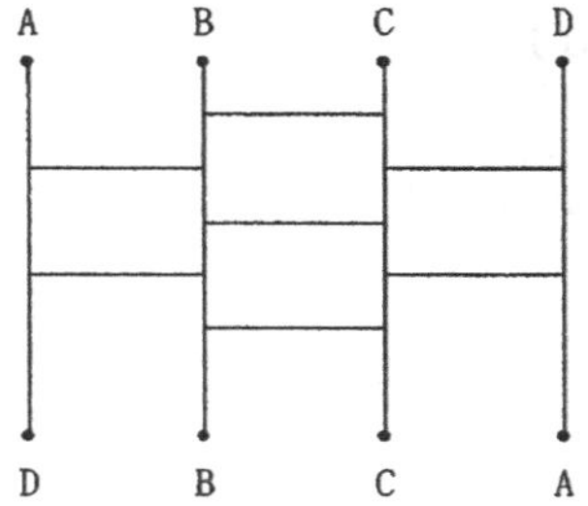

《図４》

（２）《図５》のあみだくじを上端から下端まで1000個つないだあみだくじをつくりました。このあみだくじの上端を，左から順にA，B，C，Dと並べたとき，下端はどのように並ぶか答えなさい。

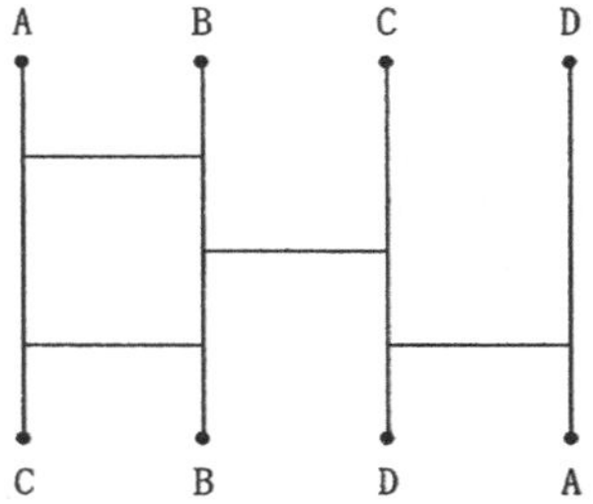

《図５》

（３）《図４》のあみだくじを【　ア　】個つないで，その下に《図５》のあみだくじを【　イ　】個つないで，上端から下端まで【　ア　】＋【　イ　】個つないだあみだくじをつくりました。するとこのあみだくじは，上端も下端も，左から順にA，B，C，Dと並びました。このとき，【　ア　】【　イ　】に当てはまる数を二組答えなさい。

（４）《図４》のあみだくじと《図５》のあみだくじをどの順に何個つないでも，「上端を左から順にA，B，C，Dと並べたとき，下端が左から順にD，C，B，Aと並ぶ」ことはないことを説明しなさい。

【問題３】一辺が５ｃｍの立方体をたくさん用意し，ひとつの立方体を固定します《図１》。その立方体の上に，別の立方体をのせ固定する操作をくり返し，立方体を積んでいきます。このとき，直前に固定した立方体から「東西」「南北」の２方向に，それぞれ１ｃｍ単位で１～４ｃｍずらして固定します。ここで「東西」「南北」は《図２》のとおりとします。

《図１》

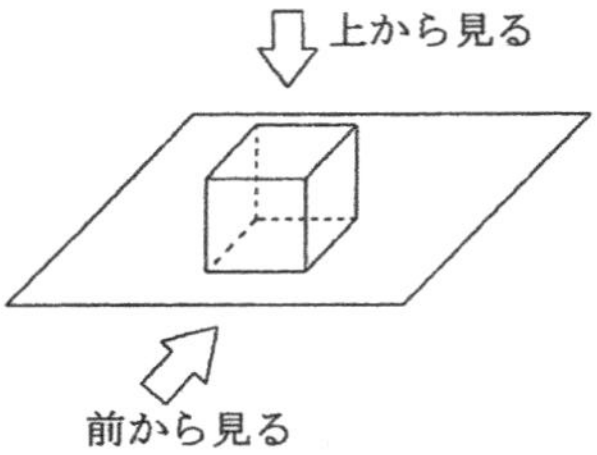

《図２》

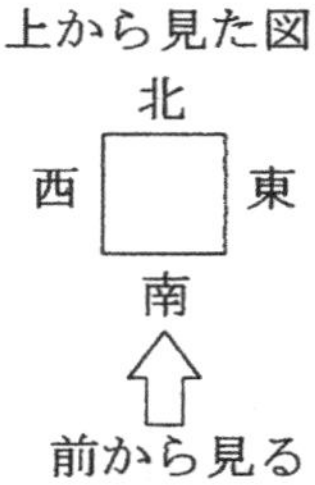

たとえば，東に３ｃｍ，北に２ｃｍずらしてのせる操作を《表１》のように表すものとします。《表１》の操作をしたとき，できる立体が《図３》の立体です。これを，前から見た図は《図４》，上から見た図は《図５》のようになります。

《表１》

東	西	1	2	**3**	4
南	**北**	1	**2**	3	4

《図３》

《図４》

前から見た図

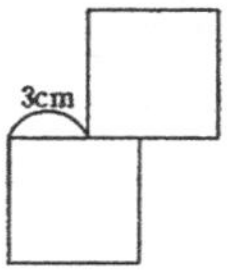

《図５》

上から見た図

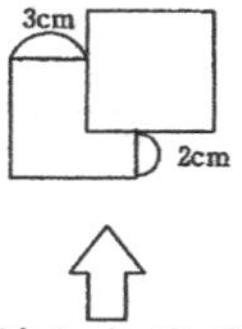

このとき，あとの問いに答えなさい。

（１）２個の立方体でできた立体のうち，前から見た図が右の《図 A》のようになる立体を，上から見た図として適するものを下のア～エの中からすべて選び，記号で答えなさい。

《図 A》

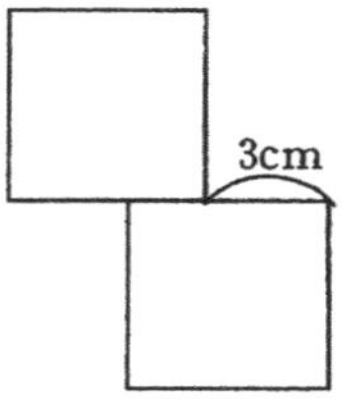

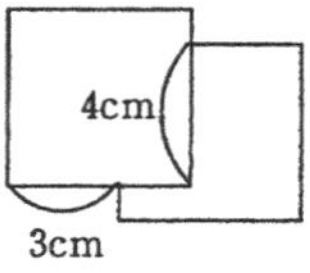

ア

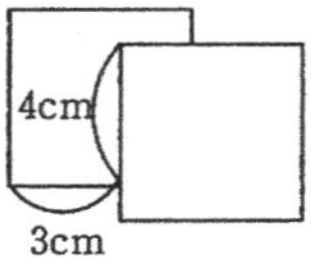

イ

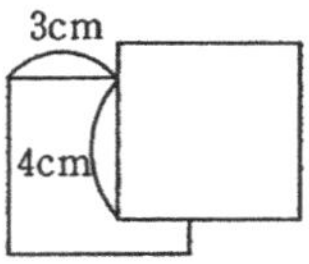

ウ

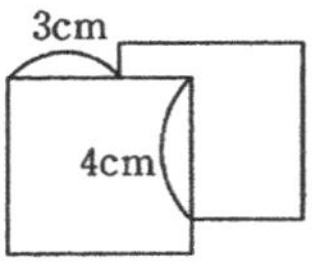

エ

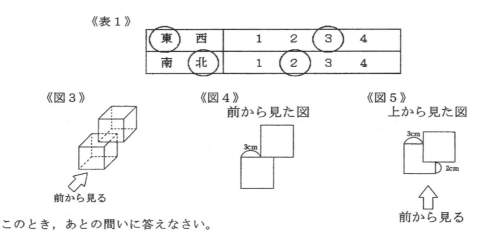

問1　〈文章Ⅰ〉に①和食ほど旬にこだわる食文化はないだろうとありますが、〈文章Ⅱ〉から、「旬にこだわる食文化」と深く関わる人間の特性について述べている一段落を探し、その段落の始めの五字をぬき出しなさい。

問2　〈文章Ⅰ〉に②この魅力あふれる和食とありますが、〈文章Ⅰ〉には、旬にこだわること以外にもう一つ、どのような魅力が挙げられていますか。文末を「〜こと。」で結ぶ形に続くように十五字以内で答えなさい。

問3　〈文章Ⅱ〉の A ～ C に入る言葉の組み合わせとして適切なものを、次のア～エから一つ選び、記号で答えなさい。

ア　A　そこで　　B　だが　　C　そして
イ　A　さらに　　B　ところが　　C　だから
ウ　A　むしろ　　B　いっぽう　　C　すると
エ　A　また　　B　でも　　C　すなわち

問4　〈文章Ⅱ〉の③フク雑のフクと同じ漢字を使う文を、次のア～エから一つ選び、記号で答えなさい。

ア　話が重フクしているようだ。
イ　薬のフク作用を調べてみる。
ウ　信用を回フクしなければならない。
エ　彼の研究心には敬フクした。

問5　〈文章Ⅱ〉に④効率化とありますが、効率化された食事とはどのようなものだと筆者は述べていますか。二十字以内で答えなさい。

問6　〈文章Ⅱ〉の⑤前述した近年の技術を具体的に例示している部分を〈文章Ⅱ〉から探し、始めと終わりの五字を答えなさい。

問7　〈文章Ⅱ〉の⑥勝ち馬に乗ろうとするについて、次の（1）（2）に答えなさい。

（1）「勝ち馬に乗ろうとする」とほぼ同じ意味の表現を〈文章Ⅱ〉から探し、七字でぬき出しなさい。

（2）次のア～オの各文で、傍《ぼう》線部の「馬」を用いた表現の使われ方がまちがっているものを一つ選び、記号で答えなさい。

ア　太郎さんと次郎さんは性格が全くちがうのにいつもいっしょにいるなんてよほど馬が合うようだ。
イ　どんなに親身になって注意しても、妹には馬の耳に念仏だ。
ウ　わたしには竹馬の友といえる三十年来の友人がいる。
エ　予想外の展開に、花子さんは生き馬の目をぬくようにおどろいていた。
オ　いつもじまんばかりしていると、いつかミスをして馬脚《きゃく》をあらわすことになるよ。

問8　〈文章Ⅱ〉に⑦「だれと食べるか」が重要となる　とありますが、その理由を説明した次の文章の（　ａ　）～（　ｃ　）に当てはまる言葉を考えて答えなさい。ただし、（　ａ　）（　ｂ　）は二字以内、（　ｃ　）は二十字以内で答えること。

◇説明の文章

サルの場合、だれと食べるかで、自分が食べる物の（　ａ　）や（　ｂ　）が変わるからである。一方、人間の場合は、食事を社交の場とし、いっしょに食べる相手と（　　　ｃ　　　）特性があるからだ。

問9　〈文章Ⅱ〉の★★ではさまれた二つの段落は、文章全体の中で、どんな役割を果たしていますか。次のア～エから最も適切なものを一つ選び、記号で答えなさい。

ア　人間が食事をとおして強い信頼関係を育むことができた理由を説明する役割。

イ　人間や類人猿が食物を分配する行動をとるようになった背景を説明する役割。

ウ　人間が白目を使って相手を理解する能力を獲得したきっかけを説明する役割。

エ　人間がチンパンジーの共通祖先とわかれて進化をとげた過程を説明する役割。

問10　小学六年生の京太さんは〈文章Ⅱ〉を読んで◎地域の自然特性～重要な文化だから　という部分についてもっと知りたいと思い、祖母にたずねました。□の中は、そのときの祖母と京太さんの会話です。会話文中の（　ａ　）（　ｂ　）に適切な言葉を〈文章Ⅱ〉からぬき出しなさい。ただし、（　ａ　）は九字の一語で、（　ｂ　）は十二字で答えること。

京太　和食が家族の結びつきを強めるってどういうことかな。
祖母　京太は家族で毎日食卓を囲むわね。
京太　うん。その日の出来事や感じたことを話しながらみんなでご飯を食べるのは楽しいよ。
祖母　そうね。では、ふだんの食事以外ではどうかしら。例えば、大みそかは。
京太　毎年、家族で年越《こ》しそばを食べる。
祖母　では、正月はどうかしら。
京太　おじさんやおばさんたちもいっしょにおせち料理を食べたよね。
祖母　冬休みの宿題に「我が家のお雑煮《に》レポート」があるからって、京太もお雑煮を作るのを手伝ってくれたわね。
京太　うん。みんなおいしいって食べてくれたよ。
祖母　盆《ぼん》や正月は、親類が集まっていっしょに食事をするのは、大事な（　ａ　）の機会になっているのよ。
京太　じゃあ、地域についてはどうなの。
祖母　「同じ釜《かま》の飯を食う」っていう言葉を知ってるかしら。ひとつの釜でたいたご飯を分け合って食べるということで、他人同士だけれど家族のように生活をともにした親しい関係を表す言葉よ。

京太　聞いたことないな。

祖母　祝い事や祭りの度に同じ地域の人たちが料理を作っていっしょに食べる風習があるわね。おばあちゃんが若いころは、「おすそわけ」といって、よそからのいただきものや多めに作ったおかずをご近所に分けることは日常的なことだったのよ。でも、京太にとっては子ども会の取り組みのほうが身近に感じられるでしょうね。

京太　どういうこと。

祖母　夏休みに、子ども会でみんなとキャンプに行ってカレーを作ったり、もちつき大会でぜんざいをいただいたりしたことがあるでしょう。

京太　みんなと食べるカレーやぜんざいは、特別なおいしさなんだ。

祖母　本当にそうね。同じものを分け合って「おいしいね」と言い合って食べることで、人間の心には（　b　）が芽生えてきたんじゃないかしら。そして、それが信頼関係へと深まっていったのよ。

京太　それなら、わが家のお雑煮も、子ども会のカレーライスも文化遺産だね。

問11　〈文章Ⅰ〉〈文章Ⅱ〉それぞれの結びの一文（太線部分）をふまえ、文化遺産としての和食文化について、二つの文章それぞれからあなたが学んだことを書きなさい。また、和食文化を受けつぐために、どのようなことができると思うか、あなたの考えを書きなさい。ただし、次の条件にそって書くこと。

条件①…百五十字から二百字で書くこと。
②…二段落構成で書くこと。
③…一段落目には、〈文章Ⅰ〉〈文章Ⅱ〉それぞれから学んだことを、二段落目には和食文化を受けつぐために、あなたにどのようなことができるかを具体的に書くこと。

平成３１年度

適性をみる検査Ⅲ

注　意

1　指示があるまで，この用紙を開いてはいけません。
2　問題は**【問題１】～【問題６】**で，**１１ページ**にわたって印刷してあります。
検査が始まって，文字などの印刷がはっきりしないところや，ページが足りないところがあれば，静かに手をあげなさい。
3　検査時間は**５０分間**です。
4　声に出して読んではいけません。
5　名前を書くところはありません。
受付番号を，受検票を見ながらまちがわないように，はっきりと書きなさい。
受付番号を書くところは，**解答用紙の２か所**です。
6　答えはすべて解答用紙に書きなさい。
7　答えを直すときには，用紙が破れないようにていねいに消してから，新しい答えを書きなさい。
8　問題用紙の余白は，メモなどに使ってもよろしい。

京都市立西京高等学校附属中学校

【問題１】次の（１）（２）について，それぞれあとの問いに答えなさい。

（１）太郎さんは，本やインターネットで，いろいろな動物の成体（大人）の体重や寿命《じゅみょう》，妊娠《にんしん》期間，生まれたときの体重を調べ，次のような表にまとめました。これについてあとの問いに答えなさい。

動物の種類	成体（大人）の体重	寿命	妊娠期間	生まれたときの体重
パンダ	90kg	20年	4か月	150g
ネズミ	20g	2年	20日	1g
ゾ　ウ	6t	60年	20か月	120kg
ヒ　ト	65kg	80年	10か月	2980g

（数字はすべて平均の値）

① 上の表を見て考えられることとして最も適するものを，次のア～エから一つ選び，記号で答えなさい。

ア　生まれたときの体重が重いほど，成体（大人）の体重は重い。
イ　妊娠期間が長いほど，生まれたときの体重は重い。
ウ　「成体（大人）の体重÷生まれたときの体重」の値が大きいほど，寿命は長い。
エ　寿命が長いほど，成体（大人）の体重は重い。

② ヒトの受精卵《らん》が，母親の体の中で育ち始めてから，生まれて１歳《さい》になるまでに，次のア～エの体の機能は，どの順番ではたらき始めるでしょうか。はたらき始める順に記号を並べなさい。

ア　肺で呼吸する機能
イ　手足を動かす機能
ウ　食べ物を消化する機能
エ　心臓を動かす機能

（２）近年，集中豪《ごう》雨による洪《こう》水の被《ひ》害が見られるようになり，その対策も進んできました。《図１》は川の中流付近にある場所を表し，曲がって進む川が流れています。その両側には河原《かわら》（または岸）がありますが，洪水時には河原まで川の水があふれるため，河原の上側にてい防をつくって備えています。あとの問いに答えなさい。

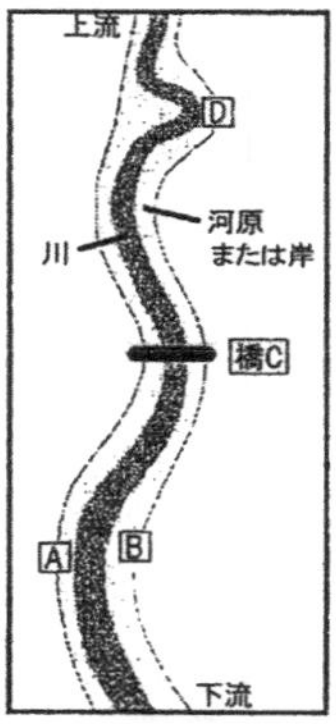

《図１》

① 《図１》のAかBのどちらかには護岸工事（コンクリートなどで川からてい防付近までを固めて強化する）がなされています。それはA，Bのどちらで，なぜそちらだけ工事をしたのでしょうか。最も適するものを次のア～カから一つ選び，記号で答えなさい。

記号	工事をした側	工事をした理由
ア	A	Aの方がBよりも川の流れがはやく土砂《しゃ》がたまりやすいため
イ	A	Aの方がBよりも川の流れがはやく岸がけずられやすいため
ウ	A	Aの方がBよりも水深が浅く川の水があふれやすいため
エ	B	Bの方がAよりも川の流れがはやく土砂がたまりやすいため
オ	B	Bの方がAよりも川の流れがはやく岸がけずられやすいため
カ	B	Bの方がAよりも水深が浅く川の水があふれやすいため

② 大雨によりもっと上流にある山の表面がくずれ落ちると，大量の土砂や流木が中流から下流まで押し寄せます。その時，橋Cの橋脚《きゃく》（橋を支える脚《あし》の部分）に流木がたまり，ダムのように大量の水を受け止めてしまうことがあります。そして，最終的には水の重さなどにたえきれずに橋全体がこわれ，一気に大量の水や流木が押し寄せるため，AやBの周辺の町や，さらに下流の町に被害をもたらすことがあります。

このような流木が原因となる橋の流失およびそれに伴《ともな》う洪水などを防ぐための対策として，現実的であり，すぐに効果が期待できるものとして，適するものはどれですか。次のア～エから二つ選び，記号で答えなさい。

ア　山の斜面《しゃめん》にある木をすべて残らず切っておく。
イ　山に植える木を，根を深くはる（深くまで伸びる）種類に変える。
ウ　（《図１》のDのような川が蛇《だ》行し河原が広くなっている場所に）流木をためることができる場所をつくる。
エ　橋より上流に流木を食い止める柵《さく》や杭《くい》をいくつか設置し流木を分散させる。

③ 太郎さんは②の流木による洪水対策として，「橋がこわれないように，橋脚の数をもっと増やした丈《じょう》夫な橋につくりかえる。」というアイデアを思いつきました。あなたはこのアイデアについてどう思いますか。洪水対策という観点から，あなたの考えを書きなさい。

【問題２】太郎さんと花子さんは，ろうそくの燃焼《しょう》と気体の関係について調べようとしています。次の２人の会話と実験の説明を読み，あとの問いに答えなさい。ただし，空気は乾燥《かんそう》しており水蒸気は実験の前後で変化しないものとします。

太郎　：　集気びんの中でろうそくを燃やすと，中の気体はどうなるのだろう。《図１》
花子　：　その前に，実験前のびんの中の気体の割合はどうなっているのかな。
太郎　：　体積の割合を調べてみよう。
花子　：　気体検知管って，どうやって使うのかな。ガラス管の両端《はし》が閉じてあるよね。《図２》

《図１》

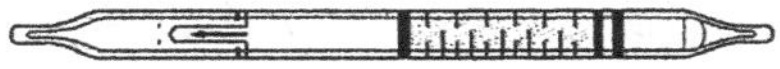
《 図２》

太郎　：　気体検知管の正しい使用方法は，□
花子　：　気体検知管は酸素用と二酸化炭素用の二つしかないわ。
太郎　：　まず酸素を調べよう。
結果は21%だ。教科書にのっていた空気中の割合と同じだね。
次に，二酸化炭素を調べよう。
こちらは0.04%だ。これも同じだね。
花子　：　残りは調べられないから，学校で学習したとおり窒《ちつ》素が78%で，それ以外のわずかな気体は「その他の気体」としておこうよ。

実験　集気びんの中でろうそくを燃やす。
→　ろうそくの火が消える。
→　びんの中の気体の割合を測定する。

花子　：　測定の結果，酸素は 17%に減っているよ。
二酸化炭素はどうだろう。あれ，この気体検知管では測れないよ。測れる限度の 1%をこえちゃった。

太郎　：　その時のために二酸化炭素用にはもう１種類，気体検知管があるはずだよ。今，使ったのは 0.03%から 1%までしか測れないけれど，もう一つのは 0.5%から 8%まで測れるはずだ。

花子　：　実験室にはさっきと同じものしか残っていないよ。
これでは測れないね。

太郎　：　ここに 100mL のプラスチックシリンジ（注射器：《図３》）があるよ。
これと 0.03 %から 1%までしか測れない二酸化炭素用の気体検知管を使って測れるんじゃないかな。

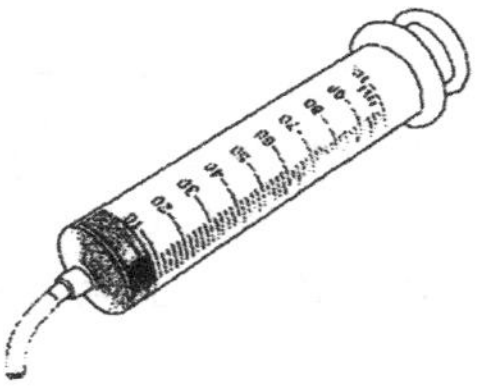
《図３》

考えた方法を用いて測定する。

花子　：　二酸化炭素はだいたい 4%くらいだよ。

（１）太郎さんは正しい気体検知管の使用方法を知っています。文中の□に入る使用方法の説明として，最も適する文を次のア～エから一つ選び，記号で答えなさい。

ア　管の両端を折って，片方を集気びんに差し込《こ》み，気体を採取するんだよ。両方折らないと，測定用の薬品が入っているガラス管の中に気体を導けないよね。

イ　管の片方の端を折って，その折った方を集気びんに差し込み，気体を採取するんだよ。両方折ると中の薬品がもれるからね。開いた方から気体を吸い込むんだよ。

ウ　管の片方の端を折って，折らなかった方を集気びんに差し込み，気体を採取するんだよ。両方折ると中の薬品がもれるからね。開いた方を集気びんに差し込むと，びんの中の気体と薬品が混じってしまうから，開いていない方を差し込むんだよ。

エ　管の片方を（そのままどちらの端も折らずに）集気びんに差し込み，気体を採取するんだよ。ガラス管の中には薬品が入っているから，もらさないようにしないといけないんだ。

（２）会話文の下線部のように，100mL のプラスチックシリンジと 0.03%から 1%までしか測れない二酸化炭素用の気体検知管を使い，燃焼後の二酸化炭素の割合（だいたい ４ %になっている）を，以下の〔手順〕で求めました。（ ① ）～（ ④ ）に最も適する語または語句をあとのア～クから選び，記号で答えなさい。

〔手順〕
・まず，シリンジで（ ① ）を 10mL 取る。
・続けてシリンジで（ ② ）を 90mL 取り，合計 100mL の混合気体をつくる。
・この混合気体は，燃焼後の二酸化炭素の割合がだいたい（ ③ ）になっていると考えられる。
・シリンジ中の混合気体を 0.03%から 1%まで測れる気体検知管に導き，割合を測る。
・その数値を（ ④ ）することにより燃焼後の二酸化炭素のだいたいの割合を求める。

ア　（集気びんの外の）空気
イ　燃焼途《と》中の集気びんの中の気体
ウ　燃焼後の集気びんの中の気体
エ　純すいな二酸化炭素
オ　0.01 倍　　カ　0.1 倍　　キ　10 倍　　ク　100 倍

（３）次の表は，４種類の気体ア～エにふくまれる，窒素・酸素・二酸化炭素の割合を示したものです。２人の実験結果や各気体の性質についての知識をもとに考え，ア～エのうち，ろうそくが燃焼する気体をすべて選び，記号で答えなさい。

	窒素の割合	酸素の割合	二酸化炭素の割合
ア	50%	48%	2%
イ	75%	15%	10%
ウ	0%	25%	75%
エ	85%	15%	0%

【問題３】太郎さんたちは，輪ゴムとおもりを使って実験を交えながら輪ゴムののび方を調べました。
実験とその結果は，以下の■条件で考えます。

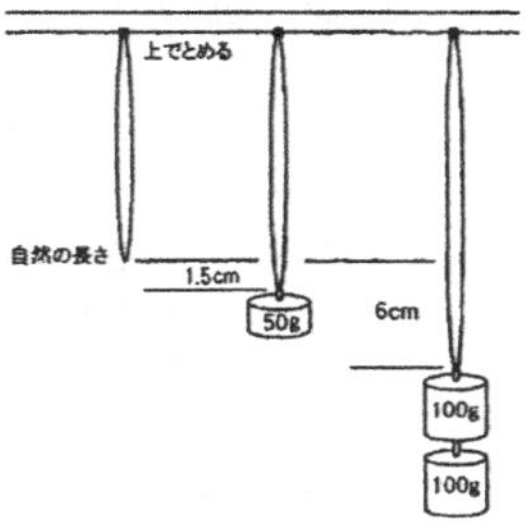

《図１》

■条件
・おもりは鉄製で，50g のものと 100g のものが，それぞれたくさんある。
・輪ゴムはすべて同じもので，その重さは考えないものとする。
・輪ゴムの連結によるのびへの影響《えいきょう》はないものとする。
・輪ゴムは《図１》の左のように下に真っすぐにのび，その長さは自然の長さ（おもりが 0g の時の長さ）になるものとする。

太郎さんたちは，《図１》の方法で次にある■実験１を３回くり返し，すべて同じ結果（■表１）になったことから，「おもりが 250g 以下の時はおもりの重さと輪ゴムののびが比例する」ことを確認しました。
あとの問いに答えなさい。

■実験１「輪ゴム１本ののびとおもりの重さとの関係を調べる」

■表１（■実験１の結果）

おもりの重さ	50g	100g	150g	200g	250g
輪ゴムののび	1.5cm	3cm	4.5cm	6cm	7.5cm

（１）■実験１で用いた輪ゴムからおもりを取り外し，代わりに太郎さんの筆箱をつるしたら輪ゴムは3.45cm のびました。太郎さんの筆箱は何 g か答えなさい。

■実験２　《図２》のようにＡは輪ゴムを２本束ね，Ｂは２本を縦に連結しました。A, B それぞれに 100g のおもりをつるし，のび（Ａは自然の長さからどれだけ下がるか，Ｂは２本連結した長さ～つまり自然の長さの２倍～からどれだけ下がるか）を測定しました。

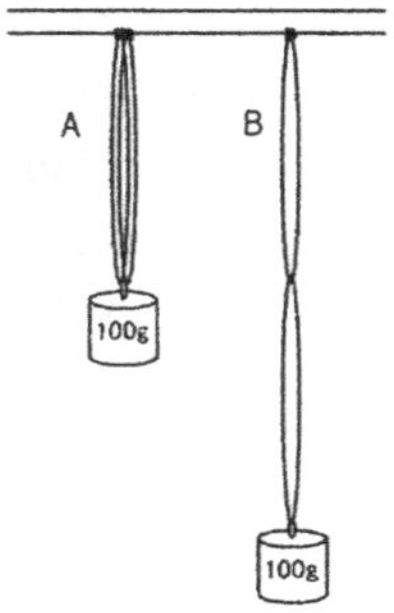

《図２》

（２）太郎さんたちは■実験２について次のように考えました。あなたはどの人の考えに賛成しますか。次のア～エの中から賛成する考えを一つ選び，記号で答えなさい。さらに，その考えに基《もと》づいて，A，B それぞれののびは何 cm か答えなさい。

ア　太郎さんの考え
　　A の輪ゴムにはそれぞれ１本に 100g がかかる。B でもそれぞれ１本に 100g がかかる。

イ　花子さんの考え
　　A の輪ゴムにはそれぞれ１本に 100g がかかる。B ではそれぞれ１本に 50g がかかる。

ウ　一郎さんの考え
　　A の輪ゴムにはそれぞれ１本に 50g がかかる。B でもそれぞれ１本に 50g がかかる。

エ　京子さんの考え
　　A の輪ゴムにはそれぞれ１本に 50g がかかる。B ではそれぞれ１本に 100g がかかる。

太郎さんは３種類の同じ形（円柱形）の磁石Ｃ，Ｄ，Ｅを持っています。この３個の磁石の力（鉄を引きつける力）はちがっていて，それらの差を鉄製のクリップが何個つくかで調べようと思いましたが，クリップのつき方によって個数が変わってしまい，うまく調べることができませんでした。そこで■実験１で用いた輪ゴムとおもりを使って，■実験３を行いました。

問9

問10

a

b

9

12

※

問11

200

150

※

京都市立西京高等学校附属中学校

教英出版

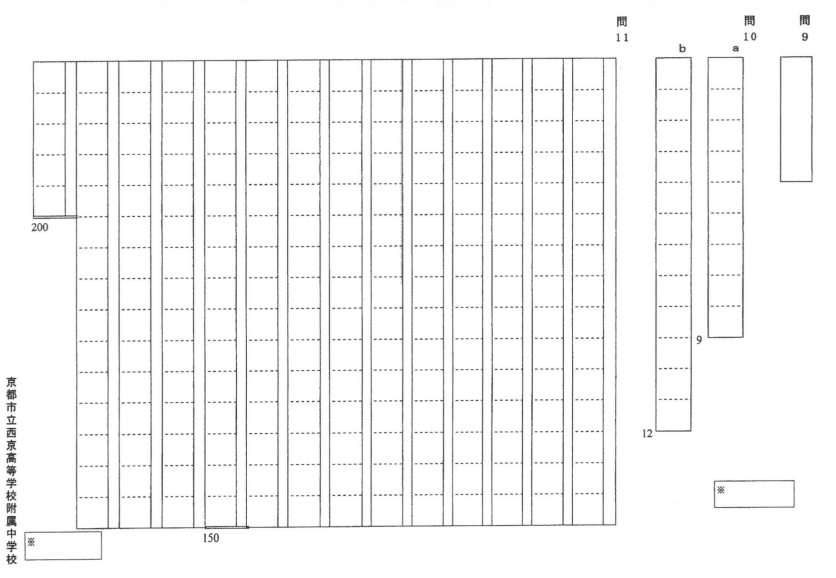

【問題３】

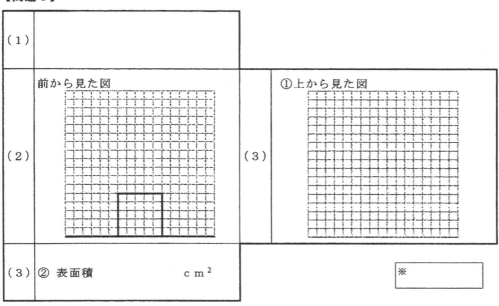

（１）			
（２）	前から見た図 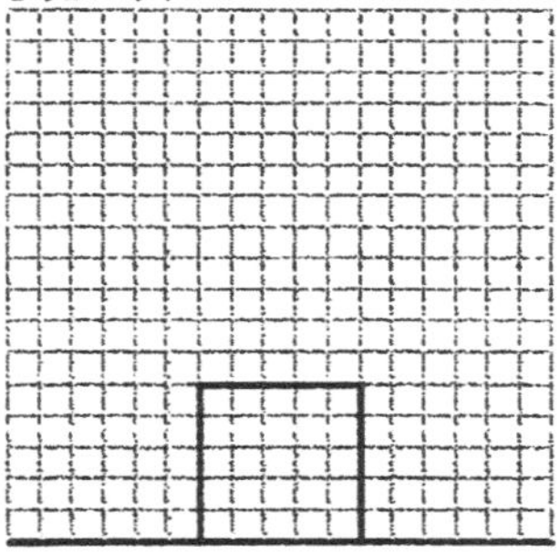	（３）	①上から見た図
（３）	② 表面積　　　　ｃｍ^2		

※

【問題４】

（１）	太郎さん　・　花子さん ｍ	（２）	分
（３）	分速　　　　ｍ	（４）	ｍ

【問題５】

※

（１）	種類	
（２）	プログラム （　　）→（　　）→（　　）→（　　）→（　　）→（　　）	
（３）	①	
	②	

※

※この解答用紙には【受付番号】を２カ所記入しますので、注意してください！

受付番号	

※

【問題４】

（１）		（２）		（３）	
（４）	①				
	②				

※

【問題５】

（１）	古い順　→　→　→　→		
（２）	F	G	H
（３）	①	②	
	③		
（４）	出来事（ひらがなで答えること）		
	説明		
（５）	Ⅰ	Ⅱ	

※

【問題６】

（１）	①あ	①い
	②う	
（２）		

京都市立西京高等学校附属中学校

平成３１年度
適性をみる検査Ⅲ　解答用紙

受付番号	

※100点満点
(配点非公表)

※

【問題１】

(１)	①		②	→　→　→
(２)	①		②	
	③			

【問題２】

※

(１)		
(２)	①	②
	③	④
(３)		

【問題３】

※

(１)	g	
(２)	賛成する考え	
	A　cm	B　cm
(３)		

教英出版

京都市立西京高等学校附属中学校

平成３１年度
適性をみる検査Ⅱ　解答用紙

受付番号	

※100点満点
（配点非公表）

【問題１】

(1)	%	(2)	人
(3)			
(4)	ア　通り	イ　→　→　→　→　→	

【問題２】

※

(1)	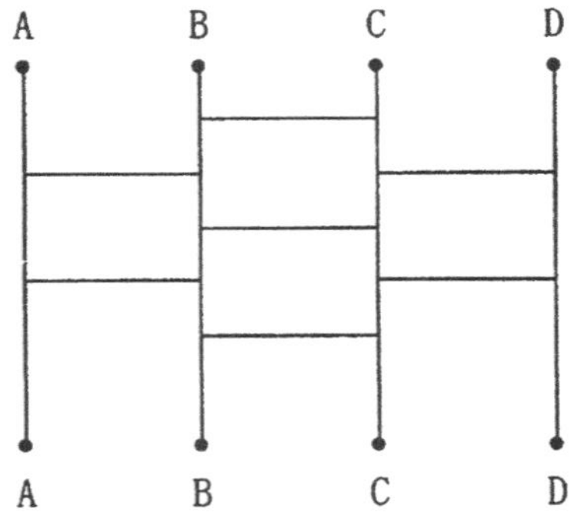
(2)	左から順に

※

(3)	ア（　　）イ（　　）	ア（　　）イ（　　）
(4)		

平成三十一年度
適性をみる検査Ⅰ　解答用紙

受付番号

※100点満点
（配点非公表）

【問題一】

問1　（5）

問2　（15）こと。

※

問3

問4

問5　（20）

※

問6　始め　（5）　終わり　（5）

問7
（1）　（7）
（2）

問8
a　（2）
b　（2）
c　（20）

※

■実験３　①《図３》のように輪ゴム１本の下端《たん》に100gの鉄製のおもり１個をつるし，その下から磁石（３個とも上面がN極，下面がS極）でおもりを引きつけさせる。
②おもりと磁石の間はつねに1cmになるように，とうめいのプラスチック板をはさみ，おもりと磁石を引き合わせた後，磁石を手で持ち，ゆっくり下に引く。
③輪ゴムがある程度のびた時におもりはプラスチック板からはなれる。
④その時（はなれる瞬《しゅん》間）の輪ゴムののび（自然の長さからののび）を記録する。

※②で板をはさんだのは，おもりと磁石を直接つけると輪ゴムがかなりのびても磁石がはなれず測定が難しいためで，以下の問いはこの方法で「磁石が鉄を引きつける力」を正しく測れるものとして答えなさい。

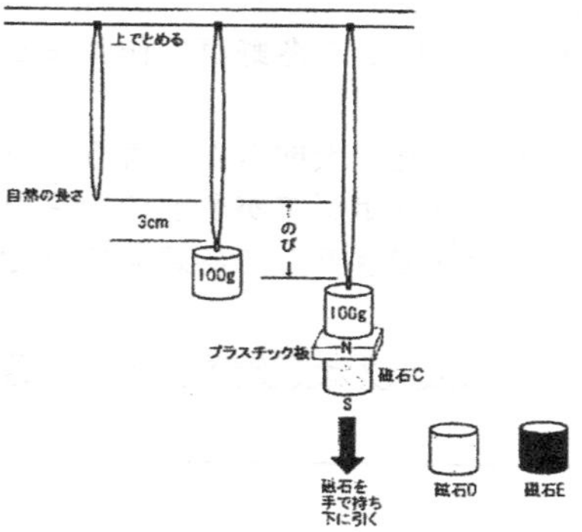

《図３》

■表２（実験３の結果と磁石の力によるのび）

磁石の種類	自然の長さからののび	磁石の力によるのび
磁石Ｃ	5cm	2cm
磁石Ｄ	13cm	10cm
磁石Ｅ	7cm	4cm

（３）■表２の結果から，太郎さんは次のように■実験３をまとめました。

■まとめ　①磁石の力（鉄を引きつける力）は磁石Ｄが最も強く，次に磁石Ｅ，最後に磁石Ｃの順である。
②磁石Ｅの鉄を引きつける力は，磁石Ｃの鉄を引きつける力の２倍である。
③磁石Ｄの鉄を引きつける力は，磁石Ｃの鉄を引きつける力の５倍である。

花子さんは，この■まとめについて「①と②は正しいと思うけれど，③が正しいかどうかはもう一つ追加の実験をしないとわからないと思う。」と言いました。
花子さんの意見が正しいものとするとき，■まとめ③の内容を確認するためには，どのような追加実験を行えばよいでしょうか。実験全体を見直して，追加で行う実験の内容（追加実験で確かめること）を具体的に書きなさい。
ただし，■実験１～３で用いたもの以外の器具などは使ってはいけません。

【問題４】 次の太郎さんと京子さん，先生の会話文を読んで，あとの問いに答えなさい。

太郎：　昨日，雪が降って寒かったので温かいカボチャのスープを作ろうと思い，スーパーに買い物に行きました。国産のものを探しましたが，ありませんでした。カボチャの旬《しゅん》はいつですか。

先生：　カボチャは夏野菜ですよ。収穫《かく》の時期は夏から秋にかけてです。

京子：　カボチャは夏野菜だったのですね。寒い季節にスープや煮《に》物にして食べることが多いので，冬が旬だと思っていました。

太郎：　日本では昔から冬至にカボチャを食べる風習がありますが，旬に関係なく食べていたのですか。

先生：　そこが，カボチャの特徴《ちょう》なのです。夏野菜のカボチャを冬至に食べる理由は（　※　）からです。また，冬至にカボチャを食べると一年間，病気にならないといいますね。

太郎：　たしか，カボチャはカンボジアが原産で，カンボジアから日本に伝わったと聞いたことがあります。カンボジアは赤道に近いから冬野菜は作れませんね。

先生：　いいえ，カボチャの原産地は南アメリカです。ただ，太郎さんの言うように日本にはカンボジア経由で入ってきたので，カンボジアが名前の由来といわれているようです。また，カンボジアで栽培《さいばい》できるので冬野菜ではないというのも，まちがっていないと思います。

京子：　今，一年中手軽にカボチャを食べられるのは，カボチャの特徴のおかげですね。

（１）太郎さんがスーパーに買い物に行った時期は２月でした。太郎さんがスーパーで見たカボチャの産地として適切でないものを次の［　　　］の中から三つ選び，記号で答えなさい。

ア．ニュージーランド　　イ．ロシア
ウ．メキシコ　　エ．フランス　　オ．韓《かん》国

（２）会話文中の（　※　）に当てはまる内容として適するものを次のア～エから二つ選び，記号で答えなさい。

ア　収穫したカボチャは長く保存することで，あま味や栄養価が増す

イ　カボチャは長く保存できるので，かつては冬に不足しがちな緑黄色野菜として重宝された

ウ　収穫したカボチャは長く保存することで，表面のかたい皮がやわらかくなり，食べやすくなる

エ　収穫したカボチャは出荷《か》時期をずらすことで価値を高め，高級品として喜ばれる

（3）会話文にあるようにカボチャが日本に伝わったと考えられる時期と同じ時期をあらわす資料を下のア～エから一つ選び，記号で答えなさい。

ア

イ

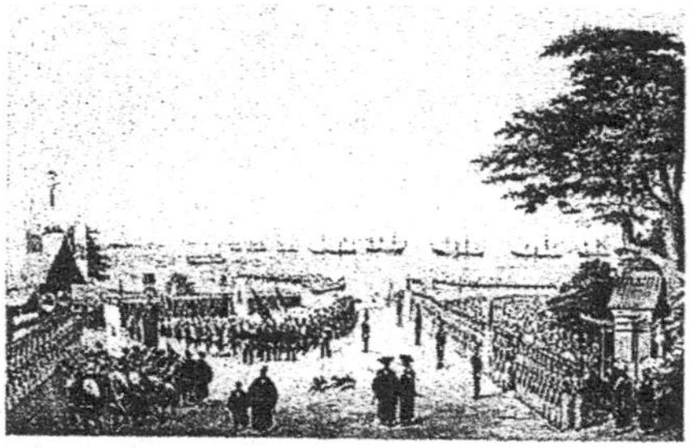

ウ

エ

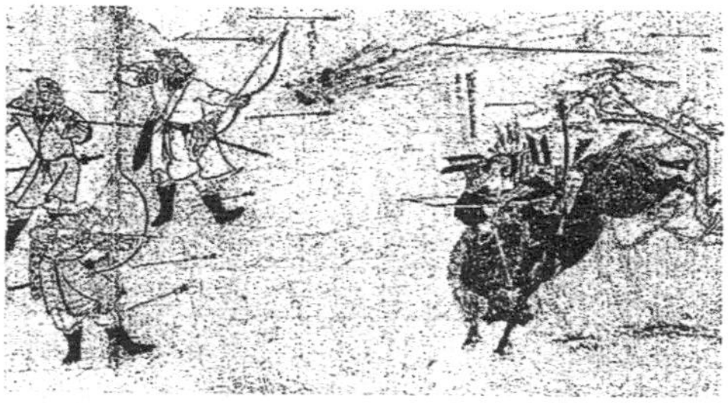

（4）会話文の波線部について，カボチャが一年中食べられることから，京子さんは他の夏野菜で一年中食べられるものを調べました。すると，夏野菜では，ナスやキュウリも一年中食べられることが分かりました。しかし，カボチャとナス・キュウリではその特性が全くちがうこともわかり，次の表のようにまとめました。
（　①　）（　②　）に入る内容を答えなさい。

	野菜の特性	一年中食べられる理由
カボチャ	長く保存できる	（　①　）
ナス・キュウリ	長く保存しにくい	（　②　）

【問題5】 太郎さんと京子さんは武士について興味を持ち，時代ごとの武士の様子をA～Eのカードにまとめました。また武士に関係が深いF～Hの資料を集め，話し合いをしました。これらについて，あとの問いに答えなさい。

A	B	C	D	E
武士という身分がなくなって，士族とよばれるようになり，特権を失った。	武士は弓や馬術といった武芸だけでなく，儒《じゅ》学を学ぶことも求められた。	武士は能や狂《きょう》言，茶道など文化の保護をするようになった。	武士は自分の領地から切りはなされ，城下町に住むようになった。	武士は，一所懸《けん》命の言葉通り，自分の領地を命を懸《か》けて守った。

F

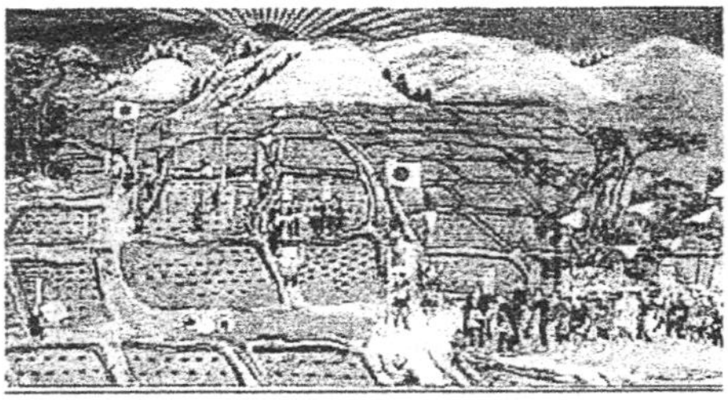

G

H

太郎：　日本の歴史の中で，武士は魅《み》力的な存在ですね。
京子：　時代ごとの武士の様子を古い順に並べると，Ａ～Ｅのカードは，（　あ　）のような流れになりますね。
太郎：　ぼくは武士の様子が大きく転換《かん》するのは，Ｄのカードの時代だと思います。その理由は（　　　※　　　）です。
京子：　私がいだく武士のイメージはＥのカードの時代です。やはり，武士は「一所懸命」という言葉や，これと密接に関わる「ご恩と奉《ほう》公」という言葉がよく似合うと思います（イ）。
太郎：　同じ武士という身分でも時代によって大きく変わるのですね。時代ごとの武士の役割（ロ）も考えるとおもしろいと思います。

（１）会話文の（　あ　）に当てはまるようにカードを古い順に並べ，Ａ～Ｅの記号で答えなさい。

（２）資料のＦ～Ｈはカードの Ａ～Ｅのどの時代と関係が深いですか。それぞれ適するものを選び，記号で答えなさい。

（３）次の［　　　］は会話文の（　　　※　　　）に当てはまる内容をまとめたものです。（　①　）～（　③　）に当てはまる内容を答えなさい。なお，（　③　）には身分制度に関すること以外を答えなさい。

（　①　）と（　②　）を行うことによって，百姓《しょう》と武士の身分が区別され，武士は領地（土地）から切りはなされた。　理由：（　③　）するため。

（４）京子さんは下線部（イ）にあるように，武士にとっては「一所懸命」や「ご恩と奉公」がＥのカードの時代で重要であると考えました。また，京子さんはある出来事により「ご恩と奉公」の関係がくずれたことが，Ｅのカードの時代が終わった原因ではないかと考えました。京子さんの考えた「ご恩と奉公」の関係がくずれた出来事をひらがなで答えなさい。また，その出来事によって「ご恩と奉公」の関係がくずれたのはなぜか，理由を説明しなさい。